区域金融理论与实践探索

Exploration of Regional
Financial Theory and Practice

王学信 著

图书在版编目(CIP)数据

区域金融理论与实践探索/王学信著.—北京：北京大学出版社，2020.9
国家社科基金后期资助项目
ISBN 978-7-301-31549-1

Ⅰ.①区… Ⅱ.①王… Ⅲ.①区域金融—研究—中国 Ⅳ.①F832.7

中国版本图书馆 CIP 数据核字(2020)第 149724 号

书 名	区域金融理论与实践探索
	QUYU JINRONG LILUN YU SHIJIAN TANSUO
著作责任者	王学信 著
责任编辑	孙 昕
标准书号	ISBN 978-7-301-31549-1
出版发行	北京大学出版社
地 址	北京市海淀区成府路 205 号 100871
网 址	http://www.pup.cn
电子信箱	em@pup.cn
新浪微博	@北京大学出版社 @北京大学出版社经管图书
电 话	邮购部 010-62752015 发行部 010-62750672 编辑部 010-62752926
印 刷 者	北京溢漾印刷有限公司
经 销 者	新华书店
	730 毫米×1020 毫米 16 开本 24.25 印张 403 千字
	2020 年 9 月第 1 版 2020 年 9 月第 1 次印刷
定 价	75.00 元

未经许可，不得以任何方式复制或抄袭本书之部分或全部内容。
版权所有，侵权必究
举报电话：010-62752024 电子信箱：fd@pup.pku.edu.cn
图书如有印装质量问题，请与出版部联系，电话：010-62756370

国家社科基金后期资助项目
出版说明

后期资助项目是国家社科基金设立的一类重要项目,旨在鼓励广大社科研究者潜心治学,支持基础研究多出优秀成果。它是经过严格评审,从接近完成的科研成果中遴选立项的。为扩大后期资助项目的影响,更好地推动学术发展,促进成果转化,全国哲学社会科学规划办公室按照"统一设计、统一标识、统一版式、形成系列"的总体要求,组织出版国家社科基金后期资助项目成果。

全国哲学社会科学规划办公室

前　言

自20世纪90年代中期以来,随着我国区域经济与区域金融发展不均衡的问题日益凸显,区域发展问题越来越受到学界的重视,在区域金融领域涌现出相当数量的研究成果,但在区域金融的理论基础、研究对象、研究内容、学科属性及研究结论等方面仍存在诸多分歧。我国的区域金融实践亟待系统的区域金融理论的科学指导,而近年来经济学、地理学等学科相互渗透、相互借鉴的交融之势,为区域金融学科的发育和成长提供了肥沃土壤。本书以区域经济学、金融发展学和金融地理学等学科的相关理论为理论基础和工具,以金融资源的空间存在、空间运动及其规律性为研究对象,以区域金融产业布局与空间集聚、区域金融发展差异、区域金融发展与区域经济发展的关系、区域金融调控与区域金融合作为主要研究内容,以定性分析和定量研究相结合,以规范论证和实证分析相结合,以辩证分析和比较研究相结合,界定了区域金融研究领域的相关范畴和学科属性,并以我国的区域金融实践为基础,系统阐述了区域金融产业布局、区域金融集聚、区域金融中心、区域金融发展差异、区域金融发展与区域经济发展、区域金融调控以及区域金融合作等领域的一般理论,尝试构建了具有中国特色的区域金融理论体系,将区域金融研究从局部的单一视角推向了系统的全方位研究,丰富了区域金融理论,对于该学科的建设和完善具有重要的理论意义,对于相关学科的教学和研究也具有较好的参考价值。同时,本书秉持理论结合实际的研究路线,将区域金融的一般理论与我国的区域金融实践相结合,揭示了区域金融及其发展的本质和规律,解释了区域经济发展中的金融元素,研究所得出的结论和建议对于我国制订和实施区域金融产业布局规划,推动区域金融集聚和区域金融中心建设,采用相适应的区域金融调控方式与调控工具,深化区域金融合作,最终实现区域金融协调发展进而促进区域经济协调发展,具有较好的实践指导意义。

本书共分八章。第一章在对区域金融学的逻辑起点——区域、金融、区域金融的内涵与外延加以界定的基础上,阐述了区域金融学的理论基础,分析了区域金融学的现实需求、研究对象、方法论和学科属性。第二章分析了区域金融产业布局的理论基础,探讨了金融机构布局的影响因素,阐述了金融机构市场退出的原因与方式,研究了我国区域金融产业布局的形成机制。第三章阐述了区域金融集聚的特征与形成条件,分析了区域金融集聚的理论基础与经济效应,实证检验了我国区域金融集聚的影响因素。第四章界定了区域金融中心的概念,考察了区域金融中心的功能,梳理了12世纪以来世界主要金融中心演进的历史脉络,分析了我国区域金融中心的构建成本与收益,对我国区域金融中心的构建提出了政策建议。第五章在分析区域金融发展差异形成机理的基础上,分别从规模、结构、效率三个维度对银行业、证券业、保险业设定指标,比较分析了近年来我国各地区金融发展的差异,进而运用因子分析法对环渤海三省二市的金融发展状况进行了评价,并对推动天津市金融发展提出了政策建议。第六章在金融发展对经济增长和产业结构升级影响机理的理论分析基础上,采用Hansen门槛回归计量方法及其改进模型,实证检验了金融发展与经济发展的区域非均衡关系。第七章考察了区域金融调控的理论基础,从最优货币区和区域金融协调发展两个视角分析了区域金融调控的理论依据,进而构建了完善我国区域金融调控的政策框架。第八章探讨了区域金融合作的机理,分析了区域金融合作的成因及制约因素,研究了我国区域金融合作状况和应进一步关注的问题,探讨了在"一带一路"倡议下国际区域金融合作所面临的挑战与可行路径。

目 录

第一章 逻辑起点与理论基础 …………………………………（1）
第一节 什么是区域金融？…………………………………（1）
一、什么是区域？…………………………………………（1）
二、金融的内涵与外延 …………………………………（3）
三、区域金融的概念与特征 ………………………………（4）
四、地方金融的含义 ……………………………………（9）
第二节 区域金融学的理论基础 ……………………………（9）
一、区域经济理论 ………………………………………（9）
二、金融发展理论 ………………………………………（19）
三、金融地理理论 ………………………………………（27）
第三节 区域金融学的研究对象与学科属性 ………………（34）
一、区域金融学的现实需求 ………………………………（34）
二、区域金融学的研究对象与研究内容 …………………（34）
三、区域金融学的方法论 …………………………………（38）
四、区域金融学的学科属性 ………………………………（39）
本章小结 ………………………………………………………（40）

第二章 区域金融产业布局 …………………………………（42）
第一节 区域金融产业布局的层次 …………………………（42）
一、金融产业布局的含义 …………………………………（42）
二、区域金融产业布局的空间层次 ………………………（44）
三、区域金融产业布局的地域层次 ………………………（45）
第二节 金融机构布局的影响因素 …………………………（47）
一、影响金融机构布局的外部因素 ………………………（47）
二、影响金融机构布局的内部因素 ………………………（54）
三、金融机构布局的原则 …………………………………（56）

四、金融机构布局中的规模经济：以河南省为例 …………（58）
　第三节　金融机构的市场退出 ………………………………（62）
　　一、金融机构市场退出的成本与收益分析 …………………（62）
　　二、金融机构市场退出的根本原因 …………………………（63）
　　三、我国金融机构市场退出的方式 …………………………（66）
　　四、我国金融机构市场退出的制度安排 ……………………（69）
　第四节　我国区域金融产业布局的形成机制 ………………（71）
　　一、我国城乡金融产业布局的形成及特征 …………………（71）
　　二、我国区域金融产业布局的形成及特征 …………………（77）
　本章小结 …………………………………………………………（82）

第三章　区域金融集聚 ……………………………………（83）

　第一节　区域金融集聚的特征与形成条件 …………………（83）
　　一、区域金融集聚的内涵 ……………………………………（83）
　　二、区域金融集聚的特征 ……………………………………（85）
　　三、区域金融集聚形成的条件 ………………………………（87）
　　四、区域金融集聚的形成模式 ………………………………（89）
　第二节　区域金融集聚的理论基础与经济效应 ……………（90）
　　一、区域金融集聚的理论基础 ………………………………（90）
　　二、区域金融集聚的经济效应 ………………………………（95）
　第三节　我国区域金融集聚影响因素的实证研究 …………（97）
　　一、区域金融集聚的测度指标 ………………………………（97）
　　二、近年来我国区域金融集聚状况分析 …………………（100）
　　三、我国区域金融集聚影响因素的实证检验 ……………（102）
　　四、结论与讨论 ……………………………………………（115）
　本章小结 ………………………………………………………（117）

第四章　区域金融中心 …………………………………（118）

　第一节　区域金融中心的类型与功能 ………………………（118）
　　一、金融中心的含义 ………………………………………（118）
　　二、金融中心的分类 ………………………………………（120）
　　三、区域金融中心的功能 …………………………………（121）
　第二节　世界主要金融中心演进历史的启示与借鉴 ………（123）
　　一、12—16世纪地中海沿岸的金融中心 …………………（123）
　　二、16—17世纪的阿姆斯特丹 ……………………………（125）

三、16世纪末至今的伦敦 …………………………………………（127）
　　四、18世纪以来的纽约 ……………………………………………（130）
　　五、20世纪60年代以来的新加坡 …………………………………（133）
　　六、启示与借鉴 ……………………………………………………（136）
第三节　我国区域金融中心的构建 ………………………………………（136）
　　一、我国各地竞相构建区域金融中心的原因分析 ………………（136）
　　二、建设金融中心的成本与收益分析 ……………………………（138）
　　三、我国区域金融中心发展现状分析 ……………………………（141）
　　四、我国区域金融中心构建路径选择 ……………………………（146）
本章小结 ……………………………………………………………………（150）

第五章　区域金融发展差异 …………………………………………………（151）
　第一节　区域金融发展差异的成因分析 …………………………………（151）
　　一、区域金融发展及其相关的几个范畴 …………………………（151）
　　二、区域金融发展差异的形成机理 ………………………………（156）
　第二节　近年来我国区域金融发展差异状况分析 ………………………（160）
　　一、近年来我国区域金融业规模差异状况分析 …………………（160）
　　二、近年来我国区域金融结构差异状况分析 ……………………（169）
　　三、近年来我国区域金融效率差异状况分析 ……………………（180）
　　四、基本结论 ………………………………………………………（189）
　第三节　环渤海区域金融发展状况评价 …………………………………（190）
　　一、金融发展状况评价指标体系的建立 …………………………（190）
　　二、环渤海三省二市金融发展度评价 ……………………………（195）
　第四节　天津市金融发展状况分析 ………………………………………（202）
　　一、天津市金融发展的纵向梳理 …………………………………（202）
　　二、天津市与武汉市、成都市金融发展状况的比较 ……………（205）
　　三、天津市金融发展的SWOT分析 ………………………………（208）
　　四、推动天津市金融发展的对策建议 ……………………………（212）
本章小结 ……………………………………………………………………（214）

第六章　区域金融发展与区域经济发展 ……………………………………（215）
　第一节　区域金融发展影响区域经济发展的理论分析 …………………（215）
　　一、几个相关概念 …………………………………………………（215）
　　二、区域金融发展模式 ……………………………………………（217）

三、金融发展影响经济增长的理论模型 …………………………（219）
　　四、区域金融发展促进区域经济增长的机制分析：基于金融
　　　　功能的视角 ……………………………………………………（222）
　　五、区域金融发展与区域产业结构升级互动关系的理论分析 …（225）
第二节　区域金融发展与区域经济发展关系的文献回顾 ………（227）
　　一、关于区域金融发展与区域经济增长关系的文献回顾 ……（227）
　　二、关于区域金融发展与区域产业结构升级关系的文献回顾 …（238）
　　三、文献评析与研究思路 ………………………………………（240）
第三节　金融发展与经济发展区域非均衡关系的实证检验 ……（242）
　　一、变量设定和数据来源 ………………………………………（242）
　　二、数据分析 ……………………………………………………（244）
　　三、门槛回归模型 ………………………………………………（251）
　　四、实证结果与启示 ……………………………………………（291）
　　五、我国区域金融发展模式的选择 ……………………………（294）
本章小结 ………………………………………………………………（296）

第七章　区域金融调控 ……………………………………………（297）

第一节　区域金融调控的一般理论 ………………………………（297）
　　一、区域金融调控的内涵 ………………………………………（297）
　　二、区域金融调控的功能 ………………………………………（297）
　　三、区域金融调控的主体与目标 ………………………………（299）
　　四、区域金融调控的方式与工具 ………………………………（301）
　　五、区域金融调控政策与区域产业政策、区域财政政策的关系 …（302）
第二节　区域金融调控的理论依据之一：最优货币区的视角 …（303）
　　一、最优货币区理论 ……………………………………………（303）
　　二、对我国是否为最优货币区的判断 …………………………（305）
第三节　区域金融调控的理论依据之二：
　　　　区域金融协调发展的视角 …………………………………（313）
　　一、区域金融协调发展的含义 …………………………………（313）
　　二、区域金融调控是我国实现区域金融协调发展的必要手段 …（314）
第四节　进一步完善我国区域金融调控的政策建议 ……………（330）
　　一、国外的区域金融调控经验借鉴 ……………………………（330）
　　二、进一步完善我国区域金融调控的政策建议 ………………（333）
本章小结 ………………………………………………………………（342）

第八章 区域金融合作 (343)

第一节 区域金融合作概述 (343)
一、区域金融合作的基本含义 (343)
二、区域金融合作的模式与方式 (344)
三、区域金融合作的经济意义 (347)
四、区域金融合作的原则 (349)

第二节 区域金融合作的成因及制约因素 (350)
一、区域金融合作的成因 (350)
二、区域金融合作的制约因素 (353)

第三节 我国区域金融合作的状况及问题分析 (357)
一、我国区域金融合作的状况 (357)
二、我国区域金融合作中应进一步关注的问题 (361)

第四节 金融区域化与"一带一路"倡议下的国际区域金融合作 (363)
一、国际区域金融合作与国内区域金融合作 (363)
二、金融区域化的内涵 (363)
三、"一带一路"倡议的提出 (365)
四、"一带一路"倡议的内涵 (365)
五、"一带一路"倡议下国际区域金融合作的必要性 (367)
六、"一带一路"倡议下国际区域金融合作面临的挑战 (369)
七、"一带一路"倡议下推进国际区域金融合作的思考 (374)

本章小结 (376)

第一章 逻辑起点与理论基础

从 20 世纪 90 年代开始,金融在区域经济发展中的作用逐渐受到学界的重视,学者们运用金融发展理论和方法解释我国的区域金融发展现象。但迄今为止,仍缺乏系统的区域金融分析范式,也没有完整的学科分析框架,学界在其理论基础、研究对象、研究内容、学科属性、研究结论等方面仍存在诸多分歧,为理论指导实践带来了不少困难,限制了区域金融学科优势的发挥。我国的区域金融实践亟待系统的区域金融理论的科学指导。为此,本章拟在对区域金融发展的概念界定和特征描述的基础上,阐述区域金融学的理论基础、研究对象和方法论,界定区域金融学的学科属性,从而将区域金融研究从局部的单一视角推向系统的全方位研究。

第一节 什么是区域金融?

一、什么是区域?

一直以来,人们对区域给过不同的定义。全俄经济区划委员会在 1922 年编写的《苏联经济区划问题》一书中对区域的定义:国家的一个特殊的、经济上尽可能完整的地区,是由于自然特色、以往的文化积累和居民及其生产活动能力的结合而成为国民经济总链条中的一个环节。[1] 美国区域经济学家埃德加·M. 胡佛(Edgar M. Hoover)把区域看作出于分析、描述、管理、规划或制定政策等目的而作为一个经济整体加以考虑的一片地区。[2]《辞海》对区域的解释是:土地的界划,即界限、范围。在《现代汉语词典》(第 5 版)中,区域被解释为:地区范围。《朗文英汉双解词典》对区域的解释是:领土、版图,某个占领的领域、地盘。张金锁和康凯认为,区域是按一定标准划分的有限空间范围。[3] 王在亮和高英彤将区域定义为:受自然地理、政治、经济、文明等物质性基础因素综合影响的、处于不断的互动与实践过程中的、受到语言等非物质性因素影响的空间,其构成要素包括确定的地理空间、一定数量的人口、一定的组织结构形式以及相近或相似的文化。其中,确定的地理

---

[1] 全俄经济区划分委员会:《苏联经济区划问题》,商务印书馆,1961 年。
[2] 〔美〕埃德加·M. 胡佛著,王翼龙等译:《区域经济学导论》,商务印书馆,1990 年。
[3] 张金锁、康凯:《区域经济学》(第 3 版),天津大学出版社,2009 年。

空间是区域构成的客观地理基础,一定数量的人口是区域构成的主体条件,一定的组织结构形式是区域内各成员交流、互动和整合得以实现的客观制度条件,而相近或相似的文化是区域内各成员交流、互动和整合得以实现的主观精神条件。①

综合来看,区域是基于但不限于行政区划且在自然地理、经济、文化、社会等因素作用下形成的具有相同或相似特征的地理空间。不同的学科对区域有不同的划分标准。地理学以地球表面特征为标准,将区域视为一个自然地理单元;政治学以行政权力覆盖的地域范围为标准,把区域视为一个行政单元;区域经济学依据区域具有的某种经济特征和经济发展任务,认为区域是经济地理区域②;社会学以人类某种相同的社会特征为标准,把区域视为在语言、宗教、民族、文化等方面具有相同特征的聚居社区。在同一学科中,出于不同的研究目的,对区域有不同的划分标准,从而产生不同的区域;在社会学研究中,有按特定文化影响的地域范围划分的文化区域,有按民族聚居的地域范围划分的民族区域;在经济学研究中,有按要素集聚和产业能力划分的经济极化区域,有按区域经济发展战略实施需要划分的经济规划区域;等等。不管按照什么标准,所划分的区域内部都具有空间连续性和同类性的特征,从而形成与其他区域的明显差异。

区域有三种类型:第一,同质区域,即区域内部的某些特定事物具有典型的一致性或相似性特征。例如,以我国各地区经济发展水平的相似性为标准,将全国分为东部、中部、西部和东北四大经济区域。第二,极化区域,即由若干异质部分构成的、功能上联系紧密的区域,通常由中心城市和由它辐射的周边地区共同构成,如环渤海地区、珠江三角洲地区等。第三,规划区域,即根据特定的政策目标,在经济政策决定时界定的区域。这一区域可以是某一行政区域的一部分,如重庆两江地区、长株潭地区、武汉城市群、中原城市群;也可以是跨越不同省份(直辖市、自治区)的区域,如汉中—天水城市群、长江三角洲地区。本研究沿用经济发展水平相似性标准,在分析区域金融问题时,将我国划分为东部、中部、西部和东北四个区域。其中,东部包含北京市、天津市、河北省、山东省、江苏省、上海市、浙江省、福建省、广东省、海南省等10个省和直辖市;中部包含山西省、河南省、安徽省、江西省、湖北省、湖南省等6个省;西部包含内蒙古自治区、陕西省、甘肃省、青海省、宁夏回族自治区、新疆维吾尔自治区、西藏自治区、四川省、贵州省、重庆市、云南省、广西壮

---

① 王在亮、高英彤:"区域间主义:逻辑起点与研究对象——以东亚—拉美合作论坛为例",《当代亚太》,2014年第2期,第118—151页。
② 张金锁、康凯:《区域经济学》(第3版),天津大学出版社,2009年。

族自治区等12个省、直辖市和自治区；东北包含黑龙江省、吉林省、辽宁省等3个省。

区域与地区、地域在概念上有一定的区别与联系。《朗文英汉双解词典》对地区一词的解释有四条，其中第二条和第三条分别为地区、区域和范围、地面。百度百科将地区解释为较大的地理区域范围，包括地理区域和行政地理区域两种范畴。《现代汉语词典》(第5版)对地区的解释有四条：一是较大范围的地方；二是行政区域；三是指一国中在特定情况下单独参加某些国际活动的地方行政区域；四是指未获得独立的殖民地、托管地等。地域一词在《现代汉语词典》(第5版)中有两条解释：一是面积相当大的一块地方；二是地方，有本乡本土的意思。百度百科对地域的解释是"一定的地域空间"，是自然要素与人文要素相互作用形成的综合体，具有区域性、人文性和系统性三个典型特征。

区域与地区、地域都表示一定的范围，这一范围可大可小。但是，区域往往是按一定标准划分的有限空间范围，地区指的是较大的区域范围。区域的边界较为清晰，地区的边界较为模糊。区域是泛指，表示的是一个空间概念，是对地球表面具有相同或相似属性的各种空间范围的抽象和泛称。地区是用来描述区域特征的词，常用来特指具有某种属性或特征的区域，如农村地区、江南地区、华南地区等。地域是地理学中用来描述一定地理位置的某种特征的词汇，地域内部通常表现出明显的相似性和连续性，地域之间既互相联系又具有差异，其范围一般较大，而且强调地方性和人文因素。

二、金融的内涵与外延

黄达梳理了西方对金融一词的诠释，认为金融的定义大体有大、中、小三种口径。① 大口径的金融指的是政府、工商企业、个人的货币资产及其管理；中口径的金融包括"货币的流通、信用的授予、投资的运作、银行的服务等"；小口径的金融"仅用来概括与资本市场有关的运作机制，以及股票等有价证券的价格形成"。《新帕尔格雷夫货币金融大辞典》对金融一词的解释是：资本市场的运营、资本资产的供给和定价。② 在我国，人们对金融的定义有广义和狭义之分。广义的金融既包括"货币、信用以及与此有关的所有交易行为的集合"，还涉及"货币供给、银行与非银行信用、以证券交易为操作特征的投资、商业保险以及以类似形式运作的所有交易行为的集合"；狭义的金融仅

---

① 黄达：《金融学》(精编版)，中国人民大学出版社，2004年。
② 〔美〕纽曼、米尔盖特、〔英〕伊特韦尔著，胡坚等译，《新帕尔格雷夫货币金融大辞典》，经济科学出版社，2000年。

仅指"货币资金的融通"。①

信任是金融活动的前提条件,满足双方的融资需求是金融活动的目的,签订和履行契约是金融活动必不可少的环节,一系列约定双方权利和义务的规则与金融制度是金融活动有序、稳定进行的保障。这些金融制度不仅包括国家用以约束、管理金融活动的法律和条例,还包括人们长期以来在金融活动中形成的传统与惯例。由金融管理部门批准设立、从事金融活动的机构被称为金融机构。在我国,既有以利润最大化为经营目标的商业性金融机构,如商业银行、保险公司、证券公司、基金管理公司等,负责办理支付结算、存贷款、保险、信托等金融业务,独立核算、自负盈亏;又有以履行某种政策性职能为首要经营目标的政策性金融机构,如中国农业发展银行等;还有专司金融监管、维护金融稳定的金融监管机构,如中国银行保险监督管理委员会等。本研究中金融机构主要指商业性金融机构。

金融与信用是两个不同的概念。信用最初的含义是"信任而委以重用",反映的是伦理学意义上的信任关系。随着商品经济的发展,人们逐渐把"信用"一词引入经济领域,这时的信用反映了人们在社会经济活动中的契约关系,是基于规范和约束契约关系形成与发展的一系列规则的总称。当"信用"一词被人们引入金融领域后有了两种理解:一种是广义的信用,泛指债权人基于对债务人的信任而给予的授信活动,它包括实物借贷,也包括货币借贷;另一种是狭义的信用,仅指信用货币的借贷,是独立发生的、以还本付息为条件的价值单方面运动。信用是金融活动的催化剂,不仅有利于货币资金从盈余部门向亏绌部门流动,提高储蓄向投资转化的效率,而且有利于投资效率的提升。

三、区域金融的概念与特征

张军洲较早界定了区域金融的概念,他从金融结构论的角度出发,认为区域金融是"一个国家金融结构与运行在空间上的分布状态。在外延上它表现为具有不同形态、不同层次和金融活动相对集中的若干金融区域。这些区域的金融结构差异、差异互补和相互关联构成一国的区域金融体系"。② 此后国内学者对区域金融的概念给出不同的理解。支大林和于尚艳在张军洲对区域金融定义的基础上,从地理学的角度出发,把区域金融定义为一个国家金融结构与运动在空间上的分布状态,其实质就是将金融落实到地域环境

---

① 曹龙骐:《金融学》(第四版),高等教育出版社,2013年。
② 张军洲:《中国区域金融分析》,中国经济出版社,1995年。

中进行研究;时空性、层次性、吸引和辐射性、环境差异性是区域金融的属性。① 陈雁云进一步拓展了张军洲对区域金融的定义,认为区域金融是金融工具、金融机构、金融市场、金融制度等金融要素在一个相对独立的区域内的存在、变化及区际运动,其构成要素或属性包括空间差异、发展差异、环境差异、层次性、流动性和协调性。②

本研究认为,区域金融是金融资源在特定空间范围内以及不同空间范围间的存在和运动。国内学者白钦先等认为,金融资源是一定时期的价值积累和凝结,是对其他各种资源的索取权、支配权和拥有权,具有再生性、不可替代性、高流动性和风险集聚隐蔽性的特征,其功能的发挥需借助自身的经济金融和社会属性。金融资源的流动规模和配置结构,不仅会影响实际经济资源的流向和结构变动,而且会使实际经济资源的配置效率发生改变。③ 白钦先等将金融资源划为三个层次:第一个层次为基础性核心金融资源——广义的货币资本或资金;第二个层次为实体性中间金融资源——金融组织体系和金融工具体系;第三个层次为整体功能性高层次金融资源——货币资本或资金运动与金融体系、金融体系各组成部分之间相互作用、相互影响的结果。④ 在这三个层次的金融资源中,前两个层次属于"硬件",整体功能性高层次金融资源则属于"软件"。基础性核心金融资源和实体性中间金融资源的扩张反映了一个国家或地区金融资源在量的方面的增长;而整体功能性高层次金融资源的扩张则是一个国家或地区金融上层建筑方面的发展,反映出一个国家或地区金融资源在质的方面的改善。金融组织体系为货币资本或资金借贷和运动提供了外部环境,金融工具体系则是货币资本或资金借贷和运动的载体。

在一国尤其是大国内部,各个地区所处的区位不同,经济发展基础不同,自然环境、地理条件、经济政策、资源禀赋、文化传统存在差异,导致各个地区经济发展呈现出显著的非均衡特征。与之相对应,不同层次金融资源的区域规模与区域结构存在非均衡性,由此导致金融效率和金融功能存在区域差异,从而形成金融空间的非均质特征。在市场需求拉动或政府力量干预的作用下,各层次金融资源会在区域内部和区际运动。金融资源在特定空间范围内以及不同空间范围间的存在和运动,表现出层次性、阶段性、空间性、差异性和自组织等特征。

---

① 支大林、于尚艳:《区域金融理论与实证研究》,商务印书馆,2008年。
② 陈雁云:《区域金融理论与问题研究》,江西人民出版社,2009年。
③ 白钦先等:《金融可持续发展研究导论》,中国金融出版社,2001年。
④ 同上。

(一)层次性

在一个区域内部,往往存在金融中心化地区和金融边缘化地区。金融中心化地区是该区域的金融核心区,其金融业增加值占地区生产总值的比重较高,金融机构密度较大,金融从业人员数量较多,金融信息较集中,金融工具种类较齐全,金融市场较发达,金融基础设施较便利,金融功能较完备,金融效率较高,金融发展水平也较高。而在金融边缘化地区,金融资源持续流出,与其他地区的金融联系较为松散,金融业增加值占地区生产总值的比重较小,金融机构较少,金融从业人员的整体素质较低,金融工具种类较单一,金融市场发育滞后,并且不受中央政府政策惠及。金融中心化地区和金融边缘化地区不一定是单一的,可以是多元的,即一个区域内部的金融中心化地区可以是一个,也可以是多个。例如,深圳和广州是珠江三角洲的两个金融中心化地区,而佛山、珠海、惠州、东莞、汕头等城市是比深圳、广州低一级的金融中心化地区,其他如惠阳、开平、顺德、高要、增城等县级市或县城所在地又构成更低一级的金融中心化地区,乡镇及农村就成为金融边缘化地区。金融中心化地区和金融边缘化地区的存在使区域内部的金融资源存量及结构表现出非均衡性特征,客观上也形成了不同地区的金融发展级差。这种级差的存在,进一步推动了金融资源的地域运动和优化配置。

受区域经济发展条件、中央政府区域经济发展战略及政策安排的影响,我国的经济发展水平有着显著的区域差异。受此影响,我国的金融发展环境和发展水平存在区域层面上的非均衡性。在遵从市场规则的前提下,金融资源从金融发展相对落后的地区流向金融发展水平较高的地区,进而推动区域金融集聚,并不断增强其金融功能。与此同时,金融发展水平较高的地区对落后地区也发挥着金融辐射作用。

(二)阶段性

与区域经济发展的阶段性特征相适应,区域金融发展也具有阶段性的特征。在区域经济发展初期,经济主体的金融剩余①较少,金融需求规模较小,金融渠道相对单一,以银行信贷为代表的间接融资成为金融活动的主要构成部分。城乡二元金融问题初现端倪,地方政府对金融活动直接干预较多,金融市场化和金融自由化程度较低。

在区域经济发展中期,随着经济主体收入水平的不断提高和经济市场化程度的日益上升,金融剩余和金融需求快速增加,对金融形式的多样性提出

---

① 金融剩余即经济主体对金融资源占有与金融资源使用量之间的差额。

了要求。地方政府直接干预金融活动的现象明显减少，金融抑制有了一定程度的松动，金融创新开始活跃起来，金融市场化程度有所提高。经济极化区域的金融集聚功能开始显现出来，不同区域之间、城乡之间的金融发展差距快速扩大，城乡二元金融问题日益突出，农村地区金融边缘化趋势逐步形成。区域内部的一些中心城市逐渐成为金融中心，由金融中心、金融腹地、金融网络构成的金融地域系统及其子系统已现雏形。同时，非银行金融机构及其从业人员数量快速上升，直接融资规模占融资总规模的比重明显增大，金融业成为推动区域经济发展的重要引擎。

在区域经济发展的后期，经济主体的金融剩余和金融需求大幅上升并处于相对稳定状态，金融创新更加活跃，并延伸到金融业的各个领域，金融业成为区域经济的主导产业。中央政府的金融抑制措施减少，地方政府对金融活动较少直接干预，主要采取间接手段来调节和引导金融活动，金融市场化程度达到了较高水平并保持相对稳定。金融核心区对金融腹地的辐射功能增强，农村金融边缘化问题得以缓解，区域金融协调发展态势形成。

（三）空间性

金融资源的配置与流动，都是在特定的地域空间进行的。政府、金融机构、企业、居民等金融主体行为的变化，不可避免地会使价值流在区域内部或区域之间运动，从而改变区域金融业规模、区域金融结构和区域金融效率，以致区域金融发展在空间上形成非均衡性特征。区域金融结构的变化，反映了金融资源的地域运动，也反映了金融资源空间布局的改变，并直接作用于区域金融效率的变化。金融资源地域运动的结果，不但影响到全国金融业规模、金融结构和金融效率的变化，而且能够为区域经济发展提供更大规模和更高效率的金融支持，最终改变全国经济和金融的运行态势。

（四）差异性

区域金融发展差异根源于区域差异，而区域差异主要体现在区域经济发展水平、政府行为、司法环境、诚信文化、区位等方面。第一，经济规模、产业结构状况、经济市场化程度、基础设施、城市化水平、居民收入水平、经济技术条件等因素，对区域金融发展发挥着基础性的制约作用。第二，政府作为经济政策的制定和执行部门，其对经济的直接参与程度和调控方式，不仅会对区域经济增长速度和区域经济结构变化产生重要影响，而且会对区域金融市场组织结构和区域金融资源配置效率产生重要影响。第三，地方政府的司法公正性、司法独立性和司法效率等司法环境因素,主要通过影响金融环境和金融机构的资产质量,促使区域金融发展水平发生改变。各个地区对经济主体产权保护的有效性,特别是地方政府的执法行政效率,与当地银行体系的信贷风险有直接联系。① 第四,社会诚信文化是区域金融发展的软约束条件。良好的诚信文化有利于区域金融发展。地方政府的诚信状况会对企业诚信乃至整个社会诚信产生直接影响。良好的政府诚信在社会诚信体系中起着表率作用,反之将对整个地区的诚信文化建设造成负面影响。② 第五,区位是影响区域金融发展的重要因素。改革开放以来,中央政府采取了非均衡的区域经济发展战略,形成了沿海、沿江、沿边等地理边缘地区经济中心化的趋势,具有良好区位优势的地区在经济上得到较快发展,成为推动区域经济乃至全国经济增长的引擎。这些地区经济发展水平较高、经济技术条件较好、资本收益率较高、资本积累速度较快、金融需求较旺盛,金融资源的持续流入会不断提高金融效率,成为推动区域金融发展的重要力量。

(五)自组织

自组织理论是20世纪60年代开始建立并发展起来的一种系统理论,它的研究对象主要是复杂自组织系统(如生命系统、社会系统)的形成和发展机制问题。从非线性的标准看,区域金融体系是一个非线性系统。判断一个系统是否为非线性系统,一是看子系统之间在性质和数量上是否相互独立且具有相当的差异性,二是看组成系统的独立要素的数量是否大于或等于三。③ 区域金融系统包含政府、正规金融、非正规金融等大量子系统,子系统之间既有金融资源供给者与金融资源需求者之间的市场供求关系,又有监管与被监管的关系,还有股东与管理层之间的关系,区域金融从整体上满足了非线性条件。从阈值的标准看,区域金融系统存在涨落和波动。阈值是指在自动控制系统中能够产生一个校正动作的最小输入值,是由刺激引起应激组织反应的最低值,即临界点。在临界状态下,系统的涨落被放大,并通过非线性的相互作用协调,产生一个新的有序状态。区域金融系统中存在各种复杂因素,比如文化、居民的金融人格等复杂的非物质因素。这些因素的存在,导致系统始终存在涨落和波动。而此时的区域金融系统具有自动调节内部结构的

---

① 李扬、张涛:《中国地区金融生态环境评价(2008—2009)》,中国金融出版社,2009年。
② 同上。
③ 杜朝运、魏晃:"农村合作金融发展的自组织问题研究——一个理论框架",《福建金融》,2009年第11期,第10—14页。

能力,外在表现较为稳定。从远离平衡态的标准看,区域金融资源分布不平衡。远离平衡态是指系统内可测的物理性质极不均匀的状态。区域金融系统内部各类要素的分布不均匀,在一定条件下有可能通过涨落以及非线性机制放大而朝着某种方向发展。

四、地方金融的含义

地方金融是一个和区域金融不同的概念。"地方"一词本意上指某一区域或空间的一部分。根据分析视角和研究目的的不同,目前国内对地方金融的理解主要有两种。第一,以出资人的地域属性为标准,金融机构被分为:中央政府为主要出资人的国有金融机构,如中国人民银行、中国农业发展银行、国家开发银行、中国进出口银行等;各级政府直接或间接出资、企业和居民参与投资的股份制金融机构,如中国工商银行、中国银行、交通银行、泰康人寿保险公司等;地方政府、企业和居民个人为出资人的地方金融机构。本研究所言及的地方金融是指由地方政府、企业或其他经济组织、居民个人共同投资并经金融监管机构批准,在某一行政区域设立的,以股份制或合作制等形式组成且主要服务于当地经济发展的金融组织及其业务活动。第二,以金融活动发生的地域属性为依据,地方金融指的是在一定行政区域范围内为地方经济服务的金融组织及其业务活动,既包括国有金融机构在特定行政区域范围内设立的分支机构及其业务活动,又包括在该行政区域注册成立的地方金融机构及其业务活动。

第二节 区域金融学的理论基础

区域金融学是近年来兴起的一门交叉学科,它以区域经济理论、金融发展理论、金融地理理论作为研究区域金融问题的理论基础和工具,分析金融资源在特定空间范围内及不同空间范围间的存在和运动规律。

一、区域经济理论

区域经济理论是在经济学、生产布局学和经济地理学等学科的基础上发展而来的,是研究经济资源如何在一定区域范围内优化配置以获得最大产出的学说。它的产生和发展经历了萌芽期、形成期、成长期三个阶段。19世纪20年代至20世纪20年代,是区域经济理论的萌芽期。期间,学者们以生产布局区位理论为依据,主要研究单个企业等区位主体的最佳区位选择问题。20世纪50年代至60年代是区域经济理论的形成期,研究重点开始转向区域经济关系、区域协调发展和区域经济政策等问题,各国的区域经济学者提出了诸如循环累积因果关系理论、中心—外围理论、增长极理论、梯度推移理论、点轴开发理论等区域经济不平衡发展理论,也提出了贫困恶性循环理论和大推进理论等区域经济平衡发展理论和区域经济发展战略模式。20世纪80年代以后,区域经济理论进入成长期。区域经济学者借助网络信息技术,采用建模分析方法,着眼于区域创新和区域竞争优势,把空间概念引入主流经济分析,研究内容趋于综合化和多样化,在区域经济理论和区域经济发展政策等方面倾注了大量精力。

(一) 区位理论

区位就是事物所处的位置或场所。关于事物的分布位置或场所的理论被称为区位理论。区位理论主要研究人类活动的区位选择以及特定区位人类活动的组合。人类活动涉及经济、政治、文化等内容,也就有了经济区位、政治区位、文化区位等。经济区位理论包括古典区位理论和近现代区位理论。

1. 古典区位理论

古典区位理论以完全竞争市场条件下的价格理论为研究基础,以成本—收益分析为着眼点,采用静态局部均衡分析方法,研究单个企业布局选择的区位条件以及产业的空间布局规律,主要包括农业区位理论和工业区位理论。

(1) 农业区位理论

德国农业经济学家约翰·冯·杜能(Johann von Thünen)在《孤立国同农业和国民经济的关系》一书中,设定了一个孤立国,该孤立国只有一个城市,其周围的平原在土地肥力上完全均等。① 杜能首先将边际分析方法引入农业经济研究,结合观察法和会计核算法,依据生产地与消费地(城市)的距离远近,划分了六个"圈境",并计算生产成本和运输成本,分别给定不同圈境种植不同的作物,把生产费用和运输费用最小、"销售价值"最低作为农作物生产布局的最高原则。杜能强调运输距离(运输费用)对农作物生产布局的影响。他认为,农业收益与运输距离成反比,运输距离越近,获得的利润越多;地租缘于区位的优越和土地性质的偶然优势,生产地与消费地的距离越远,地租越低。杜能的研究方法对后来的经济学研究产生了

---

① 〔德〕约翰·冯·杜能著,吴衡康译:《孤立国同农业和国民经济的关系》,商务印书馆,1986年。

重要影响,他提出的农业区位理论为后来的区位研究奠定了基础。

(2)工业区位理论

德国经济学家阿尔弗雷德·韦伯(Alfred Weber)在《工业区位论》中提出了工业区位理论。① 韦伯以成本最小为原则,从影响工业企业区位选择的直接因素(区位因素)和间接因素(集聚与分散因素)出发,分别从运输成本指向、劳动力成本指向和集聚与分散指向三个维度构建了工业区位理论。韦伯认为,在不考虑集聚与分散因素的情况下,包括运输成本指向因素和劳动力成本指向因素在内的区位因素决定了成本优势,即成本优势取决于工业企业所处的位置。当劳动力成本不变时,这一位置取决于原料指数(地方原料的重量与产品重量之比);当劳动力成本变化时,工业企业会按劳动力系数(每吨产品的劳动力成本与所运物品的总重量之比)的大小相应地偏离运输区位。同时,集聚与分散因素会使工业企业的区位网络产生偏差。韦伯在研究的过程中,首次采用了"区位因素"的概念,其构建的工业区位理论的核心,就是通过对运输成本、劳动力成本、集聚与分散因素相互作用的分析和计算,找出工业产品生产成本的最低点,作为配置工业企业的理想区位。②

继韦伯之后,瑞典经济学家托德·帕兰德(Tord Palander)和美国经济学家埃德加·M.胡佛进一步发展了工业区位理论。帕兰德把不完全竞争引入区位理论研究,以价格为变量研究区位空间的均衡性,并在运费分析上提出远距离运费衰减理论。胡佛则对韦伯区位理论中的运费计算方法做了重大改进,提出总运费是一条增长逐渐放慢的曲线。③

2. 近现代区位理论

近现代区位理论立足于一定区域或市场的综合分析,动态地观察区域经济运行和地域空间结构。近现代区位理论主要包括一般区位理论、中心地理论和市场区位论。

(1)一般区位理论

瑞典经济学家贝蒂尔·奥林(Bertil Ohlin)假设地区是分工和贸易的基本地域单位,从生产要素禀赋的视角分析了工业区位问题。④ 奥林认为,由于各个地区的生产要素禀赋存在差异,各种生产要素间不能互相替代,因此各个地区生产的商品具有不同的要素密集度。在生产要素可以

---

① 〔德〕阿尔弗雷德·韦伯著,李刚剑等译:《工业区位论》,商务印书馆,2010年。
② 闫彦明:《金融区位导论——金融经济学的视角》,上海社会科学院出版社,2012年。
③ 李小建等:《经济地理学》(第2版),高等教育出版社,2006年。
④ 〔瑞典〕贝蒂尔·奥林著,王继祖等译:《地区间贸易与国际贸易》(修订版),首都经济贸易大学出版社,2001年。

在区域内自由流动的情况下,工业生产区位的选择依据之一是原料运输成本与制成品运输成本的比较。若前者大于后者,则在原料生产地生产;否则,在制成品生产地生产。同时,运输成本以外的其他转运费用、原料和制成品的可运性、运输能力和运输设施的地区差别、进出口关税等因素,同样会影响企业布局。在生产要素不能自由流动的情况下,各个地区劳动力增长速度、商品价格差异等能够引起生产要素配置状况发生改变的因素的变化,都会导致工业区位发生改变。

(2)中心地理论

德国地理学家沃尔特·克里斯塔勒(Walter Christaller)在其著作《德国南部中心地原理》中,假定中心地所处区域为均质的空间,消费者在较近的中心地进行购买,人口数量、收入水平、交通情况、商品价格影响中心地的范围和规模,继而构建中心地模型。当只有一个中心地时,该中心地最理想的服务范围为一个圆形的面。但是,当一个区域内存在多个同级中心地时,各中心地之间的相互距离不大于其向整个区域供应中心商品的必要距离,会有一部分区域从圆形的理想补充区域中分割出去,圆形面就会变为稳定的六边形面。当这些同级的中心地位于由六个等边三角形构成的六边形顶点时,相邻的中心地会相互等距离分布。由此,各级中心地组成一个有规律的递减的多级六边形,并达到空间均衡。根据区域的度数,中心地分布有三种变化模式:以市场供应为最优原则,中心地要最有利于商品和服务的销售;以交通为最优原则,各个中心地均应位于两个比自己高一级中心地的交通线的中间点;以行政区划为最优原则,每一个次一级的中心地必须在高一级中心地的行政管辖范围之内。克里斯塔勒认为,市场供应原则、行政区划原则、交通原则依据各自的法则决定中心地体系。市场供应原则主要作用于低级中心地的布局,行政区划原则主要作用于中级中心地的布局,而交通原则主要影响高级中心地的布局。在多数情况下,为求得各自的优势地位,三种原则彼此进行着竞争。[1]

(3)市场区位论

德国经济学家奥古斯特·勒施(August Lösch)在其著作《经济空间秩序》一书中,把市场需求作为空间变量,探讨工业区位、农业区位、城市区位及经济区位等问题,形成了市场区位理论。勒施假设在均质的平原上,交通条件相同,人口分布均等,居民的技术知识和生产机会相同。[2] 勒施的

---

[1] 〔德〕沃尔特·克里斯塔勒著,常正文、王中兴等译:《德国南部中心地原理》,商务印书馆,1998年。
[2] 〔德〕奥古斯特·勒施著,王守礼译:《经济空间秩序》,商务印书馆,2010年。

研究结论表明,区位的唯一决定因素是企业收入与成本支出的差额——利润。在自由市场条件下,企业区位选择的最佳地点是能获得最大利润的地点,工业区位中的消费者环绕生产者,在其周围形成需求区域,农业区位中的生产者环绕消费者,在其周围形成供给区域;就计划经济来说,企业是在利益最大化前提下能提供最好服务的地方建立起来的。勒施认为,在一个区域空间,有经济力促进集中,有经济力促进分散,前者是以专业化和大规模生产为主,后者则以运费和多样化生产为主,在不同经济力的相互作用下,最终形成市场区域;而根据位置、供给来源地和规模经济,形成城市和专业化地带。在一个区域空间,只要有利可图,竞争者就会不断涌入,直到竞争者达到最大限度,此时各生产者在收入上出现均等化,导致区位均衡。为了获取最大利润,每一个生产者的产品销售范围最初是以产地为圆心、最大销售距离为半径的圆形地域面积,随着竞争者的不断进入,供给空白区域很快被新的竞争者占领,企业销售的圆形区域范围逐步交叉重叠。当形成正六边形的市场区域结构时,运输距离最短,消费需求也被充分挖掘和利用,对生产者和消费者均最有利。

(二)区域经济发展理论

区域经济发展理论是关于区域经济发展的动力机制、历史过程及变化规律的理论。许多区域经济学家和发展经济学家对区域经济发展问题进行过探讨,存在区域经济平衡发展和区域经济不平衡发展两种观点,形成新古典区域经济平衡发展理论和区域经济不平衡发展理论。

1. 新古典区域经济平衡发展理论

(1)贫困恶性循环理论

新古典区域经济平衡发展理论的代表人物罗格纳·讷克斯(Ragnar Nurkse)认为,发展中国家由于实际收入水平低、储蓄能力和市场购买力水平低、资本积累能力和对资本的有效需求不足,导致生产率降低,这又会使得实际收入水平更加低下,从而走入贫困恶性循环的陷阱。[①] 发展中国家要走出这一陷阱,各个经济部门的投资和生产均应等比例增长,借助各个部门的经济外部性和部门间的经济联系,扩大市场容量,克服储蓄能力低下和对资本有效需求不足的双重障碍,推动各个经济部门实现平衡增长。

同样持区域经济平衡发展观点的乔治·H. 鲍茨(George H. Borts)和杰尔姆·L. 斯坦(Jerome L. Stein)在《自由市场条件下的经济增长》(*Economic Growth in a Free Market*)一书中认为,在规模收益不变并存在完全

[①] 〔美〕罗格纳·讷克斯著,谨斋译:《不发达国家的资本形成问题》,商务印书馆,1966年。

竞争市场的前提下,区域内和区域间资本、劳动力、技术进步等要素的供给和流动,决定着区域经济的长期增长。如果某一区域的边际劳动生产率有所提高,资本的边际生产率下降,劳动报酬必然上升,劳动力将从其他劳动报酬较低的区域向该区域流动,资本流动的方向则与此相反。随着要素在区域间的流动,不同区域的要素报酬会趋于一致,区域间的经济发展差距会逐渐缩小,最终使区域经济实现均衡增长。①

(2) 大推进理论

英国发展经济学家罗森斯坦·罗丹(Rosenstein Rodan)在 1943 年发表的"东欧和东南欧国家工业化的若干问题"(Problems of Industrialization of Eastern and South-Eastern Europe)一文中提出了大推进理论。罗丹以生产函数、需求和储蓄供给的不可分性为立论基础,认为发展中国家要发展经济就必须发展工业,而发展中国家的工业基础比较薄弱、基础设施匮乏,由于各个产业部门存在关联互补的关系,只对一个部门增加投资并不会推动其经济的发展。因此,只有对几个相互补充的产业部门同时扩大投资规模,取得外部经济效果,才能推动工业发展。

2. 区域经济不平衡发展理论

(1) 地理上的二元经济结构理论

冈纳·缪尔达尔(Gunnar Myrdal)在《进退维谷的美国:黑人问题和现代民主》(An American Dilemma: The Negro Problem and Modern Democracy)(1944 年出版)、《经济理论和不发达地区》(Economic Theory and Underdeveloped Regions)(1957 年出版)和《亚洲戏剧:各国贫困问题考察》(Asian Drama: An Inquiry into the Poverty of Nations)(1968 年出版)等著作中提出,在欠发达国家的经济发展过程中,存在经济发达地区和欠发达地区并存的地理上的"二元经济结构"。他认为,在经济发展的初期,欠发达国家内部各个地区的经济发展水平是基本一致的,生产要素可以自由流动。在外部因素的作用下,当某些地区经济增长速度快于其他地区时,经济发展就会出现不平衡。在"循环累积因果关系"的作用下,经济发展较快的地区会发展得更快,经济发展较慢的地区会发展得更慢。缪尔达尔对循环累积因果关系的解释是:各种社会经济因素之间是相互联系、互为因果的,一些社会经济因素的初始变化,会促使另一些社会经济因素发生相应变化,而后面这些变化了的社会经济因素又反过来作用于初始变化的社会经济因素,形成社会经济因素变化的循环累积因果关系,最终导

---

① 张金锁、康凯:《区域经济学》(第 3 版),天津大学出版社,2009 年。

致社会经济发展沿着最初变动的方向进行螺旋式上升或螺旋式下降运动。当某些地区经济率先发展时,欠发达地区的劳动力、资本、技术等要素受到经济发达地区要素报酬提高的吸引,会自发地向这些地区流动,其自身经济发展由此受到遏制,发达地区由此拥有了累积性竞争优势,形成了所谓的"回波效应"(backwash effect)。随着要素向经济发达地区流动,要素集聚的外部正效应和规模经济会逐渐转变为外部负效应和规模不经济,此时发达地区的要素会向周边的经济欠发达地区转移,这就是所谓的"扩散效应"(spread effect)。回波效应的存在会加速经济发达地区的经济发展,扩散效应的出现则会推动经济欠发达地区的经济发展。一般而言,回波效应总会大于扩散效应,从而使地区经济发展差距不断扩大,形成地区二元经济结构。缪尔达尔认为,当某些地区累积起发展优势时,应采取区域经济不平衡发展战略,优先发展这些地区,但各个地区经济发展差距不宜过大,要促进区域经济的协调发展,政府必须进行有力干预。

(2)中心—外围理论

中心—外围理论由阿根廷经济学家劳尔·普雷维什(Raul Prebisch)于1949年向联合国递交的一份题为"拉丁美洲的经济发展及其主要问题"(The Economic Development of Latin America and Its Principal Problems)的报告中首先提出,讨论了发达国家(中心)与发展落后国家(外围)因国际分工不同而引起地位不平等的议题,并阐述了中心—外围不平等体系的形成及其发展模式与政策主张。后来,约翰·弗里德曼(John Friedman)将该理论引入区域经济学,成为区域经济不平衡发展理论的重要组成部分。[1] 阿尔伯特·赫希曼(Albert Hirschman)在他的"Investment Policies and 'Dualism' in Underdeveloped Countries"[2]一文以及《经济发展战略》(The Strategy of Economic Development)[3]一书中,利用"极化效应"(polarized effect)和"涓滴效应"(trickling-down effect)解析了中心—外围空间结构的成因。赫希曼所谓的"极化效应"是指在中心地区和外围地区的相互作用中,中心地区因吸引外围地区要素的流入而居支配地位,外围地区因要素的不断流出而出现经济衰退。"涓滴效应"是指中心地区采购外围地区的原料和燃料并向外围地区输出剩余资本和技术,从而带动外围地区的经济发展。从某种意义上讲,赫希曼的观点与缪尔达尔的二元

---

[1] Friedman, J. R., *Regional Development Policy: A Case Study of Venezuela*, MIT Press, 1966.

[2] Hirschman, A. O., "Investment Policies and 'Dualism' in Underdeveloped Countries", *The American Economic Review*, 1957, 47(5), 550–570.

[3] Hirschman, A. O., *The Strategy of Economic Development*, Yale University Press, 1958.

经济结构理论有相似之处。弗里德曼认为,任何国家的区域系统都是由中心和外围两个子空间系统构成的。资源、市场、技术和环境等要素的区域分布差异是客观存在的。当要素在某些区域的空间集聚形成累积发展之势时,就会形成区域经济体系的中心地区,外围地区处于依附地位且缺乏经济自主性,区域经济发展的空间二元结构由此出现。不过,随着市场的扩大和交通等基础设施的改善以及城市化进程的不断加快,中心与外围的界限会逐步消失,空间经济逐渐趋向一体化。

(3) 增长极理论

1950 年,法国经济学家弗朗索瓦·佩鲁(Francois Perroux)在"经济空间:理论与应用"(Economic Space: Theory and Applications)一文中提出"增长极"的概念。佩鲁所谓的增长极,是指具有空间聚集特点的推动性经济单位的集合体。[1] "经济空间"是佩鲁的增长极理论的逻辑起点。佩鲁认为,经济空间是经济部门或产业之间的关联关系。作为经济增长的主要动力,当创新出现在某些特定的经济部门时,这些经济部门的发展速度就会快于其他经济部门,从而形成对其他经济部门的支配效应[2]、乘数效应[3]和推动效应[4]。这种在一定时期内具有较强的创新能力和增长能力,在经济空间中发挥支配作用和推动作用的经济部门(产业)即为增长极。在佩鲁之后,区域经济学者赋予"经济空间中的增长极"概念以区域空间的内涵,把增长极从经济部门转化为空间单位,从地理的角度把增长极定义为"推进性产业及其相关产业在地理空间上的集聚体",用以解释区域经济增长机制,形成了区域经济增长极理论。

增长极理论主张通过政府的干预来集中投资,加快条件较好地区优先发展,形成经济增长极,利用地区之间的经济联系,在乘数效应的作用下,带动周边地区实现快速发展。增长极理论具有较强的实际操作性,同时我们也注意到,增长极的形成与发展,可能会打破区域的空间平衡,改变区域空间结构,加剧区域经济不平衡。

(4) 梯度推移理论

梯度推移理论源于雷蒙德·弗农(Raymond Vernon)于 1966 年在美国《经济学季刊》(*The Quarterly Journal of Economics*)上发表的"产品周期中的国际投资与国际贸易"(International Investment and International

---

[1] 李小建等:《经济地理学》(第二版),高等教育出版社,2006 年。
[2] 支配效应指增长极因拥有技术上和经济上的先进性而在与其他经济部门的交互关系中发挥支配作用。
[3] 乘数效应指增长极在形成之后对其他经济部门发挥的作用越来越大。
[4] 推动效应指增长极通过外部经济和产业之间的关联乘数效应推动其他产业的发展。

Trade in the Product Cycle)一文中提出的产品生命周期理论,后来经过一些经济学家的验证、充实和发展,被引入区域经济发展理论。经济梯度指的是经济发展水平的区域差异。梯度推移理论认为,由于经济发展的历史基础、资源禀赋、区位条件不同,经济发展与技术水平存在区域差异,每次出现的新产品、新技术、新工艺、新产业,都会按照由高到低的梯度层级次序逐渐推移。

区域经济发展水平的高低取决于其产业结构状况,产业结构状况又取决于区域经济部门尤其是主导产业部门在产业生命周期中所处的发展阶段。当主导产业部门处于创新阶段或快速发展阶段时,该地区即为经济发展的高梯度区域。创新活动总是首先出现在高梯度区域,特别是大城市。这是因为大城市集中了大量科研院所和高等学校,拥有创新必备的人才基础;大城市汇集了科技、经济等方面的信息,是一个信息中心;大城市还拥有优越的生产条件和市场环境。创新过程中形成的新产品、新技术、新工艺、新产业,在扩散效应的作用下,会依托多层次城镇系统,逐渐向梯度较低的区域推移。这种推移可以是向邻近的梯度较低的城市渐次推移,也可以是跳跃式地向更广阔的地区推移。经济梯度推移遵从利润最大化原则。高梯度城市接受推移的目的在于为新产品、新技术、新方法、新产业谋求更加广阔的市场空间,低梯度区域接受推移的目的在于充分利用既有的基础设施和土地价格、劳动力成本、税收优惠等比较优势。

各个区域所处的经济梯度是动态变化的。高梯度区域不注重创新、产业结构老化,就会逐渐变为低梯度区域;而低梯度区域通过引进技术和优秀人才实现了产业结构升级,则会变为高梯度区域。常规的梯度推移方向是高梯度向第二梯度进而向第三梯度渐次推移。这主要是因为位于第二梯度的城市更具备接受和消化高梯度城市创新成果的条件。随着第二梯度城市的产业逐渐成熟和老化,推移会朝向第三梯度城市,依此层级次序推移下去,最终直到乡镇和农村。也有学者认为,经济发展落后的地区,不管其梯度如何低,都可以利用后发优势,通过引进最新技术进行经济开发,实现跳跃式发展,然后向高梯度城市进行反梯度推移。

(5)点轴开发理论

点轴开发理论是增长极理论的延伸。它不仅重视增长极在区域经济增长中的影响,而且强调连接各增长极的轴线所发挥的作用。点轴开发理论认为,在一国的经济发展过程中,一些经济发展条件较好的地区总是率先成为经济中心,成为一个个散落在全国各地的"点"(增长极)。出于各点之间交换要素与产品的需要,铁路、公路、河流航线以及动力供应线、水源供应线等线状基础设施逐渐建立并相互连接起来,形成点与点之间的轴线。起初轴线的作用在于服务各个点,有效降低运输费用和生产成本。随着点与点之间人流、物流的增多与加快,产业和人口会向轴线集聚,轴线逐渐成为经济增长轴,使极化过程与扩散过程在空间上沿着既定的方向连续进行。因此,点轴开发实际上是各经济增长极经由交通线、动力供应线、水源供应线等轴线向欠发达地区纵深推移的过程。点轴开发理论非常重视地区发展的区位条件和轴线在经济增长中的作用,认为点轴开发对地区经济发展的作用要远远大于增长极开发,对于区域经济协调发展有着积极的推动作用。

(6) 网络开发理论

网络开发理论是点轴开发理论的延伸。该理论认为,在经济布局框架已经形成、点轴系统比较完善的地区,可实行网络开发,构造现代区域空间结构。这一区域空间结构包括三个要素:一是节点,即以各类中心为代表的增长极;二是域面,即各个节点吸引的范围;三是网络,由商品、资金、技术、信息、劳动力等生产要素的流动网及交通网和通信网组成。[1] 网络开发可以加强节点、域面之间生产要素交流的广度和深度,促进地区经济一体化,推进城乡一体化,密切区域内部及其与其他区域经济网络的联系,在更大空间范围内优化配置生产要素,推动区域经济协调发展。网络开发是区域经济走向成熟的标志,比较适用于经济较发达的地区。

3. 区域经济理论的拓展

20世纪90年代以来,以保罗·克鲁格曼(Paul Krugman)为代表的一些经济学家把空间的概念引入主流的经济学分析中。克鲁格曼假设垄断性竞争的工业生产部门规模报酬递增和完全竞争的农业生产部门规模报酬不变,建立中心—外围模型用以解释经济活动空间集聚的形成机制,认为经济活动是否集聚主要依向心力和离心力的作用大小而定。向心力来源于三个方面:一是经济活动的空间集聚能够吸引大量劳动力,形成劳动力市场,稳定劳动力成本,从而实现规模报酬递增;二是经济活动的空间集聚会吸引大量中间产品供应商,有利于降低中间产品的运输成本和生产成本;三是经济活动的空间集聚,可以通过信息和技术的溢出效应,实现外部经济。经济活动的空间集聚必然带来地租的上涨,也会带来拥挤等纯外部非经济性,土地等生产要素在空间上具有不可流动性,由此产生离心力。克鲁格曼以动力学原理为基础,构建模型进行验证,认为工业生产活动集聚与运输成本变化存在非线

---

[1] 张金锁、康凯:《区域经济学》(第3版),天津大学出版社,2009年。

性关系。当运输成本高时,规模经济差,工业产品需求少,离心力大于向心力,不会形成经济集聚;当运输成本中等时,规模报酬递增,工业产品需求上升,工业生产活动会形成中心—外围的空间结构;当运输成本进一步降低时,工业生产活动是集聚还是分散,依向心力与离心力各自的大小而定,若向心力大于离心力,则会形成集聚,否则会出现分散化。①

二、金融发展理论

在西方,古典经济学家认为货币是商品交换的媒介,货币数量的多少对实体经济产出没有实质性影响,只会使物价水平同比例变动,即货币数量对经济增长的作用是中性的。20 世纪以前,货币中性论的观点在货币与经济关系的研究中占据主导地位。直到 1873 年,Walter Bagehot 提出,英国的金融系统动员资本并引导资本进行高效率投资,对工业革命的顺利完成发挥了关键性作用。② 1898 年,瑞典经济学家克努特·威克塞尔(Knut Wicksell)在《利息与价格》(*Interest and Prices*)一书中认为,货币金融对实体经济活动具有实质性的影响,提出货币非中性的经济思想。随后,约瑟夫·熊彼特(Joseph Schumpeter)在 1911 年出版的《经济发展理论》(*The Theory of Economic Development*)一书中,较系统地阐述了金融因素与经济增长的关系,强调了金融在加快技术创新和推动经济增长方面的重要作用。受熊彼特的启发,詹姆斯·托宾(James Tobin)等经济学家也都在各自的理论中对货币金融与经济活动的关系进行了阐述。托宾将货币因素引入经济增长模型,把货币收支作为实际可支配收入的一部分,强调一国可以通过货币政策调整来改变资本产出比率,最终提高经济增长率。③

金融发展理论形成于 20 世纪 60 年代末、70 年代初。20 世纪 50 年代,发达国家经济快速发展、金融体系逐渐完善,与发展中国家经济发展缓慢、金融制度落后形成了鲜明对比。随着发展经济学的兴起,西方经济学界掀起了一个从金融视角研究发展中国家经济发展滞后的热潮。④ 1960 年,约翰·G. 格利(John G. Gurley)和爱德华·S. 肖(Edward S. Shaw)建立了关于货币、债务及经济增长的理论模型,构建了一个以多种金融资产、多样化的金融结构和完整的金融政策为基本内容的货币金融理论,阐述了各种金融中介在

---

① Krugman,P.,"Increasing Returns and Economic Geography",*Journal of Political Economy*,1991,99(3),483-499.
② Bagehot,W.,*Lombard Street:A Description of the Money Market*,London:HS King,1873.
③ Tobin,J.,"Money and Economic Growth",*Econometrica*,1965,33(4),671-684.
④ 王广谦:《20 世纪西方货币金融理论研究:进展与述评》,经济科学出版社,2003 年。

储蓄—投资过程中的重要作用,表达了货币流量变动会影响经济增长的思想。① 1966年,休奇·帕特里克(Huge Patrick)在"Financial Development and Economic Growth in Underdeveloped Countries"一文中提出,金融机构和相关金融服务与经济增长的关系存在两种模式:供给主导(supply-leading)和需求追随(demand-following)。前者强调优先发展金融业,增加金融供给,以促进经济增长;后者则强调经济增长必然会产生金融需求,金融机构及相关金融服务的增加是经济增长的结果。② 1969年,雷蒙德·W.戈德史密斯(Raymond W. Goldsmith)在《金融结构与金融发展》一书中,创建了衡量一国金融结构与金融发展水平的一系列存量指标和流量指标,并运用比较研究方法,分析了处在不同经济发展阶段的国家的金融结构模式,研究了金融结构与金融发展和经济增长的关系,归纳了各国金融发展的一般规律。③ 1973年,罗纳德·I.麦金农(Ronald I. Mckinnon)在 Money and Capital in Economic Development 一书中提出"金融抑制论"④,肖在 Financial Deepening in Economic Development 一书中提出"金融深化论"⑤,标志着金融发展理论体系的形成,成为当时发展中国家金融政策制定和金融制度改革的理论依据,对发展中国家的金融改革与发展起到直接推动作用。

从20世纪70年代中后期开始,一些发展中国家依据金融发展理论进行金融自由化改革,相继推出了一些金融深化改革措施,但在20世纪80年代出现了金融动荡和金融危机,而另一些没有实施金融自由化改革的发展中国家与制度转型国家在经济和金融上却得到了平稳发展。为此,以托马斯·赫尔曼(Thomas Hellmann)、凯文·默尔多克(Kevin Murdock)和约瑟夫·斯蒂格里茨(Joseph Stiglitz)为代表的新凯恩斯主义者提出了金融约束的思想。⑥ 金融约束论是发展中国家在不具备金融自由化条件的情况下通过政府干预实现金融深化的新思路。20世纪80年代以后,一些经济学家借鉴内生经济增长理论、新制度经济学和新古典经济学的研究思

---

① 〔美〕约翰·G.格利、爱德华·S.肖著,贝多广译:《金融理论中的货币》,上海三联书店、上海人民出版社,2006年。
② Patrick, H. T.,"Financial Development and Economic Growth in Underdeveloped Countries", *Economic Development and Cultural Change*, 1966, 14(2), 174—189.
③ 〔美〕雷蒙德·W.戈德史密斯著,周朔等译:《金融结构与金融发展》,三联书店上海分店、上海人民出版社,1994年。
④ Mckinnon, R. I., *Money and Capital in Economic Development*, The Brookings Institution, 1973.
⑤ Shaw, E. S., *Financial Deepening in Economic Development*, Oxford University Press, 1973.
⑥ 王广谦:《20世纪西方货币金融理论研究:进展与述评》,经济科学出版社,2003年。

路及研究方法,从效用函数入手,不再像麦金农和肖那样将金融机构与金融市场当作外生变量,而是引入诸如不确定性(流动性冲击和偏好冲击)、不完全竞争、信息不对称(逆向选择和道德风险)、外部性等因素,把公共政策、文化、法律等纳入对金融发展的分析框架,建立各种具有微观基础的金融发展模型,利用大量的数据资料,研究金融机构和金融市场的形成及其与经济增长的关系,形成了内生金融理论。21世纪初,我国学者白钦先等把研究视角延伸到不完全市场理论、金融的内在不稳定性理论以及可持续发展理论,并基于金融资源观,提出了金融可持续发展论。① 综上所述,金融发展理论主要包括金融结构论、金融抑制论、金融深化论、金融约束论、内生金融论和基于金融资源观的金融可持续发展论。

(一)金融结构论

金融结构论认为,金融发展就是金融结构的变化,是初级金融结构向较为复杂的金融结构转化的过程。金融结构是金融工具和金融机构的综合,包括一国既有的各种金融工具和金融机构的形式、性质及其相对规模。金融发展一般体现在金融工具的多样化和金融机构的多元化。金融工具是一个经济单位对其他经济单位的债权凭证和所有权凭证,金融机构是经营金融资产与金融负债的企业。由于金融结构是由金融工具和金融机构共同决定的,因此戈德史密斯对金融结构的量化分析主要从"金融资产与实物资产在总量上的关系,金融资产与负债总额在各种金融工具中的分布,以金融机构持有或发行的金融资产所占比例来表示的金融资产与负债总额在金融机构或非金融经济单位中的分布,金融资产与负债在各个经济部门的地位"等角度进行。② 戈德史密斯构建了量化分析金融结构的一系列指标,其中重要的指标是金融相关比率(financial interrelations ratio, FIR)。该指标反映的是金融上层结构与经济基础结构在规模上的变化关系,具体表现为一定时期内金融资产与国民财富在总量上的相对关系,它由一定时期内的金融活动总量和经济活动总量决定,即:

$$金融相关比率 = \frac{某一时点未清偿金融工具的市场价值}{某一时点国民财富的市场价值} \quad (1-1)$$

金融相关比率还受制于生产集中程度、财富分配状况、投资动力、储蓄倾向等一国经济结构的基本特征,并与该国经济发展水平呈正相关关系,金融相关比率的高低大体可以反映经济发展所处的阶段和水平。当经济

---

① 白钦先等:《金融可持续发展研究导论》,中国金融出版社,2001年。
② 〔美〕雷蒙德·W. 戈德史密斯著,周朔等译:《金融结构与金融发展》,三联书店上海分店、上海人民出版社,1994年。

发展水平较低时,金融相关比率较低,债权凭证在金融工具中占据主导地位,金融机构持有的金融资产占比较低,商业银行在金融机构中的地位突出。随着经济发展水平的提高,金融机构拥有的金融资产的比重不断上升,为满足金融机构多样化的市场需求,商业银行拥有的金融资产相对规模逐渐下降,非银行金融机构持有的金融资产比重迅速上升。长期来看,一国的金融发展与经济发展存在大致平行的关系。①

根据戈德史密斯的研究,发达的金融结构对经济增长的促进作用是通过提高储蓄、投资总水平以及储蓄向投资转化的效率来实现的。而金融机构的金融活动使业已分离的储蓄和投资重新结合,发行金融工具使储蓄加速向投资转化成为可能。金融结构促进经济增长作用的发挥,主要借助于金融机构和金融工具的多样化。多样化的金融工具和金融机构,会激发经济主体参与金融活动的欲望,满足不同经济主体多样化的金融需求,降低金融成本,加快金融资本积累,提高资本收益水平。②

(二)金融抑制论

传统的货币经济理论是建立在一系列假设条件基础上的,这些假设条件主要包括:金融市场极为发达和健全;信用工具非常丰富;社会生产函数和个别企业的生产函数是统一的,即各个经济单位都能使用相同的技术;货币与资本可以相互替代;等等。麦金农认为,这些假设条件并不符合发展中国家的实际情况。③ 在许多发展中国家,经济货币化程度较低,自然经济占有较高比重,以城市为代表的现代经济相对应的现代金融机构和以乡村为代表的自然经济相对应的传统金融机构并存,广大农村和中小企业难以获得信贷支持,形成了典型的二元金融结构,以致货币政策传导不畅;金融机构以商业银行为主,存贷款大多被少数大型国有商业银行垄断;资本市场不发达,金融工具种类较少;政府对经济和金融业的干预较多,尤其是对利率和汇率实施较严格的管制措施,人为压低存贷款利率,本币汇率高估,使利率和汇率不能真正地反映货币资金和外汇的市场供求关系;金融市场是割裂的,投资主要依赖内源融资,使得许多企业使用差异很大的技术和要素去生产大致相同的产品。

鉴于发展中国家的上述特点,麦金农认为凯恩斯的货币需求函数不适

---

① 〔美〕雷蒙德・W. 戈德史密斯著,周朔等译:《金融结构与金融发展》,三联书店上海分店、上海人民出版社,1994年。
② 同上。
③ Mckinnon, R. I., *Money and Capital in Economic Development*, The Brookings Institution, 1973.

用于发展中国家。发展中国家的货币需求取决于国民生产总值、投资和实际利率,并与这三个因素均呈同向变动关系。进一步地,他认为实际投资率(即投资占国民生产总值的比率)不仅与货币需求同向变动,而且与实际利率同向变动。因此,实际利率是影响货币需求进而影响投资的主要因素。

金融抑制论认为,金融抑制下的低利率政策不仅不能促进经济增长,反而会对经济增长起阻碍作用。除人为制定低利率政策外,本币汇率高估、增发货币造成通货膨胀、信贷与外汇配给政策、财税政策和贸易政策等,都是发展中国家实施金融抑制的重要举措。发展中国家的金融抑制战略阻碍了经济发展,而经济发展的停滞又制约了金融发展,造成发展中国家经济与金融困局的根本原因在于政府对经济和金融过度干预,忽视了市场机制作用的发挥。

(三)金融深化论

麦金农和肖都认为,发展中国家要想发展本国经济,就应该放弃对利率和汇率的人为控制与干预,使利率和汇率能够发挥调节资金与外汇供求的功能,有效抑制通货膨胀,使不断上升的实际利率不仅能够通过增强储蓄倾向来增加储蓄,而且能够引导投资、提高投资效率、推动经济发展,而经济发展又为金融发展创造了条件,最终使得经济发展和金融发展步入良性循环。[①]

麦金农和肖的研究虽然结论相同,但分析视角和研究方法有所不同。[②] 麦金农认为,传统的货币金融理论不适用于发展中国家落后的货币金融制度。他从货币—资本互补性的角度出发,认为在发展中国家,金融市场是相互割裂的,投资主要依靠内源融资,货币与资本存在互补关系,在投资之前必须积累一定量的储蓄。储蓄的形式有两种:商品存货和货币。在解除金融抑制后,随着名义存款利率的上升和物价预期变动率的下降,实际利率水平会上升,持有货币的收益增加,投资者以货币形式增加储蓄的意愿增强,实际货币需求增加,投资增加,最终推动经济发展,即"实际利率↑⇒持有货币的收益↑⇒实际货币需求↑⇒投资↑⇒经济发展↑"。这就是麦金农所谓的货币的"导管效应"(conduit effect),其核心是政府放开对利率的控制。在麦金农看来,发展中国家的经济是分割的,不同地区的

[①] Mckinnon,R. I.,*Money and Capital in Economic Development*,The Brookings Institution,1973;Shaw,E. S.,*Financial Deepening in Economic Development*,Oxford University Press,1973.

[②] 王广谦:《20世纪西方货币金融理论研究:进展与述评》,经济科学出版社,2003年。

投资收益率有很大差异,因此货币的导管效应是有限定条件的:持有货币的实际收益率不应超过社会平均收益率。

肖从金融中介的角度出发,认为货币只是债务媒介(debt intermediary),金融中介的任务在于通过债务媒介一方面增加储蓄,另一方面促进储蓄向投资转化。只有减少政府对金融的干预,实行金融深化,提高实际利率,才能促使银行吸收更多的货币储蓄,增加贷款规模,从而刺激外源融资形式的投资,提高投资效率。因此,肖认为金融深化的关键是提高实际利率,只有提升金融中介比率、增加金融资产的规模,才能快速积累和合理配置储蓄。

金融深化的实质即金融自由化。麦金农和肖提出的金融深化措施具体包括:政府放弃对利率的人为干预,从而使利率能真实反映资金供求关系;改革金融体制,促进金融机构的自由竞争,使银行体系和金融市场真正发挥吸收与组织社会储蓄资金、引导资金投资的功能;放宽外汇管制,逐步实现汇率自由化,使汇率真正反映外汇资金的供求状况。为了给金融深化创造良好的经济环境,麦金农和肖还认为,发展中国家应在财税、外贸等方面进行配套改革。

针对20世纪80年代巴西、阿根廷等一些发展中国家因推行金融自由化改革而出现债务危机的情况,麦金农提出,发展中国家进行经济改革时必须根据改革的初始条件选择改革的先后次序。首先,中央政府的财政收支应得到平衡;其次,银行体系应自主经营,按实际利率支付和收取存贷款利息;最后,政府应实行单一汇率政策,取消进出口的配额限制和其他行政管制。只有这样,才能达到资本项目自由化和汇率稳定,国内的通货膨胀得到有效抑制,国内借贷在均衡利率水平上进行。麦金农的这些政策建议,为发展中国家的经济自由化和金融深化提供了理论指导。

(四)金融约束论

金融约束论认为,在推行金融自由化改革后,实际利率将大幅提高,投资需求下降,名义存款利率上升导致储蓄增加的同时会降低消费需求。贷款利率上升使得产品成本上升,出口产品价格存在上涨的压力;在金融市场开放的背景下,资本流入增多、本币汇率上升,导致出口需求下降。因此,金融自由化将使总需求下降,不利于经济增长。在金融深化的过程中,政府应通过一系列金融政策安排,控制存贷款利率,使存贷款利率高于通货膨胀率但低于竞争性均衡水平;政府应帮助商业银行参与长期融资,由政府承担通货膨胀损失;政府应限制居民把正式金融部门的存款转化为证券、国外资产、非正式金融部门的存款等其他形式的资产;政府应对金融机构的市场进入及资本市场的竞争加以限制,避免银行因过度竞争而倒闭,保障金融体系的安全与稳定,从而为金融部门和生产部门创设租金①。租金的存在,一方面为金融部门创造了特许权价值,用于支持金融部门的长期经营活动,限制银行业的竞争,激励银行吸收存款并对贷款企业进行严密监督,规避银行潜在的"逆向选择"和"道德风险";另一方面,租金从居民手中转移到企业手中,可以增加投资,提高资金配置效率。

持金融约束论观点的经济学家认为,由于市场上的信息不对称和信息不完全以及由此导致的市场失灵普遍存在,一定的政府干预是必要的。需要说明的是,金融约束有别于金融抑制。金融抑制所形成的租金通过金融部门和生产部门向政府部门转移,而金融约束所形成的租金分别在金融部门和生产部门内部通过市场竞争机制进行分配,政府并不占有。微观主体在遵守政府租金分配规则的前提下,可以避免市场失灵引起的效率损失。作为一种动态的政策工具,在制定和实施金融约束的过程中要求具备一定的前提条件,主要包括宏观经济稳定、通货膨胀率较低且可以预测、实际利率为正,等等。

(五)内生金融理论

内生金融理论是指研究金融机构和金融市场的形成及其与经济增长的关系,探讨金融发展内生根源的理论。金融机构内生形成机制方面的研究结论主要包括:当事人随时的(或不可预料的)流动性需要导致金融机构的形成,金融机构的作用不是克服信息摩擦,而是提供流动性;当事人的流动性偏好和流动性约束促使金融机构的形成,金融机构在提供流动性服务方面效率较高,可以缓解流动性约束对消费行为的不利影响。金融市场内生形成机制的研究结论主要包括:证券市场价格是由瓦尔拉斯市场均衡条件决定的,当事人在信息获取和信息汇总上的优势导致金融市场的形成;金融市场的固定运行成本或参与成本推动金融市场的内生形成,即只有当经济发展到一定水平、有能力支付参与成本的人数达到一定规模时,金融市场才会形成。

总之,金融过程中的不确定性和信息不对称等因素会产生金融交易成本,这一成本随着经济的发展而提高。降低金融交易成本,便成为金融机构和金融市场的内生要求。在金融发展和经济增长的关系方面,内生金融理论认为,金融机构早于金融市场形成,两者都具有完成金融交易的功能;金融机构在处理单个金融交易时,具有比较成本优势和信息优势。因此,金融机构

---

① 这里的租金指的是超过竞争性市场所能产生的收益。

在关系型融资时期占据主导地位,而金融市场在价格型融资时期占据主导地位。在经济发展初期,金融机构和金融市场的作用是互补的,共同推动经济增长。当经济发展到一定阶段、储蓄资源被挖掘殆尽后,金融机构和金融市场才是替代关系。政府可以通过提供流动性来满足市场对流动资产的需求。发展中国家要进行金融自由化改革,必须满足几个先决条件:物价稳定,财政纪律严格,税收制度公平,金融监管制度健全,等等。

(六)基于金融资源观的金融可持续发展论

国内学者白钦先认为,经济全球化、经济金融化和金融自由化的现实背景,赋予了金融的资源属性。金融资源流动的根本目的是在市场不完全的条件下实现金融稳定和提高金融资源配置效率,从而推动金融与经济的可持续发展。金融与经济是否相适应,是决定金融稳定和金融资源配置效率提高的关键因素。金融资源的流动是各层次金融资源的时空动态变化过程,其流动方向反映了不同地域空间金融资源作为一种应用于实体经济活动的社会资源的稀缺程度和金融资源投入与经济增长的比例关系。金融资源的地域运动,推动着区域经济的协调发展和可持续发展。同时,金融资源的地域运动,是一个连续不断的过程,基础性核心金融资源往往先行流动,再带动中间层金融资源跨区域流动;整体功能性高层次金融资源最终也随着前两个层次金融资源的流动而发生地域运动。[①]

白钦先等在金融资源观和可持续发展理论的基础上,提出了金融可持续发展论。[②] 金融可持续发展是对经济可持续发展的内涵和外延的进一步扩展与补充。金融可持续发展论是为了适应经济金融高度一体化、经济日益金融化、金融自由化不断发展等一系列重大挑战而提出的,它以金融资源为研究客体,以实现经济金融与社会的可持续发展为最终目的,其核心是以金融资源的本质属性为基础,研究国别和全球金融资源的开发利用、存量配置与流动、供给与需求、消耗与消费的初始条件、成本与收益、风险、后果与影响的一般规律,从而最终实现国别和全球经济金融在现在及未来较长时间内协调、稳定、健康、有效且持续地发展。金融可持续发展论认为,金融发展是一个不断开发金融资源、扩大金融资源基数、提高金融资源配置效率的过程,这一过程的直接结果是促进和推动经济发展。金融资源的开发利用与金融发展绩效存在一种稳定的函数关系,金融是经济的一

---

① 白钦先等:《金融可持续发展研究导论》,中国金融出版社,2001年。
② 同上。

个重要的社会性生态环境,维持、保护和改善经济的金融生态环境①,首先应考虑金融在一定发展水平下满足经济的能力。

白钦先等在比较了"内源封闭式"和"外源开放式"金融可持续发展模式在发展中国家与发达国家的实践经验后认为,这两种发展模式均有自身的优势和局限性,金融全球化背景下金融可持续发展的最优模式选择应为"内源封闭式"金融发展 和"外源开放式"金融发展的统一。金融可持续发展论强调,金融可持续发展是量性金融发展与质性金融发展的统一,是相对稳定的金融发展与跳跃式金融发展的并存,是整体效率与微观效率并重的金融发展。

一方面,基于金融资源观的金融可持续发展论赋予了金融特殊资源属性,即通过配置金融资源进而配置其他资源,揭示了金融资源配置对经济可持续发展所具有的重要政策意义;另一方面,金融资源的稀缺性、客观存在性等一般资源属性,改变了之前人们持有的传统资源观,统筹考虑金融资源这一社会资源与自然资源,制定可持续发展的政策与规划,强调金融资源在开发利用上应与经济发展相协调、相适应。同时,基于金融资源观的金融可持续发展论将可持续发展理念引入金融学的分析范式,重新审视金融学研究的对象、范式、理论与方法,丰富了学界关于金融发展与经济发展关系的认识,是对金融发展理论的重要补充。另外,基于金融资源观的金融可持续发展论关于金融资源的时空运动和配置的阐述,为学界认识区域金融产业布局、区域金融集聚、区域金融发展差异、区域金融发展与区域经济发展的关系,以及区域金融调控和区域金融合作,提供了新的视角。

三、金融地理理论

(一)金融地理学的产生与发展

金融地理学是近年来兴起的融合地理学、金融学、社会学的一门边缘交叉学科,是地理学的一个分支。它一方面从地理学的视角研究金融问题,探讨金融与地理环境的关系;另一方面,它在研究金融问题时采用地理学的方法论,强调根植性或嵌入性,认为地理环境是导致不同地域金融体系起源和发展路径存在差异的基础。这里的地理环境不仅指自

---

① 根据伍艳 2010 年在中国农业出版社出版的《中国区域金融生态与区域金融发展》一书中的解释,金融生态环境是指"作用和影响金融生态主体生存与发展的各种因素,即金融生态主体生存、运行和发展的经济、法律、社会、文化环境等,金融生态环境构成金融生态主体的服务对象和活动空间,它决定着金融生态主体的生存条件、运行方式和发展方向。"引自伍艳:《中国区域金融生态与区域金融发展》,中国农业出版社,2010 年。

然地理,还包括经济、文化、法律、历史、社会等因素构成的综合系统。金融地理学强调对任何金融问题的分析,都应综合考虑经济因素与非经济因素。

金融地理学的产生与发展分为 20 世纪 50 年代至 60 年代、20 世纪 70 年代至 80 年代和 20 世纪 80 年代至今三个阶段。金融地理学起源于缪尔达尔在 1957 年出版的《经济理论和不发达地区》(*Economic Theory and Underdeveloped Regions*)一书中提出的循环累积因果理论,该理论对区域经济学具有重要影响。20 世纪 70 年代中期,金融地理学有了新发展。1974 年,法国学者让·勒贝斯(Jean Labasse)出版了一部融合区域经济学和经济地理学早期研究成果的著作——《空间组织:意愿地理学的要素》。不过,这一学术成果被大多数经济学家和地理学家忽略了。随着 20 世纪五六十年代发达国家产业资本的对外扩张,一些地理学家开始研究城市和区域内部金融资本的动态性。代表性人物如大卫·哈维(David Harvey),分析了金融地理的格局及其发展过程、金融服务空间的不均衡性、金融在资本积累中扮演的角色、特定金融制度的空间组织与运作、金融中心的发展,以及金融流动与产业发展的关系等。① 从 20 世纪 80 年代开始,随着空间经济研究的再度兴起和经济学界对文化和制度要素影响经济发展的研究的重视,西方的一些金融地理学者开始关注金融服务业的空间布局问题,并将金融机构的空间集聚与金融中心的发展、金融流动与产业发展的关系引入研究范畴。也就在这一时期,金融地理学伴随着对相关理论的争论而快速兴起,成为经济地理学的重要分支之一。

(二)金融地理学相关理论的争论

1. 对地理存在与否的争论

O'Brien 提出了"地理已死"论,认为随着经济全球化和金融全球化进程的不断加快,地理在决策中的应用价值会不断降低,地理区位在金融业中不再像以往那样重要了。② 之后,Caincross 也提出了类似观点。③ 另外,Ohame 和 Kobrin 也认为,经济全球化的力量使得一个国家范围内的

---

① 吕嘉林:"货币与金融地理理论的历史嬗变",《山东社会科学》,2009 年第 7 期,第 105—108 页。
② O'Brien, R., *Global Financial Integration: The End of Geography*, Council on Foreign Relations Press, 1992.
③ Caincross, F., *The Death of Distance: How the Communications Revolution Will Change Our Lives*, Harvard Business School Press, 1997.

经济空间失去了意义。① 不过,大多数经济地理学家不同意这一观点。认为尽管新技术的发展对金融机构布局及金融活动产生了一定影响,但地理区位、非标准信息等因素对金融业布局仍有重要影响。Porteous 认为,在相对标准化的金融产品市场上,借贷双方物理距离的远近直接影响到交易的收益;在非标准化的金融产品市场上,借贷双方物理距离远近与信息不对称的程度呈正相关关系,因此交易双方距离上的接近可以降低风险。② Guillain 和 Hurit 把信息分为默示信息(tacit information)和编码信息(codified information),默示信息是指在特定的地理环境中生成的需要交易者之间具有相似或相近的语言、习惯、经验才能进行沟通的信息;编码信息是指可通过信息技术手段进行跨时空传播的信息。③ 赵晓斌和王坦将信息分为标准化信息与非标准化信息,标准化信息可被共同媒体传送;非标准化信息不可被共同媒体传送;传递非标准化信息很可能导致信息诠释出现误差等问题,这些问题会对整个金融业产生巨大影响。要准确地理解和诠释非标准化信息,需要了解信息产生的背景和文化。距离对标准化信息的传播费用没有太大影响,也不会出现误差或漏损;非标准化信息的传播则会随距离增加而发生误差或漏损,传播费用也会随距离增加而提高。信息外部性和信息不对称是信息腹地及金融中心形成的重要因素,也是影响地区等级和全球层次的重要变量。④ Martin 认为,"地理已死"的观点过于狭隘,全球金融一体化并没有削弱国家边界的影响。⑤ Clark 构建了纽约—伦敦—东京的 24 小时金融交易圈,分析了跨越时空的金融流动,认为即使电子信息技术减弱了金融系统的地理性,也不能解决市场信息的明显地理差异导致的金融服务业信息不对称等问题,面对面的交流仍然无法避免。⑥ 瑞斯托·劳拉詹南(Risto Laueajanen)认为,不同地区的金融境况是完全不同质的,具有极端的异质性和不规则性。⑦ 国内学者田霖在梳理国

---

① Ohame, K., *The End of the Nation State: The Rise of Regional Economies*, Harper Collins,1995a;Kobrin, S. J., "Electronic Cash and the End of National Markets", *Foreign Policy*,1997,107,65—77.
② Porteous, D. J., *The Geography of Finance: Spatial Dimensions of Intermediary Behavior*,Avebury,1995.
③ Guillain,R.,and Hurit,J. M.,"How Information Shapes Cities: Theory and Facts",Thirty-eight Annual Meeting of the Western Regional Science Association,1999,21—24.
④ 赵晓斌、王坦:"中国加入 WTO 对国内金融中心区域重组的影响",《国外城市规划》,2002 年第 5 期,第 31—37 页。
⑤ Martin,R.,*Money and the Space Economy*,John Wiley & Sons Inc.,1999.
⑥ Clark,G. L.,"Money Flows Like Mercury: The Geography of Global Finance", *Human Geography*,2005,2,99—112.
⑦ 〔瑞典〕瑞斯托·劳拉詹南著,孟晓晨译:《金融地理学:金融家的视角》,商务印书馆,2001 年。

内外关于互联网金融研究方向的基础上,从金融地理学的思维和理念出发,分析互联网金融的相关问题,认为在信息和通信技术(ICT)及互联网普及的背景下,疆域、领土仍是国家或区域发展的决定要素,空间的复杂性不仅要求将金融根植于实体经济,还要求考虑政治、社会、文化等因素;不仅需要具备电子化、网络化的横向思维,还要具备历史纵向的地理学思维。① 因此,金融机构和金融服务的空间布局仍有赖于地理因素。

2. 对金融地理学学科概念和研究范围的争论

许多国外学者将经济地理学分为旧经济地理学和新经济地理学,并认为金融地理学源于新经济地理学。20世纪80年代以前,经济地理学的研究始终没有受到主流经济学家的关注,直到20世纪90年代初期,以克鲁格曼为代表的一些主流经济学家拓展了研究视野,将区位、空间等概念纳入对经济活动集聚、贸易、经济增长的分析框架中②,出现了所谓的新经济地理学。旧经济地理学重视区位、自然条件等因素对地区差异的决定作用,但无法解释区位条件并不优越的地区经济金融为何发展很好。③ 实际上,除传统的主流经济地理学家关注的问题之外,新经济地理学家的研究范围还包括历史、宗教、文化、法律、制度、政治等方面。④ 经济学家和地理学家对"新经济地理学"的理解也不完全相同。⑤ 经济学家的"新经济地理学"研究的主题有两个:经济活动的空间集聚和区域增长集聚的动力。⑥ 经济学家遵从企业或个人的决策行为是理性的假设,把一般均衡分析作为研究空间经济的基本框架,将区域经济学中的不同研究方法结合起来,构建模型,分析经济活动空间集聚和空间分散的均衡实现,并将理论成果应用于金融地理学的研究。地理学家则对此持批评态度,认为经济学家的模型假设与现实不符,而且过分依赖抽象、简化的数学模型,忽略了社会、历史、文化、制度等环境因素。他们认为,人类的生活环境是由自然、社会、

---

① 田霖:"互联网金融视阈下金融地理学研究的新动态评述",《经济地理》,2016年第5期,第9—16,+25页。
② Krugman, P., "Increasing Returns and Economic Geography", *Journal of Political Economy*, 1991a, 99, 483—499; Krugman, P., *Geography and Trade*, MIT Press, 1991b.
③ 卢佳、金雪军:"中国区域金融发展:地理环境与经济政策——基于金融地理学视角的实证分析"《金融理论与实践》,2007年第6期,第7—9页。
④ Yeung, H. W., "Practicing New Economic Geographies: A Methodological Examination", *Annals of the Association of American Geographers*, 2003, 93(2), 442—462.
⑤ 顾朝林、王恩儒、石爱华:"'新经济地理学'与经济地理学的分异与对立",《地理学报》,2002年第4期,第497—504页。
⑥ Martin, R., and Suley, P., "Paul Krugman's Geographical Economics and Its Implications for Regional Development Theory: A Critical Assessment", *Economic Geography*, 1996, 72(3), 259—292.

文化、经济、政治、法律等因素共同组成的一个复杂的自组织系统,在过于严格的假设下建立的均衡模型无法囊括所有因素。因此,地理学家的"新经济地理学"更加关注区域的个性,重视社会、文化、法律、制度等因素的影响。

(三)金融地理学的主要研究内容

迄今为止,金融地理学的研究缺乏系统性,国内外学界对金融地理学的概念及研究范畴颇有争议。总体来看,金融地理学的研究主要包括:金融机构的地理研究、现代信息和通信技术影响下的金融地理研究、对金融排斥的研究。

1. 金融机构的地理研究

金融机构的地理研究,遵从地理研究的一般范式,包括空间差异、空间过程和空间相互作用。首先,就金融机构的空间差异而言,不同类型的金融机构表现出有差别的区位布局特征;即便是同一金融机构,其内部不同部分的区位特征差别也比较明显。[1] 其次,在不同国家,金融机构的空间过程因拥有不同的法律制度而有不同的表现。英国、加拿大等形成了全国性的银行系统,而美国、德国等则以地方性银行为主,形成了区域分割的金融系统。近几十年来,各国金融政策法规不断调整,其方向是逐步放松管制,主要体现在两个方面:一是国家或地区进入管制的放松,二是金融进入管制的放松。金融进入管制的放松始于20世纪60年代的发达国家,20世纪70—80年代,许多发展中国家相继实施了金融开放政策,推动了金融机构跨国营业网络的延伸和全球金融地域系统的重构,形成了金融全球化浪潮,促进了金融机构的国际竞争,国际金融风险日益加剧,国际金融危机不断发生。1979年以来,我国经济体制经历了从计划经济到有计划的商品经济,再到社会主义市场经济的变革,伴随着金融法规的调整和金融开放力度的不断加大,金融机构系统的空间演变不断加剧,但相关研究却较少。最后,空间相互作用方面的研究主要侧重于金融机构空间系统与区域的关系。金融行业进入管制是实行分业经营的国家采取的政策举措。在20世纪70年代初期的金融自由化理论的推动下,相关国家做出了政策调整。例如,美国1933年通过《格拉斯-斯蒂格尔法案》(Glass-Steagall Act),禁止金融机构混业经营,而1999年通过的《金融服务现代化法案》(Financial Services Modernization Act),则为混业经营提供了制度环境。

---

[1] 李小建:"金融地理学理论视角及中国金融地理研究",《经济地理》,2006年第5期,第721—725+730页。

同时,每一个金融机构在一个特定空间范围内的网点布局以及在其他区域的网点分布与扩张,都是宏观金融制度、自身的经营目标与发展战略及地理环境等因素综合作用的结果。不同金融机构的空间系统交叉重叠,形成更为复杂的交错关系,引致金融集聚现象的产生和区域金融发展差异的形成。

2. 现代信息和通信技术影响下的金融地理研究

20世纪90年代以来,信息和通信技术飞速发展,一些经济地理学家提出"地理已死"的观点,遭到大多数经济地理学家的质疑和反对。第一,随着信息和通信技术的进步,金融工具及支付结算方式不断创新、金融衍生工具不断涌现,使得货币和信用工具电子化及其交易的虚拟化、支付结算无纸化成为可能。第二,信息和通信技术的进步,改变了金融机构的组织体系和运营模式。一方面,现代信息和通信技术与金融机构的业务运营、组织管理不断渗透融合,减少了中间管理层次和管理环节,由垂直型多层次的组织管理体系转变为扁平型的组织管理体系,节约了管理费用,提升了经营效率;另一方面,金融机构在利用现代信息和通信技术进行组织再造与业务流程再造的同时,逐渐剥离非核心业务,越来越多的金融服务实行外包。另外,许多非金融机构也利用现代信息和通信技术、大数据等涉足金融业,客观上加快了金融业与其他产业的相互渗透和高度融合。第三,由于金融机构员工薪资和福利待遇的不断提高、房地产价格的不断上升,金融机构物理网点的经营成本越来越高,而利用现代信息和通信技术可建立客户数据库、信用评级系统、生活方式营销系统等,进而进入无实体网点银行时代。[①] 第四,随着现代信息和通信技术的发展和应用,金融机构可将核心业务与非核心业务在地理上分离,核心业务仍留在中心城区,非核心业务则分散到城市的边缘地带,从而降低经营成本,提升经营效率。第五,现代信息和通信技术的进步,改变了传统的金融交易方式,由柜台交易、店头交易、交易所交易转变为快捷便利、虚拟的网络交易,大大降低了金融交易的成本,提高了金融交易效率,由此也对金融地理产生了重要影响。第六,现代信息和通信技术的发展,使金融机构可以跨越金融监管部门的市场进入监管,直接在"飞地"拓展业务。

3. 对金融排斥的研究

金融排斥是货币地理学的研究焦点之一。根据金雪军和田霖的梳理,货币地理学研究内容涉及货币支付模式、货币社会含义、货币网络、国际信

[①] 田霖:"互联网金融视阈下金融地理学研究的新动态述评",《经济地理》,2016年第5期,第9—16+25页。

用货币网络、金融基础设施和金融排斥性等。有关货币、货币网络和金融网络的研究在很大程度上是有关历史和社会人类学的研究,有着浓重的哲学味道和人文色彩。货币地理学研究中的货币是一种多元现象,比政治经济学研究的货币复杂得多,更关注社会结构和具体过程。①

20世纪80年代以来,金融自由化和金融开放浪潮加剧了全球金融业的竞争,拉美国家的债务危机使得金融资本和金融机构在全球范围进行空间重构,信贷资本和金融机构网点等金融资源从欠发达国家大量撤离;现代信息技术的快速发展和广泛应用,使金融机构抵御风险的能力大幅提高,越来越多的弱质客户被排斥在正规金融体系之外。20世纪90年代以来,一些西方经济地理学家结合地域制度环境,以及经济主体的性别、社会阶层、种族、文化背景等方面的因素,开始对金融排斥进行研究。② 近年来,国内学者也开始关注金融排斥问题,并提出自己的见解。田霖认为,金融排斥是指妨碍经济主体接近及使用主流金融产品和服务的复杂要素的集合及动态过程,主要包括地理排斥、评估排斥、条件排斥、价格排斥、营销排斥和自我排斥等。③ 同时,学界对金融排斥现象的研究逐步由"接触性"排斥和"使用性"排斥向综合排斥发展,并从多个维度阐释金融排斥的原因及金融排斥的经济后果。④ 2008—2009年,美国的次贷危机导致全球金融空间结构发生调整,使人们深切感受到金融的脆弱性,经济地理学界开始进一步探讨金融包容。金融包容是与金融排斥相对应的范畴,指的是经济主体能够便捷有效地获取主流金融机构提供的合适的金融产品与服务的状态。⑤ 金融包容的精髓在于充分信息下所有参与主体机会均等、自主选择与互利共赢。金融包容包括微观供求主体的包容和区域层面的包容共生;而影响金融包容的因素有需求、供给和社会三个方面,其作用渠道与强度根据国别、文化、历史、经济、社会的不同而有所差异;深度包容比宽度包容更为重要。⑥

---

① 金雪军、田霖:"金融地理学研究述评",《经济学动态》,2004年第4期,第73—77页。
② 张国俊、周春山、边艳:"国外金融排斥研究进展评述——基于金融地理学视角",《人文地理》,2015年第6期,第19—26页。
③ 田霖:"金融包容:新型危机背景下金融地理学视阈的新拓展",《经济理论与经济管理》,2013年第1期,第69—78页。
④ 张国俊、周春山、边艳:"国外金融排斥研究进展评述——基于金融地理学视角",《人文地理》,2015年第6期,第19—26页。
⑤ Sarma, M., and Pais, J., "Financial Inclusion and Development", *Journal of International Development*, 2011, 23(5), 613—628.
⑥ 田霖:"金融包容:新型危机背景下金融地理学视阈的新拓展",《经济理论与经济管理》,2013年第1期,第69—78页。

第三节　区域金融学的研究对象与学科属性

一、区域金融学的现实需求

自 20 世纪 90 年代中期以来，随着区域经济非均衡发展问题日益突出，金融对区域经济发展的贡献逐渐受到学界的重视。国内学者开始运用源自西方的金融发展理论和方法来解释我国的区域金融发展问题，成果颇丰。但这一学科尚不成熟，缺乏系统的分析范式和完整的学科理论体系，学界在其理论基础、研究对象、研究内容、学科属性、研究结论等方面存在诸多分歧，为实践带来了不少困难，限制了区域金融学科优势的发挥。与此同时，管理学、社会学、地理学、数学、物理学、生物学等领域的学者运用各自的理论、方法和视角考察金融问题，西方主流经济学家在研究过程中也开始引入空间的视角，区域经济学、金融发展学、金融地理学等学科开始相互渗透和相互借鉴，为区域金融学科的发育与成长提供了肥沃的土壤。

随着经济体制改革的不断深入以及对外开放力度的日渐加大，那些经济基础和区位条件较好的地区，在中央政府政策的鼓励下实现了率先发展。然而，资源过分向经济发达地区集中，对区域经济协调发展和消除贫困提出了挑战。尽管 20 世纪 90 年代末以来中央政府实施了"西部大开发""中部崛起"和"东北振兴"战略，使区域经济发展差异有所缩小，但区域经济差距仍然较大。与此同时，随着改革的持续深入，金融体制改革逐渐打破了计划经济的藩篱，金融资源的地域运动规则由行政性逐渐转向经济性。然而，这带来了一系列问题：如何实现金融机构布局的重构与区域金融产业布局的优化？地方政府为推动当地的金融集聚、争夺金融资源配置的主导权，开始了竞争性的区域金融中心建设，在区域金融极化发展趋势不断加强的背景下，区域金融中心建设的路径何在？面对区域金融发展的非均衡和区域经济发展的非均衡，如何处理区域金融发展与区域经济发展的关系？如何通过顶层设计，运用区域金融调控手段来优化金融资源的空间配置，实现区域金融协调发展进而推动区域经济协调发展？如何从底层着手，通过区域金融合作，改善区域金融资源配置，从而优化区域金融结构，提高区域金融效率，改善区域金融功能？我国的区域金融实践亟待系统的区域金融理论的科学指导。

二、区域金融学的研究对象与研究内容

国内学者对区域金融学的研究对象和研究内容等存在较大分歧。张

军洲认为,区域金融理论的研究对象是现代市场经济条件下的金融发展空间结构的变动规律,而研究内容主要包括"空间金融结构的差异、现代金融生长点、金融资源配置与优化组合、区域金融与区域经济发展的相互关系、区域金融发展的功能等"①。郑长德把区域金融学的研究对象概括为金融活动的区域分布、协调及其与区域经济间的关系,研究内容主要包括金融结构与金融发展的区域差异、区域间金融流动和区际金融联系、区域金融成长、区域金融市场与区域融资、宏观金融政策的区域影响和区域金融政策、区域金融合作和金融区、金融中心的区位选择和演进规律、区域金融风险、区域经济主体的微观金融行为等。② 时光等认为,区域金融理论研究的是大国内部区域经济发展过程中金融发展的特点、规律和作用,区域金融学是区域金融理论的系统化和完整化形式,其研究对象是以现代市场经济条件下一定时期内大国金融发展的空间结构运动,其研究内容主要包括区域金融非均衡发展、区域金融结构、区域金融运行、区域金融与区域经济的互动关系等。③

本研究认为,区域金融学的研究对象是金融资源的空间存在、空间运动及其规律性,其研究内容主要包括区域金融产业布局与空间集聚、区域金融发展差异、区域金融发展与区域经济发展的关系、区域金融调控与区域金融合作等四个部分。

首先,从金融机构布局与空间集聚来看,在金融业内部和外部多种因素的共同作用下,金融机构在特定区域空间的市场进入与市场退出,形成了区域金融产业布局的层次。这不仅直接影响金融资源的空间分布格局、空间演化过程和空间特征,进而影响区域金融结构和区域金融效率,而且对区域经济发展产生不同的金融贡献。因此,对区域金融产业布局的研究是区域金融学的切入点。同时,随着促进区域金融集聚的相关条件日臻成熟,遵从区位指向性布局原则的金融机构在不同能级经济中心的空间集聚,加之金融监管机构在该地区的集中和汇聚,又会对区域经济发展产生一系列溢出效应。而区域金融的集聚演化,有助于区域金融中心的形成和发展。区域金融中心发挥其与生俱来的金融集聚、金融辐射、金融交易和金融创新功能,成为区域资源配置的枢纽,标志着金融增长极的生成与所在城市的成熟度、竞争力和影响力。因此,研究金融产业布局、区域金融集

---

① 张军洲:《中国区域金融分析》,中国经济出版社,1995年。
② 郑长德:"区域金融学刍议",《西南民族大学学报(人文社科版)》,2005年第9期,第42—48页。
③ 时光、杨海燕、伍燕:《区域金融学纲要》,民族出版社,2010年。

聚,以及区域金融中心的存在、演化过程、演化规律及演化特征,对于研究区域金融发展的不平衡性和分析区域经济运行趋势,都具有重要的理论价值和实际应用价值。

其次,就区域金融发展差异来看,区域经济的非均衡发展为区域金融发展差异的形成奠定了基础,区位、政策、人文、信用环境等诸多非经济因素也促进了区域金融发展差距的扩大。由于不同地区在区位、经济发展的初始条件以及在中央政府的区域经济发展战略中的定位不同,经济发展水平必然存在差异。这一差异是区域金融发展差异的基础性条件。经济落后地区可能形成的金融剩余规模较小,经济技术条件相对落后,在融资规模、金融产品的多样性、融资方式等方面的要求相对较低,而经济发达地区则相反,这样便会引起金融资源的地域运动。同时,在实行统一的货币政策(如利率政策、准备金政策等)的条件下,由于各地区的经济技术条件不同,经济发达地区的资本边际收益高于落后地区,从而加剧了落后地区金融资源的流出,最终形成了区域金融发展差异,导致金融发展对区域经济发展的贡献各不相同。然而,中央政府在区域经济发展方面的非均衡战略及发展次序安排,必然要求配套有差别的金融政策和区域金融调控措施,以引导金融资源由经济落后地区向经济发达地区流动,从而加剧了区域经济发展的非均衡性。而区域经济发展差异又使得区域金融发展差距进一步扩大。另外,不同地区的区位条件和推动地区金融业发展的相关政策安排以及地区人文、信用环境,对于金融资源的流向及金融结构的形成也具有重要的影响。

再次,对区域金融发展与区域经济发展关系的研究,是区域金融学研究的重要内容。目前,人们对两者关系的认识较为一致,经济决定金融,金融影响经济,同时两者又具有相对独立性。区域经济发展与区域金融发展的关系是经济与金融关系在区域层面的具体体现。不过,在区域金融发展对区域经济发展的影响机理方面,仍有一些值得探讨的问题。例如既有的区域金融理论在考察金融发展与经济发展的关系时,多采用哈罗德-多马模型,强调提高储蓄率和储蓄投资转化率是区域经济发展的根本任务。这是否符合实际?区域金融发展总是能促进区域经济发展吗?区域金融发展促进区域经济发展有无条件约束?政府应如何处理区域金融发展与区域经济发展的关系?拥有不同经济发展水平的各地区应采用何种金融发展模式才能更有效地促进经济发展?同时,区域经济发展只是影响区域金融发展的基础性因素,还有一些非经济的其他因素影响区域金融发展。这些因素使得区域金融发展具有了相对独立性。就目前来看,与此相关的研究并不多见。另外,在不同的经济发展阶段,金融发展对经济发展的支持形式与支持力度存在一定的差异,尤其在我国经济转轨阶段表现得更加突出,对这一差异的研究也更加值得关注。

最后,区域金融调控与区域金融合作贯穿于区域金融发展的始终。区域差异引致金融资源的地域运动,不仅是金融发展区域非均衡的形成基础,也是实施有差别的区域金融调控政策的决策依据。中央政府、中央银行、金融监管部门、地方政府作为区域金融调控主体,尽管各自拥有不同的调控工具和利益偏好,但为了实现区域经济金融协调发展、提高区域金融资源配置效率、维护区域金融稳定的共同目标,应当针对不同区域所处的具体发展阶段和经济金融实际,按照相机抉择原则,分别采用政策扶持型、市场导向型、混合型区域金融调控模式及其对应的调控工具。无视区域发展差异,采用统一的调控工具和调控模式,其结果既不能保证宏观调控政策在区域层面的落实,也不能满足区域经济与金融发展的具体实际和内在要求,还会进一步加剧区域经济发展的非均衡。因此,从顶层设计的角度,制定和实施有差别的区域金融调控举措,对区域经济协调发展和区域金融协调发展都具有重要的现实意义。同时,从底层着眼,经由区域金融合作的路径,推动区域金融发展乃至实现金融区域化,是区域金融学的重要命题之一。从某种意义上讲,金融组织的区域布局与金融结构的空间运动是区域竞争的结果。区域产业分工和经济合作的不断加强,客观上要求金融机构应跟随其服务的企业进行布局。那么,对区域金融合作必要性的认识、合作动因的分析、合作模式与合作方式方法的研究,不但有重要的理论意义和实际意义,而且有进一步加强的必要。在国际产业分工和金融合作不断加强的今天,如何利用自身在国际金融分工中的地位,通过与相关国家进行金融合作,在更大空间范围内配置金融资源,实现金融区域化进而金融全球化,也是区域金融学研究的重要课题。

区域金融学的主要研究内容之间存在密切的内在联系。金融机构遵从区位指向性原则在特定地域空间布局的结果,可能会形成区域金融集聚,进而演化发展成为区域金融资源配置的枢纽——区域金融中心。从区域金融机构布局到形成区域金融集聚进而演化发展成为区域金融中心,每一个环节都有许多约束条件,须经历漫长的过程。一旦形成区域金融集聚甚至区域金融中心,必定意味着区域金融极化发展态势的确立。区域金融极化发展,又会加剧区域金融发展差异,并助推区域经济发展的非均衡性。从区域经济协调发展和区域金融协调发展的目标考虑,一方面,通过顶层设计,选择适当的调控目标,采用不同的区域金融调控方式和调控工具,制定和实施有差别的区域金融调控政策,是非常有必要的;另一方面,从底层着手,通过区域金融合作,促进金融资源的空间优化配置,提高区域金融效率,对于区域金融协调发展和区域经济协调发展具有重要的实际意义。

三、区域金融学的方法论

唯物辩证法是区域金融学方法论的基础。唯物辩证法是马克思主义的世界观和方法论。首先,普遍联系和永恒发展是唯物辩证法对世界存在状态的两种基本看法。金融资源的存在与运动,都是在特定的经济、社会、人文、司法及区位等因素作用下的结果,金融资源与其他要素一起相互影响、相互作用、相互制约,构成了一个完整的区域空间。同时,区域金融发展的过程,是一个"不平衡—平衡—新的不平衡—新的平衡"的循环往复的上升过程,每一个有限的发展过程都是区域金融发展的一部分,而区域金融发展是各个有限发展过程的集合体。其次,唯物辩证法讲求实事求是,对立统一规律、质量互变规律、否定之否定规律是唯物辩证法的三大规律。对立统一规律又称矛盾规律。唯物辩证法认为,任何事物都是既相互对立又相互统一的,对立与统一构成了事物发展的动力和源泉。同时,任何事物的变化都会经历一个从量变到质变的过程,量变是质变的前提与基础,质变是量变不断累积的结果,从量变到质变,再从新质基础上开始新的量变的周而复始过程,揭示了事物发展的状态。事物的发展过程还表现为"肯定—否定—否定之否定"的周期性变化,否定之否定规律揭示了事物发展的趋势与路径。在区域金融理论研究与实践探索的过程中,需遵循唯物辩证法的三大规律,从繁复的现象中抽象出区域金融的本质,再以区域金融本质结合不断变化的区域金融现象,不断提高对区域金融问题的认识,进而完成从实践升华到理论、以理论指导实践的过程。

系统论与空间思想是区域金融学的重要方法论。学者们在研究区域金融产业组织布局的区位选择、金融资源的空间集聚、区域金融中心的选址与演化发展、区域金融发展的空间差异时,将区域视为一个地理单元,把布局、集聚与金融中心的形成和演化发展放在由经济、社会、人文、司法、区位及居民金融人格等共同构成的大系统中进行分析,从而将金融地理学中的系统论引入到区域金融问题的研究中。因此,系统论是区域金融学的重要方法论。在研究区域金融发展差异和区域金融发展溢出效应的过程中,学者们采用了区域经济学和金融发展学中常用的新古典局部均衡分析方法。同时,学者们关注的焦点是金融资源的空间配置及其溢出效应,强调金融活动的空间依赖与相互制约关系。学者们借鉴新经济地理学的研究思想,把区域金融集聚、区域金融中心和区域金融发展的成因和溢出效应视为一个空间问题,建立空间计量模型以验证所拟立的假设条件。因此,区域金融学研究也具有浓厚的空间思想。

以唯物辩证法为基础的系统论与空间思想,是普遍适用于区域金融学各研究领域并发挥指导作用的范畴、理论、方法和手段的总和。在区域金融理论和实践探索的过程中,规范分析与实证研究是研究区域金融的基本方法。规范分析要解决的问题是"应该是什么",就区域金融研究而言,即依据金融资源的空间存在、空间运动的现象抽象出一般的规则。实证研究则是采用区域数据等材料验证"究竟是什么"的问题,尤其须结合大国内部不同区域空间金融资源的存在与运动,发现金融资源区域配置与区域优化的规律,为现代区域金融体系构建与区域金融政策制定提供理论基础和决策依据。定性分析与定量分析相结合、比较分析方法、文献研究法、案例分析法等也是区域金融研究常用的方法。运用演绎与归纳、分析与综合、抽象与概括等定性分析方法,可以揭示区域金融的本质与内在规律;运用统计分析等定量分析方法,对有关数据资料进行加工处理,可以准确把握区域金融相关变量之间的规律性联系。定性分析与定量分析相结合,可以使区域金融的研究结论更科学、更可靠。金融资源的地域运动,无论是供给主导还是需求拉动,都是造成金融发展地域层次和区域金融发展非均衡的动因。只有运用比较分析方法,才能揭示区域金融发展的层次性和非均衡性特征。而运用文献分析方法,通过对文献的纵向和横向梳理,可以刻画出相关问题的研究趋势、特征、方法等;运用案例分析方法,通过对典型案例的深入剖析,可以探求对总体规律性的认识。

四、区域金融学的学科属性

区域金融学是继区域经济学、金融发展学和金融地理学之后发展起来的、介于其间的边缘学科。区域经济学起源于人们对空间因素影响经济效益的关注,经过一百多年来的发展,形成了较为完整的区域经济理论体系,弥补了传统经济研究忽略空间因素的缺陷。区域经济学主要研究如何对有限资源进行优化区域配置以获得最大产出,属于经济学的一个分支。金融发展学起源于货币非中性思想,是研究金融发展及其与经济发展的相互关系的理论,研究包括金融机构、金融工具、金融市场、金融制度在内的金融体系在经济发展中所发挥的作用,以及如何建立有效的金融体系和金融政策组合,以优化金融资源配置,实现金融业稳定和健康的发展,并最大限度地促进经济发展,属于金融学的一个分支。金融地理学起源于区域经济不均衡发展理论,它采用地理学的方法论,研究金融与地理环境的关系,强调包括自然地理、人文地理在内的多种地理环境因素对金融的影响,属于地理学的一个分支。

首先,从研究对象上看,区域金融学是研究金融资源的空间存在、空间运动及其规律的一门科学。任何一项金融活动都是在特定地域空间里进行的,从金融机构布局的区位选择、区域金融集聚形成金融核心区进而形成金融发展的区域差异,到区域金融发展溢出效应的发生,再到区域金融调控与区域金融合作,都彰显了区域金融学的"空间"思想。其次,从金融与经济关系的角度看,金融资源的空间存在和空间运动,与物质资源的空间存在和空间运动具有密切的内在联系。金融资源的空间存量与流量变动,服从物质资源的存量与流量调整。金融资源在特定地域空间的存量调整与流量变动,又会引致物质资源的地域运动。因此,在解决诸如区域差异、城乡差异、城市化、一体化、区域经济协调发展等区域问题时,就要求在制定和调整区域规划与区域政策的同时,统筹考虑金融资源的空间存在、空间运动和物质资源的空间存在与空间运动。同时,区域金融持续、稳定、健康的发展,通常表现为区域金融业规模的上升、区域金融结构的优化、区域金融效率的提高、区域金融功能的完善以及区域金融风险得到有效的防范和控制,这不仅能为区域经济发展提供安全稳定的金融环境,还能为区域经济发展提供必要的金融动力。最后,区域经济运行中产生的极化效应、涓滴效应、贫困累积因果关系效应,都无法割裂区域金融体系功能的发挥。要解决区域经济问题,实现区域经济协调发展的政策目标,是无法回避区域金融这一重要变量的。总之,区域金融学是从区域的视角,把金融资源的空间存在、空间运动与物质资源的空间存在与空间运动共同作为解决区域经济问题的重要手段,构筑起区域经济研究的全视角。因此,区域金融学应为区域经济学的分支学科。

本章小结

本章在对区域金融的理论起点——区域、金融、区域金融的内涵与外延加以界定的基础上,阐述了区域金融学的理论基础、研究对象和学科属性。首先,本章界定了区域、金融、区域金融、地方金融的内涵与外延,认为区域金融是金融资源在特定空间范围内及不同空间范围间的存在和运动,具有层次性、阶段性、空间性、差异性、自组织等特征。其次,本章阐述了区域金融学的理论基础,认为区域经济理论、金融发展理论和金融地理理论为区域金融学的产生与发展提供了不可或缺的营养,是区域金融学的理论基础。最后,本章分析了区域金融学的现实需求,阐述了区域金融学的研究对象,界定了区域金融学的学科属性。本章认为,我国区域金融的实践对区域金融理论指导的迫切需求,以及相关学科的融合与交叉,为区域金融学的产生和发展提供了条件。本章认为,区域金融学的研究对象是金融资源的空间差异、空间运动及其规律,其研究内容主要包括区域金融产业布局与空间集聚、区域金融发展差异、区域金融发展与区域经济发展的关系、区域金融调控与合作等四个部分;以唯物辩证法为基础的系统论与空间思想,是区域金融学的重要方法论;从学科属性上看,区域金融学是近年来兴起的介于区域经济学、金融发展学和金融地理学之间的边缘学科,属于区域经济学的分支学科。

第二章 区域金融产业布局

金融机构的市场进入和市场退出,既是其自身利益诉求的反映,也是政府在金融产业发展意图的体现,不但直接关系到金融机构的经营绩效,而且会对区域金融发展产生重要影响,成为形成区域金融产业地域层次和空间层次的基本原因与微观基础。同时,金融机构市场退出方式的选择,在一定程度上反映了政府对区域金融发展的意志。在我国,城乡金融产业布局的形成,是城乡二元经济结构形成和发展的必然结果,反映了工业化、城市化进程中城乡金融产业变迁的历程;我国东部、中部、西部、东北地区区域金融产业布局的形成,是区位因素、区域经济发展差异、金融规制及金融机构布局市场化导向等多种因素综合作用的结果。本章拟以区域金融产业布局形成和变化的一般机理分析为切入点,探讨金融机构布局的影响因素,分析金融机构市场退出的原因与方式,考察我国区域金融产业布局的形成机制。

第一节 区域金融产业布局的层次

一、金融产业布局的含义

产业是具有某种同类属性的企业经济活动的集合。[1] 金融产业即为金融组织及其金融活动的总和。区域金融产业是由特定地域空间的金融组织及其从事的金融活动所构成的有机整体。区域金融产业自身所具有的价值创造、产业引领等功能,直接作用于区域经济发展。区域金融产业的发展不但能为其他产业的发展提供金融支持,而且能够提升第三产业增加值占总产出的比重,最终促进经济发展。金融产业布局是指银行、证券、保险、信托等行业的金融企业及其从事的相关金融活动在一国或某一特定地域范围内的分布与组合状态,是国家或区域经济发展规划的重要组成部分。金融产业布局的结果将影响金融资源的空间结构,进而引起政府、企业、居民个人等金融主体行为的变化,最终改变金融效率。另外,金融产业布局还是国家进行宏观调控的重要手段与方式。

对金融产业布局的分析视角通常有微观、中观和宏观。从微观层面看,

---

[1] 苏东水:《产业经济学》,高等教育出版社,2000年。

金融产业布局指的是金融机构作为金融产业组织的区位布局，其任务是在既定的金融制度背景下，金融机构根据人口数量、收入水平、地区规划等外部因素，以及自身的市场定位、发展战略和经营状况等内部因素，在一定的地域范围内确定经营网点的位置或所处地段。网点布局的目标是保证金融机构在经营过程中，能够拥有丰富的客户资源和较好的交通、网络、通信、供电、供水等经营条件，因此网点布局会对金融机构的经营效率产生直接影响。金融机构网点布局具有微观性和灵活性等特征，它不仅要满足金融制度的要求，与当地的地区规划相协调，还要综合考虑经济环境等外部条件，以及金融机构自身的规模经济、市场定位、业务导向、安全及交通条件、形象营销、金融风险状况等内部因素。金融机构网点区位布局的结果，构成了中观层面金融产业布局的基础，反映了国家的区域金融调控政策与发展规划，体现了一定时期内经济与金融发展的区域特征。

对中观层面金融产业布局的分析视角有两个：第一，通过金融资源在直接融资和间接融资中的分布状态，考察不同金融行业在经济发展中的功能差异及其改进。金融活动以有无中介参与为标准，可以划分为直接融资和间接融资两类。间接融资是指在金融活动中将金融中介机构充当信用媒介，以实现资金在需求者和供给者之间流动的融资方式；直接融资是指在金融活动中不需要金融中介机构参与，资金需求者在金融市场上发行债券、股票等有价证券来筹集资金的融资方式。在直接融资中，资金需求者的风险较低，对信息披露和付给投资者的资金报酬的要求较高，因而融资成本较高；同时，资金供给者面临的投资风险较大。在间接融资中，商业银行可以通过分散融资对象来降低风险，因此资金供给者承担的投资风险较小，获得的投资回报率也低于直接融资，而资金需求者面临的融资风险则较高。[①] 直接融资和间接融资在一国经济发展的不同阶段发挥着不同的作用。当金融部门不太发达时，间接融资的作用较大；当金融部门较发达时，直接融资的作用会超过间接融资。融资结构会随着一国要素禀赋结构的提升而演进，但不存在适应所有发展阶段和经济体的"最优"融资结构。[②]

第二，中观层面金融产业布局的分析视角以区域经济发展为基础，综合考虑地理环境和金融发展水平，分析金融机构及其活动在不同区域的分布格局。微观金融组织及其活动在某一特定地域空间布局的总和构成了区域金融产业布局。区域视角下的金融产业布局除受微观金融机构布局行为的影响外，还受区域发展规划、财税政策、诚信环境、城乡二元经济结构的制约，体

---

① 林毅夫："经济发展的最优金融结构"，《中国财经报》，2009 年 7 月 14 日。
② 同上。

现出鲜明的区域性特征。金融机构在特定区域的布局状况,应能反映区域经济发展水平和金融发展水平,并随区域经济发展水平的变化不断调整。布局的金融机构数量过多,金融供给就会过剩,导致金融资源浪费和金融效率降低;布局的金融机构数量过少,将不能满足区域经济发展的金融需求。同时,金融机构的区域布局,应能促进区域经济发展。经济决定金融,金融服务于经济。金融机构在金融活动中对区域经济发展在金融规模数量上的支持(如扩大银行信贷规模等)和价格上的支持(如优惠利率等),会推动区域经济发展。金融机构的这种融资偏好,也将直接影响区域产业结构优化升级的速度、主导产业的形成及优势产业的培育。

宏观层面的金融产业布局则反映了在经济全球化和金融自由化的背景下,一国的经济与金融发展战略意图。一方面,宏观层面的金融产业布局应推动国内金融机构在全球范围内的分支机构网络布局,使国内金融机构服务于对外贸易和对外投资,从而能够融入国际金融体系,参与国际金融竞争,以此实现在全球范围内优化金融资源配置的目的;另一方面,通过制订和实施金融产业发展规划,宏观层面的金融产业布局应有步骤地对国内经济发展水平较高、金融发展基础较好的中心城市予以政策扶持,使它们成为不同层次的金融中心。宏观层面的金融产业布局不仅要考虑国内的经济发展水平和金融竞争力的状况,还要考虑国内产业在国际分工中的地位和参与国际分工的程度,以及国内金融开放程度、金融市场与金融制度的完善状况。

二、区域金融产业布局的空间层次

对于拥有分支机构的金融企业而言,营业网点犹如它的神经末梢,总部犹如它的神经中枢,分支机构则是连接神经中枢与神经末梢的通道。营业网点在运营过程中主要有两项职能:一是充当金融机构的营销渠道,向客户提供金融产品和金融服务,满足客户的金融需求;二是为客户提供交易环境和交易信息,减少交易过程中的信息摩擦和信息不对称,降低交易成本。每一个营业网点都服务着一定的客户群体,在选择区位布局时,需要综合考虑多种因素。其中,人口因素(如人口规模与人口密度)与收入因素(主要指居民人均收入)最为关键。在经济活动的聚集区,人口规模较大,人口密度较高,这便形成了城镇。与附近的乡村相比,这些城镇就是地区经济活动的中心。根据人口规模和经济总量,我们可以将这些经济活动中心划分为不同的能级,低一级的经济中心会受到高一级经济中心的辐射和影响。经济中心之间由交通线、通信线、能源线连接。这些线在经济中心之间传递客流、物流和信息流,相互交错地构成网络,覆盖整个经济空间。金融企业根据不同能级经济中心可能形成的金融剩余规模与金融需求状况,设置不同层次的分支机构,如股份制商业银行在省会城市或经济发达的地区性中心城市设立分行,在中小城市设立支行。不同层次的金融机构之间存在资金流:上一级机构对下一级机构划拨营运资金,下一级机构定期将经营成果(如存款、经营利润等)上交给上一级机构。同时,金融机构还是一个信息中心,汇聚着来自方方面面的经济和金融信息。金融机构之间出于风险管理的考虑,还需要进行信息交流,由此信息流成为连接上下级机构的纽带。按照现代公司治理结构安排,上下级机构之间是一种委托代理关系,上一级机构是委托方,下一级机构是代理方。只有信息流通畅和信息真实可靠,才能保证上下级委托代理合约的续存。另外,金融机构内部因业务经营或管理的需要进行人员调配的结果是人才的空间流动,这是金融机构实现人力资源优化配置的重要途径。由此看来,金融机构总部是一个管理中心,营业网点是营业终端,不同层次的分支机构是节点,资金流、信息流、人才流将总部、分支机构和营业网点连接形成一个经营网络,这个经营网络通常被称为分支机构网络。

三、区域金融产业布局的地域层次

能级不同的经济中心,经济发展水平、要素禀赋、技术经济结构和在产业分工中的地位不同,对应的资金、信息、人才等方面汇聚的能量有较大差异,金融需求的种类和规模也有很大差别。影响金融机构网点布局的因素有很多,在时间和空间既定的情况下起主要作用的只有少数几个。不同的金融机构从自身的市场定位和发展战略出发,分别选择相应的区位进行布局。例如,商务流量是影响以批发业务为主的商业银行机构网点布局的主要因素,因此工业区或商业区就成为此类金融机构的首选;人口规模和居民收入水平是影响以零售业务为主的人寿保险公司网点布局的主要因素,因此居民区就成为此类金融机构的首选。这便是金融产业布局的区位指向性。以区位指向性原则布局分支机构及营业网点的意义在于:金融机构能够接近市场信息源,根据客户的需求变化随时调整金融产品和服务方式,最大可能地获得市场份额。因此,在同一个地区经济中心,会产生多家金融机构集聚的现象。同一市场上的客户资源犹如一个公共地,每新进入一家金融机构,意味着先前进入的金融机构拥有的客户资源减少,随着进入市场的金融机构数量逐渐增多,金融机构之间为争夺客户资源而竞争在所难免。同时,金融集聚会因基础设施共享和信息交互共享而产生规模效应,使金融机构出于降低边际成本、提高边际收益的考虑,产生与其他金融机构合作的内在要求。由此,在竞争中合作便成为金融机构的理性选择。另外,面对客户日益多样化的金融需求,金融机构应当不断创新金融产品和金融服务,拓展业务经营边界,并在既有的制度框架下,与其他金融机构合作,实现多元化经营。

金融机构的空间集聚并不是没有边界的。随着进入市场的金融机构数量逐渐增多,拥挤等外部性问题就会显现,加上房地产、劳动力等资源价格的上涨,经营成本的上升会使金融机构经营绩效面临下滑的压力,部分金融机构被迫退出经济发展中心地带,迁移至外围地区,形成所谓的金融资源扩散现象。不仅如此,前台业务与后台业务的日渐分离,后台业务的外包及互联网金融的快速发展,使金融机构网点布局存在集聚与扩散并存的趋势。

金融机构的前台业务需要与客户的面对面交流才能完成金融交易,因此前台业务网点在选择营业区位时主要关注交通、人口规模、收入水平等社会经济因素,往往布局于经济繁华地段和人口密度较大的居民区。金融机构中的研发中心、数据处理中心、结算中心、档案管理中心、灾难备份中心、投诉处理中心、信用卡中心等后台机构,完全没有必要像前台业务网点一样布局于地租高昂的繁华地段和人口密集区,可以选择远离城市中心区域的地段,从而引起后台机构布局分散化的现象。这一方面是金融机构降低经营成本的内在要求,另一方面也体现了后台业务的特征。比如"9·11"事件后,美国的一些金融机构(如高盛等)将数据处理中心、灾难备份中心迁离中心城区。另外,金融机构中的一些业务(如操作系统开发、数据处理等非核心业务)外包越来越普遍,这在一定程度上加剧了金融机构后台业务分散布局的趋势。

根据美国经济学家杰弗里·G. 威廉姆森(Jeffery G. Williamson)在"区域不平衡与国家发展过程:模式描述"(Regional Inequality and the Process of National Development: A Description of the Patterns)一文中提出的倒U形理论,在经济发展的初期阶段,区域经济发展差距并不显著,但随着经济发展速度的加快,区域经济发展差距逐渐扩大,而后保持稳定。这一差距会随着经济发展进入成熟阶段而最终消失。区域经济发展差距的变化过程犹如倒写的U,因此被称为倒U形理论。由于经济发展对金融机构区域布局的基础性制约,从一个较长时期来看,在金融产业的技术经济条件不变的情况下,区域经济发展差距的扩大,会导致金融机构向经济发展水平较高的区域集中,产生金融机构空间集聚现象,这种集聚会随着区域经济发展差距的缩小而停滞,并逐渐走向分散。当然,这一推论尚需进一步实证检验。

第二节 金融机构布局的影响因素[①]

金融机构布局是区域金融产业形成的基础。在一定的地域空间范围内，金融机构的数量与区位选择直接关系到金融机构的经营绩效，对于区域金融资源的配置效率也有重要影响。由于政策性金融机构和金融监管机构的数量与区位布局具有较好的稳定性，而商业银行、证券公司、保险公司等商业性金融机构出于追逐最大利润的考虑，需要不断调整分支机构的区位布局并收缩或扩张营业网点数量。因此，本节主要讨论商业性金融机构布局的影响因素。

一、影响金融机构布局的外部因素

(一) 经济环境

经济环境是影响金融机构布局最直接的因素。区域经济发展水平对金融机构的经营规模和经营绩效起着基础性的制约作用。经济发展水平与可能形成的金融剩余规模呈正向变化关系。一个地区的经济发展水平越高，从经济运行中游离出来的金融剩余数量就会越多，融资需求也就越大。尤其是在间接融资占主导地位的我国，银行类金融机构的融资规模直接影响到国内生产总值和人均收入的增长。在贷款违约率和违约损失率既定的情况下，经济发展水平约束着商业银行的经营绩效。反映经济环境的因素主要包括：人均地区生产总值、人均收入水平、商务流量、技术经济条件等。

1. 人均地区生产总值

人均地区生产总值是衡量一个地区在一定时期内经济发展水平的重要指标之一。一般来说，人均地区生产总值越高，表明该地区的经济发展水平越高，可能提供的金融剩余数量越多，金融需求规模越大，对金融机构提供的产品种类和服务质量要求就越高。同时，人均地区生产总值增长率越高，该地区对金融产品和金融服务的现实需求与潜在需求也会越大。总体来说，人均地区生产总值与该地区的金融机构数量和金融规模同向变化。

2. 人均收入水平

人均收入水平的高低，不仅决定着金融机构吸取储蓄资源的丰富程度，还影响着居民的边际储蓄倾向。随着人均收入水平不断提高，居民边际消费倾向会逐渐下降，而边际储蓄倾向会不断提高。尽管高收入客户占比较低，

[①] 本节中"影响金融机构布局的外部因素"和"影响金融机构布局的内部因素"两个部分根据王学信、冯诣深、刘佳发表在《区域金融研究》(2016年第1期)上的"论金融机构布局的影响因素"一文整理。

但他们有更多的投资渠道可以选择,为金融机构贡献的利润远远超过低收入客户。另外,从金融机构经营费用来看,高收入客户的单笔交易规模往往较大,单位资金分摊的费用也会大大低于低收入客户。因此,人均收入水平较高的地区,金融机构密度往往较大。

3. 商务流量

商务流量是指金融机构服务半径内的企业、政府机构、学校等企事业单位带来的现金流量,以及进入半径的流动人口可能带来的现金流量。商务流量越大,金融剩余规模和金融需求就会越大。因此,在企业或行政事业单位聚集的地区,金融机构网点布局往往较密集。

4. 技术经济条件

技术经济条件一般是指对金融产业发展和金融机构布局有影响的各种技术经济要素,通常包括产业发展的历史基础、原有的经济实力、基础设施状况、市场潜力等。工业、商贸等产业的集聚程度和历史基础,反映了该地区在一定时期内的经济发展基础和经济实力,对该地区的金融机构数量起决定性的制约作用。而基础设施状况、市场潜力等因素,则对金融机构的数量和分布具有直接影响。

(二)社会因素

金融机构是在特定社会环境中为客户提供金融服务的,在布局分支机构及营业网点时,还应综合分析目标区位的人口、诚信环境、居民的金融人格等社会因素。

1. 人口规模与人口密度

在分析人口对金融机构布局的影响时,可以从人口规模和人口密度两个方面着手。由于区域经济发展非均衡现象的客观存在,一个地区的户籍人口和常住人口往往不一致。经济发达地区的经济快速发展,为大量外来人口提供了就业机会,常住人口会大于户籍人口;经济落后地区的就业岗位有限,富余劳动力外出务工,常住人口会小于户籍人口。只有常住人口才有可能成为金融机构的客户,因此常住人口规模是衡量金融机构客户资源数量的重要依据。在地区常住人口规模既定的情况下,人口密度就成为影响金融机构空间布局的重要因素。人是经济活动的主体,人口密度越大,生产和消费活动的规模越大,产生的商务流量越多,要求为其提供金融服务的营业网点数量自然也就越多。在人口密度大的地区,不同收入水平的居民有着不同的金融需求偏好,要求有与之相适应的不同层次的金融机构予以满足。所以在人口密度较大的地区,会形成金融机构集聚区,它们之间存在激烈竞争的同时,在业务上也有一定的互补性。

2. 诚信环境

诚信,顾名思义就是诚实守信,是经济主体对所订契约的遵守和兑现,是人们在长期的经济活动中自发形成并逐渐沿袭下来的行为习惯。诚信环境的生成由各经济主体的诚信行为共同决定,其中地方政府发挥着关键作用。任何一个经济主体的诚信行为,都是诚信环境这一公共物品的组成部分,每一个经济主体无差别地享用诚信环境产生的外部性。对于诚实守信的经济主体来说,其诚信行为会给其他经济主体带来确定的交易预期,从而降低交易风险和交易成本,存在外部正效应。另外,地方政府不是普通的交易主体,它既是交易规则的制定者和交易秩序的维护者,又是交易的参与者,拥有其他经济主体所没有的社会公信力。因此,地方政府对诚信的经济主体的政策激励,彰显着地方政府对于诚信环境建设的决心和能力;地方政府自身的诚信状况,对其他经济主体起着表率和示范作用。[1]

诚信环境的形成,可以大大增强经济主体之间的信任,降低交易成本,提高交易效率。在金融交易的过程中,诚信环境有助于降低信用违约率和违约损失率,对金融资产质量和金融效率的提高产生积极的影响。因此,地区的诚信环境尤其是地方政府的诚信状况,是金融机构选择区位布局时必须重视的因素。

3. 居民的金融人格

在2005年商务印书馆出版的《现代汉语词典》(第五版)中,对人格的解释是:人的性格、气质、能力等特征的总和;个人的道德品质;人作为权利、义务主体的资格。国内外学者在人格方面的研究主要集中在道德人格、心理人格、法律人格三个领域。道德人格主要研究的是人所具有的与他人有别的思维方式和行为风格;心理人格关注的是人所具有的一定倾向性和稳定性的心理特征;法律人格的研究对象则主要是人或经济组织在法律上不得转让和剥夺的主体资格。张杰在分析我国的金融成长问题时引入了金融人格的概念。[2] 张杰认为,金融人格是否独立须从金融主体应具备的产权独立、契约自由和责任自担三个方面考察。只有当金融主体拥有独立金融人格时,才能形成普遍的信用关系、多层次的金融需求,以及有条不紊的金融选择过程。Massie认为,金融人格即金融基因。[3] 一个人天生的行为方式塑造了他独特的金融人格,这一金融人格受环境、生活经验、价值观和教育的制约,并影响他做出的每一个金融决定。综合来看,金融人格指的是人作为微观金融主体在金融行为决定和金融行为方式上相对稳定的倾向性。金融人格的独立程

---

[1] 李扬、张涛:《中国地区金融生态环境评价:2008—2009》,中国金融出版社,2009年。
[2] 张杰:《中国金融成长的经济分析》,中国经济出版社,1995年。
[3] Massie, H., *Financial DNA: Discovering Your Unique Financial Personality for a Quality Life*, John Wiley & Sons Inc, 2006.

度,既受制于居民个人的年龄、收入水平、受教育程度、地理环境等因素的综合作用,又直接决定居民个人的金融行为方式和金融消费偏好。① 因此,金融机构应该在充分调研目标地区的居民金融人格状况的基础上做出区位选择,尽量回避那些居民金融人格独立程度较低的区位。

(三)地理区位

区位(location)在英文里被解释为"a place or position",是位置、场所、地点的意思。地理区位是指某事物分布的地点或位置,是人们对某事物所处场所或地区的设计与规划,反映了该事物与周围其他事物的空间联系。地理区位对金融机构布局的影响主要体现在安全与交通条件、城市规划两个方面。

安全与交通条件直接关系到金融机构客户资源的数量和质量。就商业银行而言,安全的服务环境是银行为客户提供金融服务的前提和银行正常经营的保障,也是吸引高等级客户的必备要件。交通条件是商业银行与交通线、城市人口密集区、港口、车站等的相对位置。便利的交通条件能够节省客户的在途时间,从而延长商业银行的服务半径。具体来看,在选择区位时,地理位置上应不偏不背,邻近交通要道,并与其他营业网点保持一定的距离。同时,对那些交通拥挤和停车位较为紧张的地段,也应重点加以关注。正是因为这些地段的车流量和人流量较大,才出现了交通拥堵和停车位紧张的局面。在这些地段,商务活动或政务活动往往较为密集,属于城市繁华地段,经济价值较高,相应的商务流量也较大。

城市规划是政府依据一定时期的经济和社会发展计划,对城市的功能定位、发展规模、建设标准,以及对城市土地利用、空间布局等方面的计划和安排。各个地方政府对城市的功能定位、发展规模和建设标准不同,意味着它们在推动金融发展的机构准入、财税、金融人才引进等方面的政策举措存在较大差异。城市是一个要素汇聚中心和财富管理中心,城市规模越大,要求金融业在资源配置和城市运营中所发挥的枢纽作用越突出,地方政府在推动金融发展方面的政策会更加优惠,金融业的发展空间就越大。城市被赋予的工业中心、商业物流中心、贸易中心、航运中心、金融中心等不同的功能定位,客观上要求金融业在城市发展中扮演的角色不同。在定位为金融中心的城市中,金融业举足轻重,各类金融机构云集,金融从业人员较多,金融集聚效应显著,比较适合金融机构布局。同时,政府在城市土地利用和空间布局方面的规划,对于金融机构及营业网点布局会产生直接影响。金融机构布局时

---

① 王学信、赵辰欣:"居民金融人格差异及其成因分析——来自天津的调查",《发展研究》,2014年第2期,第97—102页。

应优先考虑中心商务区或经济活动次中心区域。

(四) 行政法律因素

行政法律因素是国家通过法律法规或以行政手段的形式约束金融机构市场准入和市场退出的一系列措施。金融活动对经济发展的贡献、其外部性及其具有的宏观调控作用,使得各国政府对金融机构的市场进入和市场退出格外重视。与一般的工商企业相比,金融机构的市场准入具有以下几个特点:

首先,金融机构市场准入的资本要求较高。由于金融机构存在权益资产比极低和风险高的行业特征,各国的金融监管部门对金融机构的注册资本几乎都有非常高的要求。在我国,一般工商企业的最低注册资本为 3 万元[①],而各类金融机构中规模最小的农村资金互助社,其注册资本要求也在 10 万元以上(如表 2-1 所示)。

表 2-1 我国各类金融机构的注册资本要求

金融机构类型		金融机构最低注册资本(亿元)
银行	商业银行	10
	外资银行	10
	城市商业银行	1
	农村商业银行	0.5
	农村合作商业银行	0.5
	农村信用合作联社	0.03
	村镇银行	0.03(县/区)、0.01(乡/镇)
	贷款公司	0.005
	农村资金互助社	0.003(乡/镇)、0.001(行政村)
证券	综合类证券公司	5
	基金管理公司	1
	经纪类证券公司	0.5
	期货公司	0.3
保险	保险公司	2

资料来源:根据原中国银监会官方网站、中国证监会官方网站和原中国保监会官方网站上相关资料整理。

其次,对金融机构进入市场的批准条件较为严格。金融机构在设立时除了像设立一般工商企业一样需要注册登记,还须事先取得金融业务经营资

---

① 若无特别说明,本书所用货币均为人民币。

格,即先到金融监管部门报批,经金融监管部门对拟设金融机构的业务规划、组织结构、信息技术设施、安保条件,以及经营管理者的专业经验和相应任职资格的审查通过,才能取得金融监管部门发放的"经营金融业务许可证"。

再次,金融机构营业网点的设置不仅受宏观经济形势和所在地区经济发展水平、人口规模等条件的影响,还受监管部门的直接约束和引导。例如,2015年6月,中国银监会发布的《中国银监会中资商业银行行政许可事项实施办法(修订)》(以下简称《实施办法》)第二章第二十条规定:"中资商业银行申请设立分行,申请人应当符合以下条件:(一)具有良好的公司治理结构;(二)风险管理和内部控制健全有效;(三)主要审慎监管指标符合监管要求;(四)具有拨付营运资金的能力;(五)具有完善、合规的信息科技系统和信息安全体系,具有标准化的数据管理体系,具备保障业务连续有效安全运行的技术与措施;(六)监管评级良好;(七)最近两年无严重违规违法行为和因内部管理问题导致的重大案件;(八)银监会规章规定的其他审慎性条件。"再如,《中国银监会关于中国(上海)自由贸易试验区银行业监管有关问题的通知》中明确规定:"允许全国性中资商业银行、政策性银行、上海本地银行在区内新设分行或专营机构。允许将区内现有银行网点升格为分行或支行。在区内增设或升格的银行分支机构不受年度新增网点计划限制……支持区内设立非银行金融公司……支持外资银行入区经营……"这些政策举措对上海自由贸易试验区内银行业的集聚发展起到了积极的引导作用。

最后,不同层次的金融监管机构对金融业法人机构和分支机构的设立拥有不同的审批权限,以便在法律上或具体审批上加以限制。例如,《实施办法》第二章第二十二条规定:"国有商业银行、邮政储蓄银行、股份制商业银行的一级分行、分行级专营机构筹建申请由其总行向银监会提交,银监会受理、审查并决定……国有商业银行、邮政储蓄银行、股份制商业银行的二级分行筹建申请由其一级分行向拟设地银监局提交,银监局受理、审查并决定。城市商业银行分行筹建申请由其向拟设地银监局提交,银监局受理、审查并决定……"2006—2015年我国的商业银行市场准入制度如表2-2所示。

表2-2 2006—2015年中国银监会关于商业银行市场准入制度概览

时间	文件名称	适用对象
2006年1月	《中国银行业监督管理委员会中资商业银行行政许可事项实施办法》	中资商业银行

(续表)

时间	文件名称	适用对象
2006 年 1 月	《中国银行业监督管理委员会合作金融机构行政许可事项实施办法》	信用合作社、信用合作社联社、农村合作银行、农村商业银行
2006 年 1 月	《中国银行业监督管理委员会外资金融机构行政许可事项实施办法》	外资金融机构
2006 年 11 月	《中华人民共和国外资银行管理条例实施细则》	外资银行
2006 年 12 月	《中国银行业监督管理委员会关于调整放宽农村地区银行业金融机构准入政策 更好支持社会主义新农村建设的若干意见》	银行业金融机构
2007 年 1 月	《村镇银行管理暂行规定》	村镇银行
2008 年 12 月	《中国银监会关于银行建立小企业金融服务专营机构的指导意见》	政策性银行、国有商业银行、股份制商业银行
2009 年 6	《小额贷款公司改制设立村镇银行暂行规定》	村镇银行、小额贷款公司
2012 年 6 月	《中国银监会办公厅关于农村中小金融机构实施金融服务进村入社区工程的指导意见》	农村中小金融机构
2013 年 9 月	《中国银监会关于中国(上海)自由贸易试验区银行业监管有关问题的通知》	中资银行、非银行金融机构、外资银行
2013 年 10 月	《中资商业银行行政许可事项实施办法》	中资银行
2014 年 3 月	《中国银监会农村中小金融机构行政许可事项实施办法》	农村中小金融机构
2014 年 12 月	《中国银监会关于进一步促进村镇银行健康发展的指导意见》	村镇银行
2014 年 12 月	《国务院关于修改〈中华人民共和国外资银行管理条例〉的决定》	外资银行
2015 年 6 月	《中国银监会中资商业银行行政许可事项实施办法(修订)》	中资银行
2015 年 6 月	《中国银监会农村中小金融机构行政许可事项实施办法(修订)》	农村中小金融机构

(续表)

时间	文件名称	适用对象
2015年6月	《中国银监会外资银行行政许可事项实施办法(修订)》	外资银行

注:表中的中资商业银行包括国有商业银行、股份制商业银行、城市商业银行、城市信用社股份有限公司;外资金融机构包括外资独资银行、中外合资银行、外资独资财务公司和合资财务公司;外资银行包括外资独资银行、合资银行;农村中小金融机构包括农村商业银行、农村合作银行、农村信用社、村镇银行、贷款公司、农村资金互助社等。

资料来源:根据原中国银监会官方网站相关资料整理。

(五)同行业机构的竞争状况

在某家金融机构营业网点设立的目标区域,可能已经有其他金融机构布局。这些金融机构营业网点与该金融机构一样面向同一类客户提供相似或相同的金融产品或服务,因此与该金融机构形成直接的竞争关系,成为该金融机构的竞争者。只有了解这些竞争者的优势、劣势、威胁以及市场提供的机会,才能在竞争中取得主动。因此,在布局之前的可行性论证过程中,金融机构应详细而客观地调研分析该地区竞争者的数量、资金实力、技术能力、创新能力、分别占有的市场份额、经营管理能力、经营绩效,以及该地区的竞争激烈程度等情况;同时,金融机构应根据目标区域的市场竞争者状况,设计出相应的竞争策略和人事组织安排,选择适当的市场进入时机。

二、影响金融机构布局的内部因素

(一)规模经济

规模经济是指企业生产和经营规模的扩大,引起企业投资和经营成本的降低,从而企业获得较多利润的现象。[①] 就金融机构而言,规模经济体现在五个方面:一是在经营规模一定的情况下,单笔业务金额越大,资金费用率越低;反之,资金费用率越高。二是金融机构组织规模与市场占有率呈同向变化关系。金融机构组织规模越大,可能动员的金融剩余越多,金融资源使用对象的选择范围就越广,金融机构所获得的收益就可能越大。三是金融机构规模的扩大,为其内部分工和协作提供了条件。四是规模经济提高了金融机构抵御金融风险的能力。规模较大的金融机构可以在多个地区和多个领域布局产品与业务,从而避免某一地区经济增幅下滑或某

---

① 周小知:《兼并收购与企业扩张》,中国劳动出版社,1999年。

一业务领域衰退而降低自身的经营绩效和流动性。五是与其他金融机构集聚可以促进基础设施和金融基础设施共享、信息共享及知识外溢,使得规模报酬递增。因此,金融机构最倾向于"扎堆"布局。根据交易成本理论,金融机构是否扩大分支机构规模,依据的是市场交易成本和内部管理费用的比较。如果内部管理费用小于市场交易成本,金融机构就会增设分支机构以扩大经营规模,追求规模经济效应。因此,金融机构应将是否存在规模经济作为扩张营业网点数量的依据。

在上述规模经济的表现中,前四个属于内部规模经济,第五个属于外部规模经济。金融机构实现内部规模经济的途径有两个:一是增加分支机构数量,二是提高分支机构的单位产出规模,降低内部管理费用。在布局时,金融机构应尽可能遵循边际收益等于边际成本的原则,在盈利不断增加的情况下,扩大分支机构数量规模以实现规模经济;而在亏损日益累积的情况下,金融机构应裁减分支机构和人员的数量,收缩经营规模边界,降低经营成本。

具体地,对于商业银行的一级核算分支机构和营业网点来说,应在核算经营收益的基础上,分别核定金融机构规模边界。一级核算分支机构经营收益的核算公式为:

经营收益=金融机构往来利息收入+贷款利息收入+手续费收入+
其他收入-利息支出-营业费用-税金及附加

(2-1)

公式(2-1)中的贷款利息收入为当期实际取得的利息收入,利息支出为当期实际支出的利息,而不是账面的利息收入和利息支出。

对于没有贷款权的营业网点来说,其经营收益的核算公式为:

经营收益=上交存款利息收入+其他收入-营业费用 (2-2)

如果连续三年的经营收益为负值,可以考虑裁撤分支机构(网点)或更换分支机构(网点)的营业地址。

(二)金融机构的市场定位和业务导向

金融机构的市场定位决定了其服务的主要客户群体,而客户群体和业务重点往往成为金融机构进行分支机构网点布局的着眼点。例如,农村信用社的定位是"支农主力军",主要为农村社员提供金融服务,其网点应主要布局在农村地区;城市商业银行的定位是"市民的银行,社区的银行",为城市中小企业和城镇居民提供金融服务,其分支机构网点应主要布局于城镇。

(三) 形象营销

企业形象是指将企业的经营理念与精神文化，运用整合传播系统，传达给企业利益相关者，使其对企业产生一致的认同感与价值观。① 为了提高自身的品牌效应，各家金融机构往往在交通便利、品位较高同时客流量和商务流量较大的地区设置高等级的分支机构或营业网点，在建筑物、门面标识、内部装潢等方面进行安排和设计，展示产品、服务和品牌，吸引客户，扩大形象宣传，使社会公众对金融机构的形象产生深刻的认知和认同，并使公众通过这些分支机构或营业网点了解该金融机构的经营理念、企业文化和服务标准。

(四) 金融风险状况

金融风险也是影响金融机构布局的重要因素之一。无论是金融机构自身还是金融监管部门、各级政府，在金融机构布局及布局调整的过程中，都会考虑金融机构个体及地区所面临的金融风险。作为微观金融机构个体，不仅要通过评价自身的资产质量、资本金状况、流动性状况来综合判断内部的金融风险，在布局分支机构时，还要尽可能地回避高风险地区，趋向于低风险地区。在整合分支机构时，金融机构应优先撤并金融风险较高的分支机构和营业网点。金融监管部门作为金融机构市场准入的审核机关，从维护区域金融稳定和金融安全、促进区域金融发展的角度出发，有义务阻止金融机构进入金融风险较高的地区，对于金融风险较高的金融机构增设营业网点，应采取准入限制政策。

三、金融机构布局的原则

(一) 基本原则

1. 区位指向性原则

区位指向性是金融机构布局的首要原则。金融机构布局即金融机构对经营地址的选择，是金融机构与地域环境的契合。受经济、社会环境、交通、通信、安全等因素的影响，金融机构所处的具体位置，不仅直接影响其经营绩效，还会影响区域金融产业布局的空间层次和地域层次。

2. 竞争与效率原则

金融机构布局的动因在于拓宽营销渠道，扩大市场份额，巩固和增强自身的市场竞争力，提高盈利水平；金融机构布局的关键在于提高经营效

---

① 唐小飞、周晓明：《金融市场营销》，机械工业出版社，2010年。

率和竞争力。金融机构布局必须有利于提升为经济发展服务的水平与质量，提高金融效率，在促进区域经济快速、健康发展的同时，提高自身的经济效益。

3. 市场化原则

金融机构的市场进入与市场退出应遵照市场化原则，自愿、平等、公平、公开并依照法律程序完成市场进入或市场退出的过程。金融机构因分立、合并或其机构章程规定而发生的市场进入和市场退出行为，具有内在性，属于市场行为，应按照市场规则依法处理，不受或很少受外部强制力的影响，从而在客观上优胜劣汰，实现金融资源的优化配置。

4. 安全与稳健原则

个别金融企业的机构网点数量的过分扩张或过快收缩，会引起其业务规模的大起大落，导致经营上的不稳健。而一家金融机构的风险暴露，会在"多米诺骨牌效应"的作用下出现连锁反应，直接影响地区经济的金融安全。因此，安全与稳健经营对金融机构的生存和发展至关重要。金融机构在布局的过程中，考虑的因素除了边际收益大于或等于边际成本，还包括如何分散和化解日常经营过程中发生资产损失或收入下降的风险，防范问题金融机构风险暴露或金融行业周期性波动引起的系统性风险。

(二) 操作原则

1. 创新原则

金融机构布局不仅是金融机构在组织规模和机构网点区位选择方面的简单调整，还应伴随着制度创新、组织创新和业务创新。金融发展历史表明，每一次金融制度变革，均能带来金融效率的提升。金融机构基于组织规模和网点业务贡献的经济考虑，需要不断地审视与调整组织规模和机构网点布局，改善公司治理结构，再造组织体系，促进业务创新。

2. 规模适度原则

金融机构布局首先应考量自身的规模是否适度。尽管金融业是具有规模报酬递增特质的行业，但金融机构的规模并非越大越好。由于各地经济发展环境差异较大，金融机构的管理水平、客户群体差异明显，规模经济与规模不经济的状况必然并存。因此，金融机构应采用科学的方法合理确定分支机构数量、规模及其相应的业务规模和成本费用规模，并在此基础上计算出最佳盈亏平衡点，作为最佳规模边界。

3. 成本最低原则

金融机构的机构网点增设和裁撤都涉及相应的成本变动。网点增设成本主要包括市场调研成本、固定资产投入、金融机构进入市场的游说成本。市场退出成本主要包括无形资产损失、客户流失成本、固定资产的拍卖折价损失、金融资产出售时产生的损失以及金融机构的信息成本。坚持成本最低原则,就是要对清算损失和可能引发的外部区域性风险给予定性与定量评估,以实现风险最小化。

4. 分类分策原则

不同种类的金融机构,所处地区的经济发展水平不同,面临的金融生态环境不同,服务的客户群体不同,业务种类也不尽相同。因此,同一地区内部的金融机构,因经营状况、盈利能力、资产质量不同,在机构网点布局及其重构的过程中,不宜采取"一刀切"的办法。比如,正常类的金融机构应在稳健经营的前提下,适当扩大网点规模;而关注类和风险类的金融机构,不但不宜增加网点数量,还应采取积极措施裁撤低效网点;高风险金融机构应采取并购和重组等措施;严重资不抵债的金融机构则应选择市场退出。

四、金融机构布局中的规模经济:以河南省为例

规模经济和规模不经济常被用来解释企业产量变动引起的规模与生产成本的变动关系。如果企业产量的增长速度大于企业生产成本的增长速度,则认为企业的生产存在规模经济;如果企业产量的增长速度小于生产成本的增长速度,则认为企业的生产存在规模不经济。产生规模经济的主要原因是,随着生产规模的扩大,企业的劳动分工更合理,专业化程度更高,各种生产要素能够得到更加充分的利用。但当企业的生产规模达到一定程度时,如果信息失真、内部官僚等因素使得扩大规模所带来的生产成本的增加超过生产规模的扩大,就会出现规模不经济。

对于银行来说,组织规模越大,能够动用的金融剩余就越多。商业银行规模不断增大,它就可以突破自身所拥有的人才资源、信息资源和技术设备的限制来扩大业务范围,向社会提供更多的金融服务,同时广泛分摊信息成本和其他成本,从而实现规模经济。那么,商业银行的盈利增长是否与规模扩张有关呢?不同规模的商业银行是否都存在规模经济呢?

就河南省2005年和2015年各银行类金融机构的情况看(见表2-3),2015年与2005年相比,以机构数量和人员数量表示的四大国有商业银行的规模有所缩小,股份制商业银行和城市商业银行的规模迅速扩张,经过资本注入、资产置换和改制,农村信用社的规模也有所增大。总体上看,四大国有商业银行在规模上仍占有明显优势,农村信用社居其次。

表 2-3　2005 年和 2015 年河南省各银行类金融机构的机构与人员规模

金融机构	机构数量（家）		人员数量（人）	
	2005 年	2015 年	2005 年	2015 年
工商银行	950	774	20 666	20 220
农业银行	1 343	1 170	26 434	23 729
建设银行	—	691	14 824	17 466
中国银行	—	505	12 450	12 619
交通银行	85	105	1 765	2 924
招商银行	8	32	283	1 021
广发银行	19	27	731	1 341
光大银行	15	40	340	1 280
中信银行	11	75	370	—
城市商业银行	—	742	9 911	17 461
农村信用社	—	5 281	51 810	63 461

注：城市商业银行的数据中未包括平顶山银行的机构数量和人员数量。
资料来源：根据《河南金融年鉴》（2006，2016）相关数据整理。

我们进一步选取河南省 2003 年、2005 年和 2015 年各银行类金融机构的经营状况进行观察后发现，尽管 2003 年和 2005 年四大国有商业银行的存贷款市场占有率和组织规模均大于股份制商业银行和地方金融机构（见表 2-4），但资产利润率、收入利润率等指标明显低于股份制商业银行，说明其盈利能力与组织规模和市场规模并不呈正向变动关系；同时，存款费用率和贷款费用率等费用指标高于股份制商业银行，与组织规模和市场规模较小的地方金融机构相近。由此可见，2003 年和 2005 年四大国有商业银行在河南省的组织规模与市场规模过于庞大，规模不经济的特征较为明显（见表 2-5）。

表 2-4　2003 年、2005 年和 2015 年河南省各银行类金融机构存贷款市场结构

（单位：%）

年份	四大国有商业银行		股份制商业银行		地方金融机构		其他金融机构	
	R_D	R_L	R_D	R_L	R_D	R_L	R_D	R_L
2003	52.71	51.21	12.73	12.94	26.28	23.39	8.28	12.46
2005	51.66	43.85	13.73	13.48	24.52	23.57	9.79	22.71
2015	32.61	34.19	13.35	14.47	29.51	27.39	20.62	23.94

注：表中的 R_D 和 R_L 分别表示某类金融机构的存款市场占有率和贷款市场占有率。
资料来源：根据《中国人民银行济南分行金融年鉴》（2004 年卷）和《河南金融年鉴》（2006，2016）计算整理。

表 2-5 2003 年和 2015 年河南省各银行类金融机构经营状况

金融机构	资产利润率 2003年	资产利润率 2015年	利润费用率 2003年	利润费用率 2015年	收入利润率 2003年	收入利润率 2015年	存款费用率 2003年	存款费用率 2015年	贷款费用率 2003年	贷款费用率 2015年
工商银行	0.0001	0.0175	11.7920	0.5215	0.0014	0.4969	0.0107	0.0115	0.0139	0.0164
农业银行	-0.0076	0.0080	-3.4417	2.3547	-0.1004	0.2868	0.0151	0.0196	0.0167	0.0510
建设银行	-0.0362	0.0206	-0.7914	0.6762	-0.4361	0.5566	0.0167	0.0143	0.0301	0.0205
中国银行	-0.0007	0.0109	3.6941	1.7744	-0.0081	0.3369	0.0127	0.0202	0.0166	0.0298
交通银行	0.0145	0.0011	0.5547	0.8338	0.4304	0.0488	0.0070	0.0101	0.0108	0.0182
浦发银行	0.0171	0.0169	0.2445	1.0290	0.3980	0.4618	0.0042	0.0182	0.0046	0.2868
招商银行	-0.0073	0.0074	-3.0031	0.4993	-0.2371	0.2292	0.0283	0.0149	0.0220	0.0156
广发银行	0.0107	0.0030	1.2331	7.887	0.1634	0.0787	0.0144	0.0320	0.0196	0.0420
光大银行	0.0153	0.0148	0.5315	1.1574	0.2975	0.4257	0.0082	0.0181	0.0115	0.0236
中信银行	0.0090	0.0136	0.6806	0.9644	0.2012	0.4730	0.0065	0.0162	0.0093	0.0261
城市商业银行	0.0015	0.0149	-5.1966	1.8677	0.0333	0.3410	0.0136	0.0414	0.0187	0.0671
农村信用社	-0.0025	0.0135	-3.8425	3.4136	-0.0561	0.2207	0.0152	0.0567	0.0191	0.0944
信托公司	0.0006	0.2018	-5.3475	0.4318	0.1683	0.7220	0.0067	—	0.0086	1.0823

资料来源：根据《中国人民银行济南分行金融年鉴（2004年卷）》和《河南金融年鉴》（2016）计算整理。

由表 2-3、表 2-4 和表 2-5 可以看出,2003 年股份制商业银行存贷款市场规模远不及四大国有商业银行,但盈利能力和费用控制优于四大国有商业银行。究其原因,除历史包袱较轻以外,先进的经营管理模式和管理理念、优秀的经营管理人才、积极进取的市场开拓意识以及较为优良的公司治理结构也是其占得市场先机的重要法宝。在地方金融机构中,城市信用社和城市商业银行面临的地理环境和客户资源与股份制商业银行相同,却由于历史包袱较重、公司治理结构不尽完善、风险意识淡薄等,盈利能力与成本费用控制能力与四大国有商业银行无明显差异,与股份制商业银行存在较大差距。在各地方金融机构中,无论是组织规模还是存贷款市场占有率,农村信用社都拥有绝对优势。但是,农村信用社面对的主要客户是农村居民、乡镇企业和农村社区,资金来源中储蓄存款占有绝对比重,单笔存款规模和单笔贷款规模均较小,客观上使农村信用社的资金费用率较高。另外,农村信用社的功能定位飘忽不定,法人治理结构不完善,机构设置上过多考虑"支农主力军"的角色,未能按经济规则考量机构布局,因此农村信用社的规模不经济问题在所难免。

然而,经过十多年的改革和发展,2015 年各类金融机构的经营状况发生了很大变化,规模经济状况也与 2003 年有所不同。根据表 2-5,可以得到 2015 年河南省各银行类金融机构相关财务指标的算术平均值(见表 2-6)。

表 2-6　2015 年河南省各银行类金融机构相关财务指标的算术平均值

金融机构	资产利润率	利润费用率	收入利润率	存款费用率	贷款费用率
四大国有商业银行	0.0143	1.3317	0.4193	0.0164	0.0294
股份制商业银行	0.0095	2.0618	0.2862	0.0183	0.0687
城市商业银行	0.0149	1.8677	0.3410	0.0414	0.0671
农村信用社	0.0135	3.4136	0.2207	0.0567	0.0944
信托公司	0.2018	0.4318	0.7220	—	1.0823

我们将除信托公司以外的各类金融机构的资产利润率和收入利润率由高到低排序,以及其余三个指标由低到高的排序,相加以后得出各类金融机构的综合排名,由高到低依次为四大国有商业银行、城市商业银行、股份制商业银行和农村信用社;费用指标由高到低依次为农村信用社、股份制商业银行、城市商业银行和四大国有商业银行。2003 年以来,经过股份制改造的四大国有商业银行以效益为中心,不断整合低效分支机构和营业网点,借助现代信息技术再造业务流程,之前规模不经济的状况得到根本性扭转。尽管存贷款市场份额大幅下降,但利润费用率、存款费用率和贷款费用率在各类银

行中最低,收入利润率最高,资产利润率也处于较高水平。城市商业银行在四大国有商业银行收缩机构网点之时,扩张人员规模,存贷款市场占有率略有提升,盈利能力明显改善,费用开支也得到有效控制,规模效益日益显现。农村信用社虽然经过资本金注入、风险资产置换、机构改组等改革,但主要面对城市化进程日益加快背景下的弱势三农群体,金融创新又面临高素质员工匮乏的制约,费用指标高企和利润指标低位徘徊也在情理之中。股份制商业银行的机构规模和人员规模快速扩张,存贷款市场份额仅略有提升,资产利润率和收入利润率等反映盈利能力的指标较低,而存款费用率、贷款费用率、利润费用率等费用指标则有所上升。究其原因,与股份制商业银行近年来机构网点快速扩张导致管理费用开支过高有着直接的关系。

第三节　金融机构的市场退出

一、金融机构市场退出的成本与收益分析

金融机构的市场退出包括金融机构法人的市场退出和分支机构的市场退出。前者是指金融机构依据《中华人民共和国公司法》《中华人民共和国破产法》和有关金融法律规定,在严重资不抵债或流动性困难且无法解决时,采用破产、兼并收购、撤销、解散等方式失去法人资格从而退出市场的过程;后者是指金融机构依据自身的发展战略调整分支机构网络,采取撤并、合并、注销等方式退出市场的过程。

无论是金融机构法人的市场退出,还是金融机构分支机构的市场退出,都会产生一定的外部负效应。金融机构是经营风险的特殊机构,一旦风险暴露,出现流动性困难且救助无望,不但会引起直接相关利益者经营风险的快速累积,盈利大幅减少或持有资产价值巨幅缩水,而且会导致社会公众对金融机构的信任度骤降,产生挤兑等现象,进而引发"多米诺骨牌效应"。因此,一家金融机构因经营不稳健而招致市场退出往往会影响区域金融稳定,甚至出现金融危机乃至经济危机。分支机构作为金融企业产品营销和推介的重要渠道,一旦退出市场,就会形成大量沉没成本。这些沉没成本主要包括三个部分:一是金融机构完全丧失市场客户资源;二是整个金融机构在社会公众中企业形象损失与社会评价下降;三是先期投入的固定设施建设、广告推介、公关、市场培育等方面费用的损失。

低效机构网点的长期存在,不仅难以全面提高金融机构的经营效益,而且会影响低效机构网点员工的工作状态和精神面貌而向社会公众传递不良

的信号,不利于企业形象的正面宣传和客户忠诚度的培养与提高。低效机构网点的市场退出,微观上有利于金融机构重整内部资源、提高资源配置效率,宏观上有利于金融稳定和金融业健康发展,防止金融风险进一步扩散。在这种情况下,金融机构的市场退出会产生一定的积极效果。

二、金融机构市场退出的根本原因

金融机构的市场退出可能由多方面因素造成,但根本原因在于金融体系的脆弱性。财务杠杆比表示的是资本与资产的配置比例,是以企业资产除以自有资本而得。普通工商企业的财务杠杆比为2:1左右,而金融机构凭借信用,财务杠杆比往往高于工商企业数倍。就商业银行而言,根据《巴塞尔协议》的要求,资本充足率不应低于8%,即商业银行的自有资本(含视同自有资本)与加权风险资产的比例至少为8%。在商业银行的资金来源中,自有资本只占很少一部分,绝大部分是负债。要维持负债的流动性,就要求金融机构不仅要保证资产质量,按期获取资产收益,还要求资产的规模适当,资产与负债在期限上不可错配。商业银行要满足这些要求是有一定难度的。

第一,商业银行要维持负债的流动性,保证资产的质量。在发放贷款之前,由于存在信息不对称,银行无法完全甄别优质客户与劣质客户,只能按照常规给贷款产品定价。部分优质客户并未享受到优惠的价格和优质的服务,在客观上就产生了一个奖劣限优的结果。在银行发放贷款以后,借款人还可能存在道德风险。一旦借款人到期不能或不愿偿还贷款,就会威胁到银行资产的质量。

第二,商业银行的资产规模要适当。银行作为金融机构,是以利润最大化为经营目标的。在利润主要来自存贷息差的现实背景下,银行当然有扩大信贷资产规模的冲动。同时,银行的股东和经理人之间存在委托代理关系,经理人为了完成业绩目标,追求个人薪酬最大化,达到与股东这一委托人续签聘约的目的,也会想方设法扩张业务边界,增加信贷资产规模。事实上,银行在发放贷款以后会面临种种风险。比如,行业周期性波动风险,行业景气程度的周期性波动有可能使得借款人到期不能偿还本金或利息;政策性风险,政府的政策调整有可能使得借款企业面临财务困境从而无力还贷;借款人的信用风险,借款人可能恶意赖账不愿偿还贷款本息;借款人的经营性风险,借款人可能出于经营方面的原因,导致现金流紧张或断裂以至于贷款本息不能如期偿还。这些风险的客观存在,意味着银行每增加一个单位的资产规模,就多一个单位的风险。资产规模越大,累积的风险也就越高,这就要求银行的资产规模应与其风险管理能力相适应。同时,资产规模的扩张应建立在负债规模相应增长的基础上。在市场决定要素报酬分配的现实背景下，居民收入差距与日俱增，导致少数富裕居民占有多数银行存款。这些存款人因为单笔存款余额较大，在交易过程中银行负担的单位资金费用较低，与小额存款人相比，他们与银行谈判的资本更多，向银行索取的利息报酬通常高于小额存款人。小额存款人与银行发生交易的次数频繁，银行负担的单位资金费用相对较高。大额存款人往往更加重视存款的安全性和收益性。一旦发生影响存款安全的事件，或者出现有更高收益的投资机会，他们就会迅速转移存款；而小额存款人在"羊群效应"的作用下，会跟风操作。

存款人到银行办理存取款业务时，银行须遵循"存款自愿、取款自由"的原则为其办理业务。这就使存款规模产生了不稳定。自2013年6月13日阿里巴巴集团与天弘基金联手通过第三方支付平台推出理财产品"余额宝"以后，基金规模日益壮大；腾讯公司借助微信平台在2014年年初也推出类似"余额宝"的货币基金产品——微信"理财通"。这些理财产品均可"T+0"交易，赎回当天，资金即可入账；收益率也大幅高于银行定期存款利率，使得银行的存款逐渐向"余额宝"等理财产品搬家。2013年1月银行存款较2012年同期增加额为7300亿元，2014年1月却较2013年同期余额减少了9400亿元。这引起银行的极大恐慌，中国人民银行、原银监会、银行业协会纷纷表态要规范"余额宝"类产品的发展，工商银行、招商银行等商业银行也相继推出类似"余额宝"的理财产品，并开始实施每天限额转出5000元的举措，但2014年2月微信"理财通"每分钟的增加额仍达到200万元。

银行与借款人的借贷关系是通过借贷契约加以规范的。这一借贷契约虽然没有将所有事项（包括或然事项）纳入其中，但它显然是一份具有法律效力的契约文本，借款人有义务在债务到期后偿还银行本息。这样一来，就出现了一个非对称的现象：借款人在借贷契约到期前可以不偿还贷款本息，而存款人在定期存款到期前可以支取存款。为了保证存款人能够随时兑付现金，贷款规模必须适当。在确定信贷规模时，需要考虑三个因素：一是贷款风险准备金，二是上缴中央银行的法定存款准备金，三是备付金。因此，银行在存款的基础上扣除这三个因素以后，贷款规模不应超过存款规模。

另外，银行的资产与负债在期限上应适配。在银行的存款中，总会有少部分资金沉淀。这些沉淀资金是不同客户不同期限的存款由于存取时间前后相接，形成了在银行看来余额固定不变的资金，银行可将这部分沉淀资金投放至期限5年以上的长期贷款。银行存款中还有接近半数的部分在期限和规模上相对稳定,银行可投放至1—5年的中期贷款。存款中剩余的部分处于浮动状态,其余额随季节而周期性变动,银行可投放至1年以下的短期贷款。不同存款的期限特征不同:活期存款,期限灵活,随存随取,流动性强;定期存款,期限相对固定,稳定性好于活期存款;协议存款,单笔金额要求往往在3000万元以上,期限固定,稳定性最好。因此,在资产配置的过程中,期限上与负债的错配,比如银行将短期资金用作中长期投放,即短款长用,会导致流动性紧张;或者将长期资金用作短期投放,即长款短用,会导致资金使用效益低下。

金融体系脆弱性的另一个表现是金融风险的易传染性。金融业是与风险打交道的行业,金融风险伴随金融活动的始终。一家金融机构因经营不稳健造成现金流断裂以后出现支付危机,会引发社会公众对凭借信用维持经营的整个金融行业的质疑和不信任,很容易出现挤兑存款的现象。同时,持有支付危机机构股份的金融机构,其股票价格也会下行,该股票持有者的资产总额也会由此大幅缩水。这种环环相扣的持股关系,不仅加速了金融行业的风险集聚和危机爆发,而且会使风险蔓延至整个金融系统,引发全面的金融危机。金融业作为资源配置的重要渠道、宏观经济调控的执行部门和重要的产业部门,金融危机下的秩序紊乱和信心丧失,势必引起其他社会经济领域的恐慌,并可能发生经济危机。这一逻辑如图2-1所示。

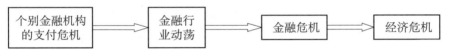

图2-1 金融危机的传染路径

在个别金融机构风险暴露进而出现支付困难的情况下,政府或股东给予资本支持,中央银行发放再贷款给予流动性支持,可以避免支付危机的持续蔓延,但相关各方在风险暴露或支付危机发生时往往重视度不够。1998年,河南省巩义市东关农村信用社和巩义辖区内的"三会一部"①关门停业,不能兑付到期存款,使社会公众对中小金融机构的信用产生了怀疑,纷纷挤兑存款,导致巩义市农村信用社储蓄存款急剧下滑,开始出现行业性的支付风险,并迅速蔓延到临近的新密市和荥阳市。1999年3月,巩义市、新密市两市农村信用社全部处于限付、停付状态,社会秩序一度出现混乱,后经多方积极救

---

① "三会一部"均为非金融机构,是不以营利为目的、只在社员之间融通资金的互助合作组织。其中,"三会"指农村合作基金会、扶贫救灾储金会、资金互助会,"一部"指股金服务部。

助,尤其是在中国人民银行郑州市中心支行的再贷款支持下,2001年9月,巩义市、新密市和荥阳市的农村信用社各项业务运营工作才基本恢复正常。如果在1998年巩义市个别信用社出现支付危机时,巩义市农村信用联社和中国人民银行郑州市中心支行就给予积极救助,巩义市、新密市、荥阳市三市的金融业就不会持续动荡至2001年才恢复正常。由此看来,对危机机构的救助时机和救助方案选择非常关键。当然,对危机机构是否施以援手,还要看其是否存在救助的必要。

值得注意的是,信息不对称会加剧金融风险的传播。在个别金融机构发生支付危机后,社会公众对行业内部其他金融机构的经营状况了解不足,存在信息不对称的问题。这会导致这些机构的存款人前来挤兑存款,从而引发行业性的支付危机,暴露地区性的金融风险。实际上,在个别金融机构发生风险后,存款人更愿意听信社会传言,自动忽略金融机构做出的澄清。高负债经营的金融机构即使经营状况优良,在存款人的一致挤兑下,也难免陷入流动性困难。因此,金融机构的脆弱性会演化为金融体系的脆弱性。

三、我国金融机构市场退出的方式

改革开放初期,我国开始从计划经济向有计划的商品经济转轨,与此相对应,中央政府分解了"大一统"的金融机构体系,建立了以中国人民银行为领导、专业银行为主体、非银行金融机构为补充的金融机构体系。同时,政府动员各专业银行广布分支机构,汲取金融剩余,为制度转轨初期的经济改革与发展提供金融支持。在政府确立了市场经济体制改革的方向以后,又推动国有独资专业银行向股份制商业银行转变,相继成立了华融、长城、东方和信达等四家资产管理公司,分别接收从工商银行、农业银行、中国银行和建设银行等四大商业银行剥离出来的不良资产;组建国家开发银行、中国进出口银行和中国农业发展银行等三家政策性金融机构,以发挥政策性融资功能;成立与分业经营相对应的银行业、证券业和保险业监管机构;完善农村信用合作组织的治理结构。在进行这些体制内改革的同时,体制外的改革一并展开。1987年开始,政府通过股份制形式恢复和组建了一批金融机构,并在上海、深圳、北京、广州等城市引进外资金融机构。

随着改革的不断深入,金融风险在金融体系内部日益累积和集中。一方面,当一些经营不稳健的金融机构(如中农信托公司、广东省国际信托投资公司、海南发展银行等)因严重资不抵债而引发支付危机时,在政府的主导下,依据市场规则,对这些问题机构采取并购、撤销与关闭、接管、破产等方式予以市场退出；另一方面，政府要求各金融机构压缩分支机构数量，裁撤低效网点，推动国有商业银行于20世纪80—90年代布局在农村地区的机构网点进行市场退出。总体来看，金融机构的市场退出，避免了地区性和系统性金融风险的集中爆发；分支机构的市场退出，提高了金融机构的经营效率，对于我国金融体系的健康运行起到了积极作用。纵观20世纪80年代以来我国金融机构市场退出的全景，可以发现退出方式主要有四种。

（一）并购

金融业并购是金融机构之间的产权交易活动，它不仅涉及被并购机构经营控制权的变更，而且涉及产权归属的变化。金融业的并购包括合并、兼并和收购三种形式。合并通常是指两家或两家以上的金融机构依照有关法律和法规的规定，签订合并协议，将资产合为一体，组成一家全新的金融机构的产权交易活动。兼并是指一家金融机构采取各种形式，有偿接收其他金融机构的产权，使被兼并机构丧失法人资格或改变法人实体的产权交易活动。收购是指一家金融机构在股票市场上有偿获得目标机构的经营控制权，从而改变目标机构经营决策权的产权交易活动。

金融机构本身具有脆弱性，其破产倒闭的私人成本远远小于社会成本。金融机构的危机又极具扩散性。一家金融机构的行为失范或经营不稳健所引致的结果，不仅会造成该金融机构的损失或局部的金融动荡，还有可能在"多米诺骨牌效应"的作用下，给一系列金融机构甚至整个金融体系及社会经济带来极大的破坏和冲击。并购是处理金融机构危机的较好办法，因为它能用较低的成本稳定金融秩序。由于原有的债权债务关系由并购方承接，并购既能够保全金融机构的运营基础，保护存款人的利益，从而避免一场金融恐慌，稳定社会经济秩序，又有助于调整金融结构，提高金融效率。我国的中小金融机构数量多、资产规模小、抗风险能力低，随着金融业竞争的日益加剧，破产倒闭在所难免。政府在加快建立金融机构市场退出机制的同时，应大力鼓励金融机构并购，为社会经济发展提供稳定的金融环境。

我国金融机构法人通过并购实现市场退出的案例很多。例如，1996年，在原各地城市信用合作社的基础上合并成立了88家城市商业银行；同年，广东发展银行并购中银信托投资公司；1988年，国家开发银行自主合并中国投资银行的29家分行；同年，国泰证券公司和君安证券公司合并成立国泰君安证券公司；1999年，中国光大银行收购中国投资银行的债权债务和137个同城营业网点；2006年，平安集团收购深圳市商业银行；2012年，深圳发展银行合并平安银行；2014年，开封银行、安阳银行、鹤壁银行、信阳银行等河南省的13家城市商业银行合并成立中原银行；等等。

(二)撤销与关闭

撤销与关闭是指金融监管部门依照有关法律规定,对经批准设立的具有法人资格的金融机构采取行政强制措施,终止其经营活动,清算其债权债务,最终撤销其法人资格的行政处罚决定。[①] 撤销与关闭是一种行政措施,清产核资和债务清算则属于市场行为,需遵循市场规则。金融机构被撤销与关闭后,经营活动终止,接下来清产核资及债务清算的过程会非常漫长。清算人员由政府机构派出,代表政府对金融机构的资产和负债进行清算,保护资产安全,尽量按市场规则保护债权人和投资者的利益。清算人员不仅要处理各种复杂的债权债务关系,还要尽力维护政府的信誉和形象,维持地区金融秩序稳定。因此,撤销与关闭后的清产核资和债务清偿的过程一般会非常艰难且漫长。在我国,采用这种方式退市的金融机构主要有:1997年,中农信托公司;1998年,中创公司、海南发展银行、北海市城市信用社、恩平市城市信用社;1999年,全国各地2 000多家城乡信用社;2000年,全国90多家各种信托投资公司;2005年,广东证券公司、格尔木市农村信用社;等等。

(三)接管

接管属于预防性的拯救行为,是指当某一家金融机构出现危机时,由金融监管机构担任接管人或指定某一家商业性金融机构作为接管人,接管其全部业务经营活动,并有权调整组织结构和经营管理,以恢复正常的经营能力,改善财务状况,扭转已经发生的信用危机,保护债权人和投资者的利益。接管只是一种过渡性的处置措施,接管期通常为一年,必要时可适当延长。被接管机构在被接管以后有可能被其他金融机构并购,也有可能被重组从而转型为一家全新的金融机构,还有可能破产倒闭。一旦在接管期内被并购或重组转型成功,或者被法院宣布破产,接管即告终止。具体采用哪一种后续处置措施,还要根据被接管机构在被接管以后的经营状况和财务状况来定。在我国,采用行政接管方式的主要例子有:1995年,中银信托公司被中国人民银行行政接管;1996年,永安财产保险公司被中国人民银行行政接管;2004年,南方证券公司被证监会和深圳市政府行政接管;等等。

(四)破产

破产是指在金融机构不能清偿到期债务、救助无效又缺乏重组并购可能

[①] 阎维杰:《金融机构市场退出研究》,中国金融出版社,2006年。

性的情况下,经金融监管部门批准,依法提出破产保护申请,经法院裁定,终止其法人资格的行为。破产作为一种完全的市场退出行为,会造成投资者和债权人的损失,降低社会公众对金融体系运作的信任,容易引发连锁反应。因此,破产往往是金融机构的无奈之举。为了把破产带给行业和市场的负面影响降到最低,具有较高公信力和权威的法院、会计师事务所等应直接参与金融机构的破产清算,客观公正地处理债权债务关系,最大限度地保护投资者的权益。相对于其他几种市场退出方式,破产较为彻底,对行业及市场的影响也较大,非到不得已是不会采用的。在我国市场退出的金融机构中,1999年1月宣布破产的广东省国际信托投资公司是第一例,之后还有2006年的大鹏证券公司,等等。

从上述四种市场退出方式来看,并购较好地延续了债权债务关系,保护了所有者权益,并有可能使被并购机构在产品、市场、技术、组织结构、经营管理等方面有较大改善,被并购机构市场退出产生的负面影响也被降到了最低,所以被许多金融机构采用,成为金融机构市场退出的首选方式。当然,问题机构具体采用何种方式退出市场,还应根据金融机构的具体情况及特定的市场环境做出选择。

四、我国金融机构市场退出的制度安排

(一)目前我国金融机构市场退出的制度缺陷

首先,金融机构风险预警系统和危机处理机制缺失。目前,我国并没有建立根据不同的金融风险警示信号而采取相应措施的程序规定,没有赋予各级监管部门采取措施的权力。其次,在处理手段选择上,过多地使用强制性的行政命令,忽视了市场机制的作用。这不仅破坏了市场自身对风险进行分散、转移、补偿的机制,导致风险的积聚以及经营者和投资者风险意识的淡薄,而且可能使政府陷于两难之中。最后,金融机构市场退出的关键问题是债权债务关系的处理,然而我国现在还没有一套针对性强、完整规范的法律程序,对金融机构的债权债务问题缺乏具体的法律规范。

(二)我国金融机构市场退出制度的改进设计

1. 建立金融风险预警系统

所谓金融风险预警,就是金融监管部门对金融机构出现的不良财务状况及可能对金融系统造成破坏的严重程度事先发出预报和提示,为排除险情提供依据。根据阎维杰的研究,金融风险预警系统的主要监测指标有:资本充

足性(如资本充足率、现金比例、信贷资金自给率、不良贷款抵补率),资产质量(如抵押担保贷款率、利息回收率、不良贷款率、最大十户贷款率、贷款损失核销率),流动适度性(如备付金比率、净拆入资金率、流动比率、存贷比率),收益合理性(如资产收益率、存贷利差率、成本费用利润率),管理稳健性(主要评价管理和内部控制是否到位、内部控制制度是否完善、内部审计是否有效等),经营合规性等。① 在实际操作中,应综合评价预警指标。单个预警指标短期内大幅超标,不一定意味着金融机构处在高风险状态;多个预警指标的综合结果往往能揭示金融机构的高风险。

2. 保持适度的政府干预

金融机构的市场退出属于市场行为,但并不意味着政府和金融监管部门在这一过程中无足轻重。金融机构的市场退出具有较强的外部负效应,客观上要求加强金融监管,保持适度的政府干预,必要时可采取强制措施、接管甚至停业整顿等政策。强制措施是指金融监管部门对金融机构的法人资格、营业网点数量、机构布局等方面做出的具体行政处理决定。强制措施的内容包括限期关闭、补充资本金、降低不良资产比率、限制或鼓励增设营业网点、加强内部控制、对不符合营业网点安全要求的机构进行罚款、纠正违法违规行为等。接管是金融监管部门对已经或可能发生严重信用危机的金融机构采取的一种临时性监管措施。停业整顿通常是针对金融机构违反行政法规而采取的责令纠正措施,具有行政干预性质,与该金融机构的经营状况无关。停业整顿的仅仅是金融机构涉嫌违规的业务,与市场退出无关。

3. 推进金融机构的产权制度改革

并购重组是金融机构市场退出和市场进入的重要方式,也是在接管和停业整顿无效时化解金融风险的方式之一,而并购重组主要是通过产权交易完成的。产权独立是金融机构作为市场主体获得独立地位的财产基础,拥有独立的产权是进行市场交易的前提条件。产权独立、自主决策和利益最大化是确立真正市场主体的基础,而使市场主体得以确立的基本条件是明晰产权、法人财产制度以及政府不直接干预微观经济活动,并鼓励金融机构通过合法行为追求自身最大的经济利益。要提高金融机构绩效,优化金融资源配置,就必须加快培育和发展全国统一的产权交易市场,提高产权交易的公开性、公正性和竞争性,规范金融业并购重组中的产权交易。

---

① 阎维杰:《金融机构市场退出研究》,中国金融出版社,2006年。

第四节　我国区域金融产业布局的形成机制

一、我国城乡金融产业布局的形成及特征[①]

(一)城乡二元经济结构与城乡金融产业布局的形成

城乡二元经济结构是指在发展中国家,以现代工业大生产为特点的城市经济和以传统农业生产为主要特点的农村经济同时并存的经济结构。与农村相比,城市的道路、供电、供水、供气、供暖、教育、医疗等基础设施较优,人口密度较大,土地经济价值、城市居民受教育程度、人均可支配收入、人均消费均较高。在我国,城乡二元经济结构的成因是多方面的:第一,城乡户籍制度的存在,在一定程度上限制了劳动力在城乡之间的自由流动;第二,农村劳动力的技术素质与城市的现代化工业生产不相适应,即便进城务工也只能从事一些技能要求较低的工作;第三,在城镇化过程中,面对近年来城市的高房价,收入水平较低的农村居民即便在城市找到了就业岗位也难以在城市落户;第四,社会保障水平在城乡之间存在差异,农村较低,城市较高,医疗、失业、住房、养老等社会保障制度在城乡之间没有完全接轨,阻碍了农村居民进城落户,造成了城市与农村的分割。

城乡二元经济结构割裂了金融市场:城市拥有着现代化的金融市场和金融机构,农村则充斥着大量传统的金融活动。农村经济的特点,要求金融机构能够提供存款、贷款、结算等传统金融产品和服务,那些资本实力较弱、资产规模较小,尤其是创新能力较低的中小金融机构比较适合在农村地区布局。在农村,小生产的作业方式产生的借贷需求规模只能是小额的;农村居民的收入水平较低,收入与消费相抵之后的金融剩余规模也较小。较少的金融剩余与小额的借贷需求,使得金融交易过程中产生的费用成本较高,即单位资金分摊的交易费用较高;加上小生产方式无法抵御天灾和市场带来的双重风险,贷款的自偿性较差,更提高了农村金融市场的融资风险,压缩了市场利润空间。对此,大型的现代化金融机构必然会采取回避态度,而进入农村的金融机构也会大幅度提高贷款利率。同时,部分农村地区网络、通信等基础设施落后,无法或者很少能接触到电话银行、网络银行等新型服务方式;居民受教育程度较低的事实,也使农村居民对于金融机构提供的新产品、新服

[①] 该部分内容根据王学信在《商业经济研究》(2015 年第 10 期)上发表的"我国城乡金融产业布局的形成及特征分析"一文整理。

务产生抵触情绪。另外,农村地区人口密度较小,单位土地产生的经济价值较低,可能形成的商务流量也较小。在传统的农业社会中,普通农村居民对商业性金融的融资意愿和承受能力偏低,加之受传统文化观念的影响,农村居民对正规金融机构的金融需求较少,满足农村居民金融需求的主要途径仍然是非正规金融机构而不是正规金融机构。随着农村经济的发展,农村居民的收入结构由原来的单一依靠种植业逐步向外出务工、养殖业、个体工商业等方向延伸。不同农村居民的收入水平高低有别、收入结构不尽相同,其金融需求也多种多样,但多为家庭消费性支出,农业经济发展的金融需求不旺。同时,受财政能力低下、组织弱化以及农地分散经营等因素的约束,农村基础设施建设等方面的金融需求并未得到充分满足。①

城市聚集了制造业和服务业等非农经济部门,资本、技术、劳动力、信息因在城市集聚而产生较显著的规模效应和扩散效应。城市的基础设施较完备,经济活动集中,单位土地的经济价值较高,人口密度较高,城市居民受教育程度高于农村居民,高端人才汇聚,产生的商务流量较大,创新环境较好。城市经济的特点,要求金融机构不仅能够为城市居民和企事业单位提供存贷款、结算等传统金融产品和服务,而且在产品种类、服务技术与服务方式等方面有多样化的需求。所以,资本实力雄厚、资产规模较大、创新能力较强、服务方式较先进的大中型金融机构,比较适合在城市布局。

(二)金融排斥与农村金融产业布局

金融排斥是指社会中的弱势群体缺少足够的途径或方式接近金融机构,在消费金融产品或服务方面存在诸多困难和障碍,具体表现形式可能是由供给方实施的被动排斥,也可能是由需求方实施的自我排斥。② 农村金融排斥的产生原因既有"三农"(农业、农民、农村)自身的问题,又有政策干预的问题。

1. 弱势的农业、农民和农村是农村金融排斥产生的基础

第一,在农业部门,国家调控与市场供求相结合的粮食定价模式,使得在一般物价水平上涨时粮食价格涨幅小于化肥、农机具等工业品,也小于以粮食为原材料的加工产成品,使得在计划经济条件下业已存在的工农业产品价格剪刀差得以存续。第二,在生产要素市场化配置的影响下,农村剩余劳动力持续流入城市,与此同时限制了农业部门的产出能力,农业产值增速小于

---

① 王学信:"农户的金融需求及其解决途径——焦作市农户金融需求调查",《商业研究》,2006年第24期,第136—139页。
② 董晓林、徐虹:"我国农村金融排斥影响因素的实证分析——基于县域金融机构网点分布的视角",《金融研究》,2012年第9期,第115—126页。

制造业和服务业，导致农业部门的自身积累能力较低，成为弱势产业。第三，土地联产承包责任制导致土地分割碎片化、农业经营分散化，对于农业规模化、水利化、电气化、机械化的推广实施具有一定的阻碍作用，制约了农业经济产出效益的提高。尽管近年来中央政府推出了鼓励农地流转的政策举措，但农地流转毕竟是农民的市场化行为，政策贯彻落实尚需时间。因此，工农业产品价格"剪刀差"的存在和农地制度的僵化，使得农业成为国民经济中的弱势产业，这也是农村遭到金融机构被动排斥的重要因素。

种植业、养殖业和外出务工是农民收入来源的三个重要组成部分。受到农业经济部门效益低下的影响，种植业和养殖业给农民增收的贡献较小，外出务工是农民增收的重要途径。农民自身的专业技能有限，其收入水平与城市职工相比还有一定差距；同时，农村居民的受教育程度总体上低于城市居民，金融知识积累较少，导致其金融人格独立性较差、金融意识淡薄，往往会引发农村居民主动拒绝金融机构提供的产品与服务。比如，很少有农村居民愿意通过电话银行或网络银行进行金融交易，在农村超市使用POS机刷卡支付或在农村设立的自助取款机（ATM）上取现，他们更愿意在物理网点通过与银行员工面对面的交流来办理金融业务。在城市，因为金融机构较为密集，城市居民金融知识积累较多、金融素质优于农村居民，更容易接受创新的金融产品和金融服务。

改革开放以来，在传统的农业地区，农村集体财政能力弱化，农村发展所需的交通、供电、供水等基础设施投入不足。即使农村有发展的融资需求，因为还贷能力不强，也会受到金融机构的被动排斥。

2. 政策干预加重农村金融排斥

1983—1994年，"工、农、中、建"四大国有专业银行在宏观政策的引导下，分支机构快速扩张，机构网络覆盖了县城、乡镇乃至农村。其中，农业银行在每个县（西藏自治区除外）都设置了营业网点。1995年《中华人民共和国商业银行法》颁布实施后，专业银行开始遵从"安全性、效益性、流动性"的经营原则，逐渐向商业银行转轨。这期间，四大国有商业银行在中国人民银行的直接指导下，开始了分支机构改革，逐步撤并了县及县以下的机构网点，使农村地区的金融供给显著下降。

1950年农村信用合作社开始在全国农村地区广布网点，在组织闲散资金、解决农民生产资金困难、改善农民生活、打击农村高利贷、促进农村经济发展等方面发挥了重要作用。自1959年起，农村信用社管理体制几经变化，合作金融特点基本消失，发展几乎停滞，许多农村信用社濒临破产。1980年年底，中共中央开始改革农村信用社管理体制，明确要求按照集体所有制的金融组织性质经营农村信用社。1983年，农村信用社实行四级组织结构——信用站、信用分社、信用社和信用联社，即在行政村设立信用站，在乡（镇）范围内经济活动相对集中的地方设立信用分社，按乡（镇）设立具有法人资格的信用社，以行政区划上的县（市）或市辖区为单位设立信用社联合社。1996年9月，《国务院关于农村金融体制改革的决定》要求农村信用社与农业银行脱离行政隶属关系，使农村信用社在股权设置、民主管理、服务方向等方面向"合作制"方向回归。从2004年开始，农村信用社交由地方政府管理，以法人为单位改革信用社产权制度，其中一部分改组为农村商业银行，还有一部分改组为农村合作银行。从1996年到2005年，农村信用社对基层网点按照商业化经营要求进行了大幅度撤并，进一步加重了农村地区的金融排斥。

1979年开始城市信用社在全国各地成立，受政策鼓励，法人数量和分支机构规模快速扩张。然而，由于单个城市信用社规模小、抗风险能力弱、管理体制不良及内部管理混乱等，风险不断暴露。根据《国务院办公厅转发中国人民银行整顿城市信用合作社工作方案的通知》和《进一步加强和促进城市信用社管理及发展》的要求，从1998年起开始对城市信用社进行整顿改革，方式包括合并重组为单一法人、商业银行收购兼并、更名改制为农村信用社、撤销等，到2012年，城市信用社已从我国的金融机构体系中消失。这样，农村信用社的机构规模因部分城市信用社的更名改制而有所增加。2006年，银监会发布了《关于调整放宽农村地区银行业金融机构准入政策更好支持社会主义新农村建设的若干意见》；2007年，银监会发文允许股份制商业银行在县域设立分支机构；2008年和2011年，银监会分别发布《中国银行业监督管理委员会农村中小金融机构行政许可事项实施办法》和《中国银行业监督管理委员会关于印发农村中小金融机构行政许可事项补充规定的通知》。在这一系列农村金融市场准入政策的推动下，城市商业银行、农村商业银行允许异地设立分支机构，在一定程度上缓解了农村地区的金融困境。但是，股份制商业银行进入的县域在经济上较发达，发放的与农业、农村、农户有关的贷款较少，金融支农的"主力军"仍然是农村信用社、农村合作银行和农村商业银行；能够异地设立分支机构的地方金融机构毕竟是少数，并不能从根本上解决农村的金融排斥问题。

(三)城乡金融产业布局的特征

金融产业布局是一个金融供给的过程。城乡金融产业布局存在差异的主要原因在于城乡金融需求不同。尽管城市的能级不同,在地区经济发展中发挥的集聚效应和扩散效应不同,但城市作为资源配置中心,汇聚了各种现代化的金融机构。现代化金融机构在城市的集聚与传统金融机构在农村的分布,造就了我国城乡金融产业布局二元性的显著特征。

第一,布局在城市的金融机构种类多、规模大、现代化程度高、创新能力强。首先,在城市布局的金融机构往往规模较大。城市是产业的集聚地,拥有大量现代化的生产技术和生产方式,单位土地面积产生的经济价值较高。与现代化大生产相适应,企业的资产规模和产出规模较大,金融需求规模也较大,只有资产规模较大和融资能力较强的金融机构才能满足它们的融资需求。其次,在城市布局的金融机构是多元化的。城市的经济主体是多元化的,金融需求不仅有存款、贷款、结算、信用卡等商业银行的业务需求,还有人身保险、财产保险、证券投资咨询、理财、互联网金融等服务需求,这在客观上决定了在城市布局的金融机构的多样性。最后,在城市布局的金融机构拥有现代化的服务手段。一个地区金融机构的数量规模与该地区的人口规模、人口密度、人均收入密切相关。因此,城市的金融机构密度高于农村地区。为了获取更大的市场份额,各金融机构之间的竞争愈演愈烈。这种竞争不仅仅是价格(金融资产收益率等)上的竞争,还是产品种类和服务方式以及服务质量上的竞争。城市居民的受教育程度和收入水平较高,金融素质较好,习惯于追求高层次的金融消费。在产品、服务等方面创新能力薄弱的小型金融机构(如农村商业银行、农村信用社等)在竞争中必然处于劣势。只有那些不断创新产品和服务方式,满足客户分散风险、提高收益、降低融资成本需求的大中型金融机构,才会在竞争中胜出。

第二,布局在农村地区的金融机构多为地方金融机构,规模小,主要提供传统的金融产品和金融服务,具有与生俱来的地方属性。农村信用社的出资人主要是社队企业、农村居民个人、内部职工,城市商业银行的出资人主要是地方政府、企业和居民个人。从服务对象来看,地方金融以服务地方政府、企业和居民个人为首要目标,如城市商业银行定位于"市民的银行、社区的银行",着力为地方经济发展提供金融服务。从机构分布来看,地方金融机构布局具有较强的地域属性。首先,20世纪80年代到90年代初期布局在农村地区的国有商业银行,自1998年以后出于风险与收益的考虑进行大量撤并,导致这些金融机构在农村地区的机构网点数量大幅减少。2007年以前,金融监管部门禁止股份制商业银行在县域设立分支机构,地方金融机构也不得跨地区设立分支机构,这就把地方金融机构限定在特定的区域内。其次,地方政府直接或间接地利用自身作为地方金融机构出资人的身份,影响甚至干预地方金融机构的业务经营活动,利用地方金融资源为本地区经济发展提供金融支持。最后,在农村布局的地方金融机构具有鲜明的地方性特征。以城市商业银行和农村信用社为代表的地方金融机构因为资产规模小、盈利能力弱、产品和服务创新能力低下等问题,客观上没有在异地设立分支机构的能力和条件。

第三,金融机构在农村的布局具有阶段性特征。农村的金融需求是一个动态的变化过程。在传统农村城镇化的演进过程中,金融需求由分散走向集中,由小额走向大额,由生活性走向生产性,由短期性和季节性走向长期性和稳定性,由单一的存贷款到多元化金融服务。① 在不同的发展阶段,农村的金融需求不同,农业、农民、农村的融资重点和融资方式不同。在传统农业阶段,农村的金融需求以农民的生活性需求和农业的生产性需求为主,金额小、资金需求十分分散、还款来源缺乏保障,小额农贷和民间借贷可以满足其金融需求。在走向工业化阶段,以工商业发展需求与农副产品加工需求为主,金额较大、资金需求分散、季节性强、还款来源明确,但有自然风险和市场风险,工商信贷、民间借贷和小额信贷可以满足其金融需求。到了城镇化阶段,则以农村基础设施建设需求和工商业发展需求为主,金额大、期限长、还款来源明确,满足其金融需求的是工商贷款和基建贷款。②

农村金融需求的这种阶段性特征,要求金融机构在布局农村时结合自身的特点进行。在传统农业阶段,尽管不同农村居民的收入水平高低有别,收支结构也不尽相同,但农村金融需求多是为了满足家庭消费性支出。这一阶段的农户对商业性金融的融资意愿和承受能力偏低,加之受传统文化观念的影响,农户对正规金融机构的金融需求较少,满足农户金融需求的主要是非正规金融机构而不是正规金融机构。③ 因此,此阶段农村信用社、村镇银行、小额贷款公司等小型金融机构比较适宜布局农村。在工业化阶段,农村金融需求规模较大,并具有自偿性特点,四大国有商业银行、股份制商业银行、农村商业银行、农村合作银行、农村信用社、村镇银行、小额贷款公司等金融机构适宜布局农村。在城镇化阶段,农村金融需求主要表现为农村发展和工商业发展的资金需求,因此,此阶段应以大中型金融机构为主,农村商业银行、村镇银行等小型金融机构为补充。

---

① 周立:《中国各地区金融发展与经济增长(1978—2000)》,清华大学出版社,2004年。
② 同上。
③ 王学信:"农户的金融需求及其解决途径——焦作市农户金融需求调查",《商业研究》,2006年第24期,第136—139页。

二、我国区域金融产业布局的形成及特征

(一)我国东部、中部、西部、东北地区区域金融产业布局的形成

区域金融产业布局的形成,是多种因素综合作用的结果。其中,区位因素、区域经济发展差异、金融规制的影响以及金融机构布局的市场化导向最为重要。改革开放前,我国的区域经济发展差异并不显著。改革开放以后,东部地区受中央政府优先改革开放的区域政策惠及,加之得天独厚的区位优势,实现了率先发展,形成了三个经济增长极:以上海市为中心的长江三角洲经济圈、以广州市和深圳市为中心的珠江三角洲经济圈、以北京市和天津市为中心的环渤海经济圈。在四十多年来的改革开放过程中,这些地区的经济市场化程度、城镇化水平、科技创新能力均明显高于其他地区,经济发展水平也高于其他地区,成为推动我国经济一轮又一轮快速增长的引擎。尽管西部地区依靠固有的资源优势和中央实施的"西部大开发"战略,东北地区依靠原有的技术人才优势和中央政府"振兴东北老工业基地"战略,中部地区凭借丰富的劳动力资源和中央政府"支持中部崛起"的政策扶持,经济都取得了较快发展,2009年以来中部、西部和东北地区城乡居民收入快速增长,地区生产总值占全国的比例持续上升,但与东部地区相比,仍有较大差距(见图2-2和图2-3)。

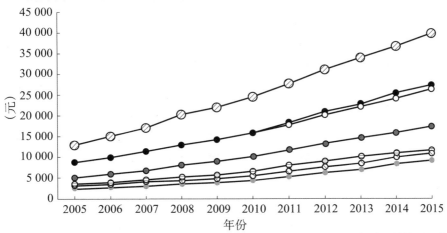

图2-2 2005—2015年我国各地区城镇居民和农村居民收入情况

注:城镇居民收入指的是城镇居民人均可支配收入,农村居民收入指的是农村居民人均纯收入。

资料来源:根据2005—2015年的《中国区域金融运行报告》整理。

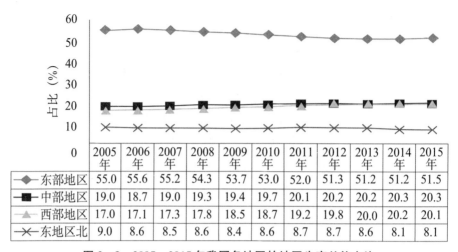

图 2-3　2005—2015 年我国各地区的地区生产总值占比

资料来源：根据 2005—2015 年的《中国区域金融运行报告》整理。

1979—1984 年，从中国人民银行分立的专业银行与保险公司等金融机构相继成立并营业。1985—1994 年，以国有专业银行为代表的金融机构按照我国的行政区划设置了相应的分支机构，迅速扩张营业网络。新建和恢复成立的股份制商业银行和保险公司，受到分支机构禁入县域的金融规制约束，加上股份制金融机构一向遵从机构布局的市场化规则，经济较发达的东部城市成为布局的首选区位。1995—2007 年，政府推动下的国有金融存量改革和股份制金融增量改革逐步展开。国有商业银行之前依靠分支机构数量增长来扩大资产规模和业务区间的经营模式，在这期间遭遇了资产质量低下和规模不经济的窘境，随后便开始裁撤分支机构尤其是设立在经济相对落后的中西部地区的分支机构。股份制商业银行和保险公司不仅在东部城市增加了分支机构数量，还在中部、西部、东北地区的中心城市扩张分支机构网络。与此同时，新注册成立的证券公司和基金管理公司总部也主要集中于东部地区。

从 2005—2015 年我国银行业机构网点在各地区的布局情况看，东部地区拥有近四成，西部地区拥有超过 1/4，中部地区拥有不足 1/4，东北地区则仅拥有不足 1/10（见表 2-7）。从 2005 年以来银行业机构网点地区分布的变动情况看，东部地区占比呈上升趋势，2015 年比 2005 年高出约 1.9 个百分点。中部、西部和东北地区则均呈下降趋势，2015 年比 2005 年分别下降约 0.5、1.2 和 0.3 个百分点。在商业银行遵从区位指向性和经济化、市场化规则布局机构网点的背景下，各地区拥有的银行业机构网点的多少，不仅反映了各地区人口规模的变化、金融剩余和信贷需求的变动，还反映了银行业为各地区提供的金融服务的变动情况。

表 2-7　2005—2015 年我国银行业机构网点的地区分布　（单位：%）

年份	东部地区	中部地区	西部地区	东北地区
2005	38.0	24.1	28.0	10.0
2006	39.0	25.0	27.0	9.0
2007	39.0	24.0	27.0	10.0
2008	39.0	25.0	26.0	10.0
2009	39.0	25.0	27.0	9.0
2010	39.5	23.6	27.0	9.9
2011	39.0	24.0	27.3	9.7
2012	39.5	23.4	27.7	9.4
2013	39.5	23.7	27.2	9.6
2014	41.0	22.7	26.8	9.5
2015	39.9	23.6	26.8	9.7

资料来源：根据 2005—2015 年的《中国区域金融运行报告》整理。

一个地区拥有证券公司的数量，反映了该地区证券市场的发育程度。从各地区证券公司法人机构地区分布情况来看，首先，东部地区集中了约六成以上的证券公司法人机构，中部地区和西部地区的拥有的证券公司法人机构占全国证券公司法人机构的比例基本相当，东北地区最少（见表 2-8）。其次，从各地区证券公司法人机构地区分布变动情况看，东部地区虽然经历了 2005—2007 年的下降和 2008—2015 年的回升过程，但整体上呈集聚增长态势，地区证券公司法人机构占全国证券公司法人机构的比例逐渐走高。中部地区和西部地区的变动走势基本相同，先是在 2005—2007 年上升，又在 2008—2015 年震荡回落。东北地区的证券公司法人机构占全国的比例在 2005—2015 年一路走低。我国证券公司法人机构地区分布及其变动，显示出各地区证券市场发育程度的不均衡。东部地区的证券市场发育程度高于其他地区，证券服务机构日益增多，证券市场环境逐渐完善；中部地区、西部地区、东北地区与东部地区的差距日益扩大。证券市场资源分布的不均衡，从短期看，会影响各地区证券市场的融资；从中长期看，会对区域经济发展差异起到推波助澜的作用，使东部地区与其他地区的发展差距进一步扩大。

表 2-8　2005—2015 年我国证券公司法人机构地区分布　（单位：%）

年份	东部地区	中部地区	西部地区	东北地区
2005	65.8	9.2	16.7	8.3
2006	65.1	8.3	18.3	8.3
2007	59.6	12.4	21.3	6.7

(续表)

年份	东部地区	中部地区	西部地区	东北地区
2008	66.4	11.2	16.8	5.6
2009	66.0	11.3	17.0	5.7
2010	66.7	11.1	16.7	5.6
2011	67.6	10.8	16.2	5.4
2012	68.4	10.5	15.8	5.3
2013	68.7	10.4	15.7	5.2
2014	70.0	10.0	15.0	5.0
2015	69.6	9.6	16.0	4.8

资料来源:根据2005—2015年的《中国区域金融运行报告》整理。

与银行业和证券业的机构布局类似,保险业的机构布局也主要集中在东部地区,其次为西部地区和中部地区,东北地区最少。东部地区拥有的保险公司分支机构数量远远超过其他地区,近年来有加剧集中的趋势(见表2-9)。布局在中部地区的保险公司分支机构数量显著下降,从2006年占全国的31.9%下降到2015年的19.6%。西部地区在经历了2006—2008年的上升之后,自2009年起有所下降,但2015年比2006年仍上升了4.4个百分点。东北地区的保险公司分支机构占全国的比例则一直处于震荡状态。保险公司分支机构的地区分布格局,反映了我国各地区的经济总量、人均收入水平和居民保险意识的空间差异。

表2-9 2006—2015年我国保险公司分支机构地区分布 (单位:%)

年份	东部地区	中部地区	西部地区	东北地区
2006	37.0	31.9	19.4	11.6
2007	37.0	26.9	26.5	9.6
2008	30.5	29.1	29.4	11.0
2009	32.1	30.4	27.0	10.5
2010	49.4	18.2	24.0	8.4
2011	48.0	18.3	23.3	10.4
2012	46.5	18.7	23.8	10.9
2013	46.5	18.8	23.6	10.9
2014	44.6	19.8	24.4	11.2
2015	45.7	19.6	23.8	10.9

资料来源:根据2005—2015年的《中国区域金融运行报告》整理。

(二)我国东部、中部、西部、东北地区区域金融产业布局的特征

在1985年实行"拨改贷"①以后,中央政府力图通过"纵向分割"的办法在金融系统中建立行政科层组织结构,动员民间金融剩余,弥补中央财政能力下降的不足。② 1995年实行"分税制"财政管理体制改革以后,中央财政能力逐渐增强。在由计划经济向有计划的商品经济、由有计划的商品经济向市场经济转轨的过程中,各类金融机构担负了较大的体制转轨成本。在"纵向分割"和宏观调控的成本日渐上升的背景下,中央政府逐渐开始放松对金融机构的管制。与此同时,1985年"拨改贷"政策的实施,使地方政府通过"横向分割"加强金融控制。③ 1995年"分税制"改革以后,地方政府因承担了比分得的事权更少的财权,财政能力逐渐弱化,地方政府的"横向分割"得以增强。各级地方政府分别代表不同的利益阶层来参与控制和分割地区金融资源,相应地要求在地方金融机构内部建立行政科层组织结构,以满足各级政府发展本地区经济的金融需求。

一个地区的融资渠道越狭窄,地方政府控制和干预金融机构的欲望就越强烈。更多的地方政府政绩观不端正,认为以经济建设为中心就是要以经济增长为中心,而经济增长是需要金融资源来推动的。控制和占有金融资源成为地方政府推动本地区经济增长的重中之重。由于金融机构的数量与可获得的金融资源规模呈正向变化关系,于是对金融资源的控制和争夺促进了地方的条块分割。然而,这种机构布局的行政性带来了资产质量下降、经营绩效难以为继等问题,而已经过渡为商业性金融机构的国有银行,开始遵从商业化的经营原则,从布局的经济性出发,重构机构布局,不仅在经济较发达的东部地区整合分支机构,还裁撤原来设在中部、西部、东北等经济发展较落后地区的分支机构,并结合IT技术再造业务流程,减少中间管理层次和管理环节,尽可能实现规模效益。另外,东部地区经济较发达的县域,金融需求较旺盛,金融交易较活跃,2007年以前股份制商业银行尽管一直依照市场化原则布局分支机构,但因为有不得在县域设置分支机构的行政监管约束,机构布局主要局限于中心城市;加之每年只允许在异地开设一家分行的监管规定,使得股份制商业银行虽然在中部地区、西部地区和东北地区有分支

---

① "拨改贷"是指我国基本建设投资由财政无偿拨款,改为通过银行以贷款方式供应的制度,这是固定资产投资管理体制的一项重要改革。长期以来,我国基本建设资金实行财政统收统支。这种管理体制对于集中财力、物力保证重点建设,曾经起到一定的作用,但它片面强调行政管理,缺乏经济效益。为增强资金投入产出观念,按照资金有偿使用的原则,1979年开始在全国各行业全面推行"拨改贷"改革,取得了预期效果。该政策结束于1989年。

② 周立:《中国各地区金融发展与经济增长(1978—2000)》,清华大学出版社,2004年。

③ 同上。

机构,但机构布局的重点只能是东部地区的中心城市。外资金融机构和国内股份制商业银行一样遵从机构布局的经济性原则,机构布局的区位重点也在东部地区中经济较为发达且经济外向性程度较高的城市。深受地方政府"横向分割"之苦的地方金融机构,自 2003 年以来逐步走出行政性布局的泥淖,从机构设置的区位选择到成本收益核算,经济化布局的趋势已然形成。

本 章 小 结

金融机构基于内部和外部各种因素的考虑,在特定地域空间的市场进入与市场退出,最终形成区域金融产业布局的地域层次和空间层次,影响的不仅是区域金融资源的空间分布格局、空间演化过程和空间特征,还对区域经济发展产生不同的金融贡献。首先,本章分析了区域金融产业布局的理论基础。本章认为,金融产业即金融组织及其金融活动的总和;区域金融产业是由在特定地域空间的金融组织及其从事的金融活动构成的有机整体;区域金融产业布局是金融产业组织及其活动在不同区域的分布格局,具有空间层次和地域层次。其次,本章探讨了金融机构布局的影响因素,认为金融机构布局既应考虑经济、社会、地理区位、行政法律制度、行业竞争等外部因素,也应考虑规模经济、市场定位与业务导向、形象营销、金融风险状况等内部因素,同时还应遵循区位指向性、竞争与效率、市场化、安全与稳健等基本布局原则,以及创新、规模适度、成本最低、分类分策等操作原则。再次,本章阐述了金融机构市场退出的原因与方式,认为金融机构市场退出的根本原因在于金融体系的脆弱性。并购是金融机构市场退出的首选方式;我国金融机构市场退出的制度改进措施主要包括建立风险预警系统,保持适度政府干预,推进金融机构产权制度改革。最后,本章研究了我国区域金融产业布局的形成机制,认为我国城乡金融产业布局具有显著的二元性特征;东部地区、中部地区、西部地区和东北地区的金融产业布局近年来表现出由行政性逐渐转向经济性的特征。

第三章 区域金融集聚

区域金融集聚是金融资源与地域环境融合形成的集中或汇聚。区域金融集聚的驱动力不同,会形成不同的集聚模式。许多学者从不同的视角、运用不同的理论对区域金融集聚的形成机制进行了探讨,对区域金融集聚可能产生的经济效应也进行了深入研究。在我国,业已存在的区域差异使得金融集聚出现了空间异质性。本章拟以区域金融集聚的概念界定为切入点,分析区域金融集聚的特征和形成条件,阐述区域金融集聚的理论基础和经济效应,并实证检验我国区域金融集聚的影响因素。

第一节 区域金融集聚的特征与形成条件

一、区域金融集聚的内涵

商务印书馆出版的《现代汉语词典》(第5版)对集聚的解释是集合、聚合。西方学者对集聚一词有不同的理解。阿尔弗雷德·韦伯认为,集聚是企业基于成本节约目的而在某一地点的集中,它可以是企业扩张的集中化倾向,也可以是受企业集聚影响而形成的工业集中。[①] 阿尔弗雷德·马歇尔(Alfred Marshall)根据外部经济理论,将集聚一词运用于产业区的分析,提出了产业集聚的相关理论。[②] 此后,越来越多的经济学家从不同角度、运用多种分析方法对产业集聚进行了研究。迈克尔·波特(Michael Porter)将集聚定义为企业为了获取目标市场的成本优势和歧异优势而进行的战略优化。[③] 保罗·克鲁格曼所理解的集聚则是生产在空间上的集中。[④]

近年来,金融集聚问题引起越来越多国内学者的关注。他们在研究的过程中,从不同角度解释了金融集聚的内涵。梁颖和罗霄从金融机构集聚的角度,认为金融集聚是金融监管机构、金融中介机构、大型金融企业等具有总部功能的机构在空间上向特定区域集中,与区域外的大型金融企业存在密切往

---

① 〔德〕阿尔弗雷德·韦伯著,李刚剑等译:《工业区位论》,商务印书馆,2010年。
② Marshall, A., *Principles of Economics*, Macmillam, 1920.
③ 〔美〕迈克尔·波特著,陈小悦译:《竞争优势》,华夏出版社,1997年。
④ Krugman, P., *Geography and Trade*, MIT Press, 1991.

来联系的特殊产业空间结构。① 王步芳从金融集聚的外部性入手,认为金融集聚是金融产业的各种企业和机构基于纵向专业化分工、横向竞争与合作关系,大量向某一特定地区集聚,从而产生集聚经济性的金融网络。② 谭朵朵从金融集聚内容的视角,认为区域金融集聚是金融结构优化、金融体系不断完善、金融资源和其他产业不断协调,以及区域经济不断融合与发展的过程。③ 刘红从金融资源的角度,认为金融资源的地域运动在集中与扩散两种方向上同时进行:金融资源的集中表现为各种金融资源在地域、市场条件、政府导向、金融创新、企业战略等多方面因素作用下呈现出的密集程度增加的动态过程;金融资源的扩散则是各种金融资源在地域、市场条件、政府导向、金融创新、企业战略等多方面因素的作用下呈现出的密集程度降低并向周边地域、市场、机构发散的动态过程。④

尽管国内学者对金融集聚的定义不尽相同,但比较被认可的是黄解宇和杨再斌对金融集聚概念的诠释。他们认为,从动态的角度看,金融集聚是指"通过金融资源与地域条件协调、配置、组合的时空动态变化,金融产业成长、发展,进而在一定地域空间生成金融地域密集系统的变化过程"。⑤ 从静态的角度看,金融集聚是指经过金融运动的地域选择与落实、金融效率的空间调整和提高过程之后,达到一定规模和密集程度的金融产品、金融工具、金融机构、金融制度、金融法规、金融政策、金融文化在一定地域空间有机结合的现象和状态。金融集聚的内涵既包括金融资源和金融系统的结构、功能、规模、等级上的时空有序演变进程,又涵盖金融资源与地域地理环境、人文环境及其他产业相互融合、相互影响、相互促进的过程。

由于各地区经济发展水平、地理环境等存在差异,资金、信息、人才等要素在不同能级的经济中心的集聚程度不同。金融机构在布局时,往往会选择适合自身市场定位和发展战略的区位,尽可能接近信息源,最大限度地获取市场份额,从而汇集在不同能级的经济中心。与金融业相关的服务性机构,如会计师事务所、律师事务所、信用评级机构、保险公估机构、投资

---

① 梁颖、罗霄:"金融产业集聚的形成模式研究:全球视角与中国的选择",《南京财经大学学报》,2006年第5期,第16—20页。
② 王步芳:"首都金融产业集群优势与发展研究",《北京市经济管理干部学院学报》,2006年第4期,第11—16页。
③ 谭朵朵:"金融集聚的演化机理与效应研究",湖南大学博士学位论文,2012年。
④ 刘红:"金融集聚影响区域经济增长的机制研究",同济大学博士学位论文,2008年。
⑤ 黄解宇、杨再斌:《金融集聚论——金融中心形成的理论与实践解析》,中国社会科学出版社、线装书局,2006年。

咨询机构、教育培训机构等,也会采取跟进策略。为了保证金融业稳定有序地发展,从中央到地方,各级政府都会推出相应的金融业发展规划。同时,各地政府还会实施财税、人才引进等配套优惠政策,营造金融集聚的政策环境,由此推动金融发展,为地区经济发展提供金融支持。金融资源的区域集聚,可以享受基础设施和信息交互带来的规模效应,并通过与其他金融机构合作、不断创新金融产品和金融服务、革新金融服务等方式,满足不同客户多样化的金融需求,实现多元化经营,降低经营的边际成本,提升盈利能力。金融资源的区域集聚,可以拓展区域金融业的成长空间,完善金融业的区域服务功能,扩大金融集聚区的辐射地域范围,进而形成区域金融中心。因此,区域金融集聚不仅是金融机构、金融产品、金融制度、金融人才、金融市场及金融相关服务机构由能级较低经济中心向能级较高经济中心转移和汇聚的过程,还是区域金融系统功能增强、区域金融结构优化和区域金融效率提高的过程,该过程产生的结果有助于形成不同能级的金融中心。

我们认为,区域金融集聚是金融机构和金融监管部门基于逐利的动机和区域金融稳定与发展的考虑在特定区域空间的集中布局,以及由此引发的其他相关金融资源及金融交易在该区域的集聚。区域金融集聚的过程,是金融资源的地域运动过程,也是与经济地域系统渗透与融合的过程。区域金融集聚的结果,不但有助于提高区域金融效率,而且对提高区域产业集聚水平和区域经济产出能力具有重要的意义。

二、区域金融集聚的特征

从动态的角度看,区域金融集聚是金融机构、金融市场、金融人才、金融制度、金融产品等金融资源在政府的政策引导或市场的自发作用下,与地域环境融合形成的集中或汇聚过程。这一过程具有动态变化性、空间地域性、层次性、与产业集聚的密切关联性等特征。

(一) 动态变化性

区域金融集聚的动态演化过程,包括初始阶段、快速集聚阶段、稳定阶段和扩散阶段。在初始阶段,因经济发展水平不高,产业集聚水平较低,区域间贸易和区域内贸易的规模较小,经济活跃程度较低,金融需求的品种较少、规模层次较低,金融对区域经济发展的支持作用不显著,区域金融集聚程度较低。区域经济发展水平的不断提高,尤其是区域产业集聚程度的快速上升,为区域金融集聚发展提供了环境,趋利性驱使金融资源以边际递增的速度形成集聚。在快速集聚阶段,金融业对经济发展的贡献快速增加,金融业产值在地区生产总值中所占比重显著提高,并与相关产业形成联动发展,在技术创新和产业结构升级等方面发挥着重要作用。金融业不仅在产品与服务种类、市场种类与规模、机构数量、从业人员规模、融资规模以及增加值上有了快速增加,而且在市场化机制作用下金融效率有了明显的改善和提升。当区域金融集聚进入稳定阶段时,区域金融集聚程度达到了高峰状态,金融系统内部因集聚而带来的规模经济和范围经济等使得金融效率与金融功能得到了极大发挥,为区域经济发展提供了最大限度的金融支持,金融产业跃升为区域主导产业。然而,与较高的区域金融集聚程度相伴随的是人力成本和地租等要素价格上涨、过分集聚带来的边际收益下降引致的规模不经济等问题,加之金融前台业务与后台业务分工的细化和非核心业务外包趋势的不断强化,区域金融集聚进入扩散阶段。金融资源会从金融集聚区向周边地区流动,形成新一轮的区域金融集聚过程。在扩散阶段,区域金融集聚程度会不断下降,但也可能受政府强有力政策的刺激,或者受某个突发事件或金融创新的影响,区域金融集聚程度并不会延续下行趋势,而会反转向上;当然,也有可能受战争或自然灾害等意外事件的干扰,区域金融集聚迅速消失。

(二)空间地域性

金融集聚是金融资源与地域环境融合的产物。当适当的地域环境与不断汇集的金融资源形成一种契合关系时,区域金融集聚便产生了。不同区域在区位、经济基础和金融要素禀赋等方面存在的差异,引发金融资源对地域环境的重新选择与适配,形成金融资源的地域运动,这一过程被称为空间过程。在空间过程中,金融集聚与金融扩散同时进行,特定的经济中心因适当的地域环境而出现了金融集聚现象,在地域空间上生成了金融地域系统和金融地域子系统。然而,整个金融空间被各金融地域系统和金融地域子系统分割,并具有相对独特的功能定位。系统的开放性,使得每一个金融地域系统及其子系统保持与外部的能量交换,并且在功能和地位上存在此消彼长的关系。由此看来,金融资源地域运动所引致的金融集聚具有典型的空间地域性特征。

(三)层次性

区域金融集聚的层次性源于金融资源的层次性。白钦先等将金融资源划分为三个层次:基础性核心金融资源,即广义的货币资本或资金;实体性中间金融资源,包括金融组织体系和金融工具体系,以及与此相关的金融制度和金融人才;整体功能性高层次金融资源,这是货币资金运动与金融体系、金融体系各组成部分之间相互作用、相互影响的结果。① 区域金融集聚即基础性核心金融资源、实体性中间金融资源和整体功能性高层次金融资源流动及有机结合的过程。

（四）与产业集聚的密切关联性

金融资源在特定地域空间的汇聚和集中，往往是在产业集聚形成和发展的基础上逐步出现的，并通过与经济地域系统保持物质交换来获得自身的发展。在区域产业集聚的过程中，金融机构为企业提供融资和价值增值服务，与企业形成产业链上的上下游关系，成为产业集聚区内的企业实现信息共享和基础设施共享、人才市场共享并产生技术溢出效应和规模经济效应的重要金融保证，金融机构也由此接近目标市场，减少信息不对称。同时，产业集聚区内的企业分别处在产业链的不同环节，企业的规模和生产技术条件存在一定差异，会向金融机构提出多样化的金融需求。对于相同或类似的金融产品或金融服务需求，金融机构可以通过集合提供的方式来满足；而对于差异化的金融产品或金融服务需求，金融机构可以通过加强合作，衍生出新产品、新服务来满足。区域集聚中的金融机构为区域产业集聚提供金融服务，不但可以促进区域产业集聚的发展，而且对区域金融功能的改善和区域金融效率的提升都具有积极意义。因此，产业的地域空间集聚，为区域金融集聚的形成与发展提供了条件，而区域金融集聚又会进一步推动区域产业集聚的发展。

三、区域金融集聚形成的条件

（一）稳定的社会政治环境

稳定的社会政治环境可以为金融资源流动提供一个可预期的成本与收益。金融资源的地域运动，往往是基于成本与收益对比关系的考虑。社会政治环境稳定，金融主体在为金融产品定价时可排除社会政治动荡带来的风险；同时，稳定的社会政治环境，还可以为金融供给与金融需求的衍生与发展创造条件。当区域金融集聚的其他条件成熟时，金融资源便会持续向该区域流动。

（二）政府的政策支持

在区域金融集聚初期，政府的政策支持是金融资源快速集聚和区域金融产业快速发展的强大动力。作为重要的产业部门，金融业自身的发展状

---

① 白钦先等：《金融可持续发展研究导论》，中国金融出版社，2001年。

况不仅影响其他相关产业的发展,还直接关系到经济增长和产业结构升级。因此,政府在推动产业集聚的同时,出于对产业集聚与区域金融集聚关系的考虑,会制订相应的金融产业发展规划,配套以财税、土地出让、人才引进、基础设施等方面的优惠政策与资金支持,建立合理的市场监管机制,并通过规范政府行为、创建和完善金融生态环境,促进金融业的快速集聚发展。应该说,区域作为一个有内聚力的金融空间,区位、人才、经济基础等影响金融集聚的条件各不相同,区域金融集聚更大程度上是市场力量作用的结果。在区域金融集聚初显端倪时,政府的政策支持和引导,无疑会增强该区域集聚金融资源的优势,加速区域金融集聚的形成与发展。

(三)较好的经济基础

金融集聚往往出现在经济基础较好的区域。较好的经济基础包括较快的经济发展、较高的经济发展水平、较高的财政自给率、较高的经济与金融外向性程度。首先,较快的经济发展通常是在主导产业集聚并带动相关产业逐渐集聚的情况下实现的。主导产业及相关产业的集聚发展,产生多样化的、日益增长的金融需求,从而催生区域金融集聚。较高的经济发展水平则意味着企业、个人、政府等金融主体拥有较多的金融剩余和较强的金融能力,客观上要求更多的金融机构汇聚以提供更大、更广的金融平台。其次,财政自给率是衡量政府财政能力的重要依据,反映了一定时期内政府的财政收入与财政支出之间的对比关系。财政自给率较低的地区,政府会通过对金融业的行政干预来寻求推动地区经济发展的金融支持。财政自给率较高的地区,政府的税收收入占财政收入的比重往往较大,非税收入占比较小,政府主要采取规制的办法由市场力量引导金融资源集聚。最后,在经济基础较好、经济与金融的外向性程度较高的地区,对外贸易及外来投资对地区经济发展的影响较大,经济与金融的包容性也较好,金融制度较完善,这为区域金融资源集聚并从整体上改善和提升金融体系功能奠定了基础。

(四)优越的区位条件

优越的区位条件是区域金融集聚的必要条件。这里所说的区位条件,不仅包括地理区位,还包括行政区位、人文区位和经济区位。地理区位的优势主要表现为便捷的交通条件。位于江河汇聚地的水路交通中心、江河的入海口、陆上公路和铁路干线的交汇处,往往会形成社会经济活动中心,人口密度高、产业活动密集,金融需求高于其他地区。行政区位好的地区,政治活动频繁,是政策制定中心和信息中心,对于政策制定和信息加工以及信息增值服务的需求较高。人文区位较好的地区,往往拥有悠久的历史、良好的金融文化、较高的居民文明素质、较独立的居民金融人格,经过政府、企业、居民个人及金融机构长期共同努力,拥有优良的金融生态环境。人文区位好的地区,通常是区域文化中心,区域金融集聚发展所需的文化多元且丰富,构成金融资源汇聚的文化向心力。区域金融集聚总是与产业集聚相伴而生,因此深居或背靠经济腹地,金融机构可就近满足来自各方面的金融需求,避免信息传递过程中的漏损与错误。总之,优越的区位条件是金融机构的理想选择,也是区域金融集聚的必要条件。

(五)完善的基础设施和金融基础设施

基础设施包括交通运输、机场、港口、桥梁、通信、供暖、给排水、供气、供电、医疗、教育、卫生等设施。基础设施建设处于产业链的上游环节,为各产业部门提供"共同服务",具有公共物品的性质,其完善程度直接制约着其他产业的发展规模和发展速度。同时,基础设施所提供的产品和服务的价格,是金融机构经营成本的组成部分。比如,畅通的信息网络可以保证金融信息高效、快捷地传输,便利的交通条件可以使人流、物流高效通畅,优质的教育资源可以为金融集聚发展提供智力支持。

金融基础设施是指金融运行的硬件设施和制度安排,主要包括法律基础设施、会计基础设施和监管基础设施。良好的金融基础设施,可以提高储蓄向投资转化的效率,降低金融交易成本,保证金融系统的健康与稳定。运行良好的法律基础设施,可以保护金融主体的权利,有利于促进金融市场的健康发展,为金融交易提供法律保障;运行良好的会计基础设施,可以使金融市场参与者获得准确、及时的信息,降低市场信息不对称带来的金融风险;高效的监管基础设施,有助于金融体系的健康发展和安全运行。

四、区域金融集聚的形成模式

在区域金融集聚的形成过程中,政府与市场发挥的驱动作用各不相同,由此产生区域金融集聚的三种形成模式:市场主导型、政府推动型和混合型。

市场主导型区域金融集聚是在金融需求引导下金融资源地域运动的自然结果。区域经济发展水平的不平衡导致金融资源在不同地理空间分布的非均质性和不均衡性,形成了金融资源在区域间的梯度分布特征。经济较发达地区由于经济活动较活跃、产出水平较高、人均收入水平较高、技术经济条件较好、基础设施较完备,加上优越的区位条件,成为引领经济发展的增长极,对金融体系及其功能的发挥产生了需求刺激,要求本地金融机构扩张营业网点，外埠金融机构增加进驻数量，以提供源源不断的金融产品和金融服务，完善金融功能。这种市场主导型的区域金融集聚，会带来相关产业链上企业的集聚，逐步形成完善的市场体系。在集聚区内，金融机构及相关服务机构相互竞争与合作，不断衍生新的金融产品，促进金融政策法规的完善，提升区域金融体系的功能，最终形成一个稳定的区域金融集聚的空间格局。

政府推动型区域金融集聚是在政府的经济发展战略和政策引导下金融资源地域运动的结果。政府根据经济发展战略，在适合区域金融集聚同时金融体系落后于经济发展的要求、金融集聚程度较低的地区，制订金融业发展规划，确定该地区金融集聚的发展路径，并配套相应的优惠政策，引导金融资源向该地区流动，实现金融资源的快速集聚。政府推动型的区域金融集聚模式往往适用于经济发展的起步阶段。这一时期的金融体系尚不完善，政府旨在通过增加区域金融开放度，加速区域金融集聚，促进区域金融发展，提高区域金融效率，健全区域金融体系，在为区域经济跨越式发展提供金融支持的同时，培育和发展区域性的资源配置中心。

混合型区域金融集聚是在政府与市场的双重力量驱动下形成的金融资源对区位集中选择的结果，既表现为经济发展产生的金融需求作用下金融机构的扎堆布局，又表现为政府规划、制度、政策引导下的区域金融集聚。一方面，市场力量作为驱动力，可以激发金融主体集聚金融资源的活力，避免政府推动型区域金融集聚模式下区域金融过度发展导致的金融供给大于金融需求；另一方面，政府力量的推动，可以弥补市场主导模式下金融资源集聚速度缓慢、金融泡沫过分膨胀、垄断等市场失灵带来的缺陷。

第二节 区域金融集聚的理论基础与经济效应

一、区域金融集聚的理论基础

区域金融集聚的形成与发展是多个因素综合作用的结果，难以用单一理论加以解释。区域金融集聚的理论分析工具主要包括规模经济理论、区位理论、交易费用理论、产业集群理论和金融地理理论等。

(一) 规模经济理论

马歇尔在《经济学原理》(*Principles of Economics*)一书中把规模经济

分为内部规模经济和外部规模经济。① 内部规模经济是指单个企业因生产规模或组织规模扩大而实现成本减少、产出和收益增加的经济现象。外部规模经济是指同类企业或处在产业链不同环节的多家企业因区位布局集中促进了分工、联合及资源共享而形成成本下降、报酬递增的经济现象。外部规模经济是集聚形成和发展的主要动因之一。当某一地区由于资源、自然环境、劳动力、政策环境、基础设施等要素禀赋较为丰裕从而初步形成产业集聚时,生产或提供同类产品或服务的企业因共享了要素而实现了报酬递增,处在同一产业链上不同生产环节且具有上下游关系的企业也会因分工的进一步细化或联合生产而明显提高生产效率。企业生产的集中还产生了知识外溢现象,这种不受限制的知识外溢会降低企业产品与技术研发的成本,在促进技术创新的同时形成新一轮产业集聚的动力。

内部规模经济有助于区域金融集聚的形成。根据张清正的观点,内部规模经济是"基于金融机构专业分工和协作的经济性、规模管理效应、节约金融营销成本、技术装备效应、技术开发的规模效应、节约融资成本、提高抵御风险能力等而产生的……单个金融机构实现规模经济,能丰富金融机构的产品数量和规模,使金融业集聚成为可能,也是形成金融中心的条件之一"。②

外部规模经济直接作用于区域金融集聚。首先,区域金融集聚加深了金融行业的分工。金融机构可以依据自身的专业优势和市场定位,在产品开发、专业服务等方面做得更专、更优、更有效率。其次,区域金融集聚为区域金融合作提供了平台和可能。金融机构的空间集聚,缩短了金融机构之间的空间距离,增强了它们之间的相互信任和了解,在资产配置、风险分散与补偿、支付功能发挥、项目合作等方面提供了条件,这对于降低经营成本、提高资产质量和金融效率具有显著的积极意义。再次,区域金融集聚可以实现基础设施和金融基础设施的共享。基础设施和金融基础设施是区域金融集聚的基础性条件,具有公共物品的属性,在拥挤成本为零的情况下,不仅可以减少金融机构的相关投入,还可以提高这些基础设施的使用效率,使其更加完善。最后,区域金融集聚会推动金融相关服务行业的集聚发展。如果说区域产业集聚是区域金融集聚的诱导性因素,那么金融机构的空间集聚会使得为金融行业提供相关服务的会计、律师、信用评估、资产评估、投资咨询、计算机软件开发、教育培训等金融辅助性行业和社会中介服务业形成集聚,在地理空间上更加接近它们的服务对象。这些行业

---

① Marshall, A., *Principles of Economics*, Macmillam, 1920.
② 张清正:"中国金融业集聚及影响因素研究",吉林大学博士学位论文,2013年。

的集聚和集中，又进一步增强了金融机构获取相关服务的便利性，改善了区域金融集聚的外部环境，促进区域金融集聚向更高层次发展。

（二）区位理论

区位理论认为，区域产业集聚是企业地理区位选择的集体结果。约翰·海恩里希·冯·杜能（Johann Heinrich von Thünen）的农业区位论强调运输费用、级差地租、产品价格对农业区位布局的影响。① 阿尔弗雷德·韦伯则从运输成本指向性、劳动力成本指向性和集聚与分散因素相互作用的角度出发，认为运输成本和劳动力成本是决定工业企业区位布局的直接因素，集聚与分散是影响工业企业区位选择的间接因素。② 生产成本最低、经济效益最大，是工业企业区位布局的最优选择。近代区位理论分析了就近消费地或就近原料产地在工业企业区位布局中的重要性。"现代区位论认为农业、工业和城市的区位是相互密切联系的，选择一个区位，会对其他区位产生影响，进而会影响经济的空间结构。"③

区位因素对区域金融集聚的影响主要表现在以下几个方面。第一，不同级别的行政中心往往汇聚着不同层次的政策资源和信息资源，金融资源的流动对政策的变动和信息的刺激具有极高的敏感度。高级别的行政中心往往坐落在规模较大的城市。因此，规模较大的中心城市就成了金融机构的集聚地。第二，便利的交通条件、适宜的气候环境，意味着优越的地理区位，也决定着社会经济活动的集中程度。从满足市场需求的角度看，地理区位的选择，不仅影响到金融机构的经营成本和经营效率，还关系到客户资源的数量与质量。第三，人文区位涵盖了特定地域空间范围内的历史、文化、教育、风俗习惯、人口素质及诚信环境，这些因素对金融资源的流动、金融机构的集聚乃至集聚效应的实现都具有显著的制约作用。第四，经济区位的优劣，意味着在既定的地域空间范围内金融资源的丰裕程度和金融需求的规模与结构。区域经济中心通常是区域产业集聚地，拥有广阔的经济腹地。区域产业的集聚、发展和产业结构的调整与升级，将产生多样化的和不断增长的金融需求，从而催生区域金融集聚。而区域金融集聚又会生成金融中心化地区，辐射经济腹地，成为该经济区域的金融资源汇聚和调度中心，进一步引导资源流向，加剧区域产业集聚。

---

① 〔德〕约翰·海恩里希·冯·杜能著，吴衡康译：《孤立国同农业和国民经济的关系》，商务印书馆，1986年。
② 〔德〕阿尔弗雷德·韦伯著，李刚剑译：《工业区位论》，商务印书馆，2010年。
③ 张清正："中国金融业集聚及影响因素研究"，吉林大学博士学位论文，2013年。

(三)交易费用理论

交易费用一词是罗纳德·科斯(Ronald Coase)在分析企业存在于市场内部的原因及企业规模边界时提出来的,是与企业交易相关的信息搜寻费用、谈判费用、签约费用及合约执行费用的统称。科斯认为,企业存在的根本原因在于降低市场交易费用,但企业的规模不可能无限扩大,企业和市场不可能完全互相替代,随着企业规模的扩大,维持企业运营的内部交易费用会不断增加,只有当企业内部的交易费用与市场交易费用相等时,企业的规模才会停止扩大。产业集聚之所以能够降低市场交易费用,是因为在产业集聚区内,企业数量众多,交易频繁,交易的对象和空间范围相对稳定,减少了区位成本;同时,集聚区内的企业空间距离近,方便信息的传递与交流,降低了信息搜寻成本。[1]

金融交易费用包括为搜寻交易对象、收集项目情报等支付的信息费用,履行金融交易合约和监督履约的费用,界定和保护金融产权的费用,为降低交易的不确定性和交易风险而设立保险机制与组织所支付的保险费用。在金融集聚区内,同类金融机构之间存在的横向竞争,降低了客户转换交易对象的成本;金融机构空间集聚形成的品牌效应,可降低金融机构尤其是中小金融机构的广告宣传费用投入;区域金融集聚促进了金融机构之间的交流与合作,使得金融机构之间的信息共享和信息交流更加便利,增强了相互信任,降低了基于竞争优势的交易费用。

(四)产业集群理论

迈克尔·波特在《竞争优势》一书中,从竞争力的角度分析了产业集群现象,对产业集群一词做出了解释。他认为,产业集群就是在某一特定区域的特定领域中,集聚着一组相互关联同时又存在竞争和合作关系的企业、供应商及相关机构,通过这种地理上的集聚形成有效的市场竞争,构建出某种特定的专业化生产要素的聚集地,形成区域集聚效应、规模效应和区域竞争力。企业在地理上的集中,不仅可以降低成本,形成规模扩张优势,提高生产效率,还可以给集群内部的企业形成竞争压力,促使它们吸纳优秀专业人才,提升产业的创新力。奥利弗·E.威廉姆森(Oliver E. Williamson)把产业集群定义为源于专业化分工和协作的许多中小企业集合在一起而形成的组织,是介于纯市场组织与层级组织之间的比市场更稳定、比层级

---

[1] 〔美〕奥利弗·E.威廉姆森、西德尼·G.温特著,姚海鑫、邢源源译:《企业的性质》,商务印书馆,2010年。

组织更灵活的中间性组织。①

在产业集聚区内,生产要素的自由流动,可以刺激周边地区的经济增长,在经济中心地区形成金融集聚趋势,并演化成为金融中心化地区。在金融集聚区内,随着金融资源增量的不断增加,金融产品和金融服务的种类越来越多,金融市场规模日益扩大,金融资产的流动性与日俱增,促进了金融机构之间的合作与交流,提高了金融资源的配置效率,推动了金融集聚的形成与发展。金融资源的空间集聚,又使金融机构降低了交易费用,共享了基础设施和"区位品牌",通过合作实现协同效应,达到规模报酬递增的目的。

(五)金融地理理论

金融地理学是从地理学视角,运用地理学方法论研究金融问题的一门交叉学科。金融地理学认为影响区域金融集聚的主要因素为"信息腹地""信息外溢效应"和"不对称信息"。首先,经济中心或具有一定政治影响力的中心城市,一般是信息的生产地、聚集地或是传播的源头,信息获取费用较低,信息流动较快。金融业是一个对信息高度敏感并可以依靠信息实现增值服务的产业,金融资源的配置和流向以及金融风险的规避和化解,需要及时、准确和高速流动的信息。因此,区域金融集聚有利于金融机构及时挖掘有价值的信息,在低成本获取信息的前提下,快速做出金融反应。其次,信息不对称的客观存在,成为区域金融集聚的关键因素。金融机构认知水平的差异、信息传播与扩散的不畅,导致了信息不对称现象。② 赵晓斌等将信息分为标准化信息和非标准化信息,认为在对非标准化信息要求较高的市场上,非标准化信息不对称构成了信息不对称的主要内容,能够产生更大的空间效应。③ 金融机构要想降低信息成本、快速掌握这些非标准化信息的内涵并发掘其价值,最可行的做法是尽量靠近信息源。区域金融集聚提高了集聚区内金融主体对信息的平均认知能力,缩小了金融主体之间认知能力的差距,促使金融集聚区内的信息大量集聚,使信息的传递和扩散更为便利。最后,信息外溢性的客观存在,推动了具有信息套利趋向的金融机构向该区域集聚。金融机构不仅是信息的消费者,还是信息的创造者和提供者。在金融交易的过程中,金融市场的参与主体及其交易行为,会产生大量有经济价值

---

① 余丽霞:"金融产业集群对区域经济增长的效应研究",西南财经大学博士学位论文,2012年。
② Porteous, D. J., "The Geography of Finance: Spatial Dimensions of Intermediary Behavior", *Avebury*, 1995, 7, 22—34.
③ 赵晓斌、王坦、张晋熹:"信息流和'不对称信息'是金融与服务中心发展的决定因素:中国案例",《经济地理》,2002年第4期,第408—414页。

的信息。这些信息与其他信息一样，具有公共物品的属性，即具有显著的外部正效应。

二、区域金融集聚的经济效应

（一）区域金融集聚的规模报酬递增效应

第一，区域金融集聚降低了单位金融交易分摊的基础设施和金融基础设施费用。网络、通信、交通等基础设施，是金融机构日常运营的基本保障；法律、会计、监管等金融基础设施建设，是金融体系高效、稳健运营的重要保障。区域金融集聚形成后，这些基础设施和金融基础设施的使用效率会大大提高，其自身拥有的公共物品属性会得到充分发挥，金融交易规模增大，使得单位金融交易分摊的基础设施和金融基础设施建设费用大幅降低。

第二，区域金融集聚降低了金融交易费用。因为金融机构空间距离接近且金融机构之间相互信任，信息搜寻费用、交易谈判费用、合约履行费用等相关交易费用减少，交易效率得以提升。区域金融集聚不但可以降低标准化信息和非标准化信息的传递成本，而且传递过程中的漏损现象也会大为减少。

第三，信息外溢性有助于降低产品研发成本。金融业是一个对信息高度依赖的行业。在金融集聚区内，不但信息传递成本下降了，而且金融服务、金融产品、金融交易技术等研发信息的传播也会相对快捷，由于金融产品、金融服务、金融交易技术又是比较容易模仿的，因此信息外溢性有助于降低产品研发成本。

第四，区域金融集聚增强了金融资产的流动性。金融集聚区内金融机构之间空间距离的靠近，增进了相互了解和相互信任，增加了相互之间发生金融交易的概率，增强了金融资产的流动性，为金融机构合作共赢提供了条件。实际上，金融机构在信息交流、客户资源共享、风险分散、产品与技术研发、支付结算等方面的合作，不仅可以降低经营成本，提高盈利能力，提升自身的金融服务功能，在合作过程中产生的外溢性还会使其他金融机构和客户成为受益者。同时，在金融集聚区内，金融机构为了应对激烈的市场竞争，往往会利用自身在专业领域中的比较优势，开发出具有特色的金融产品和金融服务，从而在客观上促进了金融分工。金融分工的发展，对于金融机构培育竞争优势、降低成本、提高盈利能力具有积极意义。

第五，区域金融集聚推动了区域产业集聚的演化发展。区域金融集聚进一步完善了区域金融体系,改善了区域金融功能,为区域产业集聚发展提供了良好的金融支持。而区域产业的集聚发展会推动区域金融集聚向更高的形态演化发展。区域金融集聚与区域产业集聚的辩证关系,使区域金融集聚具备了显著的外部性。另外,金融相关行业(如会计、法律、投资咨询、资产评估、教育培训等)也会向金融集聚区内集中,为金融机构提供高质量的相关服务,在金融业分工不断深化的背景下,为金融机构降低经营成本、发挥比较优势提供条件。

(二)区域金融集聚的产业升级效应

第一,区域金融集聚可优化区域产业结构。金融业属于现代服务业,区域金融集聚意味着金融服务业在特定地域空间范围内的汇聚和集中。金融资源的趋利性决定其流动方向必然是资本报酬率较高的产业部门,而这些部门往往是生产性服务业、高新技术产业等,这有利于区域新兴产业和未来区域主导产业的培育和发展。同时,政府通常依据地区经济的发展基础和发展优势来制订与实施地区产业规划,这赋予区域产业集聚外在动力。一旦区域产业集聚形成,实体经济集聚发展产生的金融需求就会为区域金融集聚提供内生性动力。因此,区域金融集聚会进一步完善区域金融体系,改善区域金融功能,支持区域产业集聚向更高形态演化发展。另外,随着区域金融集聚的形成与发展,金融机构和金融从业人员数量日益增多,区域金融趋于活跃,金融流动性大为提升,金融交易规模日渐扩大,并带动相关服务产业的发展,使得金融业和金融相关服务行业的增加值在第三产业产值以及地区生产总值中所占比重显著提高,最终使区域产业结构在区域金融集聚的推动下不断调整升级。

第二,区域金融集聚推动了技术创新。金融交易规模和交易价格对市场信息具有高度敏感性。在金融集聚区域,信息汇聚形成了一个信息池。同时,金融集聚区域通常是同层级的经济中心,背靠经济腹地,金融机构在日常业务活动中兼具信息生产功能。这就使集聚区域内的金融机构拥有了大量的产品、技术和市场信息,通过信息甄别,剔除噪声,金融机构最终会选择那些资本收益率较高的高新技术产业优先予以金融支持,从而推动技术的创新和扩散。这在市场主导型区域金融集聚模式下表现得更为突出。在市场主导型模式下,集聚区内的金融机构基本不受政府干预,金融运作依据市场规则,在讲求收益最大化的同时,比政府推动型模式下集聚的金融机构能更好地化解和分散市场风险。

(三) 区域金融集聚的扩散效应

区域金融集聚与区域金融扩散是金融资源在区位、市场需求、政府政策导向、金融创新等因素综合作用下进行的地域运动。区域金融集聚是金融资源逐渐向一定地域空间集中，使得金融资源密集程度不断提高的动态变化过程；区域金融扩散则表现为金融资源在一定地域空间密集程度降低，并向周边地区和市场扩散的动态变化过程。金融集聚往往最初形成于作为经济增长极的中心城市。当金融集聚区内出现要素价格上涨以及因过分集聚导致边际收益下降等现象时，货币资本或资金等基础性核心金融资源会首先向周边地区或市场扩散，以满足周边地区或市场的资金需求，集聚区内与资本联系紧密的技术、服务及专业人才也会随资本一并扩散。金融组织、金融工具等实体性中间金融资源紧随其后，在地理上更加接近客户，缩短与市场的距离，周边地区的金融资源密集程度逐渐上升。随着货币资本、金融组织、金融工具的扩散，金融集聚区的技术扩散效应显现出来，周边地区和市场通过技术引进与技术更新，实现了产业升级和经济增长，人均收入水平有了较大幅度的上升，高层次金融资源得以从金融集聚区扩散，加速了经济腹地的金融集聚，形成了新的金融集聚区。与区域金融扩散相伴的是人才、技术、服务的溢出和会计、法律、咨询等金融相关服务行业从中心向周边地区的分流和转移，这些服务的流动带动了周边地区的经济增长和产业转型升级。

第三节　我国区域金融集聚影响因素的实证研究

一、区域金融集聚的测度指标

建立区域金融集聚测度指标，是对区域金融集聚进行定量分析的重要步骤。测度指标应建立在科学的基础上，有效地、完整地反映金融资源的区域集聚程度。在对区域金融集聚的定量研究中，学者们主要借鉴产业集聚的测量指标，结合金融集聚的特点，从不同角度测算金融业的区域集聚程度。这些指标主要有：空间基尼系数、行业集中度与行业集中系数、赫芬达尔-赫希曼指数、区位熵和地理集中指数。

(一) 空间基尼系数

基尼系数是用以测量收入分配公平程度的统计指标。空间基尼系数运用于金融集聚的分析，主要用来测算金融业的区域集中程度，其计算公式为：

$$G = \sum_{i=1}^{n}(S_i - X_i)^2 \qquad (3-1)$$

其中，G 为空间基尼系数，S_i 为 i 地区金融业从业人数（或金融业增加值）占全国金融业从业总人数（或金融业增加值）的比重；X_i 为 i 地区就业总人数（或地区生产总值）占全国就业总人数（或国内生产总值）的比重。空间基尼系数的取值区间为[0,1]，取值越大，表明金融资源区域分布越不均衡，区域金融集聚程度越高；取值越接近0，表明集聚程度越低。

(二)行业集中度与行业集中系数

行业集中度又叫行业集中率或市场集中度，是指某行业的相关市场内少数几家大企业在产量（或产值）、销售量（或销售额）、职工人数、资产总额等方面的集中程度，其计算公式为：

$$CR_n = \frac{\sum_{i=1}^{n} X_i}{\sum_{i=1}^{N} X_i} \qquad (3-2)$$

其中，CR_n 表示 X 行业中规模最大的前 n 个地区的行业集中度。X_i 表示 X 行业中排第 i 位地区的某一指标（如产业或行业增加值、存款余额、贷款余额、从业人数等），N 表示 X 行业的某一指标（如产业或行业增加值、存款余额等）的全部数值。行业集中度反映的是前 n 个地区的金融行业集中状况，CR_n 取值越大，表明行业集中度越高。

由于 CR_n 主要反映某一行业在几个地区的集中程度，没有涉及行业的企业数量与行业总规模之间的差异，可引入行业集中系数来弥补这一缺陷。以 p 表示计算的企业数量占行业企业总数的比例，其计算公式为：

$$p = \frac{n}{N} \times 100 \qquad (3-3)$$

行业集中系数 CC 可表示为：

$$CC = \frac{CR_n}{p} \qquad (3-4)$$

行业集中度与行业集中系数结合起来使用，能够更加客观且形象地反映行业的区域集中水平以及行业中企业数量的影响。

(三)赫芬达尔-赫希曼指数

赫芬达尔-赫希曼指数是一种测量产业集中度的综合指数，指一个地区中各市场竞争主体的收入或资产分别占行业总收入或总资产百分比的平方

和,主要用于测度企业的集聚程度,其计算公式为:

$$\mathrm{HHI} = \sum_{i=1}^{N} \left(\frac{X_i}{X}\right)^2 = \sum_{i=1}^{N} S_i^2 \qquad (3-5)$$

其中,X 表示金融产业总规模,X_i 表示 i 地区的金融产业规模,N 表示地区数量,S_i 表示 i 地区的金融产业规模占全国金融产业规模的比例。HHI 的取值范围为 $[1/N,1]$,取值越大,表明区域金融集聚程度越高。当金融产业在各地区平均分布时,HHI 取值为 $1/N$;当金融产业全部集中于某一地区时,HHI 取值为 1。

(四)区位熵

区位熵最初用来衡量某一产业部门专业化程度,后来被用来反映某一产业空间分布集中程度以及在特定区域中某一产业在全国的地位和作用,其计算公式为:

$$\mathrm{LQ}_{ij} = \frac{X_{ij} / \sum_{j=1}^{m} X_{ij}}{\sum_{i=1}^{n} X_{ij} / \sum_{i=1}^{n} \sum_{j=1}^{m} X_{ij}} \qquad (3-6)$$

其中,i 表示第 i 个地区,j 表示第 j 个产业,LQ_{ij} 表示第 i 个地区第 j 个产业的区位熵,X_{ij} 表示第 i 个地区第 j 个产业的相关指标(如产值、就业人数等),m 为产业数量,n 为地区数量。在分析区域金融集聚时,可从就业人数、行业增加值或某一行业指标等角度计算区位熵。从就业人数的角度看,区位熵由某区域金融业或某一金融行业(如银行业、证券业、保险业等)就业人数占该区域全部就业人数之比与全国金融业或该金融行业就业人数占全国全部就业人数之比相除后得到,表示该区域金融业或某一金融行业就业人数的区位熵。从行业增加值的角度看,区位熵是用某区域金融业的增加值占该区域地区生产总值之比与全国金融业增加值占全国国内生产总值之比相除后得到。在实际研究中,可用某区域某一金融行业(如银行业、证券业、保险业等)的某一项指标(如银行存款、发行股票筹资额、保费收入等)占该区域融资总额之比与全国该金融行业的这一项指标占全国融资总额之比相除后得到,表示该区域某一金融行业某一项指标的区位熵。区位熵取值大小不仅可以用来表示某产业(或某行业)集聚程度的高低,还可以反映某产业(或某行业)在国民经济中的地位和作用。区位熵的取值越大,表明该区域金融产业(或某一金融行业)的集聚程度越高。若区位熵大于1,则意味着金融产业(或某一金融行业)在区域内比较重要。

(五)地理集中指数

对产业集聚程度的计算会受到该产业内企业的规模分布以及所选取的地理单元的影响,而地理集中指数消除了这两大因素的影响。假设一国的某一产业内有 n 个企业且分布在 m 个地理区域,该指数的计算公式为:

$$\gamma_i = \frac{G_i - (i - \sum_{j=1}^{m} X_j^2) H_i}{(1 - \sum_{j=1}^{m} X_j^2)(1 - H_i)} \quad (3-7)$$

其中,i 和 j 分别表示产业 i 和区域 j,X_j 表示区域 j 所有行业增加值占该区域所有行业增加值的比重,G_i 为产业 i 在 m 个区域内的空间基尼系数,H_i 为产业 i 在 m 个区域内的赫芬达尔-赫希曼指数。一般认为,$\gamma_i<0.2$,表明区域产业集聚程度较低;$0.2 \leqslant \gamma_i \leqslant 0.5$,表明区域产业集聚程度中等;$0.5 < \gamma_i$,表明区域产业集聚程度较高。

二、近年来我国区域金融集聚状况分析

我们以金融业增加值区位熵为测度指标,计算和比较我国的区域金融集聚状况。2015 年东部地区金融业增加值为 30 074.9 亿元,比 2005 年增长了 654.78%(见表 3-1)。2005—2015 年,东部地区金融业增加值区位熵的平均值为 1.033 7,变异系数为 2.81%(见表 3-2),这说明东部地区的金融集聚程度较高且波动幅度较小,金融业是其重要的产业部门。中部地区的金融业增加值由 2005 年的 736.9 亿元增长到 2015 年的 8 228.5 亿元,增幅达 1 016.64%,在各地区中增幅最大。但是,中部地区金融业增加值区位熵的平均值只有 0.553 9,略高于东北地区,金融集聚程度较低,金融业并非中部地区的支柱产业;同时,中部地区的区位熵在 2005—2015 年的波动幅度较大,变异系数达 15.78%。西部地区金融业增加值由 2005 年的 997.5 亿元增长到 2015 年的 9 683.2 亿元,增幅仅高于东部地区。2005—2015 年,西部地区金融业增加值区位熵的平均值为 0.739 2,金融集聚程度高于中部地区和东北地区。另外,西部地区区位熵的变异系数为 12.99%,金融集聚程度波动幅度较大。2015 年东北地区金融业增加值为 3 282.4 亿元,比 2005 年的 329.8 亿元增长了 895.27%,增幅仅次于中部地区,但金融集聚程度最低,金融业增加值区位熵的平均值仅为 0.533 5;金融集聚波动幅度较大,变异系数为全国最高,达 16.31%。因此,推动金融集聚,进而促进产业结构调整升级是东北地区的最优选择。

表 3-1 2005—2015 年我国各地区金融业增加值区位熵

年份	东部地区 增加值（亿元）	区位熵	中部地区 增加值（亿元）	区位熵	西部地区 增加值（亿元）	区位熵	东北地区 增加值（亿元）	区位熵
2005	3 984.6	0.9768	736.9	0.5229	997.5	0.7911	329.8	0.4941
2006	5 588.8	1.0119	924.1	0.4975	1 158.6	0.6821	418.6	0.4900
2007	8 488.6	1.0112	1 252.1	0.4333	1 515.1	0.5759	560.5	0.4336
2008	10 237.5	1.0231	1 455.1	0.4091	1901.5	0.5797	648.1	0.4090
2009	11 897.2	1.0181	2 267.9	0.5372	2 856.4	0.7095	968.6	0.5299
2010	14 301.4	1.0553	2 808.1	0.5574	3 378.8	0.7066	1 117.6	0.5082
2011	16 850.0	1.0661	3 424.5	0.5605	4 313.5	0.7392	1 314.0	0.4969
2012	19 055.4	1.0581	4 134.0	0.5829	5 580.2	0.8028	1 699.1	0.5563
2013	21 960.0	1.0498	4 929.1	0.5972	6 713.8	0.8216	1 990.3	0.5664
2014	25 836.6	1.0800	6 515.5	0.6869	8 318.3	0.8813	2 654.6	0.6764
2015	30 074.9	1.0199	8 228.5	0.7079	9 683.2	0.8413	3 282.4	0.7077

资料来源：根据 2006—2016 年《中国统计年鉴》计算整理。

表 3-2 2005—2015 年我国各地区金融业增加值区位熵的平均值、标准差及变异系数

	东部地区	中部地区	西部地区	东北地区
平均值	1.0337	0.5539	0.7392	0.5335
标准差	0.0290	0.0874	0.0960	0.0870
变异系数（%）	2.8100	15.7800	12.9900	16.3100

注：变异系数又称离散系数，是一个反映各观测值变异或离散程度的统计指标，包括全距系数、平均差系数和标准差系数。变异系数可以消除单位和（或）平均数不同对两个或多个资料变异程度比较的影响，常用的是标准差系数，即标准差与均值的比率，记为

$$CV = \frac{\delta}{\overline{X}} \sqrt{\frac{\sum_{i=1}^{n}(X_i - \overline{X})^2}{n-1}} / \overline{X}.$$

资料来源：根据表 3-1 计算整理。

进一步计算表 3-1 中的数据，可以看到我国金融集聚水平的区域差异在 2005—2008 年逐年扩大，2008—2009 年迅速减小，2009—2011 年又有所扩大，2011 年以后逐渐缩小。总体上看，我国区域金融集聚水平差异呈现出先扩大后缩小的趋势，目前金融集聚水平的区域差异仍然较大（见图 3-1）。

金融机构通过分布上的区域集中和集聚，为企业提供融资和价值增值服务，与企业形成产业链上的上下游关系，成为产业集聚区内的企业实现信息共享、基础设施共享、人才市场共享并产生技术溢出效应和规模经济效应的重要金融保证，金融机构也由此接近目标市场，减少信息不对称。在这一过程中，金融业对经济发展的贡献快速增加，金融业增加值在总产值中占比显著提高，并与相关产业形成联动发展之势，在技术创新和产业结构升级等方面发挥重要作用。

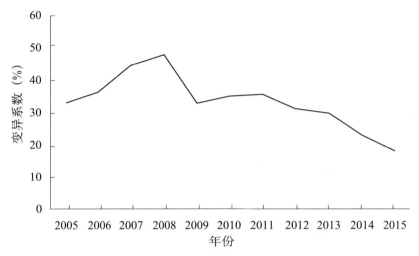

图 3-1 2005—2015 年我国区域金融业增加值区位熵变异系数变化趋势

改革开放以来,我国采取了区域非均衡发展战略,在东部地区优先推行改革开放政策,形成珠三角、长三角和环渤海三个经济增长极,通过其辐射作用的发挥,推动整个东部地区经济的率先发展。东部地区拥有良好的经济基础,并由此获得比其他地区更为先进的基础设施和金融基础设施,加之优越的区位条件,最终使得遵从区位指向性原则布局机构网点的金融机构较多地集聚于东部地区。区域金融集聚,既有市场主导下需求的作用,又有政府推动的作用。在我国,区域经济发展的非均衡,产生了以市场主导下的金融机构区域分布的梯度特征,形成了不同地理空间金融集聚水平的差异。同时,地方政府在拥有较大经济发展自主权的情况下,制订金融业发展规划和出台相应的优惠政策,引导甚至干预金融资源向该地区流动,以加速区域金融集聚、促进区域金融发展,使该地区成为资源配置的中心地。因此,我国的区域金融集聚也是政府推动的结果。

三、我国区域金融集聚影响因素的实证检验

(一)文献回顾

在国外,经济学家分别采用不同的理论解释了产业集聚的成因,但对区域金融集聚的成因并无研究。21 世纪以来,国内学者对我国区域金融集聚的影响因素产生了浓厚兴趣。有的学者(如黄解宇)采用定性分析方法从产业集聚伴随物、金融作为经济的核心与主导、外在性、信息流、规模经济等角度对金融集聚的内在动因进行分析,并在此基础上得出结论:金融集聚一般作为产业集聚的伴随物产生,在成长过程中由于高流动性而成

为经济的主导与核心。① 有的学者(如车欣薇等)采用机制机理分析方法，把金融作为一个特殊产业引入空间概念，建立了体现金融业特性的两区域理论模型来探讨金融集聚的动因，认为金融信息量是金融集聚的决定因素，产业集聚能够促进金融集聚的发生。② 有的实证分析采用传统回归计量分析方法，未考虑金融集聚的地理属性；也有不少学者(如任英华等)运用空间计量分析方法，把金融集聚的空间自相关性纳入研究视野，实证分析影响我国区域金融集聚的因素。③ 这些研究成果极大地丰富了区域金融集聚理论，为我们更好地认识我国区域金融集聚的成因提供了帮助。近年来，我国的金融集聚呈现出显著的区域差异。同时，国内学者在定量分析的过程中，采用的解释变量不同，实证结果分析的落脚点局限于省域或县域，因此得出的研究结论不尽一致。我国的东部地区、中部地区、西部地区和东北地区作为政府的战略规划区域，相互之间具有典型的空间异质特征，但其内部又具有经济与金融发展的相似性特征。因此，本章拟以区域金融集聚度为被解释变量，以政府支持、经济基础、人口规模、资本规模、产业集聚度、经济外向性程度为解释变量，构建空间模型，实证检验影响我国区域金融集聚的因素，考察区域金融集聚的形成机理，为推动我国各地区的金融集聚提供决策依据。

(二)理论假设

假设1 我国的区域金融集聚具有典型的空间地域性，即我国的区域金融集聚是一个地理空间现象，存在空间依赖性和空间溢出效应。

适当的地域环境和不断汇集的金融资源形成了契合关系，政府或市场力量的推动促使了金融资源与地域环境相融合并形成集中或汇聚，这一过程即区域金融集聚，其特点为以金融机构、金融市场、金融人才为代表的金融资源在特定空间范围内的集中。

---

① 黄解宇：" 金融集聚的内在动因分析"，《工业技术经济》，2011年第3期，第129—136页。
② 车欣薇、部慧、梁小珍、王拴红、汪寿阳：" 一个金融集聚动因的理论模型"，《管理科学学报》，2012年第3期，第16—29页。
③ 任英华、徐玲、游万海：" 金融集聚影响因素空间计量模型及其应用"，《数量经济技术经济研究》，2010年第5期，第104—115页；张清正：" 中国金融业集聚及影响因素研究"，吉林大学博士学位论文，2013年；陈俊、胡宗义、刘亦文：" 金融集聚的区域差异及影响因素的空间计量分析"，《财经理论与实践》，2013年第6期，第21—24页；邓薇：" 我国金融业空间布局及影响因素分析"，《统计与决策》，2015年第21期，第138—142页；冯林、罗怀敬、李文正、亓瑞：" 县域金融集聚影响因素研究——基于空间杜宾模型和山东省县域数据的实证"，《农业技术经济》，2016年第6期，第113—122页；李羚、成春林：" 金融集聚影响因素的空间计量分析——引入互联网因素"，《企业经济》，2016年第7期，第179—184页；陈启亮、王文涛：" 中国省域金融集聚的影响因素分析"，《统计与决策》，2017年第12期，第154—157页；万惠、侯光明、孔德成：" 我国城市群金融产业集聚影响因素实证分析"，《金融理论与实践》，2017年第9期，第19—24页。

假设 2 政府支持与区域金融集聚具有正向变化关系。

政府有动力和能力支持区域金融集聚。无论是促进经济增长、增加就业,还是推动产业升级,政府都具有不可推卸的责任。一方面,金融集聚有助于提高储蓄率和储蓄转化为资本的效率,从而促进经济增长;另一方面,金融集聚有助于推动区域产业结构升级,地方政府尽可能在金融机构市场进入、金融人才引进、金融机构用地出让、金融机构税收政策等方面采取优惠措施,优先推动金融集聚发展,促进地区经济发展。

假设 3 经济基础与区域金融集聚具有正向变化关系。

经济发展过程中产生的金融需求,对区域金融集聚具有正向促进作用。经济发展会在金融机构、金融产品、金融服务、金融技术、金融形式及金融业态等方面产生需求,使得金融资源在特定地域空间内自发集聚。经济发展基础越好,区域金融集聚的程度越高。

假设 4 人口规模对区域金融集聚具有促进作用。

金融机构服务的对象是政府、企业、家庭,但归根结底是人。在技术经济条件一定的情况下,人口规模越大,经济活动的规模越大,金融需求的规模和种类越多,区域金融集聚的程度就越高。

假设 5 资本规模与区域金融集聚具有正向变化关系。

资本的形成过程离不开金融系统。一个地区拥有的资本规模大小,是金融发挥作用的结果,会对区域金融集聚产生积极影响。一个地区拥有的资本规模越大,要求金融系统为之提供的金融服务就越多。因此,资本规模与区域金融集聚具有正向变化关系。

假设 6 区域产业集聚与区域金融集聚具有正向变化关系。

区域产业集聚会对金融机构提出多样化的融资和价值增值服务需求,并要求金融机构在地理上接近企业。因此,金融机构会追随产业集聚,以尽可能减少信息不对称带来的逆向选择和道德风险,并通过集合提供方式向集聚中的企业提供差异化的产品和服务,以节省金融交易费用、提高金融效率。

假设 7 经济外向性程度与区域金融集聚具有正向变化关系。

金融机构总是布局于经济外向性程度较高的地区,享受经济开放带来的红利。经济外向性程度较高的地区,往往会因贸易、投资、旅游等活动产生较多的支付结算、投融资、咨询等金融需求,也会汇聚管理、技术、营销、产品增值、投资等方面的信息,这不仅会吸引企业总部和研发机构进驻,而且要求通过信息交易获取收益的金融机构在地理上尽可能地接近信息源和服务对象。

(三)实证检验

1. 指标设定

(1)被解释变量

在具体的实证指标选取方面,我们拟采用金融业增加值区位熵来表示区域金融集聚程度,因为包括银行、证券、保险等金融行业在内的区域金融资源集聚,最终都会体现在金融业增加值的变动上。金融业增加值区位熵是各地区的金融业增加值占地区生产总值的比重与全国的金融业增加值占国内生产总值的比重相除后得到的数值。

(2)解释变量

第一,政府支持。我们以各地区的财政自给率表示政府支持。财政自给率是预算财政支出与预算财政收入相除后得到的值,代表一个地区的财政能力。一个地区的财政自给率较低意味着政府用于鼓励金融集聚的财政能力不够充分,政府在金融机构用地和房屋租赁、税收、机构市场进入、金融人才引进等方面推出优惠政策的财政能力不足,财政自给率的高低直接制约着政府推动区域金融集聚的能力。

第二,经济基础。我们以各地区的地区生产总值占全国国内生产总值的比重(地区生产总值占比)表示经济基础。前人的研究通常采用地区生产总值、人均地区生产总值等指标衡量经济基础,我们选取的地区生产总值占比可以代表一个地区在一定时期内产出的相对规模,也反映了导致金融集聚的经济基础。

第三,人口规模。我们选用各地区人口数量占全国人口数量的比重(人口数量占比)表示人口规模。受气候或自然环境等因素的影响,一个地区的境域面积与其拥有的人口规模不一定相关;同时,东部、中部、西部和东北地区包含的境域面积不同,承载的人口绝对规模也存在较大差异,因此我们选取各个地区人口数量占比表示人口规模。

第四,资本规模。我们采用各地区城镇固定资产投资占全国固定资产投资的比重(城镇固定资产投资占比)表示资本规模,由各个地区固定资产投资总额与全国固定资产投资总额相除后得到。现有的固定资产投资九成以上属于城镇固定资产投资,在指标计算过程中,我们采用城镇固定资产投资来近似地代表全社会固定资产投资。由于资本主要通过固定资产投资渠道形成,因此这一比例越高,表示资本规模越大。

第五,区域产业集聚度。我们选取各地区第二产业、第三产业集聚度代表区域产业集聚度。各地区的产业集聚,可以是以制造业为代表的第二产业的集聚,也可以是以服务业为主的第三产业的集聚。因此,我们选取各地区第二产业、第三产业集聚度表示产业集聚程度。具体地,我们以第二产业、第三产业增加值的区位熵(第二产业、第三产业区位熵)表示第二产业、第三产业集聚度,由各地区第二产业、第三产业增加值占地区生产总值的比重与全国第二产业、第三产业增加值占国内生产总值的比重相除后得到。

第六,经济外向性程度。我们选取各地区进出口总额与地区生产总值的比率来表示经济外向性程度。经济外向性程度可以用外商直接投资总额、外商投资占地区生产总值的比率或者地区外商投资总额占全国外商投资总额的比重来表示。考虑到外商投资在形成生产能力之后会在进出口贸易方面体现出来,我们用各地区进出口总额与地区生产总值的比率来表示经济外向性程度。在具体计算时,我们用各地区进出口总额与地区生产总值相除后得到。

2. 数据来源及处理

本章采用2005—2015年全国31个省、直辖市、自治区(不包括港澳台地区)的面板数据。数据来自相关年份的《中国统计年鉴》,各省份、直辖市、自治区(不包括港澳台地区)的《统计年鉴》以及《中国区域金融运行报告》。

我们将各省份2015年的数据加和平均处理后得到被解释变量和解释变量的排序(见表3-3)。由表3-3可以看出,无论是以金融业增加值区位熵表示的金融集聚度,还是人口数量占比、地区生产总值占比、城镇固定资产投资占比、财政自给率、第二产业和第三产业区位熵、进出口总额与地区生产总值占比等变量在各区域的空间存在,东部地区均雄踞各地区之首,各解释变量均存在空间差异且梯度特征显著。

表3-3 2015年我国各地区的解释变量与被解释变量的排序

	被解释变量	解释变量					
	金融业增加值区位熵	财政自给率	地区生产总值占比	人口数量占比	城镇固定资产投资占比	第二产业和第三产业区位熵	各地区进出口总额与地区生产总值的比率
由高到低排序	东部、西部、中部、东北	东部、中部、西部、东北	东部、中部、西部、东北	东部、中部、西部、东北	东部、西部、中部、东北	东部、中部、东北、西部	东部、东北、西部、中部

3. 金融集聚空间自相关检验

第一,全局 Moran's I 指数。本节利用 2005—2015 年我国 31 个省域的金融集聚指标,使用 Stata14.0 软件计算全局空间 Moran's I 指数,其中空间权重矩阵选用"地理"空间权重矩阵(W),结果如表 3-4 所示。

表 3-4 我国 31 个省域金融集聚 Moran's I 指数及 Z 值

年份	Moran's I	Moran's I 期望值	标准差	正态性统计量 Z	P 值
2005	0.203	−0.033	0.108	2.185	0.014
2006	0.272	−0.033	0.108	2.818	0.002
2007	0.320	−0.033	0.108	3.260	0.001
2008	0.307	−0.033	0.108	3.136	0.001
2009	0.272	−0.033	0.108	2.820	0.002
2010	0.290	−0.033	0.108	2.982	0.001
2011	0.267	−0.033	0.108	2.772	0.003
2012	0.233	−0.033	0.108	2.460	0.007
2013	0.223	−0.033	0.108	2.368	0.009
2014	0.225	−0.033	0.108	2.389	0.008
2015	0.248	−0.033	0.108	2.593	0.005

由表 3-4 可知,我国省域的金融集聚在空间上具有明显的正自相关关系(即空间依赖性)。由此推断,我国省域金融资源的空间分布及地域运动并非随机的,而是存在明显的空间集聚现象。

第二,局部自相关检验。为进一步分析我国省域金融资源的空间集聚性特征,本节对各省域进行标号(1 为北京市、2 为天津市、3 为河北省、4 为山西省、5 为内蒙古自治区、6 为辽宁省、7 为吉林省、8 为黑龙江省、9 为上海市、10 为江苏省、11 为浙江省、12 为安徽省、13 为福建省、14 为江西省、15 为山东省、16 为河南省、17 为湖北省、18 为湖南省、19 为广东省、20 为广西壮族自治区、21 为海南省、22 为重庆市、23 为四川省、24 为贵州省、25 为云南省、26 为西藏自治区、27 为陕西省、28 为甘肃省、29 为青海省、30 为宁夏回族自治区、31 为新疆维吾尔自治区),并分别给出 2005 年和 2015 年的局部 Moran's I 指数散点图(见图 3-2 和图 3-3)。各省域金融集聚可分为四种空间模式:第一象限(图右上方)表示一个高集聚增长地区被其他高集聚增长地区包围(HH),代表正的空间自相关关系的集群;第二象限(图左上方)表示一个低集聚增长地区被高集聚增长地区包围(LH),代表负的空间自相关关系的集群;第三象限(图左下方)表示一个低集聚增长地区被其他低集聚增长地区包围(LL),代表正的空间自相关关系的集群;第四象限(图右下方)表示一个高集聚增长地区被低集聚增长地区包围(HL),代表负的空间自相关关系的集群。

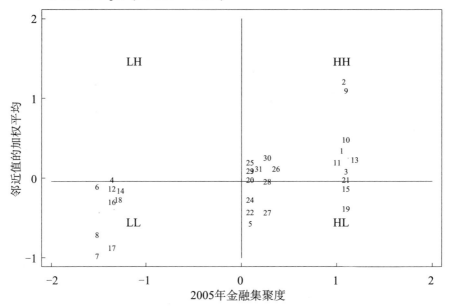

图 3-2 2005 年我国各省域金融集聚度的 Moran's I 指数散点图

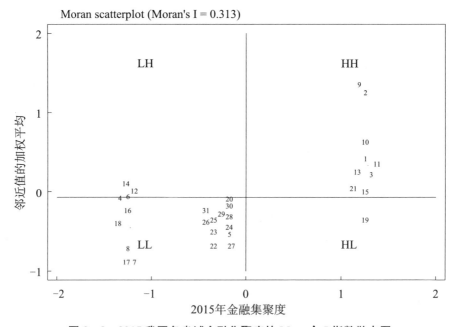

图 3-3 2015 我国各省域金融集聚度的 Moran's I 指数散点图

从图 3-2 可以看出，2005 年我国位于第二、第四象限的省域只有 7 个，大部分位于第一、第三象限。第一、第三象限省域金融集聚出现了 HH

和 LL 两种模式的分化,由此可以认为我国省域金融集聚存在地理空间分布上的依赖性和异质性。例如,集聚度比较高的北京市和广东省,没有出现在同一象限。与北京市邻近的地区(如天津市、河北省)都是集聚度比较高的地区,即一个高集聚增长地区被其他高集聚增长地区包围,反映了金融集聚在空间上的依赖性。而与广东省相邻的湖南省、江西省的金融集聚度较低,即一个高集聚增长地区被其他低集聚增长地区包围,反映了金融集聚在空间地理分布上的异质性(见表 3-5)。

表 3-5　2005 年我国各省域金融集聚度的空间相关模式

	空间相关模式	地区
第一象限	HH	北京市、天津市、河北省、江苏省、上海市、浙江省、福建省、海南省、甘肃省、青海省、宁夏回族自治区、新疆维吾尔自治区、西藏自治区、四川省、云南省、广西壮族自治区
第二象限	LH	山西省
第三象限	LL	河南省、安徽省、江西省、湖北省、湖南省、黑龙江省、辽宁省、吉林省
第四象限	HL	山东省、广东省、内蒙古自治区、陕西省、贵州省、重庆市

从图 3-3 可以看出,和 2005 年我国各省域金融集聚状况相似,2015 年我国位于第二、第四象限的省域只有 5 个,位于第一、第三象限的省域达 26 个。第一、第三象限省域金融集聚出现 HH 和 LL 两种模式的分化,但仍然表现出金融集聚在地理空间分布上的依赖性和异质性。另外,将表 3-5 和表 3-6 进行比较,可以看出随着时间的推移,除了北京市、天津市、河北省、上海市、江苏省、浙江省、福建省、海南省、黑龙江省、河南省、湖北省、湖南省、吉林省、山西省、广东省的集聚程度没有变化,甘肃省、青海省、宁夏回族自治区、新疆维吾尔自治区、西藏自治区、四川省、云南省、广西壮族自治区从第一象限落入第三象限,表示它们从高集聚增长地区转变为低集聚增长地区;内蒙古自治区、陕西省、贵州省、重庆市则从第四象限转移到第三象限,表示它们从高集聚增长地区转变为低集聚增长地区;安徽省、江西省、辽宁省则从第三象限转移到第二象限,山东省从第四象限转移到第一象限,表示它们被高集聚增长区域包围。另外,进一步对比可以发现,2015 年东部地区除广东省仍位于第四象限以外,其余省份均分布于第一象限;中部、西部和东北地区各省份均位于第二象限与第三象限。可以看出,金融集聚的区域差异和时间差异较为显著,因此有必要从空间维度和时间维度考虑其相关性和异质性,进而对金融集聚影响因素进行空间计量分析。

表 3－6　2015 年我国各省域金融集聚度的空间相关模式

空间相关模式		地区
第一象限	HH	北京市、天津市、河北省、山东省、江苏省、上海市、浙江省、福建省、海南省
第二象限	LH	江西省、辽宁省、山西省、广西壮族自治区
第三象限	LL	河南省、湖北省、湖南省、甘肃省、青海省、宁夏回族自治区、新疆维吾尔自治区、西藏自治区、四川省、云南省、黑龙江省、吉林省、内蒙古自治区、陕西省、贵州省、重庆市
第四象限	HL	广东省

4. 空间面板模型

假设被解释变量为金融业增加值区位熵，记为 $\{y_{it}\}_{i=1\cdots n, t=1\cdots T}$，其中下标 i 表示区域为 i，下标 t 表示时间为 t。$\{y_{it}\}_{i=1\cdots n, t=1\cdots T}$ 依赖于相邻省域的自变量和自身的影响。在本节的空间面板模型中，假设解释变量分别为：财政自给率，记为 $\{X_{it1}\}_{i=1\cdots n, t=1\cdots T}$；地区生产总值占比，记为 $\{X_{it2}\}_{i=1\cdots n, t=1\cdots T}$；人口数量占比，记为 $\{X_{it3}\}_{i=1\cdots n, t=1\cdots T}$；城镇固定资产投资占比，记为 $\{X_{it4}\}_{i=1\cdots n, t=1\cdots T}$；第二、第三产业区位熵，记为 $\{X_{it5}\}_{i=1\cdots n, t=1\cdots T}$；进出口总额与地区生产总值的比值，记为 $\{X_{it6}\}_{i=1\cdots n, t=1\cdots T}$。考虑空间和时间的影响，由于解释变量的空间滞后可以来自不同方向，也可以双向，因此建立金融空间面板模型较为复杂。对于空间面板序列 $\{y_{it}\}_{i=1\cdots n, t=1\cdots T}$，建立一般的空间面板模型如下：

$$y_{it} = \alpha + \tau y_{it-1} + \rho \sum_{j=1}^{n} w_{ij} y_{jt} + \sum_{k=1}^{K} x_{itk} \beta_k + \sum_{k=1}^{K} \sum_{j=1}^{n} w_{ij} x_{jtk} \vartheta_k + \mu_i + \gamma_t + v_{it} \tag{3-8}$$

$$v_{it} = \lambda \sum_{j=1}^{n} m_{ij} v_{jt} + \varepsilon_{it} \tag{3-9}$$

其中，w_{ij} 是空间权重矩阵 W 的第 i 行第 j 列，表示区域 i 和区域 j 之间的距离；$K=6$，表示 6 个解释变量；μ_i 为区域 i 的个体效应；$\rho \sum_{j=1}^{n} w_{ij} y_{jt}$ 表示被解释变量的空间滞后；$\sum_{k=1}^{K} \sum_{j=1}^{n} w_{ij} x_{jtk} \vartheta_k$ 表示解释变量的空间滞后；γ_t 为时间效应；m_{ij} 为扰动项空间矩阵 M 的第 i 行第 j 列。

上述模型通常考虑以下特殊情形：

若 $\lambda = 0$，则该空间面板模型为空间杜宾模型（spatial durbin model，SDM）。

若 $\lambda = 0, \vartheta_k = 0$，则该空间面板模型为空间自回归模型（spatial autoregression model，SAR）。

若 $\tau=\rho=0$ 且 $\vartheta_k=0$，则该空间面板模型为空间误差模型（spatial error model，SEM）。

本节将考虑以上三种空间面板模型，使用极大似然估计（maximum likelihood estimation，MLE）对金融集聚度的多元空间面板模型进行参数估计。

(1) SDM 模型参数估计结果

根据表 3-7 的结果，空间自回归系数 ρ 在 1% 水平上显著为正，可以认为我国金融资源的空间集聚现象明显。这里我们对比了固定效应和随机效应估计。另外，除了 $X2$，其他变量的空间滞后项并不显著，在模型改进中，将考虑删除部分解释变量。

表 3-7 SDM 模型的极大似然估计

被解释变量 Y	回归系数	标准差	t 统计量	P 值
解释变量项				
$X1$	0.0028	0.0031	0.92	0.360
$X2$	0.0143	0.0043	3.35	0.001
$X3$	-0.0013	0.0031	-0.41	0.682
$X4$	0	0.0023	0	0.997
$X5$	0.2158	0.156	1.38	0.166
$X6$	-0.0014	0.0011	-1.19	0.234
常数项	0.0083	0.0993	0.08	0.933
空间滞后项				
$X1$	-0.0031	0.0030	-1.02	0.307
$X2$	-0.0095	0.0046	-2.08	0.037
$X3$	-0.0022	0.0052	-0.42	0.672
$X4$	-0.0004	0.0029	-0.13	0.894
$X5$	-0.1185	0.1609	-0.74	0.462
$X6$	0.0003	0.0012	0.29	0.775
空间自回归系数 ρ	0.8931	0.0252	35.49	0
R^2	0.4814			

表 3-8 中，豪斯曼检验统计量为正值，表明可以接受固定效应的原假设。空间自回归系数 ρ 在 1% 水平上显著为正，但是变量 $X2$、$X3$、$X4$、$X5$ 的空间滞后项并不显著，可以去除这 4 个变量的空间滞后项，统计结果如表 3-9 所示。

表 3-8 SDM 模型的固定效应和随机效应估计

模型	固定效应		随机效应	
被解释变量 Y	回归系数	P 值	回归系数	P 值
解释变量项				
$X1$	0.0049	0	0.0028	0.034
$X2$	0.0166	0.003	0.0143	0

(续表)

模型	固定效应		随机效应	
被解释变量 Y	回归系数	P 值	回归系数	P 值
X3	−0.0057	0.676	−0.0013	0.685
X4	−0.0031	0.197	0	0.996
X5	0.8406	0.009	0.2158	0.169
X6	−0.0016	0.030	−0.0014	0.053
常数项	—	—	0.0083	0.935
空间滞后项				
X1	−0.0048	0.002	−0.0031	0.050
X2	−0.0008	0.910	−0.0095	0.012
X3	0.0284	0.125	−0.0022	0.620
X4	0.0023	0.474	−0.0004	0.886
X5	−0.7756	0.025	−0.1185	0.414
X6	0.0005	0.563	0.0003	0.677
空间自回归系数 ρ	0.8792	0	0.8931	0
R^2	0.6343		0.4814	
豪斯曼检验	14.05			

由表 3-9 可以看出,政府支持($X1$)、经济基础($X2$)、人口规模($X3$)、区域产业集聚度($X5$)对区域金融集聚具有正向促进作用,资本规模($X4$)与经济外向性程度($X6$)的提升对区域金融集聚具有抑制作用。同时,政府支持($X1$)与区域产业集聚度($X5$)对周边地区的金融集聚具有负向影响。

表 3-9 改进 SDM 模型的极大似然估计

被解释变量 Y	回归系数	标准差	t 统计量	P 值
解释变量项				
X1	0.0051	0.0013	4.04	0
X2	0.0151	0.0029	5.22	0
X3	0.0097	0.0074	1.31	0.191
X4	−0.0021	0.0013	−1.67	0.094
X5	1.0466	0.2575	4.06	0
X6	−0.0012	0.0003	−3.63	0
空间滞后项				
X1	−0.0050	0.0015	−3.38	0.001
X5	−1.0060	0.2743	−3.67	0
空间自回归系数 ρ	0.8812	0.0204	43.14	0
R^2	0.5730			

(2)SAR 模型的参数估计结果

由表 3-10 的回归结果可以看出,SAR 模型中的参数 ρ 通过了 1% 的显著性检验,表明我国空间集聚现象日益明显,金融集聚发展的空间依赖性和空间溢出效应显著。我们进一步对 SAR 模型的固定效应和随机效应进行检验,结果如表 3-11 所示。

表 3-10 SAR 模型的极大似然估计

被解释变量 Y	回归系数	标准差	t 统计量	P 值
解释变量项				
$X1$	0.0012	0.0009	1.37	0.170
$X2$	0.0128	0.0027	4.78	0
$X3$	−0.0016	0.0037	−0.45	0.656
$X4$	−0.0008	0.0020	−0.40	0.686
$X5$	0.1416	0.0444	3.19	0.001
$X6$	−0.0014	0.0004	−3.32	0.001
空间自回归系数 ρ	0.8452	0.0331	25.52	0
R^2	0.5480			

表 3-11 SAR 模型的固定效应和随机效应估计

模型	固定效应		随机效应	
被解释变量 Y	回归系数	P 值	回归系数	P 值
解释变量项				
$X1$	0.0013	0.022	0.0012	0.045
$X2$	0.0183	0	0.0128	0
$X3$	0.0158	0.041	−0.0016	0.565
$X4$	0.0001	0.968	−0.0008	0.503
$X5$	0.1373	0.125	0.1416	0.135
$X6$	−0.0015	0	−0.0014	0
空间自回归系数 ρ	0.8446	0	0.8452	0
R^2	0.6070		0.5480	
豪斯曼检验	5.81			

在表 3-11 中,豪斯曼检验统计量为正值,表明可以接受固定效应的原假设。空间自回归系数在 1% 水平上显著为正,但是变量 $X4$、$X5$ 的面板效应并不显著,可以去除这两个变量,统计结果如表 3-12 所示。

由表 3-12 可知,$X1$、$X2$、$X3$ 的系数为正值,反映了政府支持、经济基础、人口规模对金融集聚有正向促进作用;$X6$ 的系数为负值,经济外向程度对金融集聚有负向作用。

表 3-12　改进 SAR 模型的极大似然估计

被解释变量 Y 解释变量项	回归系数	标准差	t 统计量	P 值
$X1$	0.0014	0.0006	2.48	0.013
$X2$	0.0180	0.0029	6.14	0
$X3$	0.0145	0.0068	2.12	0.034
$X6$	−0.0014	0.0003	−4.46	0
空间自回归系数 ρ	0.8502	0.0207	41.02	0
R^2	0.5891			

(3) SEM 模型的参数估计结果

由表 3-13 可以看出，SEM 模型中的参数 λ 通过了 1‰ 的显著性检验，表明我国金融空间集聚现象日益明显。进一步地，我们对 SEM 模型的固定效应和随机效应进行检验，结果如表 3-14 所示。

表 3-13　SEM 模型的极大似然估计

被解释变量 Y 解释变量项	回归系数	标准差	t 统计量	P 值
$X1$	0.0023	0.003	0.75	0.455
$X2$	0.0129	0.0042	3.08	0.002
$X3$	−0.0030	0.0026	−1.16	0.245
$X4$	−0.0005	0.0018	−0.31	0.756
$X5$	0.5603	0.2999	1.87	0.062
$X6$	−0.0016	0.0010	−1.58	0.114
λ	0.9184	0.0257	35.78	0
R^2	0.2616			

表 3-14　SEM 模型的固定效应和随机效应估计

模型 被解释变量 Y 解释变量项	固定效应		随机效应	
	回归系数	P 值	回归系数	P 值
$X1$	0.0047	0	0.0023	0.080
$X2$	0.0217	0	0.0129	0
$X3$	0.0025	0.851	−0.0030	0.350
$X4$	−0.0021	0.363	−0.0005	0.757
$X5$	0.7294	0.016	0.5603	0.071
$X6$	−0.0022	0.003	−0.0016	0.022
λ	0.9212	0	0.9184	0
R^2	0.2502		0.2616	
豪斯曼检验	24.82			

表 3-14 中,豪斯曼检验统计量为正值,表明可以接受固定效应的原假设。空间误差项系数在 1% 水平上显著为正,但是变量 $X3$、$X4$ 的面板效应并不显著,可以去除这两个变量。根据表 3-15 可知,$X1$、$X2$、$X5$ 的系数为正值,表明政府支持、经济基础、区域产业集聚度对金融集聚有正向促进作用;$X6$ 的系数为负值,表明经济外向程度对区域金融集聚有负向作用。

表 3-15 改进 SEM 模型的极大似然估计

被解释变量 Y 解释变量项	回归系数	标准差	t 统计量	P 值
$X1$	0.0049	0.0012	4.03	0
$X2$	0.0205	0.0038	5.41	0
$X5$	0.5206	0.2485	2.10	0.036
$X6$	−0.0025	0.0006	−4.03	0
λ	0.9198	0.0155	59.34	0
R^2	0.2885			

四、结论与讨论

空间杜宾模型(SDM)、空间自回归模型(SAR)、空间误差模型(SEM)的检验结果都显示,政府支持($X1$)、经济基础($X2$)与区域金融集聚呈正向变化关系,从而验证了假设 2 和假设 3;经济外向性程度($X6$)与区域金融集聚呈反向变化关系,否定了假设 7。SDM 和 SAR 的检验结果显示,人口规模($X3$)的增长可以促进区域金融集聚,验证了假设 4;SDM 和 SEM 的检验结果显示,区域产业集聚度($X5$)的提高会显著促进区域金融集聚,验证了假设 6。同时,SAR 和 SEM 的检验结果显示,资本规模($X4$)与区域金融集聚的面板效应不明显;SDM 的检验结果显示,资本规模($X4$)与区域金融集聚呈反向变化关系,否定了假设 5;SAR 的检验结果显示,产业集聚度($X5$)与区域金融集聚的面板效应不明显。另外,SDM 的检验结果显示,空间滞后项政府支持($X1$)、产业集聚度($X5$)与区域金融集聚呈负向变化关系,即周边地区政府支持金融集聚力度的增强和产业集聚度的提升,将会对本地区的金融集聚产生抑制作用;空间滞后项经济基础($X2$)、人口规模($X3$)、资本规模($X4$)、经济外向性程度($X6$)对区域金融集聚的影响不显著,说明周边区域的经济基础、人口规模、资本规模和经济外向性程度对本地区金融集聚的影响没有得到统计验证。

造成资本规模($X4$)与区域金融集聚负向变化的原因可能在于:一方面,我国以商业银行为代表的金融机构近年来"脱实向虚",过分支持虚拟经济的发展,对实体经济的支持力度偏弱;另一方面,我国产业结构升级速度缓慢,新增加的固定资产投资较多地集中在传统产业领域,与金融业的契合程度低,资本规模的增长并未对区域金融集聚发挥积极的支持作用。经济外向性程度($X6$)与区域金融集聚的负向变化关系,可能与我国经济外向性程度的空间分异性变化和区域金融集聚差异的变化趋势有关。我国进出口贸易主要集中于东部地区,中部、西部、东北地区在全国的占比较小,而且与地区生产总值的比值也较小,近年来东部地区与东北地区的贸易依存度不断下降,中部地区和西部地区的贸易依存度不断上升;同时,各地区的金融集聚程度不断上升,区域金融集聚差异不断缩小(见图3-1)。另外,信息和通信技术的快速发展,使得经济外向性程度的提高所产生的相关经济信息可以通过现代通信技术手段传播,金融机构通过信息和通信技术终端即可完成金融交易。因此,经济外向性程度的提高并未对区域金融集聚产生促进作用。

不但各解释变量之间存在差异,被解释变量——区域金融集聚也存在空间异质性特征。第一,鉴于政府支持($X1$)、经济基础($X2$)、人口规模($X3$)和产业集聚度($X5$)对区域金融集聚的正向促进作用,以及各区域金融集聚度的空间相关状况,从区域金融集聚的驱动力看,今后一定时期内东部地区应采用市场主导型金融集聚模式,其他地区则应采用政府推动型和市场主导型相结合的金融集聚模式。在经济发展产生的金融需求不断扩张和市场配置资源的基础性作用充分发挥的前提下,政府应进一步优化营商环境,加大对基础设施和金融基础设施的投入力度,利用税收优惠、财政补贴等手段推动金融资源集聚。第二,从人口规模的角度看,政府应增加教育、医疗、卫生保健、养老等社会服务性支出,加大环境污染治理力度,优化人居环境;积极推进行政管理体制改革,改善行政服务质量,提高行政效率;采取切实有效的措施,积极稳定房地产价格,为各层次人才的工作和生活创造良好条件,以增强对外来人口的吸引力;各级政府应采取鼓励生育政策,刺激人口出生率不断提高。第三,产业集聚对区域金融集聚具有较强的促进作用,政府应以产业结构升级和经济发展方式转变为抓手,制订和落实产业发展规划,培育、扶持和鼓励新兴产业与传统优势产业的发展,进一步优化产业集聚发展的环境,推动区域产业集聚度不断提升。第四,政府应加大对新兴产业的扶持力度,推动创新发展和经济发展方式的转变;金融监管部门应加大对金融风险的监测和管控力度,督促金融机构增加对实体经济的金融支持,提高金融业与实体经济发展的契合度。第五,政府应坚定不移地贯彻和实施区域经济协调发展战略,推动区域金融协调发展,进一步收敛区域金融集聚差异。金融机构在增加金融科技的研发和投入,在业务中进一步应用区块链技术、人工智能、大数据及现代通信技术的同时,还应遵从区位指向性原则,以市场为导向,不断调整机构网点的布局。

本 章 小 结

　　区域金融集聚是金融资源在一定条件下地域运动的结果,对金融发展的区域差异具有重要影响。首先,本章界定了区域金融集聚的概念,刻画了区域金融集聚的特征,分析了区域金融集聚的形成条件。本章认为,区域金融集聚是金融机构和金融监管机构基于逐利的动机和区域金融稳定与发展的考虑在特定区域空间的集中布局,并由此引发其他相关金融资源及金融交易在该区域集聚;区域金融集聚具有动态变化性、空间地域性、层次性、与产业集聚密切关联等特征;稳定的社会政治环境、政府的政策支持、较好的经济基础、优越的区位条件、完善的基础设施和金融基础设施是区域金融集聚形成的必要条件。其次,本章分析了区域金融集聚的理论基础与经济效应。本章认为,规模经济理论、区位理论、交易费用理论、产业集群理论、金融地理理论是区域金融集聚的理论基础;区域金融集聚具有规模报酬递增效应、产业升级效应、扩散效应等经济效应。最后,本章在分析近年来我国区域金融集聚状况的基础上,设定指标、构建空间模型,实证检验了我国区域金融集聚的影响因素。本章认为,近年来我国区域金融集聚水平存在明显的空间差异,且差异变动呈现先扩大后缩小的趋势;政府支持、经济基础、人口规模、区域产业集聚对区域金融集聚具有促进作用,资本规模和经济外向性程度对区域金融集聚具有一定的抑制作用,政府支持和区域产业集聚对周边地区的金融集聚具有一定的消极影响。

第四章 区域金融中心

区域金融中心是金融资源在一定社会经济条件下、在某一特定地域空间集聚发展的结果。金融中心从 12 世纪在地中海沿岸兴起至今,经过了八百多年的发展,积累了丰富的经验。我国作为发展中大国,经济实力跃居世界第二位,已然形成金融极化发展趋势。规划和建设不同层次的金融中心,不仅是国家经济发展和区域经济发展的客观要求,也是城市发展的内在要求。为此,在借鉴世界主要金融中心发展历史经验的基础上,本章从我国区域金融发展的实际出发,探究国内多个城市竞相构建区域金融中心的成因,分析构建区域金融中心的成本与收益,比较国内各金融中心城市的经济基础与金融集聚状况,提出构建区域金融中心的政策建议。

第一节 区域金融中心的类型与功能

一、金融中心的含义

金融资源在特定地域空间的集聚促进了金融中心的形成。国内外学者从不同角度对金融中心给出过定义。美国学者 C. P. 金德尔伯格(C. P. Kindleberger)从金融中心功能的角度出发,认为金融中心是聚集着银行、证券发行者和交易商,承担资金交易中介和跨区域价值贮藏功能的中心区。[1] 国内学者饶余庆将金融中心定义为:银行与其他金融机构高度集中,各类金融市场能够自由生存和发展,金融活动和金融交易比其他地方更有效率地进行的都市。[2] 王力则把金融中心概括为:金融机构集聚、金融市场发达、金融服务高效全面、金融信息传递畅通、资金流转自由、金融功能齐全的城市或地区。[3]

本章认为,金融中心即金融资源集聚而成的金融功能完善、金融市场体系健全、金融交易集中并拥有金融腹地的城市。金融中心的含义可以从

---

[1] Kindleberger, C. P., *The Formation of Financial Centers: A Study in Comparative Economic History*, Princeton University Press, 1974.
[2] 饶余庆:《香港——国际金融中心》,香港:商务印书馆有限公司,1997 年。
[3] 王力:《中国区域金融中心研究》,中国金融出版社,2008 年。

五个方面来理解。第一，金融集聚是金融中心形成和发展的前提与基础。任何一个金融中心的形成，都要经过金融资源的集聚过程。随着某一区域金融集聚条件的成熟，货币资金等基础性金融资源会向该区域流动，随之而来的是金融机构的集聚。外部规模经济等集聚效应会使得集聚的金融机构的种类和数量越来越多，金融机构集聚形成多元化的态势。第二，金融中心作为金融资源集聚和扩散的枢纽，通过配置金融资源，提高了储蓄向投资转化的效率。因此，完善的金融功能是金融中心的重要特征。第三，健全的金融市场体系是金融中心的重要标志。只有单纯的金融资源集聚，没有健全的金融市场体系是不能称之为金融中心的。金融资源的集聚与扩散，依据的是市场规则，通过在信贷、证券、保险、金融衍生品等要素市场上的交易来完成。第四，金融交易集中是金融中心的典型特征。只有大规模的金融交易，才能发挥金融中心资源配置、价格发现和金融创新的功能。第五，金融中心必须拥有一定范围的金融腹地。金融腹地是金融中心服务、辐射的地域范围，金融中心是金融腹地的中心，一般为中心城市。金融中心与金融腹地之间存在辐射、对流、传导的关系。金融腹地的金融资源向中心城市的集聚，促进了金融中心的形成和发展，推动了中心城市的金融发展；金融中心的金融资源在流动性和市场规则的作用下向金融腹地流动。金融中心的能级越大，拥有的金融资源越丰富，辐射的地域范围就越大。金融中心的能级与金融腹地的大小呈正向关系。

区域金融中心是指金融资源集聚而成的，拥有一定金融腹地、金融交易活跃、金融市场体系健全、功能定位明确并对区域经济产生极化或扩散效应的中心城市。区域金融中心拥有的金融腹地可以是跨越几个省、直辖市、自治区的区域，也可以是覆盖几个国家或地区的区域。区域金融中心集聚的金融机构数量较多、种类齐全、金融交易规模较大，具有明确的功能定位。区域金融中心往往是在中心城市的基础上，在区域经济发展产生金融需求刺激、政府政策引导和直接推动、突出的区位优势等因素综合作用下形成的，既是金融分工发展的产物，也是金融体系的重要组成部分。区域金融中心是金融资源在特定区域集聚的结果，具有动态演化的特征。在一定的动力机制作用下，区域金融中心可以演化成为全国性金融中心甚至国际金融中心，也可能因受到某种突发事件的干扰而消失。例如20世纪20年代初的天津市，金融机构云集，是中国北方地区重要的金融中心（国内区域性金融中心）；而在1927年后，天津市的区域金融中心地位逐渐衰落，上海市的金融业迅速崛起，发展成为东亚地区最具影响力的金融中心（国际区域性金融中心）。

二、金融中心的分类

根据金融中心在形成与发展模式、发展阶段、辐射范围、功能定位等方面的差异，金融中心的分类有所不同。

(一)金融中心的形成与发展模式

根据形成与发展模式的不同，金融中心可分为市场主导型、政府推动型和混合型。市场主导型金融中心是指某一区域在市场机制作用下，随着经济尤其是贸易的发展，对货币资金支付结算、资金融通、金融工具、金融服务等产生了越来越多的需求，使得金融资源在该区域集聚，产生金融集聚效应，并不断完善金融制度，经过长时期的演化发展，逐渐形成的区域金融中心。政府推动型金融中心是指某一地区或中心城市为了发展金融业，在金融体系尚不完备、经济发展尚不足以推动金融集聚时，政府有意识地运用经济、法律和行政等手段营造金融集聚发展的良好环境，在较短时间内形成的金融中心。市场主导型金融中心和政府推动型金融中心有机结合所形成的区域金融中心，即为混合型金融中心。在金融集聚的初期阶段，往往需要政府出台金融中心发展规划、与金融中心建设相关的优惠政策等并通过立法途径加以推动；当金融集聚发展到一定程度时，会出现市场发育不足而政府干预过度引发的金融创新不活跃、金融资源配置低效率和金融流动性不充分等问题。因此，单纯依靠市场主导，不仅需要较长时间来形成和发展区域金融中心，而且可能会出现金融泡沫甚至引发金融危机。①

(二)金融中心的发展阶段

根据金融中心发展阶段的不同，Dufey 和 Giddy 把金融中心分为三类：传统金融中心、金融转口中心和离岸金融中心。② 传统金融中心通过银行贷款、发行证券等活动输出资本，成为世界净债权者。这类金融中心通常拥有雄厚的经济实力和金融资本，能够吸引来自全球各地的客户，比如第二次世界大战前的英国伦敦和第二次世界大战后的美国纽约。金融转口中心向境内的居民和非居民提供金融服务，但不是净资本输出者，比如 20 世纪 60 年代的英国伦敦和 20 世纪 70 年代后期的美国纽约。离岸金融中心如开曼群岛等主要为境内和境外的非居民提供金融中介服务，虽然居民也参与金融交易，但政府会把境内金融市场与离岸金融市场隔离。

---

① 闫彦明、何丽、田田："国际金融中心形成与演化的动力模式研究"，《经济学家》，2013 年第 2 期，第 58—65 页。
② Dufey, G., and Giddy, I. H., "Financial Centers and External Financial Markets", in *The International Money Market*, Princeton-Hall, 1978.

(三)金融中心的辐射范围

美国经济学家霍华德·里德(Howard Reed)运用聚类分析法,研究全球80个国际金融中心和地区性金融中心,发现它们有显著的层次结构特征。[1] 里德将国际金融中心的发展划分为五个阶段:地方性金融中心、国内区域性金融中心、全国性金融中心、国际区域性金融中心、国际金融中心。这五个级别的金融中心分别拥有不同的辐射范围:直接腹地、直接腹地以外的更大区域、整个国家、邻近国家和政治属地、全球范围。

(四)金融中心的功能定位

根据功能定位不同,I.麦肯锡(I. McCarthy)将金融中心划分为记账中心和功能中心。记账中心只记录交易的情况,并不发生实际金融交易,对金融机构不征税或征收很少的税,也不进行金融监管,如巴哈马群岛、开曼群岛、巴林王国等。功能中心则可以发生银行借贷、外汇交易、证券买卖等金融交易。比如,英国伦敦是一个国际银行借贷中心和外汇交易中心、全球国际贸易的汇总与清算中心,美国纽约是美元资本输出中心和世界美元交易的清算中心,美国芝加哥是黄金及其衍生品交易中心。根据实行税收制度的不同,功能中心可分为:对资本输出采取减免税政策的内资外用型中心,比如新加坡;对资本输入采取减免税政策的外资内用型中心,比如中国台北市;对金融交易采取一致税收政策的内外一致型中心,比如中国香港地区。[2]

三、区域金融中心的功能

功能定位是金融中心的重要标志和特征,世界各国的金融中心担负着不同的功能,正是由于具备不同的功能定位,各金融中心才拥有各自的竞争优势。区域金融中心的功能与其拥有的金融腹地大小及功能定位有着密切关系。拥有的金融腹地越大,区域金融中心的功能就越多、越强。总体来看,区域金融中心的功能主要包括:金融集聚功能、金融辐射功能、金融交易功能和金融创新功能。

(一)金融集聚功能

货币资金、金融机构、金融市场、金融工具、金融人才等金融资源向特定地域空间的持续汇聚和集中,促进了区域金融中心的形成。而区域金融中心在路径依赖的作用下,吸引区域内外的金融资源向中心地区进一步集聚,不

---

[1] Reed, H. C., *The Pre-Eminence of International Financial Centers*, Praeger Publisher, 1981.
[2] McCarthy, I., "Offshore Banking Center: Benefits and Costs", *Finance and Development*, 1979, 16(4), 45-48.

仅拓展了金融腹地的边界，推升了区域金融集聚水平，还进一步提升了区域金融中心的能级。

一方面，区域金融中心内部金融机构的规模化、金融市场的多样化、金融工具的多元化以及金融从业人员的专业化，会深化金融分工，扩大金融交易规模，降低金融交易成本，提高金融效率，形成外部规模经济效应。另一方面，区域金融中心因为提供了更优质的金融服务、更多样化的金融产品、更高的金融效率，对外部的生产要素形成了强大的吸引力，从而促进区域产业集聚水平进一步提升。区域产业集聚水平的提升，又会产生新的金融需求，促使区域金融资源新一轮的集聚。

(二)金融辐射功能

区域金融中心的金融辐射功能与金融集聚功能相伴而生，表现为金融资源在时空上的双向运动。金融辐射的前提和基础是金融集聚，只有通过金融集聚并形成区域金融中心以后，区域金融中心才能拥有金融辐射功能。金融辐射功能的大小，与区域金融中心的能级密切相关。区域金融中心的能级越大，集聚的金融资源规模越大，其服务与辐射的地域空间(金融腹地)也越大。集聚于区域金融中心的金融机构，在逐利性动机的驱使下，通常以金融工具、金融服务、金融信息为载体进行辐射，以满足金融腹地的企业、政府、居民个人等客户的金融需求。这种金融辐射会提升金融腹地金融从业人员的素质和金融服务的质量，推升金融腹地投融资的效率，推动金融深化，进而带动相关服务业的发展。同时，金融辐射往往伴随着产业资本扩散，对产业资本扩散发挥着助推器的作用。而产业资本扩散会形成技术扩散之势，从而改善金融腹地的技术经济条件，提高金融腹地生产效率。

(三)金融交易功能

与金融集聚功能和金融辐射功能一样，金融交易也是区域金融中心的一项基本功能。首先，区域金融中心通过金融交易决定金融资产的价格。区域金融中心不仅集聚了一个区域的金融资源，还集聚了一个区域经济体系的风险。任何一家金融机构都是风险厌恶者。金融机构可以利用区域金融中心的风险转移、分散机制和信息腹地优势，通过金融交易达到规避和分散风险、提高盈利水平和稳健经营的目的，使得区域经济体系的风险具备高度流动性。金融资产的价格是其风险的反映，市场参与者通过大规模的金融交易对各类金融资产的风险予以识别，并进行定价。其次，区域金融中心通过金融交易降低交易成本和提高交易效率。区域金融中心不但是信息聚集地和扩散地，而且在金融交易及其他运营活动中会创造大量信息,从而成为一个信息源。带有地域文化或行业背景的非标准化信息,其获取成本高低与地理距离直接相关,并随地理距离的变化会出现漏损等现象,因此区域金融中心拥有信息优势。汇聚而来的金融机构基于信息发生的交易必然因地理距离的缩短而降低交易成本。最后,区域金融中心的金融交易功能还体现在支付、结算等方面。在区域金融中心集聚的金融机构和金融市场,可为区域内的企业、政府、居民个人等客户集中提供支付结算服务,降低了客户的支付结算成本,提高了支付结算效率。

(四)金融创新功能

金融创新功能是区域金融中心的又一项重要功能。金融机构和金融市场在区域金融中心的集聚,必然会加剧竞争。为了追逐利润和避免因提供同质产品和同质服务而发生恶性竞争,金融机构往往会创新金融产品和金融服务,改善金融服务技术,拓展业务经营边界。不存在同质竞争的金融机构,存在通过业务交叉、业务合作以实现范围经济的可能性,在不违背相关金融法规的前提下,创新业务经营模式、实现合作共赢。由此看来,竞争与合作都有助于金融工具、金融机构、金融市场和经营模式的创新。各类金融专业人才在区域金融中心的集聚,会通过日常业务活动与交流,激发出创新的灵感与思想。区域金融中心的金融创新功能,一方面有助于降低金融交易成本,提高金融效率,分散和规避金融风险,完善金融功能;另一方面会产生新的金融风险,影响金融安全,从而促使金融企业与金融监管部门创新金融制度。同时,这一系列的金融创新活动,会产生较强的外部正效应,不仅对当地经济发展形成正向的推动力量,而且会带动相关服务行业的创新活动,对实体经济部门的技术创新也有着巨大的牵引力。

第二节 世界主要金融中心演进历史的启示与借鉴

在世界金融漫长的发展史中,出现过许多不同规模和不同层次的金融中心。这些金融中心都是在特定的经济社会条件下金融资源集聚发展的结果。对世界主要金融中心演进历史的梳理,可以帮助我们探寻金融中心形成和发展的一般规律,对我国的区域金融中心建设提供经验借鉴。

一、12—16世纪地中海沿岸的金融中心

从12世纪开始,随着地中海沿岸贸易和航运业的发展,商业和工业开始在自然条件较好、地理位置较优越的意大利部分地区兴起和集聚,威尼斯、热那亚、佛罗伦萨等自治城邦成了国际区域性金融中心。

由于参与地中海沿岸贸易的欧洲各国都有自己的货币,这些货币的单位、名称、成色等各不相同,于是产生了货币兑换的业务需求,此后又进一步衍生出了货币支付、汇兑业务及授信业务的需求,起初经营货币兑换业务的金融机构逐渐发展成为世界上最早的银行。中世纪的威尼斯通过发展工业并利用优越的地理位置发展贸易和航运业,成为富甲一方的城邦。13世纪时,威尼斯已是国际汇兑和信贷市场、金融和会计业务方面的先驱,并且建立了最早的公债市场;外汇交易在威尼斯也非常频繁,欧洲各个国家、城邦的货币在威尼斯外汇市场上都可以进行兑换。① 在热那亚,依靠工业和商业迅速积累起巨额财富的人们开始投资兴办银行,从黄金、白银的贩运和兑换中赚取利润。这些银行主要为投资者的贸易结算及融资提供服务,带有明显的私人银行性质。16世纪的热那亚银行家们还为西班牙的海外扩张提供融资帮助,从而分享海外殖民活动带来的丰厚回报。财富和银行在热那亚的不断集聚,使其成为14—16世纪辐射欧洲地区的金融中心。在佛罗伦萨,银行家们稳定币值和重视商业信用,促进了银行业的集聚发展,使佛罗伦萨成为13世纪欧洲的金融中心。金融业的发展,不仅推动了佛罗伦萨工业和贸易的发展,还使其成为当时欧洲最重要的工商业中心。佛罗伦萨的银行是以家族的形式进行治理的。中世纪时期出现了许多闻名欧洲的家族,如巴尔迪家族、佩鲁兹家族等,这些家族经营的银行除了在佛罗伦萨集聚,还在意大利其他城市以及英国、法国、西班牙等国家设有分行。② 为了便于集市贸易中的支付和结算,减少现金使用带来的麻烦,提高交易效率,银行家们发明了汇票。汇票不仅可以在市场买卖,还可用于缴纳税款。这些家族银行与政府和欧洲的封建君主借贷关系密切,并由此获得一些在贸易、税收、金融等方面的特权和庇护,这也为他们日后的衰败埋下隐患。14世纪时,英国拒绝偿还英法战争中对佛罗伦萨银行家的借款,使得佛罗伦萨的金融业由此走向衰败。③ 而1627年西班牙政府的破产,让放贷给西班牙政府的热那亚银行业备受打击。同时,随着新大陆的发现、远洋航海技术的突破及殖民活动的兴起,世界经济中心由地中海沿岸向大西洋沿岸漂移,地中海沿岸的金融中心从此渐趋没落。

根据2018年3月英国伦敦Z/Yen集团发布的第23期全球金融中心指数(global financial centers index,GFCI)排名,意大利的城市中只有米

---

① 王巍、陶长高、王梅:"国际金融中心漂移的路径、成因及启示",《广西社会科学》,2010年第8期,第37—40页。
② 余秀荣:"国际金融中心历史变迁与功能演进研究",辽宁大学博士学位论文,2009年。
③ 王力:《中国区域金融中心研究》,中国金融出版社,2008年。

兰和罗马上榜,并且仅分列全球金融中心综合竞争力排名的第61位和第65位。12—16世纪地中海沿岸金融中心的发展历史表明:拥有区位优势的意大利城邦,作为连接西欧和东方的贸易纽带,通过发展地中海沿岸贸易和航海业聚敛了巨额财富,成就了意大利的欧洲商业中心地位,由此产生了巨大的金融需求,催生并助推了银行业和公债市场的发展,其国际区域性金融中心具备了市场主导型模式的特质。然而,意大利城邦的家族银行一方面依赖向政府放贷并借此获得政府在贸易、税收和金融等方面赋予的特权,另一方面在政权更迭或受贷国(如西班牙等国)政府因战争等引发主权债务危机时,银行业会遭受重创并从此一蹶不振。同时,从15世纪中期开始,意大利的贸易和金融环境发生了一些变化。1453年,东罗马帝国灭亡,欧洲与亚洲的贸易路线受到了阻隔。另外,随着地理大发现和商业革命的到来,世界各国脱离了原本的封闭状态,逐渐形成了重商主义的价值趋向。急剧增加的贸易和宗主国对殖民地的侵占与掠夺,使得世界成了一个互相联系的整体,欧洲商业中心由地中海沿岸转向大西洋沿岸。威尼斯、热那亚和佛罗伦萨这些地中海沿岸的金融中心发展的基础与优势逐渐消失,国际金融中心由地中海沿岸转移到大西洋沿岸。

二、16—17世纪的阿姆斯特丹

阿姆斯特丹大约在1300年建市,其与汉萨同盟的贸易在14世纪时得到较快发展。中世纪后期的欧洲,由于商业革命和地理大发现,各地纷纷建立了方便商品交易的集市。各地政府通过提供安全保障、钱币兑换和商业信用等方面的优惠政策与交易环境,鼓励和吸引外埠或外国商人来本地经商,并在法律上给予他们平等的经商权,从而推动商业集聚和商品交易所的形成。16世纪的安特卫普凭借优越的地理位置,一度成为欧洲经济中心由地中海沿岸向大西洋沿岸转移后形成的第一个商业和金融中心。1584年,安特卫普被西班牙占领,其国际贸易和国际金融中心的领导地位很快被阿姆斯特丹取代。1568—1648年,荷兰为了摆脱西班牙的统治,开始了长达几十年的独立战争,最终成立了荷兰共和国,为阿姆斯特丹贸易与金融的崛起奠定了稳定的政治基础。17世纪以后,阿姆斯特丹以其连接大西洋、北海和波罗的海的区位优势、当地政府的政策支持、在贸易和金融领域的创新智慧以及雄厚的经济实力,成为世界商品的集散地和全球最有影响力的金融中心。阿姆斯特丹能够集聚金融机构并成为当时全球最具影响力的金融中心,得益于几个方面。

第一,阿姆斯特丹拥有良好的区位优势。阿姆斯特丹位于大西洋沿岸,地处平原,周围腹地物产丰富,市内河道纵横,其中有北运河与波罗的海相连，为从事航海业和国际贸易提供了便利的交通条件。第二，在阿姆斯特丹的发展过程中，当地政府的政策支持起到了重要作用。当地政府除了提供优惠政策和法律保障，还在宗教方面给外国人提供方便，积极为外国商人建造住所和交易场所。1501 年，在被西班牙王室授予自由贸易权以后，阿姆斯特丹迅速成为尼德兰地区的谷物交易中心，这一交易中心也于 16 世纪 40 年代正式成为国际商品交易所。荷兰独立后，阿姆斯特丹市政府支持银行收兑各种成色不同的货币，发行信用货币，并赋予其在贸易支付结算中的合法地位。广泛使用得到政府和立法支持的信用货币，一方面使阿姆斯特丹的银行因收兑存款而拥有了巨额的金银财富，另一方面节约了大量的货币流通费用。同时，由于有了政府保证、立法保证和通过收兑存款发行的 100% 保证金制度，信用货币的币值非常稳定。第三，阿姆斯特丹在商品交易制度、企业制度以及金融产品和金融市场方面的一系列创新，成为推动其由商业中心发展成为 16—17 世纪欧洲最具实力的经济中心、金融中心、航运中心和信息中心的关键。从 16 世纪末开始，阿姆斯特丹建立了市场行情公布制度和商业经纪人制度，从而大大降低了交易成本。阿姆斯特丹建立了近代意义上的银行，拥有了存款、贷款、结算和兑换等业务，使得结算、汇兑、融资变得快捷且成本低廉。荷兰拥有当时世界上最先进的造船技术、最强的造船能力和最发达的航海业，然而荷兰并不重视发展工业，而是倚重商业和与殖民地之间的贸易。比如，与波罗的海、北美、非洲、斯里兰卡、印度、印度尼西亚等国家和地区建立了贸易联系；1602 年成立的东印度公司和 1621 年成立的西印度公司，在荷兰政府的授权下，通过与殖民地的贸易活动攫取了巨额财富。1609 年，荷兰人在阿姆斯特丹建立了世界上第一家证券交易所，开创了近现代证券市场的先河，以股份制形式建立的东印度公司成为现代股份制公司的先驱，其发行的股票可以在证券交易所上市交易。在股票交易和商品交易的过程中，逼空、买空卖空、对敲等交易技术与方法被广泛运用，活跃了市场投机气氛，也提高了市场的流动性。

　　阿姆斯特丹金融中心自 17 世纪末开始走向衰落。它的衰落，始于战争。从 1652 年 5 月开始，荷兰与英国为了争夺海上贸易主导权先后进行了四次战争，使得以贸易立国的荷兰经济几近瘫痪，丧失了海上霸主地位。1672 年开始的法荷战争，进一步削弱了阿姆斯特丹的国际金融中心地位。连年的战争，破坏了金融中心正常运行所需要的稳定政治环境，巨额的战争费用支出加重了民众的公债负担，战争中落败的荷兰，其海外的殖民地被英法等国家纷纷瓜分，削弱了荷兰的经济实力。从此以后，阿姆斯特丹作为国际金融中心，再也没有过 16—17 世纪的辉煌。根据 GFCI 第 23 期的排名，阿姆斯特丹仅列全球金融中心综合竞争力排名的第 50 位。

回顾阿姆斯特丹金融中心从崛起到辉煌再走向衰败的历史,可以看出:阿姆斯特丹金融中心的兴起,与荷兰人的重商主义密切相关,但重商主义也是其衰败的重要原因。阿姆斯特丹在银行及其业务的建立、证券交易所的创建、交易制度的构建以及交易技术的应用,无不是为了满足商业需要。然而,在英荷战争和法荷战争中落败的荷兰人,把多年来在商业和殖民地贸易中积累起来的资本,借贷给了自己的竞争对手英国和法国,安享丰厚的利息回报,这对阿姆斯特丹的金融中心地位产生了一定的负面作用。另外,过分依靠商业强国而忽略工业兴国,是荷兰经济发展模式不可持续和阿姆斯特丹被后来拥有近代工业文明的英国伦敦取代的一个重要原因。

三、16 世纪末至今的伦敦

伦敦是英国的首都,是英国的政治、经济、文化、贸易、航运中心,也是形成于 18 世纪、经过二百余年的演化发展至今仍享誉全球的金融中心。伦敦金融中心经历了形成(16 世纪末期至 19 世纪 70 年代)、鼎盛(19 世纪 70 年代至第一次世界大战爆发前)、衰落(第一次世界大战爆发至 20 世纪 50 年代)、复苏(20 世纪 50 年代至 1985 年)、再度鼎盛(1986 年至今)等五个阶段。

英国的崛起始于 16 世纪。16 世纪的"光荣革命"使英国的政治、经济得到了飞速发展,18 世纪 60 年代开始的工业革命又使英国的经济实力实现了飞跃式提升。为了打败商业竞争对手荷兰,英国分别于 1652—1654 年、1665—1667 年、1672—1674 年、1780—1784 年发动了四次对荷战争并取得了最终胜利,夺取了荷兰在海外的殖民地。另外,英国通过英法战争取得了法国在海外的大量殖民地,从而取代了荷兰当时世界经济霸主的地位。因为拥有得天独厚的地理位置、工商业集聚和人才荟萃的优势,伦敦成为英国的航运中心、经济中心和国际贸易中心。为了满足贸易结算和融资的需要,金融机构开始在伦敦集聚,票据贴现活动非常活跃。到了 18 世纪末,伦敦已经成了国际票据融资中心。工业革命的成功,使英国成为工业产出占世界总产出比重最大和经济实力最强的国家,但也逐渐出现工业品过剩,通过贸易和海外市场扩张来消除工业品过剩成了英国的必然选择。在这一过程中,英国攫取了巨额的贸易利润,并通过对外投资以及对贸易逆差国的融资,使英镑成为国际结算和国际投资的主要货币。同时,在英国政府的支持下,1694 年成立于伦敦的英格兰银行逐步垄断了英镑的发行权和金融体系运行的监管权,成为资金清算平台和银行的最后贷款人,并发展成英国的中央银行。当时的欧洲长年战争不断,参战国迫于国内的财政压力,纷纷到伦敦金融市场发行债券进行融资;继英国之后完成工业革命的德国、葡萄牙、西班牙、法国等欧洲国家,以及美国、巴西、阿根廷等美洲国家也通过各种形式到伦敦金融市场筹集资本,客观上推动了伦敦金融市场的发展。

英国还是最早出现海上保险、火灾保险、人寿保险等保险业务的国家,一批保险机构集聚伦敦。到了19世纪70年代,伦敦已是国内外金融机构集聚最多、金融市场体系最完善、金融产品最多样化、交易技术手段最先进、辐射范围最广的国际金融中心。回顾伦敦金融中心从形成到巅峰的历程,有几个方面值得关注:第一,英国通过战争手段打败竞争对手,夺得海上霸权,大肆进行殖民扩张,进而在全球范围内从事贸易活动,为英镑国际化提供了条件;第二,工业革命使英国的工业生产技术和生产水平处于世界领先地位,通过国际贸易占领国际市场,获得巨额财富,为伦敦国际金融中心的形成与发展奠定了雄厚的经济基础;第三,在政府支持下逐步形成完善的中央银行制度和金融体系,是成就伦敦国际金融中心地位的重要条件;第四,在伦敦金融中心从形成到巅峰的过程中,政府除了支持英格兰银行成为中央银行,对银行业、证券业和保险业并无管制举措,正是这种放任自流的态度,使得伦敦金融中心具有典型的市场主导型模式的特征。

第一次世界大战爆发至20世纪50年代,伦敦金融中心随着战争的爆发和英国世界经济强国地位的衰落而走向衰落。第一次世界大战削弱了英国的经济实力,其世界第一强国的经济地位被美国取代,战后经济持续萧条;1929—1933年的经济危机以及随后爆发的第二次世界大战使伦敦不得不实行外汇管制,逐渐丧失国际金融中心的地位。第二次世界大战后布雷顿森林体系的实施,使得美元取代了英镑在国际货币体系中的霸主地位。美国在第一次世界大战后的强势崛起,使得英美两国的经济与金融实力发生了根本性转变,纽约取代了伦敦,取得了国际金融中心的领先地位。

20世纪50年代至1985年,伦敦金融中心步入复苏期。第二次世界大战结束后,英国推行金融机构国有化政策,对金融业实行严厉的政府管制,伦敦的金融业因缺乏活力而逐渐萧条。从20世纪50年代末开始,在多种因素的综合作用下,欧洲美元市场在伦敦悄然兴起,为伦敦金融中心的复苏带来了契机。这些因素主要包括:20世纪50年代后期美国的财政赤字和国际收支逆差,使国际金融市场上美元数量迅速增多;以苏联为首的社会主义国家因担心美国政府冻结它们在美国的美元存款,将美元从美国转移到了金融市场发达的伦敦;为了缓解1957年爆发的英镑危机,英国政府采取了外汇管制措施,包括禁止英国本土的银行向第二次世界大战前英联邦以外的国家和地区发放英镑贷款,英国的银行开始借机吸收美元存款并进行放贷;美国颁布

《Q条例》(Regulation Q)并实施征收利息平衡税的举措;等等。从20世纪50年代至20世纪80年代中期伦敦金融中心复苏的经历可以看出:英国政府严格的金融管制,在一定程度上削弱了伦敦金融中心的综合竞争力,使伦敦丧失了借战后恢复经济重新走向世界领先金融中心的机会,但催生了欧洲美元市场。欧洲美元市场在伦敦的形成和发展,对于伦敦金融中心地位和活力的恢复产生了重要影响。伦敦金融城和英格兰银行及时抓住了欧洲美元市场发展的机遇,加快推进金融业国际化,进而带动国内金融业发展。伦敦金融中心复苏的过程告诉我们:一方面,金融业的健康平稳运行,需要适度的金融监管,但政府对金融业的严格管制,不利于金融中心的发展;另一方面,以利润最大化为经营目标的金融机构,面对国内外的金融管制,大胆进行金融创新,使伦敦成为全球重要的离岸金融中心。

1986年至今,伦敦金融中心又一次走向鼎盛。1986年10月,英国颁布了《金融服务法》(Financial Services Act),标志着英国银行业进入了混业经营时代,从此开始了一场以金融自由化为特征、旨在减少政府监管的"大爆炸"金融改革[1],加剧了国际金融机构和金融人才在伦敦的集聚,拥有深厚的金融文化和商业文化的伦敦在证券市场、外汇市场、保险市场、银行信贷市场等各个领域都爆发出了活力。政商联合共建的伦敦城,以服务业为中心制订金融战略规划,拥有便捷的交通、丰富的信息、即时的通信、高质量的办公设施及良好的金融和商务运营环境,具有先进的公共服务能力,能够促进知识型、信息型、清洁型和高附加值的金融产业的发展,使金融机构实现了从自然集聚到自觉集聚、从被动集聚到主动集聚、从单向集聚到多向集聚的跨越。[2] 20世纪90年代末,英国推行了以统一金融监管为特征、兼顾国际标准的柔性金融监管改革,在金融监管制度设计上注重原则而不是规则[3],将金融监管职能从英格兰银行剥离出来,并逐步把分散的金融监管职能集中到新成立的金融服务监管局,进而颁布了《2000年金融服务和市场法》(The Financial Services and Markets Act 2000),以替代之前的一系列法律、法规,提高了监管效率。[4] 尽管受近年来英国"脱欧"事件的影响,但伦敦至今仍是全球最大的国际银行信贷中心、国际资金拆借中心、外汇交易中心、黄金现货交易中心、欧洲货币中心、国际保险中心,还是欧洲最大的股票市场和全球第二大金融衍生品交易中心。自

---

[1] 余秀荣:"国际金融中心历史变迁与功能演进研究",辽宁大学博士学位论文,2009年。
[2] 李亚敏、王浩:"伦敦金融城的金融集聚与战略发展研究——兼议对上海国际金融中心建设的启示",《上海金融》,2010年第11期,第79—83页。
[3] 同上。
[4] 余秀荣:"国际金融中心历史变迁与功能演进研究",辽宁大学博士学位论文,2009年。

2007年3月Z/Yen集团开始公布世界主要金融中心综合竞争力得分及排名以来,伦敦除了在第15—17期GFCI得分略低于纽约屈居第二名,其余各期均力压纽约,排名世界第一。伦敦金融中心再次崛起给我们的启示是:减少政府监管、实行金融自由化,有助于金融中心的发展;优质的基础设施和政府服务于金融机构发展的理念,对金融集聚和金融中心的发展有着非常重要的意义。

四、18世纪以来的纽约

纽约是美国的第一大城市,其金融中心的形成与发展经历了从地方性金融中心到区域性金融中心,再到全国性金融中心和国际金融中心的过程,具有自然形成的显著特征。

从18世纪末到19世纪60年代,纽约完成了从地方性金融中心到全国性金融中心的转变。在美国独立战争结束后的一段时间里,费城是美国的政治中心,也是全国的金融中心,其贸易规模远大于纽约,集聚了大量金融机构。然而当1800年美国迁都至华盛顿以后,费城金融中心的地位发生了变化。19世纪30年代,因为伊利运河的修建和美国国内第一条铁路的筑成,大大缩短了纽约到美国其他地区的运输时间,节省了大量的运输成本,纽约的区位条件发生了显著改变,迅速发展成为美国最大的贸易口岸。纽约的工业凭借良好的区位优势也得到了快速发展,到1860年纽约已经成为美国最大的服装业、糖加工业和机器制造业中心。由于国际贸易和工业生产产生的支付结算、融资等需求,纽约汇聚了越来越多的金融机构,证券交易中心也于1825年离开费城落户纽约。同时,纽约创立安全基金制度和"自由银行制"、成立清算公司、革新纽约证券交易所。到了19世纪60年代,纽约逐渐成为美国东北地区最大也是事实上的全国金融中心。[①] 在这一阶段,运输条件的改善,使得纽约迅速成为美国最大的贸易中心和工业投资的集聚地,增强了纽约的经济实力,也形成了越来越多的金融需求;金融制度、金融机构和金融市场的创新,提高了金融效率,促进了金融集聚的形成和发展,最终使得纽约在与其他金融中心的竞争中占据了优势地位。

纽约从全国性金融中心发展成为国际金融中心起步于第一次世界大战。19世纪70年代以后,以电气革命为代表的第二次产业革命在美国展开,重化工业使美国经济得到了快速发展,并产生了大规模的融资需求,催生了一大批商业银行、投资银行、保险公司和证券交易所,集聚在作为国际

---

① 余秀荣:"国际金融中心历史变迁与功能演进研究",辽宁大学博士学位论文,2009年。

贸易中心的纽约。工业企业、公用事业企业、金融机构等普遍采用公司制，证券发行量和证券交易量快速上升，而股票的发行和交易使得美国的第二次工业革命得以顺利完成。不过，第一次世界大战以前的美国金融国际化程度很低，这与相关法律的规制有着直接关系。当时的美国法律不允许美国的银行在海外设立分支机构，也不允许外国银行在美国从事存款、贷款、贴现等金融活动。同时，美国还是世界最大的债务国，对外负债数十亿美元，有限的对外投资主要集中在南北美洲和欧洲。第一次世界大战爆发后，参战国对美国商品的需求推动了纽约贸易规模的快速增长，促进了国际票据业务的发展；参战国为了弥补财政赤字、筹措军费，在纽约大规模发行政府债券，促进了纽约债券市场的发展和金融资本的积累，协约国政府向美国私人银行的借贷又引致美国的银行实现了分支机构的海外扩张。由于美国远离战争发生地，纽约成了参战各国躲避战争风险的投资首选地，加剧了纽约金融中心的金融集聚。1913年12月《联邦储备法案》(Federal Reserve Act)颁布以后，美国建立了联邦储备体系，将纽约作为联邦储备银行的所在地，进一步推动纽约成为国际金融中心。第一次世界大战以后，拥有雄厚金融资本和产业资本的美国，加大了对国外投资的力度。随着美国经济和财政实力的增强，美元以稳定的币值、日趋增长的贸易结算和金融投资需求，对英镑的世界货币地位发起了挑战。纽约从全国性金融中心转变为国际金融中心的历程表明：战争是影响金融中心演化发展的重要变量，相对安全和稳定的市场环境是金融中心发展的必要条件；美国凭借19世纪末第二次工业革命的成功，取得了工业强国和世界第一经济大国的地位，经济实力对国际金融中心的形成与发展起到了重要的支撑作用。

两次世界大战期间，尽管美国恢复了金本位制，美元可以自由兑换黄金，美国的黄金出口不受限制，但国际货币秩序的混乱和广泛存在的双边贸易安排，使纽约的国际金融交易不断萎缩。纽约金融中心的良好发展势头受到1929—1933年大危机的冲击。这场危机起源于纽约华尔街过度的证券投机。面对大危机引起的投资信心崩溃、失业率提升、金融混乱和经济萧条，时任美国总统罗斯福放弃了之前对金融业自由放任的态度，认为政府必须干预经济，积极采取措施，维持银行信用，实行美元贬值，颁布了诸如《紧急银行法》(Emergency Banking Relief Law)、《格拉斯-斯蒂格尔法》(Glass—Steagall Act)、《1933年证券法》(Securities Act of 1933)、《1934年证券交易法》(Securities Exchange Act of 1934)等一系列法律，开始了政府对金融业严格监管的阶段，终结了美国近一个世纪的"自由银行业"时代，美国也由此开始实行分业经营的金融业经营模式和分业监管的金融业管理体制。美国对金融业的严厉监管抑制了投资气氛,使纽约金融中心进入了健康的发展阶段。两次世界大战期间纽约金融中心发展的经验表明:投机是金融中心自然生长的元素,它可以给金融中心带来流动性和繁荣,但是过分投机滋生并累积起来的金融泡沫,会对金融中心产生破坏性影响;有效的金融监管对于金融中心的健康发展十分必要。

第二次世界大战结束后,纽约金融中心的地位确立。第二次世界大战期间,纽约因远离战场而拥有了安全稳定的金融环境。相较英国因战争而经济衰退,美国则因为同盟国生产和提供战备物资而大大增强了经济实力。两次世界大战后的美国,已经是世界头号经济强国和最大债权国。1944年7月在美国新罕布什尔州召开的国际货币会议,确立了以"双挂钩一固定"①的汇率制度安排为核心内容的布雷顿森林体系(Bretton Woods System),使美元取代英镑成为最主要的国际结算货币和国际储备货币。纽约成为国际贸易的美元结算中心和资本供应中心,从而取代伦敦成为世界最大的国际金融中心。然而,由于"特里芬两难"(Triffin Dilemma)②的客观存在,国际游资对美元汇率的不断攻击以及美元危机的频繁爆发,1971年美国停止了各国政府或中央银行用美元向美国兑换黄金的业务,布雷顿森林体系于1973年正式解体。20世纪70年代,在一些亚洲新兴市场国家和地区诞生了诸如日本东京、新加坡、中国香港等一批金融中心,对纽约金融中心的发展形成了一定的压力。为此,美国开放了资本账户,使之前通过贸易逆差、投资等渠道进行的资本输出转变为资本双向流动。1981年,经美国联邦储备委员会批准,纽约成立了离岸金融市场,在一定程度上提升了纽约金融中心的竞争力。迫于英国和日本在20世纪80年代金融自由化改革带来的压力,1999年11月,美国国会通过了《金融服务现代化法案》(Financial Services Modernization Act),结束了《格拉斯-斯蒂格尔法》实施以来的分业经营制度,促进了纽约金融中心的发展;加上纽约金融市场长期以来形成的创新机制和创新能力,使纽约成为一个著名的"吸金地"。考虑到放松监管可能产生金融泡沫,2002年美国政府又颁布了《萨班斯-奥克斯利法案》(Sarbanes-Oxley Act),对上市公司提出了规范

---

① 双挂钩是指:美元与黄金挂钩,各国政府或中央银行可用美元按35美元1盎司向美国兑换黄金;各国货币与美元挂钩,各国货币规定各自货币的含金量,并根据含金量之比确定与美元的兑换比率。一固定是指各国货币与美元实行可调整的固定汇率制,各国货币与美元的兑换比率可在1%的幅度内上下波动。

② "双挂钩一固定"的汇率制度安排要求美元汇率稳定,而要保持美元汇率稳定,就要求美国的国际收支保持平衡,可是美国国际收支平衡并不能满足各国结算和储备对美元资产的需求;若要满足各国对美元的结算和储备需求,就要求美国国际收支出现逆差以输出美元,但这又会引起美元贬值。

和要求。2008—2009年的次贷危机,使纽约的金融业备受打击,为了保护消费者利益,解决金融业的系统性风险,2010年7月,美国颁布了《多德-弗兰克华尔街改革和消费者保护法案》(Dodd-Frank Wall Street Reform and Consumer Protection Act),内容涉及宏观审慎监管、场外衍生品市场监管及自营交易、消费者保护等领域。① 为了缓解危机,美国政府甚至直接入股被救援机构,干预力度之大前所未有。也正是因为如此,纽约的金融市场才没有出现像1929—1933年大危机那样的惨重损失。根据2018年3月Z/Yen集团公布的GFCI第23期的得分和排名,纽约综合得分为793分,仅比伦敦低1分,比排名第三的中国香港和排名第四的新加坡分别高出12分和28分。第二次世界大战以来纽约金融中心的发展经验证实:金融制度建设是金融中心发展必不可少的环节,正是"双挂钩一固定"的汇率制度安排,确立了美元在国际货币体系中不可撼动的地位,成就了美元在国际货币体系中的霸权地位;也正是20世纪90年代以来美国政府在金融业经营制度以及金融业监管制度方面及时做出的调整,才使得作为全球美元结算中心的纽约,拥有了辐射全球的制度保障。

五、20世纪60年代以来的新加坡

新加坡是由新兴市场发展而来的国际金融中心的代表。新加坡地处太平洋与印度洋航运要道——马六甲海峡的出入口,是马来西亚半岛最南端的一个热带城市岛国。新加坡在19世纪时沦为英国殖民地,成为英国在亚洲的重要贸易港口和军事要塞;1956年6月成为自治邦,实行内部自治;1963年9月并入马来西亚,1965年8月独立。自独立以来,新加坡大力投资基础设施建设,优化商业环境,以政局稳定、政府高效廉洁,吸引外来投资,并以制造业、商业、金融业为主导产业,利用独特的区位条件发展转口贸易和国际航运。新加坡金融中心的形成与发展,被学界认为是政府推动型金融中心的典范,它的经历可以分为两个阶段:1965—1997年东南亚金融危机发生初期,为国际区域性金融中心初步形成阶段;1998年至今,为稳步发展阶段。

1965—1997年,新加坡用了三十多年的时间,成为亚太地区国际区域性金融中心。新加坡独立时,国内资源匮乏,金融制度落后,金融市场狭小,金融效率较低,转口贸易已达极限。此时,以金融立国为战略的新加坡政府充分利用地理位置和时区优势,在市场建设、机构设置、市场进入、税收优惠、外汇管制等方面出台了一系列政策,开始尝试建立国际区域性金

---

① 李迅雷等:《2020年上海国际金融中心发展战略研究》,中国金融出版社,2016年。

融中心。第一,新加坡积极建设各类金融市场。1968年10月1日,新加坡政府抓住美国因在20世纪60年代采取限制美元外流的金融管制措施而引起的美国国内商业银行的融资需求,准许美洲银行新加坡分行设立亚洲货币单位(Asian Currency Unit, ACU),作为在亚洲美元市场上经营"亚洲美元"业务的独立记账单位,接受非居民的外国货币存款。1969年,花旗银行、华侨银行、渣打银行和汇丰银行相继获准经营"亚洲美元"业务,亚洲美元市场在新加坡成立。① 1971年,新加坡发展银行在新加坡政府担保下推出了总价值1 000万美元的亚洲美元债券。1972年,新加坡开始涉足国际银团贷款,初步形成了一个以经营美元为主,兼营马克、英镑、加拿大元、法郎、日元等十多种货币的国际货币市场和国际资本市场;1984年,新加坡成立了亚洲第一家金融期货交易所——新加坡国际金融交易所,从事期货和期权合约、利率、货币、股指、能源、黄金等衍生品交易。1986年,新加坡国际金融交易所推出了日经225指数期货,开创了以别国股指为期货交易标的物的先例;1997年,又抢先推出了摩根台湾指数期货。② 第二,新加坡在机构设置和市场准入方面进行了开创性的尝试。1971年1月,新加坡成立金融管理局,履行中央银行的职能,担负金融监管的职责,成为新加坡金融业的管理者和金融中心发展的有力推动者。新加坡建国初期,对外资银行颁发的是全面银行牌照;1971年,新加坡停止发放全面银行牌照,开始发放限制银行牌照,限制针对本土居民的零售银行业务;1973年,新加坡创造性地设立了离岸牌照银行,吸引外国银行到新加坡从事离岸金融业务,并出台了许多税收优惠政策。③ 第三,新加坡出台了各种税收优惠政策。1968年6月,新加坡政府取消了非居民利息收入预扣税。1973年,新加坡政府修改了所得税法,居民和企业获准投资亚洲美元市场;居民投资亚洲债券的利息所得免于征税,对居民公司纳税人从亚洲货币单位境外贷款获取的利息所得适用税率从原来的40%降至10%。1977年,新加坡政府降低亚洲货币单位的利息及咨询费。1980年,新加坡政府宣布免征亚洲美元债券存单印花税;1983年,免征非新加坡居民从亚洲货币单位管理基金获得的离岸收入税;1985年,免征所有亚洲货币单位的离岸贷款合同印花税。从1988年起,新加坡国际金融交易所成员在黄金和金融期货交易保证金账户的利息收入免征预扣税。④ 第四,新加坡政府逐渐放松外汇管制。1976年,新加坡政府放宽了对银行的外汇交易管制,允许东盟各国在新加坡境内发行证券,并给予税收优惠。1978年6

---

① 余秀荣:"国际金融中心历史变迁与功能演进研究",辽宁大学博士学位论文,2009年。
② 李迅雷等:《2020年上海国际金融中心发展战略研究》,中国金融出版社,2016年。
③ 同上。
④ 李嘉晓:"我国区域金融中心发展研究",西北农林科技大学博士学位论文,2007年。

月,新加坡政府全面取消外汇管制。1981年,新加坡政府允许ACU通过货币互换安排获得新加坡元。① 经过短短30年的发展,新加坡金融机构集聚,金融市场完备,金融效率大大提高,成为亚太地区重要的国际金融中心。新加坡金融中心在这一阶段的发展经验表明:立足本国国情,善于洞察并抓住国际金融发展趋势及其赋予的历史性机遇,及时出台优惠政策,加以强有力的金融管理,即便是经济基础薄弱,也可以实现金融中心的跨越式发展。

1998年至今,新加坡金融中心进入了稳步发展和不断扩大的阶段。在这一阶段,新加坡政府通过在制订规划、转变监管理念及发展市场等方面一系列卓有成效的工作,一如既往地主导金融中心的发展,推动新加坡由国际区域性金融中心向全球性金融中心转变。② 首先,1998年2月,新加坡政府制订了金融中心发展规划:以离岸金融中心和外汇交易中心为基础,以发展国际资产管理业务和国际债券市场为突破口,加强有效监管,鼓励金融服务创新,用5—10年的时间建成全球性金融中心。其次,1998—2000年,新加坡政府成立了由银行家、咨询顾问和政府管理员组成的金融部门检讨小组(Financial Sector Review Group,FSRG),负责收集债券市场、股票市场、基金管理、国债及风险管理、企业融资、保险和再保险、全球电子银行等领域的整改建议,并就如何监管进行研讨,再由政府成立相应的工作组,对FSRG的建议加以整理,提出具体实施方案,交由金融管理局(Monetary Authority of Singapore,MAS)和市场专业人士合作的相关部门共同执行。可以说,组织机构的设立和运作环环相扣,为新加坡金融中心的规划与发展提供了组织保证。再次,1997年东南亚金融危机发生以前,新加坡政府主要通过设立较高的从业标准和制定严格的法律制度来确保金融机构不会承担较高风险,合规性监管的特征较为突出。东南亚金融危机发生以后,新加坡政府放松了监管,开始由合规性监管向风险监管转变,逐渐减少了对金融中心的干预和影响,使其更具市场活力,进一步巩固了新加坡的国际金融中心地位。最后,新加坡政府于1998年2月出台了金融中心发展规划,以发展国际资产管理业务和国际债券市场为突破口,把资产管理业务作为撬动金融中心发展的支点,努力把新加坡打造成为亚洲的资产管理中心。

经过一系列的努力,新加坡近年来稳健发展,在世界各金融中心综合竞争力排名中始终靠前。根据Z/Yen集团2018年3月发布的GFCI第

---

① 李迅雷等:《2020年上海国际金融中心发展战略研究》,中国金融出版社,2016年。
② 同上。

23期的得分与排名,新加坡位居全球第四,比排名第一的伦敦仅低29分,比排名第五的东京高出16分。新加坡金融中心近三十年来的发展经验给我们的启示是:制订合理的金融中心发展规划、明确金融中心的发展目标,是政府推动金融中心发展的意志的具体体现,也是金融中心演化过程中"路径依赖"的必要条件;严格的金融监管,可以保证金融中心的健康运行,但适当放松监管,适时转换监管风格,对金融中心发展也不无益处;建立配合协调的组织机构,既可以贯彻政府发展金融中心的政策意图,也可以提升政府推动金融中心发展的执行力;重点发展全球性金融中心建设的突破口,可以起到纲举目张的效果。

六、启示与借鉴

纵观上述金融中心的发展历程,我们可以得出以下几点启示:第一,较大的经济规模和较高的经济发展水平是金融中心形成与发展的基础。经济规模的大小决定着可能形成的金融剩余与金融需求规模的大小,经济发展水平的高低则决定着金融需求的层次,是促进金融集聚进而形成金融中心的原始动力。第二,战争是影响金融中心演化发展的重要变量。国际金融中心的培育和发展需要强大的国防力量,以保证政治环境的安全和经济与金融发展环境的稳定。第三,良好的区位优势和优质的基础设施不仅是影响产业集聚的重要变量,也是经济腹地、信息腹地以及金融资源集聚发展的前提条件。第四,政府干预的确可以在短期内改变金融中心的演化路径。政府需要审时度势,洞察并抓住金融中心发展趋势及其赋予的历史机遇,寻找建设金融中心的突破口,及时采用各种行政手段,加以强有力的组织保证和较高的行政效率,培养政府服务金融发展的理念,才可以使得金融中心实现跨越式发展。第五,商业文化和金融文化是培育与发展金融中心的重要土壤,这需要政府、企业、金融机构长期的共同努力才能实现。第六,金融自由化和金融开放有助于金融中心的建设。为了防止市场上滋生过分投机和积累金融泡沫,一方面需要有效的金融监管,另一方面需要加强金融制度建设。

第三节 我国区域金融中心的构建

一、我国各地竞相构建区域金融中心的原因分析

改革开放以来,我国经济发展水平不断提高,金融发展进入了快车道。上海市、北京市、深圳市、天津市等国内30个城市先后提出了国际金融中心、全国性金融中心和国内区域性金融中心的规划与建设目标(见表4-1)。

表 4-1 我国各城市建设金融中心的目标定位与辐射范围

		目标定位	辐射范围
东部	上海市	2020 年基本建成全球国际金融中心	全球
	北京市	具有国际影响力的金融中心城市	全球
	深圳市	亚太区域性国际金融中心	亚太地区
	杭州市	长三角南翼区域金融中心	长三角地区
	南京市	长江中下游区域金融中心	长三角地区
	苏州市	区域功能性金融中心	长三角地区
	广州市	珠三角区域金融中心	珠三角地区
	福州市	海峡西岸区域金融中心	闽台地区
	厦门市	海峡西岸区域金融中心	闽台地区
	宁波市	上海国际金融中心的副中心	长三角地区
	天津市	构建现代金融服务体系和金融创新基地	环渤海地区
	石家庄市	华北区域金融中心	华北地区市
	青岛市	环渤海经济圈的区域金融中心	山东半岛区域
	济南市	黄河中下游的区域金融中心	华东和中部部分地区
中部	合肥市	服务长三角的区域金融中心	华东和中部部分地区
	郑州市	中部的区域金融中心	中原地区
	武汉市	中部的区域金融中心	长江中游地区
	长沙市	中部的区域金融中心	中部地区
	南昌市	中部的区域金融中心	中部地区
西部	重庆市	长江上游的区域金融中心	西部地区
	成都市	西部区域金融中心	西部地区
	昆明市	泛东南亚金融中心和人民币跨境结算中心	泛东南亚地区
	西安市	西部区域金融中心	西北地区
	兰州市	西北区域金融中心	西北地区
	乌鲁木齐市	面向中亚的区域金融中心	中亚地区
	南宁市	北部湾区域金融中心	北部湾地区
东北	哈尔滨市	东北的区域金融中心	东北亚地区
	长春市	东北的区域金融中心	东北亚地区
	沈阳市	东北的区域金融中心	东北地区
	大连市	面向东三省、辐射华北及东北亚的国际金融中心	东北亚地区

资料来源：刘玥："经济发展、制度创新与区域金融中心形成"，浙江大学硕士学位论文，2013 年。

在我国，出现了众多的建设金融中心的城市规划，难免会造成激烈的竞争局面。地方政府在区域金融中心建设中扮演着重要角色，它们通过制定金融扶持政策，吸引金融机构进入，提升地区金融集聚水平，促进区域金融中心的形成和发展。① 2003 年，深圳市政府推出《深圳市支持金融业发展若干规

---

① 韩霜："区域金融中心建设中的政策博弈"，《现代经济信息》，2009 年第 10 期，第 101—102 页。

定》,设立"深圳金融发展专项资金",专项支持金融业的发展;对在深圳市设立总部或地区总部的大型金融机构,在土地使用权和办公用房购置、公寓房租用等方面给予优惠;对金融机构高层管理人员引进、家属随迁及子女入学等方面给予支持。北京市 2005 年出台了《关于促进首都金融产业发展的意见》,除了对金融业人才引进、办公用地、办公用房给予政策优惠,对在京新设立或迁入的注册资本 1 亿元人民币以上的金融企业,分等级给予 500 万元到 1000 万元不等的一次性资金补助。同年,上海市政府发布了《2005—2007 年浦东新区发展现代服务业三年行动纲要》,对新进的银行、保险类金融机构总部、地区总部分别给予 1500 万元和 500 万元的一次性补贴。随后,其他计划建设区域金融中心的城市开始效仿,纷纷推出金融扶持政策。

之所以有如此多的城市参与金融中心的竞争,我们认为原因主要有以下四个方面:第一,从改革开放开始,我国就采取了经济分权体制,自下而上和自上而下相结合的改革模式,为地方政府提出区域金融中心建设规划和战略构想提供了制度依据,赋予了地方政府在促进经济发展的制度和政策创新方面较大的空间。第二,地方政府对区域金融中心的争夺,是为了提升城市综合竞争力。经济史学家 Gras 于 1922 年提出了城市发展阶段论,城市的发展要经历商业、工业、交通运输业、金融业等四个阶段,金融业始终居于城市发展的最高阶段。[①] 金融发展水平的高低已经成为衡量城市竞争力的重要参考,而城市竞争力又是影响资源流向的重要砝码。第三,区域金融中心的竞争,实质上是各地政府对金融资源支配权和控制权的争夺,也是对支持经济发展的金融杠杆的争夺。在现实背景下,哪个地方拥有的金融资源支配权越多,意味着哪个地方拥有的推动经济发展的金融动力越大。因此,地方竞争区域金融中心的冲动难以遏制。第四,新加坡建设国际金融中心的成功案例,树立了运用政府推动型模式构建金融中心的典范。新加坡的经验告诉我们,在经济发展和金融发展等内在条件不足以支持金融中心形成时,政府通过承诺、立法、推出优惠政策、监管等方式,创造和提供外部条件,促进金融集聚,可以在较短时间内形成金融中心。可以说,新加坡的成功经验,为政府干预下金融中心的形成以及我国目前众多城市参与区域金融中心的竞争,提供了借鉴和依据。

二、建设金融中心的成本与收益分析

各城市在区域金融中心建设方面的竞争,不仅是对金融资源支配权和控制权的争夺,也是提升城市竞争力的重要利器。国内众多城市争相规划建设

---

① Gras, N. S. B., *An Introduction to Economic History*, Harper & Brothers Press, 1922.

金融中心,必定是在比较成本与收益之后的理性选择,那么金融中心的收益和建设成本分别是什么呢?

对金融中心的收益可以从宏观和微观两个层面来分析。从宏观的角度看,第一,金融中心的运作可以增加所在城市的税收,提高就业率。金融中心因金融机构的集聚而带动了如会计师事务所、律师事务所、审计师事务所、信用评级机构、教育培训机构、投资咨询机构等与金融相关的服务机构的集聚,促进了生产性服务业就业率的上升和产出的增加,提高了第三产业产出能力,推动了产业结构升级;第二,金融中心城市拥有完善的金融体系、发达的金融市场、高素质的金融人才、多样化的金融机构和金融工具,促进了产业集聚,提高了城市知名度,有助于各种优质资源向该城市流动;第三,金融中心的信息集聚与信息创造、风险识别及风险分散功能,为技术创新进而推动产业升级和城市发展提供了条件。

从微观的角度看,第一,在金融中心,金融集聚发展产生的外部规模经济不仅能够增加金融机构的经济效益,而且会提高金融效率,对当地经济发展有直接的促进作用;第二,迫于竞争压力和对利润的追求,聚集在金融中心的不同金融机构很容易形成合作式博弈,在产品研发、服务方式与服务技术等方面进一步加强合作,产生协同效应和范围经济;第三,金融机构和高素质金融人才汇聚于金融中心,在频繁的金融交易过程中,容易激发创新灵感,从而使金融中心成为金融制度、金融产品、金融市场、金融机构创新的策源地,对推动当地金融发展和经济发展具有积极意义。

对于金融中心建设成本,也可以从宏观和微观两个层面分析。从宏观的角度看,金融中心建设需要较高的金融开放度,这不仅要求对区域内部的交易主体开放,而且要求对区域外部的交易主体开放。如果建设的目标为国际金融中心,那么在金融规则国际化、交易主体国际化、本币资本项目项下可兑换、贸易开放程度和区位条件等方面要求较高。金融开放意味着较大的金融风险,如果经济与金融发展程度不足以支持金融中心形成,或者金融体系不健全、金融市场发育程度较低、金融制度存在缺陷,金融风险就很容易暴露,从而引发金融动荡甚至经济危机,不利于经济稳定健康发展。因此,较大的金融风险甚至金融动荡是金融中心城市需要承担的宏观成本,我们称之为金融中心的风险波动性损失。因为金融中心的风险波动性损失发生概率不确定,损失大小难以预测,尤其是在经济对外开放度较低、建设目标为国内区域性金融中心的情况下,风险波动性损失常常被人们忽略。

从微观的角度看,第一,在建设金融中心的过程中,政府的相关费用支出会显著增加。政府用于交通、教育、卫生、医疗、网络通信、供电等基础设施建设的支出增加;政府因鼓励金融集聚而采取的税收优惠政策和财政补贴政策,会导致的税收收入减少和转移性支出增加;政府在金融基础设施建设与完善方面付出的财力和物力增加;政府用于对金融机构招商引资的直接费用增加;政府用于金融中心建设的调研、规划、决策产生的相关支出增加。第二,金融中心建设的成本还包括金融机构迁址于金融中心而产生的迁移费用,以及遗弃原址后造成的客户流失、无形资产损失等(即沉没成本)。第三,政府规划和推动金融中心建设造成的费用支出的增加,必然会减少其他公共支出,降低公共物品的数量和质量,这一挤出效应也是金融中心建设成本中不可忽视的一部分。

较好的经济实力和较高的金融发展水平是区域金融中心形成的内在条件,而完善的基础设施和金融基础设施、宽松的政策环境、健全的法律制度、优越的区位条件及强有力的政府推动是区域金融中心形成的外在条件。金融中心的风险波动性损失常被人们忽略,建设区域金融中心的成本主要是政府的各项支出、金融机构的迁移费用与沉没成本等微观成本。这些成本会随着建设区域金融中心的内外条件的不断完善而逐渐降低。条件越完善,政府用于建设金融中心的各种支出越少,金融机构的迁移费用和沉没成本也会相对下降。同时,金融中心产生的收益会与金融中心形成的内外条件呈正向变化关系。随着内外条件的逐渐改善,金融资源的区域集聚程度愈来愈高,产生的宏观与微观收益将会慢慢显现出来。

假设忽略不计风险波动性损失,金融中心建设成本为 CC,金融中心的收益为 RR,建设区域金融中心的成本、收益与该城市所具备的内外条件之间的关系如图 4-1(a)所示。① 其中,纵轴表示区域金融中心的成本与收益,横轴表示建设区域金融中心需要具备的内外条件。建设区域金融中心的内外条件与成本(将金融中心的风险波动性损失剔除后的其他成本支出)呈负向变化关系,代表这一关系的 CC 曲线向右下方倾斜;内外条件与收益(包括宏观收益和微观收益)呈正向变化关系,代表这一关系的 RR 曲线向右上方倾斜。CC 曲线与 RR 曲线交汇点对应的区域金融中心建设的内外条件以 Q 表示。当内外条件超过 Q 时,RR 曲线在 CC 曲线上方,表示获得的收益大于建设成本,应积极规划和建设区域金融中心;当内外条件达不到 Q 时,CC 曲线位于 RR 曲线上方,建设的成本高于获得的收益,应选择放弃规划建设区域金融中心。

金融资源总是往经济与金融发展水平更高、基础设施和金融基础设施更

---

① 这里我们借鉴了姜波克在《国际金融新编》(第三版)中对加入货币区的成本—收益分析思路。详见:姜波克:《国际金融新编》(第三版),复旦大学出版社,2001年。

完善、区位条件更优越、地方政府支持政策更优惠的城市流动。如图 4-1 (b)所示,随着区域金融中心建设竞争程度日趋激烈,成本曲线 C_1C_1 会向右上方移动至 C_2C_2;相应地,区域金融中心建设的最低内外条件也由 Q_1 提升至 Q_2。

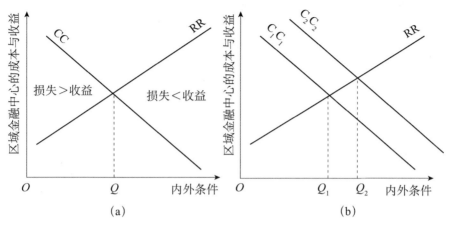

图 4-1 规划与建设区域金融中心的成本与收益分析

三、我国区域金融中心发展现状分析

近年来,我国各地区经济发展较快,基础设施不断完善,财政能力日益增强,为区域金融中心的形成和发展提供了条件。各地方政府在金融中心建设中扮演着重要角色,它们制定和实施金融扶持政策,吸引金融机构进入,不断提升区域金融集聚水平。根据中国(深圳)综合开发研究院课题组发布的研究报告,一方面,国内金融中心近年来实现了快速发展,在金融产业绩效、金融机构实力、金融市场规模方面均有不同程度的提升,在以人才环境和金融商业环境度量的金融生态环境方面也取得明显改善,综合竞争力均有不同程度的提升;另一方面,区域金融中心之间竞争激烈,重庆市、成都市、天津市等金融中心进步明显,各金融中心城市的级差逐渐拉大,金融发展的极化态势进一步加强。东部地区金融中心城市的综合竞争力平均得分从 2011 年到 2017 年上升了 61.68%,同期中部地区、西部地区和东北地区分别只上升了 41.76%、46.61% 和 30.04%。① 东部地区金融中心整体领先,上海市、北京市、深圳市、广州市不仅在国内金融中心城市中的优势地位日益凸显,竞争力

---

① 余凌曲:《CDI 中国金融中心指数(CDI CFCI)报告》(第三期),中国经济出版社,2011 年;中国(深圳)综合开发研究院课题组:《中国金融中心指数(CDI CFCI)报告:走进郑州》(第九期),中国经济出版社,2017 年。

也不断提高（见表4-2和表4-3）。

表4-2 我国主要金融中心城市 CDI CFCI 排名及得分

		CDI CFCI 第3期		CDI CFCI 第8期		CDI CFCI 第9期	
		排名	得分	排名	得分	排名	得分
东部地区	北京市	2	100.77	2	164.3	2	178.4
	天津市	7	30.75	7	44.8	5	51.1
	石家庄市	29	19.28	29	22.4	28	25.5
	济南市	17	25.16	17	31.2	15	35.0
	青岛市	18	23.61	19	30.3	16	34.7
	上海市	1	112.45	1	219.3	1	222.9
	南京市	6	31.16	9	43.5	9	46.5
	苏州市	10	26.74	10	40.1	10	40.3
	杭州市	5	36.38	6	45.0	7	47.8
	宁波市	13	26.05	20	29.9	22	29.4
	福州市	21	23.21	16	31.6	20	31.9
	厦门市	16	25.74	15	32.0	18	32.5
	广州市	4	39.29	4	60.3	4	63.8
	深圳市	3	62.95	3	101.7	3	103.6
	平均	—	41.68	—	64.03	—	67.39
中部地区	武汉市	11	26.59	13	36.4	11	40.0
	郑州市	20	23.37	14	34.0	13	39.1
	长沙市	19	23.44	21	28.9	19	32.2
	合肥市	24	21.39	25	25.0	24	27.2
	南昌市	25	20.74	26	24.3	29	25.3
	平均	—	23.11	—	29.72	—	32.76
西部地区	重庆市	14	25.96	8	43.9	8	46.8
	成都市	9	27.76	5	45.7	6	49.6
	昆明市	22	23.12	23	27.2	23	29.3
	南宁市	—	—	30	21.7	30	24.1
	西安市	15	25.81	12	36.5	14	38.3
	平均	—	25.66	—	35.0	—	37.62
东北地区	大连市	8	30.64	11	36.8	12	39.3
	沈阳市	12	26.29	18	30.8	17	33.3
	哈尔滨市	28	19.66	24	26.3	25	27.0
	平均	—	25.53	—	31.3	—	33.2
平均		—	33.14	—	48.09	—	50.51

注：CDI 全称是 China Development Institute，即中国（深圳）综合开发研究院；CFCI 全称是 China Financial Center Index，即中国金融中心指数。

资料来源：根据中国（深圳）综合开发研究院课题组主编的《中国金融中心指数（CDI CFCI 报告》（第3期、第8期、第9期）整理。

表4-3 世界主要金融中心综合竞争力排名及得分

		GFCI15	GFCI16	GFCI17	GFCI18	GFCI19	GFCI20	GFCI21	GFCI22
新加坡	排名	4	4	4	4	3	3	3	4
	得分	751	746	754	750	755	752	760	742
瑞士苏黎世	排名	5	7	6	7	6	9	11	9
	得分	730	717	719	715	714	716	718	704
英国伦敦	排名	2	2	2	1	1	1	1	1
	得分	784	777	784	796	800	795	782	780
美国纽约	排名	1	1	1	2	2	2	2	2
	得分	786	778	785	788	792	794	780	756
日本东京	排名	5	5	5	5	5	5	5	5
	得分	722	718	722	725	728	734	740	725
中国香港	排名	3	3	3	3	4	4	4	3
	得分	761	756	758	755	753	748	755	744
中国上海	排名	20	20	16	21	16	16	13	6
	得分	695	690	695	698	693	700	715	711
中国北京	排名	49	32	29	29	23	26	16	10
	得分	649	668	674	676	682	683	710	703
中国深圳	排名	18	25	22	23	19	22	22	20
	得分	697	680	689	694	688	691	701	689
中国广州	排名	—	—	—	—	—	—	37	32
	得分	—	—	—	—	—	—	650	668

资料来源:根据英国伦敦Z/Yen集团发布的全球金融中心指数(global financial centers index,GFCI)第11期和第12期对全球金融中心竞争力的评估与排名整理。

对比各规划建设不同层次金融中心的城市2015—2016年地区生产总值和金融业增加值可以发现,它们的经济规模与金融业产出规模存在较大差异。表4-1所列的30个城市2015年和2016年金融业增加值平均值分别为991.48亿元和1126.05亿元。其中,长春市、乌鲁木齐市、兰州市均不足300亿元,剔除这3个城市后,我们对其余27个城市的经济基础、财政收支状况以及金融集聚程度加以比较,进一步考察我国主要金融中心城市近年来在发展过程中表现出来的特征,结果如表4-4所示。

第一,各金融中心城市的经济基础存在较大差异。2015年和2016年,27个城市的地区生产总值平均值分别为10030.7亿元与10802.59亿元。除东部地区14个金融中心城市的地区生产总值平均值高于27个城市的平均水平外,中部、西部和东北地区的地区生产总值平均值均低于全国27个城市的平均水平。另外,各区域内部不同城市的经济基础也存在较大差异。在东部地区,厦门市、福州市、石家庄市、南京市、青岛市、宁波市的地区生产总值低于东部地区14个城市和全国27个城市的平均水平。2015年和2016年,东部地区城市之间地区生产总值的极差值分别达22177.44亿元和24394.38亿元。在中部地区的5个城市中,仅有武汉市的地区生产总值略高于全国27个城市的平均水平。西部地区的重庆市与成都市的经济体量较大,南宁市垫底,极差值高于中部地区5个城市,2015年和2016年分别达12 307.19亿元和13 855.92亿元。东北地区3个城市的状况较为接近,地区生产总值均不足7 000亿元。

表4-4　2015—2016年我国主要金融中心城市的经济基础与金融集聚状况

		人均地区生产总值(元)		财政自给率(%)		金融业增加值区位熵		金融业增加值(亿元)	
		2015年	2016年	2015年	2016年	2015年	2016年	2015年	2016年
东部地区	北京市	106 497	118 198	82.23	79.31	1.9737	1.9926	3 926.40	4 270.80
	天津市	108 846	114 494	82.51	73.62	1.1338	1.2010	1 603.23	1 793.57
	石家庄市	51 248	54 526	54.96	55.05	0.8010	0.8541	366.01	422.72
	济南市	85 533	90 364	93.27	86.53	1.2525	1.2695	641.74	506.54
	青岛市	102 232	108 771	82.29	81.31	0.7531	0.8001	588.28	668.81
	上海市	106 172	116 455	89.15	92.59	1.9328	2.0258	4 162.70	4 765.83
	南京市	118 171	127 264	97.56	97.34	1.3747	1.4160	1 122.33	1 241.76
	苏州市	136 779	145 341	102.20	106.98	0.9690	1.0322	1 180.43	1 333.77
	杭州市	112 230	124 286	102.36	99.86	1.1153	1.0395	941.47	982.02
	宁波市	136 448	146 989	80.34	86.45	0.7118	0.5963	478.45	432.48
	福州市	75 259	82 253	77.45	72.05	0.9639	0.9798	454.84	507.02
	厦门市	89 794	96 538	93.08	85.41	1.2758	1.3367	371.39	422.36
	广州市	138 377	142 394	78.11	71.70	1.0714	1.1086	1 628.71	1 809.37
	深圳市	153 821	163 688	77.43	74.48	1.7017	1.7269	2 501.57	2 810.73
	平均	108 672	116 540	85.21	83.05	1.2165	1.2414	1 426.25	1 569.13
中部地位	武汉市	104 132	111 468	93.09	86.71	0.9143	0.9795	837.49	974.32
	郑州市	77 217	82 872	82.25	76.51	1.0853	1.3019	666.80	882.00
	长沙市	115 443	123 681	77.72	71.41	0.7183	0.7276	513.38	568.43
	合肥市	73 102	80 136	73.97	71.51	0.7840	0.8941	372.73	468.40
	南昌市	75 879	81 598	71.09	68.43	0.8930	0.9745	300.00	354.36
	平均	89 155	95 951	79.62	74.91	0.8790	0.9755	538.08	649.502
西部地区	重庆市	52 103	57 601	54.56	55.67	1.0683	1.1203	1 410.18	1 642.59
	成都市	74 273	76 960	78.07	73.59	1.3826	1.3931	1 254.23	1 415.60
	昆明市	52 094	56 036	81.59	76.91	1.0515	1.1697	350.60	420.00
	南宁市	49 066	52 723	56.40	53.29	1.2885	1.3134	369.05	406.12
	西安市	67 343	71 357	71.00	68.07	1.3503	1.3864	658.90	724.35
	平均	58 976	62 935	68.32	65.50	1.2282	1.2766	808.592	921.732
东北地区	大连市	110 657	97 011	63.68	70.31	1.0811	1.1245	702.00	639.40
	沈阳市	87 833	65 851	74.98	75.23	0.8316	0.9200	507.93	426.08
	哈尔滨市	59 027	63 445	49.43	42.93	0.7699	0.7502	371.90	382.20
	平均	85 839	75 436	62.70	62.82	0.89	0.9316	527.28	482.56
平均		91 949	96 570	77.72	75.71	1.0964	1.1413	1 047.51	1 158.21

资料来源:除郑州市和厦门市以外,表中数据均根据各相关城市2016年和2017年的《统计年鉴》计算整理;郑州市的数据根据2015年和2016年《郑州市国民经济和社会发展统计公报》计算整理;厦门市的数据根据2016年和2017年《厦门经济特区年鉴》计算整理。

2015年和2016年,全国27个金融中心城市的人均地区生产总值分别为91 949元和96 570元,仅东部地区14个城市的平均值高于27个城市的平均水平,中部地区、西部地区和东北地区均较低。在东部地区的14个城市中,石家庄市、济南市、青岛市、福州市和厦门市等几个城市的人均地区生产总值低于全国27个城市的平均水平,其余9个城市均高于全国27个城市的平均水平。在中部地区,武汉市和长沙市的人均地区生产总值高于中部地区5个城市平均值,也高于全国27个城市的平均水平,其余3个城市的人均地区生产总值均低于全国平均水平,其中合肥市最低。西部地区5个城市的人均地区生产总值均低于全国27个城市的平均水平,其平均值在各地区中也最低。在东北地区的3个城市中,大连市的经济基础最好,人均地区生产总值高于其他两个城市,也高于全国27个城市的平均水平。

第二,各金融中心城市财政收支状况的梯度特征显著。从以财政自给率表示的财政收支状况来看,2015年和2016年全国27个金融中心城市的平均值分别为77.72%和75.71%,东部地区、中部地区、西部地区和东北地区的平均值依次减少,梯度特征明显。在各地区内部,金融中心城市之间财政收支状况的非均衡特征较为突出。在东部地区,苏州市、杭州市的财政自给率高于其他城市,南京市、厦门市、上海市、济南市次之,而石家庄市的财政自给率则显著低于其他城市。在中部地区,武汉市和郑州市的财政收支状况较好,长沙市与合肥市居中间水平,南昌市的财政自给率最低。在西部地区,重庆市、南宁市的财政收支状况较差,并与西部地区5个城市的平均值有较大差距,而昆明市和成都市的财政自给率较为接近,财政收支状况略好一些。东北3个城市的财政自给率均低于全国27个城市的平均水平。

第三,各区域金融中心城市的金融集聚程度不仅存在差异,还存在明显的梯度特征。金融业增加值是金融业经营的最终结果在产出中的直接表现。2015年和2016年,全国27个金融中心城市金融业增加值平均值分别为1 047.51亿元和1 158.21亿元。其中,只有东部地区的金融业增加值平均值高于全国27个城市的平均水平,其余地区的平均值由高到低依次为西部地区、中部地区和东北地区,平均值最低的东北地区在2015年和2016年分别只相当于全国27个城市平均水平的50.34%和41.66%。各地区内部城市之间的金融业增加值也存在较大差异。东部地区的上海市、北京市、深圳市显著高于其他城市,为第一梯队;广州市、天津市、苏州市、南京市也高于全国27个城市的平均水平,为第二梯队;济南市、青岛市、杭州市为第三梯队;石家庄市、厦门市、福州市、宁波市则处于较低水平,为最末梯队。在中部地区,武汉市和郑州市的金融业增加值虽然低于全国27个城市的平均水平,但高于中部地区 5 个城市的平均值。南昌市的金融业增加值不仅是中部地区最低的,也排在全国 27 个城市的末位。在西部地区的 5 个城市中,金融业增加值的梯次分布也较为明显。重庆市与成都市处于第一梯队,高于西部地区 5 个城市的平均值和全国 27 个城市的平均水平;西安位于第二梯队,明显低于重庆市和成都市,但高于第三梯队的昆明市和南宁市。大连市在东北地区可谓"一枝独秀",金融业增加值高于沈阳市和哈尔滨市。

金融业增加值区位熵是用来反映金融集聚程度的指标。由表 4-4 可知,各城市所在地区的金融集聚程度存在较大差异。西部地区和东部地区的平均值高于全国 27 个城市的平均水平;东北地区和中部地区的金融集聚程度相近,只相当于全国 27 个城市平均水平的不足 86%。同时,各地区内部金融中心城市之间的金融集聚程度也存在较大差异。北京市、深圳市的金融集聚程度最高;南京市、厦门市、济南市、天津市、杭州市、广州市次之,金融业增加值区位熵高于全国 27 个城市的平均水平;石家庄市、青岛市、苏州市、福州市较低,处于第三梯队;宁波市则排在东部地区 14 个城市的最末位置。在中部地区的 5 个城市中,除郑州市外,其余城市的金融业增加值区位熵均不足 1.0,金融集聚程度有待进一步提高。西部地区 5 个城市的金融业增加值区位熵均在 1 以上,成都市、西安市与南宁市的金融集聚程度高于重庆市与昆明市,但极差不大。东北地区 3 个城市的金融集聚水平偏低,尽管大连市的金融业增加值区位熵大于 1,但仍低于全国 27 个城市的平均水平。

综上所述,各金融中心城市近年来发展迅速,金融业在经济增长和产业转型升级中的作用不断增强,资源配置能力不断提升,综合竞争力快速上升,但就经济基础和金融集聚程度来看,各金融中心城市的发展不仅存在较大差异,而且梯度特征显著。

四、我国区域金融中心构建路径选择①

(一)着力提高相关城市的经济发展水平

区域金融中心是区域金融集聚的产物,较好的经济基础是一个城市形成和发展金融中心的必要条件。较好的经济基础不但为区域金融集聚提供了金融平台和基础,而且为从整体上改善和提升金融体系功能准备了条件。经济基础往往与支付结算、资金融通、金融产品、金融技术、金融服务方式等方面的金融需求正向变动。我国拟规划建设的金融中心城市经济基础分化严

---

① 该部分根据王学信等发表在《发展研究》(2016 年第 10 期)上的"我国区域金融中心建设的可行路径探讨"一文中的相关内容整理。

重。经济规模较小、人均地区生产总值较低、财政能力较差的城市,还须扩大经济规模,优化产业结构,改善财政收支状况,提升财政能力,扩大金融开放,增强经济和金融的包容性,完善金融制度,改善金融生态环境,进一步释放金融活力,提高金融集聚水平。

(二)建设并拥有一支强大的国防力量

构建区域金融中心不仅是各相关城市发展的战略举措,更是国家崛起的重要标志。建设区域金融中心,国家应尽可能通过政治、外交等手段,为国内的金融中心建设提供和平安全的环境;应进一步增加国防支出,建设并拥有一支强大的国防力量,在保卫国家主权和领土完整的同时,也为金融中心发展提供稳定的秩序和安全的交易环境。阿姆斯特丹国际金融中心在17世纪英荷战争后的衰落,以及伦敦因经历两次世界大战后跌宕起伏的发展历史表明,稳定与安全的国防环境是金融中心得以持续发展的重要保证。改革开放以来,我国抓住了难得的国际局势相对稳定的战略机遇期,集中力量发展经济,国家预算用于军队装备费用与军事人员训练费用等国防支出的增长速度既低于经济建设支出和行政管理费用支出,也低于国内生产总值和人均收入的增长速度,致使国防支出占财政支出的比重偏低于欧美发达国家,甚至低于周边一些欠发达国家。如今,我国的经济规模已跃居世界第二位,人均国内生产总值也即将迈入中等收入国家行列,美国通过贸易、政治、科技、军事等手段遏制我国发展、维护其全球霸主地位的意图日益明显,加之"一带一路"倡议和上海市、天津市等自贸区的规划建设,都要求我们站在战略高度,动态地把握世界政治、经济、军事形势变化,进一步增加国防支出,为国内众多金融中心的建设提供安全保障。

(三)采用混合型金融中心发展模式

我国目前已进入工业化后期阶段,市场已然发挥着资源配置的基础性作用,那种过分倚重金融对经济发展的支持作用而直接干预金融运行以达到政策目的的做法,既缺乏市场基础,也违背金融发展的基本规律。因此,各地方政府宜转变政府职能,厘清政府的行为边界,正确处理与金融的关系,变直接干预金融发展为服务金融发展,进一步简化机构与产品市场准入的审批程序,设立机构和产品市场进入的负面清单,提高行政效率;同时,政府应尽可能为金融集聚创造人才、税收、基础设施等条件,推动产业集聚和城市经济快速发展。

新加坡被国内许多学者认为是运用政府推动型模式建设金融中心的典范。值得注意的是,新加坡从20世纪60年代独立后确定金融立国战略到20世纪80年代国际金融中心的初步形成,政府的确发挥了重要作用,但20世纪90年代以来新加坡政府逐步淡化了对市场的干预和影响,其国际金融中心的演化与发展主要依靠市场自发力量。实践表明,政府替代不了市场,市场也替代不了政府。竞争区域金融中心的各城市,尤其是规划的金融腹地大范围交叉甚至完全重叠的城市,如广州市与深圳市、大连市与沈阳市、青岛市与济南市、北京市与天津市、厦门市与福州市、成都市与重庆市等,建设和发展区域金融中心的成本将因激烈竞争而显著上升,从而造成公共资源大量浪费。任何一个金融中心,都是在与其他金融中心的竞争中形成和发展的,但过分倚重政府的竞争性优惠政策来推动区域金融中心建设是不可取的。

(四)积极引导、合理发挥地方政府规划建设区域金融中心的主观能动性

中央政府应积极引导、合理发挥地方政府在区域金融中心建设中的主观能动性;针对不同层次和不同功能的金融中心,中央政府应区别对待。目前,各地区对区域金融中心的竞争表现出两个明显的趋势:一是各地区通过政府干预和出台竞争性优惠政策推动区域金融中心建设,二是积极争取中央政府给予"金融改革试验区""金融贸易区"等行政特许权,在更大范围内最大限度地集中和配置金融资源,获取政策租金。中央政府对于地方政府建设区域金融中心的积极性应予以保护,但对于行政干预金融资源集聚和出台竞争性优惠政策的行为不应给予鼓励。另外,功能定位是金融中心最重要的特征,功能优势是金融中心的灵魂,准确的功能定位是建设金融中心的理论前提,机构集聚、市场培育和战略布局都要服务于这一前提。[1] 同时,金融中心是经济中心功能的进一步深化。经济发达国家往往同时拥有若干个功能不同、层次不同的金融中心,以服务于本国的经济发展。例如在美国,华盛顿特区是联邦金融决策与管理中心,纽约是全球性国际金融中心,芝加哥是东部金融中心与期货交易中心,波士顿是基金管理中心之一,休斯敦是中部金融中心,洛杉矶是国内金融中心与太平洋盆地金融中心,旧金山是西部金融中心与高新技术投资中心。[2] 中央政府应从国家金融发展战略和区域经济发展战略的高度出发,对不同层次和不同功能定位的金融中心进行科学规划,积极引导、合理发挥地方政府在区域金融中心建设中的主观能动性。

(五)积极培育金融腹地

任何一个层次的金融中心,都需要拥有相应的金融腹地。金融腹地即金

---

[1] 李义奇:"略论建设金融中心的一般路径",《金融理论与实践》,2011年第6期,第18—22页。
[2] 张亚欣、陈茜:"构建多层次金融中心体系 促进区域经济协调发展",《当代经济研究》,2008年第6期,第54—57页。

融中心辐射的地域范围。金融腹地越大,金融中心的能级就越高。金融中心和金融腹地之间存在金融资源集聚与扩散的交流。这种交流与物质资本、技术及劳动力等生产要素流动具有密切关系。要推进区域经济一体化,就要求金融中心与其金融腹地之间存在密切且合理的产业分工关系,要素市场和产品市场相互开放,要素在金融中心与其金融腹地之间可以自由流动,金融中心与其金融腹地之间构建有良好的交通和通信网络,金融中心与其金融腹地的政府之间存在互信合作关系。如果金融中心与其金融腹地存在同向竞争关系,那么金融中心的演化发展将存在很大的不确定性。同样,金融中心与其金融腹地在经济发展水平上不应有较大级差。金融中心所在的中心城市往往是一个地区甚至全国的经济增长极,其辐射的地域范围称为经济腹地。金融腹地与经济腹地可以交叉重叠,但不一定完全一致。金融中心与其金融腹地之间若存在较大的经济发展差距,则会直接影响金融资源在中心和金融腹地间流动与配置的效率。因此,积极采取措施,推动区域经济协调发展,对于金融腹地培育和区域金融中心建设具有重要意义。

(六)加快推进国内金融中心的国际化进程

上海市、北京市、深圳市等在国内具有较强竞争力且国际化程度较高的金融中心,应抓住金融开放的机遇,尽快与国际市场对接,推动国内外金融机构集聚,实现从国内金融中心向国际区域性金融中心的发展演化。2018年,我国放宽了银行、证券、保险等行业外资股权比例限制,加快了保险业开放进程,放宽了外资金融机构设立限制,扩大了外资金融机构在华业务范围,拓宽了中外金融市场合作领域,标志着我国金融业对外开放进入了深水区。[①] 伦敦1986年开始的金融"大爆炸",增强了伦敦的国际竞争力,使伦敦成为领先世界的国际金融中心;美国在20世纪末实行的金融改革,巩固了纽约的全球性国际金融中心地位。目前,国内主要金融中心在经济基础与金融集聚程度等方面存在较大差异,综合竞争力分化严重,机构国际化程度参差不齐。综合竞争力快速上升、机构国际化程度较高的上海市、北京市、深圳市应抓住此次金融开放带来的契机,加快推进国际金融机构集聚,进一步促进国际区域性金融中心的建设;同时,尽快研究并推出股票市场互联互通业务,以拓展投资者配置金融资产的市场空间。上海市、深圳市、天津市、厦门市等城市可利用自贸区这个平台,积极推进离岸金融中心建设。广州市、大连市、青岛市、武汉市、重庆市、郑州市、成都市等金融机构国际化程度相对较高的金融中心,应通过此轮金融开放,加大外资金融机构引进力度,推动金融中心升级。

---

① 孙韶华、班娟娟:"我国新一轮开放蓄势待发",《经济参考报》,2018年4月12日。

福州市、济南市、石家庄市、南宁市、长沙市、合肥市、南昌市、西安市、昆明市、乌鲁木齐市、哈尔滨市、长春市等金融机构国际化程度较低的金融中心[①]，宜提高经济外向性程度，改善营商环境和金融生态环境，进一步提升机构国际化水平。另外，鉴于我国金融机构竞争力相对较弱、金融监管制度与方式方法相对落后于英美等发达国家的事实，政府应加强金融监管体系建设，尽快建立健全金融监管协同机制，提高监管效率，为金融开放和金融中心国际化提供安全保障。

本 章 小 结

金融中心作为城市发展到高级阶段的重要标志，是金融资源在某一特定地域空间集聚发展的产物，对于提高资源配置效率和金融效率都具有十分重要的意义。首先，本章解释了金融中心的含义，阐述了区域金融中心的功能。本章认为，金融中心即为金融资源集聚而形成的金融功能完善、金融市场体系健全、金融交易集中并拥有金融腹地的城市；区域金融中心具有金融集聚、金融辐射、金融交易和金融创新功能。其次，本章梳理了12世纪以来世界主要金融中心演进的历史脉络，为我国的区域金融中心建设提供了经验借鉴。最后，在对我国众多城市规划和建设区域金融中心的现状、原因以及成本—收益分析的基础上，对我国区域金融中心的构建提出了政策建议。本章提出的建议包括：应着力提高相关城市的经济发展水平；建设并拥有一支强大的国防力量；采用混合型金融中心发展模式；积极引导、合理发挥地方政府在区域金融中心建设中的主观能动性；推进区域经济一体化和区域经济协调发展，积极培育金融腹地；加快推进国内金融中心的国际化进程。

---

① 中国(深圳)综合开发研究院课题组：《中国金融中心指数(CDI CFCI)报告》(第九期)，中国经济出版社，2017年。

第五章 区域金融发展差异

各地区在区位、政府行为、社会诚信文化等方面存在的差异,对区域金融发展差异的形成和发展产生了重要影响,区域经济发展差异是区域金融发展差异的基础性决定变量。在区域差异客观存在的背景下,遵循区位指向性原则布局经营网络的金融机构,可能会在特定地域空间形成集聚,进而演化发展为金融增长极,进一步加剧金融发展的区域非均衡。一直以来,一些学者致力于金融发展的区域非均衡及其发展趋势的研究,探寻区域金融发展差异的变动规律,为缩小区域金融发展差距、推动区域金融和经济协调发展提供决策的理论依据。但他们对区域金融发展的内涵与外延在理解上存在偏差,区域金融发展度量指标、方法及研究结论的不同,激发了我们的研究兴趣。本章拟对区域金融发展差异的形成机理进行理论推演,设定指标,比较分析我国的区域金融发展差异,运用因子分析法评价分析环渤海三省二市的金融发展状况,进而根据天津市近年来的金融发展现状,提出促进天津市金融发展的政策建议。

第一节 区域金融发展差异的成因分析

一、区域金融发展及其相关的几个范畴

(一)区域金融发展的概念

关于金融发展的概念及其内涵,学者们的认识不尽一致。雷蒙德·W.戈德史密斯(Raymond W. Goldsmith)认为金融发展是指金融结构的变化[1],而麦金农(Ronald I. Mckinnon)和肖(Edward S. Shaw)更关注金融发展中"量"的增长。[2] 他们的研究使金融发展理论取得了开创性进展,形成了系统的理论体系。国内学者吴先满在其著作《中国金融发展论》中认为,金融发展是金融资产增长、金融机构发展、金融市场成长和金融体系开放等四个方面

---

[1] 〔美〕雷蒙德·W. 戈德史密斯著,周朔等译:《金融结构与金融发展》,上海三联书店、上海人民出版社,1994年。

[2] Mckinnon, R. I., *Money and Capital in Economic Development*, The Brookings Institution, 1973; Shaw, E. S., *Financial Deepening in Economic Development*, Oxford University Press, 1973.

综合形成的动态变化过程。① 张杰将金融发展解释为金融结构的变化和金融市场的完善。② 由此看来,金融发展不仅表现为金融资产规模的扩张,金融机构和金融产品的多样化,金融结构的优化,还表现为金融制度的完善,最终体现为金融效率的提升。没有金融制度的完善和金融效率的提升,仅有金融规模的增长是不可以称为金融发展的。

金融发展不同于金融增长和金融成长。金融增长是金融资产规模相对于国民财富的扩展。金融成长是金融增长与金融发展的综合,是一种文化现象,体现了"人本金融"观,它不仅包括金融市场的完善与金融结构的变化,还包括金融结构的空间差异和部门差异、金融制度的变革、金融观念的转变以及金融努力程度的高低等方面。③ 金融发展是金融资产规模扩张、金融机构和金融产品多样化、金融结构优化、金融制度完善及金融效率提升的统一体。

区域金融发展不仅表现为区域金融业规模的扩张、区域金融结构的优化,还表现为区域金融功能的完善,最终表现为区域金融效率的提高。区域金融发展可能源于区域经济发展产生的需求,也可能是政府推动供给的结果。但无论是源于需求还是供给,区域金融业规模的扩张都是区域金融发展的基本表现。区域经济发展产生的需求刺激和政府为推动经济发展而主动增加的金融供给,都会增加金融资源的数量和种类,扩大金融交易规模,从而为金融结构的调整和优化奠定基础。随着金融业规模的不断扩大,遵从市场规则的金融资源在不同行业、不同地区及不同产业部门的流动,会推动区域金融结构的调整和优化,形成区域金融业规模扩张与区域金融结构优化的螺旋式上升。同时,金融结构的调整与优化,会完善区域金融功能和提高区域金融效率。

构成区域金融体系各要素的协调配合及其作用于区域经济的功能完善,可以进一步提升区域金融的行业效率和整体效率。区域金融功能的完善和区域金融效率的提升,又可以促使区域金融业规模的扩张和区域金融结构的优化。因此,区域金融业规模扩张、区域金融结构优化和区域金融效率提升相互影响、相互促进,共同构成区域金融发展的要义。

(二) 区域金融业规模的含义

区域金融业规模是各地区实际占有金融资源的数量规模,主要表现在各地区银行、证券、保险等金融行业的融资规模、资产规模、机构规模、从业人员规模等方面。对区域金融业规模差异的分析,可以是静态上的横向比较,即

---

① 吴先满:《中国金融发展论》,经济管理出版社,1994年。
② 张杰:《中国金融成长的经济分析》,中国经济出版社,1995年。
③ 同上。

对某一时点上不同区域或区域内部不同地区间规模指标进行比较,分析区域间或区域内部金融资源的存量差异;也可以是动态地对某一时期内不同区域或区域内部不同地区各金融业规模指标的观察,分析区域间或区域内部金融业规模差异的动态变化规律及其成因。

区域金融业规模不同于区域金融规模。区域金融规模是指一定时期内银行、证券、保险等金融行业发生在某一地域空间的融资额。区域金融业规模不仅包含区域金融规模,还将银行、证券、保险等金融行业的资产规模、资本金规模、机构规模、从业人员规模等作为考察对象,从而可以更全面地反映某一特定地域空间占有和使用金融资源的实际状况。

区域金融发展差异首先表现为区域金融业规模差异。这是因为区域金融结构的变迁、区域金融效率的提升和区域金融制度的变迁,都是建立在区域金融业规模变化的基础上的。同时,区域金融业规模差异是区域经济发展差异在金融领域的直接体现,可以反映出经济发展对金融发展的基础性制约。在经济技术条件和金融对经济发展的贡献既定的背景下,区域金融业规模的增减会使区域产出水平和区域经济结构发生改变。因此,对区域金融业规模差异的分析是研究区域金融发展差异的切入点。

(三)区域金融结构的含义

在国外,戈德史密斯在《金融结构与金融发展》一书中最早定义了金融结构。① 他认为,金融结构即各种金融工具和金融机构的相对规模。Demirguc-Kunt 和 Levine 在"银行主导型与市场主导型金融体系:跨国比较"(Bank-Based and Market-Based Financial Systems:Cross-Country Comparisons)一文中,将金融结构定义为金融中介机构和金融市场的相对状况,认为一国的银行部门和证券市场的相对规模、行为与效率决定了一国的金融结构。② 可以看出,戈德史密斯对金融结构的定义仅考虑了金融工具和金融机构,而 Demirguc-Kunt 和 Levine 的定义偏重于金融组织主体结构。

20世纪90年代以后,国内学者开始运用金融发展理论解释我国的金融发展问题,并从不同的角度对金融结构进行了界定。从金融现象或特征来看,金融结构是金融现象的有机联系和有规律运行的科学系统,包括主体结构、客体结构和联系结构三个组成部分。主体结构是现代金融活动的参与者,主要包括体制结构和调控结构,其职能是维护金融活动的有序、有效运

---

① 〔美〕雷蒙德·W. 戈德史密斯著,周朔等译:《金融结构与金融发展》,上海三联书店、上海人民出版社,1994年。
② Demirguc-Kunt, A., and Levine, R., "Bank-Based and Market-Based Financial Systems:Cross-Country Comparisons", World Bank Working Paper, Mimeo, 1999.

行;客体结构是包括居民个人、企业和政府等在内的金融活动的参与者和需求者;联系结构是主体结构和客体结构在金融活动中得以运行的载体,主要包括金融市场结构、金融市场价格结构、融资方式结构等。① 从金融资产的角度看,金融结构是指构成金融各个组成部分的规模、运作、组成、配合的状态,是金融发展过程中由内在机制决定的、自然的、客观的结果或金融发展状况的现实体现,在金融发展的同时,金融结构也随之变动。② 从金融要素、金融功能及金融效率的角度看,金融结构是构成金融各个组成部分的分布、存在、相对规模、相互关系与配合的状态,静态上表现为某一时点上的既定状况,而动态演变的结果导致金融发展水平和层次的提升。形成一个国家或地区金融结构的基础性条件主要包括:经济发展的商品化和货币化程度,商品经济的发展程度,信用关系的发展程度,经济主体行为的理性化程度,文化、传统、习俗与偏好。金融行业(银行业、证券业、保险业等)的产业结构、金融市场结构、金融资产结构、金融开放结构等,体现出各种金融要素的组合与运作状态,综合反映了一国金融结构的基本状况。③ 从系统的角度看,金融结构在横向上是一个由金融主体结构、金融对象结构、金融形式结构、金融价格结构、金融工具结构和金融媒介结构组成的有机整体;在纵向上是一个由宏观管理结构、中观市场结构和微观基础结构组成的有机整体。④ 金融结构是金融体系内部各个组成部分及其要素的相对规模和相互配合作用的总和,是金融系统组成要素之间相对固定和比较稳定的有机联系,主要体现为金融工具结构、金融机构结构、金融市场结构、金融制度结构、金融融资结构、金融开放结构、金融信心结构等。⑤

落实到区域层面,刘仁伍认为,区域金融结构是区域现存的金融工具、金融机构、金融市场和金融制度体系的总和,可以反映出各种现存的金融工具、金融机构和金融市场的性质、种类、绝对数量、相对规模、经营特征、经营方式、集中化程度,以及金融机构组织和金融交易的方式、范围、规则、惯例、收益分配和有效性。⑥

本章认为,区域金融结构是指银行、证券、保险等金融行业的机构、工具、市场及金融制度在各区域存在与组合的状态。区域金融结构既表现为金融

---

① 董晓时:《金融结构的基础与发展》,东北财经大学出版社,1999年。
② 王广谦:"中国金融发展中的结构问题分析",《金融研究》,2002年第5期,第47—56页。
③ 李健:"优化我国金融结构的理论思考",《中央财经大学学报》,2003年第9期,第1—8页。
④ 王兆星:《金融结构论》,中国金融出版社,1991年。
⑤ 应寅锋:《金融结构、政府行为与金融稳定》,中国社会出版社,2009年。
⑥ 刘仁伍:"区域金融结构和金融发展理论与实证研究",中国社会科学院研究生院博士学位论文,2000年。

资源在各金融行业的配置结果,也反映出经济发展、金融发展及文化等方面的区域差异。区域金融结构的演进与优化,对区域经济增长和区域金融效率的改善具有约束性作用。各区域的银行、证券、保险等金融行业在机构、工具、市场和金融制度等方面存在的组合差异即区域金融结构差异。

（四）区域金融效率的含义

对于金融效率的认识有两种。一种是从金融发展理论出发,认为金融效率是金融要素投入与金融业产出及其与经济总产出之间的对比关系,强调金融系统与经济系统的协调关系。王广谦认为,金融效率是指"金融运作能力的大小",是金融活动的能力和质量的具体体现,反映出金融对经济的作用力、作用程度或效能。在计划经济体制下,金融效率融合于经济发展效率之中;在市场经济条件下,金融效率相对独立,并在相当大的程度上决定着经济发展效率。[1] 杨德勇将金融效率定义为一国金融整体在国民经济运行中所发挥的效率,反映了金融要素投入(人力、物力、各类金融资产的存量和流量)与国民经济运行结果的对比关系。[2]

另一种是基于效率的帕累托认识来界定金融效率概念。在西方经济理论中,效率是指帕累托效率或帕累托最优,是在完全竞争状态下通过资源配置的改进使至少一个人的福利得以改善而没有其他任何一个人的福利受到损失。王振山解释了金融效率的概念。他认为,金融效率就是资金融通的效率,是"在金融市场上,在健康的金融管理体制和有效的金融调节机制下,由金融机构作为金融中介完成的,或者由融资双方或多方在市场服务体系下实现的金融资源的帕累托效率配置"。[3] 在货币非中性的假设下,他进一步从广义和狭义两个角度界定了金融效率的概念。广义的金融效率是指全社会的金融资源都趋向帕累托最优配置;狭义的金融效率则是指在某经济体中,金融机构体系完成的金融资源配置达到帕累托最优状态。当广义上的金融效率实现时,狭义上的金融资源配置应达到帕累托最优;而当狭义上的金融效率实现时,广义上的金融资源配置未必达到帕累托最优。

本章认为,区域金融效率是指区域金融资源的配置效率,既包括区域金融行业效率,即区域内部金融资源在银行、证券、保险等金融行业配置所产生的金融运作效率;也包括区域金融整体效率,即在区域内部各金融行业的共同作用下实现的、金融体系对区域经济产出能力和产出水平的作用效果。区域金融效率内含于区域金融发展,在一定程度上反映了区域金融发展的程度

---

[1] 王广谦:《经济发展中金融的贡献与效率》,中国人民大学出版社,1997年。
[2] 杨德勇:《金融效率论》,中国金融出版社,1999年。
[3] 王振山:《金融效率论——金融资源优化配置的理论与实践》,经济管理出版社,2000年。

与水平。受经济发展水平、金融制度、金融监管、金融稳定状况、金融结构以及微观金融主体的金融人格的影响,不同地域空间的金融效率存在显著差异,表现出不同的区域金融效率特征。区域金融发展的过程,不仅是区域金融业规模日益扩大和区域金融结构不断发展演化的过程,而且是区域金融效率不断提升的过程。由于银行、证券、保险等金融行业在各区域空间发展的非均衡性,自身的效率及其对区域经济作用的效果呈现出差异性的特征。

二、区域金融发展差异的形成机理

区域金融发展差异根源于区域差异。区域差异主要体现在区域经济发展水平、政府行为、社会诚信文化、区位等方面。区域金融发展差异受区域差异决定,也是区域差异的重要组成部分,对区域差异的演进与发展具有重要的影响。设区域金融发展差异为 DRFD,则有:

$$DRFD = f(DRED, DGB, DSHC, LD) \quad (5-1)$$

在式(5-1)中,DRED 表示区域经济发展差异,DGB 表示政府行为差异,DSHC 表示社会诚信文化差异,LD 表示区位差异。

(一)区域经济发展差异与区域金融发展差异

第一,区域金融发展差异是区域经济发展差异在金融领域的直接体现,反映出经济发展对金融发展的基础性制约。区域经济发展水平指某一地区经济发展的规模和经济结构所达到的层次,它反映了该地区在一定时期内所生产的物质产品与服务的丰富程度与经济效益的高低,也反映了该地区经济结构尤其是产业结构的状况。区域经济发展水平的提高不仅意味着社会财富量的增加,还意味着经济结构的调整和优化以及经济制度的演进。区域技术进步内含于区域经济发展水平之中,一定的区域经济发展水平总是与一定的生产技术水平相适应。区域技术进步带来的较高的生产技术水平是区域经济发展水平提高的支撑。区域技术进步一方面可以改进要素配置比例,增加物质产品与服务的产出总量;另一方面可以降低经济运行中的物耗,提高经济运行的效率,扩大可供金融部门分配的价值部分。同时,经济发展水平较高的地区往往拥有较完善的基础设施、较高层次的产业结构、较高的经济市场化程度、较高的城市化水平和较高的居民收入水平。这些地区的单位土地产出和人均产出较高,社会财富总量较大,拥有充足的能力支付融资所需的费用,生产和生活中游离出来的金融剩余规模及金融需求也高于经济发展落后地区,直观上表现为存贷款规模、证券市场融资规模、保费收入规模的增长。因此,客观上金融业会增大对经济发展的金融投入规模。与此同时,伴随着经济发展水平的提高,经济结构的改善尤其是产业结构的调整升级,对金融体系在融资方式与服务技术、金融产品与金融机构的种类等方面提出较高的要求,进一步改善金融结构和提升金融效率。人均收入水平较低的地区,金融规模偏小,金融结构也处于较低层次。

第二,区域经济技术条件差异是区域金融发展差异形成的重要推动力量。经济发展往往与科技进步相伴而生。科技创新在促进经济发展水平不断提高的同时,也推动着金融发展。近年来,以IT业为代表的高科技产业快速发展,计算机和网络信息技术在金融行业中得到普遍应用,日益渗透和融合于金融业务领域与业务过程,使资金清算更快、更安全,金融决策更高效、更科学,金融机构通过各种业务终端向客户提供便利的自动客户服务并形成系统网络。这不仅降低了金融业的经营成本,促进了金融业的规模扩张,还推动了金融结构的演进与优化,提高了金融效率。

第三,不同的经济结构会对金融发展产生不同的制约作用。区域经济结构中的所有制结构、产业结构、部门结构不同,都会导致区域金融发展差异。比如在我国,非公有制产出占比较高的地区(如广东省、浙江省等),银行存贷款规模、企业上市融资规模、上市公司数量、股东开户数量、保费收入规模、保险机构规模较大,直接融资占比和保险深度较高,金融效率也较高;而第三产业产出占比较大的地区(如北京市、上海市等),金融发展水平也相对较高。

(二)政府行为差异与区域金融发展差异

政府作为经济政策的制定和执行部门,对经济进行直接参与和调控,作用于区域经济增长和区域经济结构调整,对区域金融结构和区域金融效率产生重要影响。政府行为包括中央政府行为和地方政府行为。中央政府从全局角度出发,制订和实施区域经济发展战略与发展规划,确定区域经济发展的先后次序,并在"价格"和"数量"两个方面加以金融调控,以作为区域经济发展战略实施的金融保证。中央政府的"价格"政策集中体现在贷款利率的管控上,对优先发展地区或重点发展地区施以优惠利率,刺激这些地区的投资需求和消费需求,从而实现推动经济快速发展的目的。中央政府的"数量"政策则表现在多个方面。比如,对优先发展地区或重点发展地区进行银行信贷规模倾斜或信贷条件倾斜,增加对这些地区的信贷投放规模;在股票发行上市融资方面,对优先发展地区或重点发展地区的规定较为宽松,以增加这些地区上市公司的数量和股票发行的融资额度。再如,对优先发展地区或重点发展地区的金融机构市场准入规定的门槛较低,以增加对这些地区的金融供给,等等。中央政府在金融上的价格管控和数量管控行为往往不是单独进行的,而是协调配合实施的。地方政府本身就拥有推动本地区经济增长和就业增加的偏好,在中央政府赋予地方政府以较大的经济发展自主权的背景下,这一偏好会愈发膨胀。因此,对金融资源的控制和争夺成为地方政府的重要工作内容。

当地方政府的经济发展目标与中央政府的区域经济发展规划一致时,该地区的金融发展就会较快,从而扩大与经济落后地区的金融发展差距或者缩小与经济发达地区的金融发展差距;当不一致时,地方政府的最优选择是一方面改善地方经济发展环境,尽可能将既有的金融资源使用效率最大化,另一方面积极游说中央政府照顾地方政府发展地区经济的主观能动性和积极性。地方政府之间在经济联系密切、发展目标一致且属于中央政府规划发展的同一个区域时,往往会加强金融合作,以提高金融资源的配置效率,推动区域金融发展。比如,苏州市与上海市均属于长三角地区,两个城市经济联系紧密且基于不同的城市功能定位和产业分工,发挥各自的比较优势,珠联璧合,都得到了快速发展。在地方经济发展目标相互冲突时,地方政府之间难免产生以邻为壑的政策行为,限制金融资源的跨地区流动,从而降低金融资源的配置效率,不利于区域金融发展水平的提高。

地方政府通过改变地方司法环境进而影响区域金融发展。地方司法环境通过影响地区金融交易秩序和金融主体金融权益,进而作用于区域金融发展。地方司法环境主要由司法公正性、司法独立性和司法效率等因素共同构成。地方司法机关能否公正对待来自不同地区和不同所有制的金融交易主体的合法权益,能否保持司法独立,少受或不受地方政府的行政干预,在立案、审理、宣判、执行诸环节能否保持较高的司法效率,能否在违约率既定条件下最大限度地降低违约损失率,这不但直接关系到金融交易主体的资产质量和收益水平变动,而且可以引发司法环境的变化,从而改变金融主体的金融预期,并导致金融资源流向的改变。假设一国由 A 地区和 B 地区构成,A 地区的司法公正性、司法独立性较好,司法效率较高;而 B 地区的司法部门对不同所有制的金融主体和来自不同地区的金融交易主体采取不同的司法态度,偏袒本地区的交易主体,偏袒公有制企业,地方政府对司法的行政干预较多,司法部门难以保持司法独立性,司法效率低下,司法环境不良。那么,A 地区交易主体的金融权益、财产权益能够得到公正、有效的保护,金融交易成本下降,金融交易规模和金融效率都高于 B 地区。同时,B 地区的司法环境恶化,一些受到司法歧视的金融交易主体会转移到司法环境较好的 A 地区,使 A、B 两个地区的金融发展水平形成差异。

(三)社会诚信文化差异与区域金融发展差异

社会诚信文化是政府、企业和居民个人在长期的经济活动中自发形成并逐渐沿袭下来的诚实守信的行为习惯,是商业文化的重要组成部分。社会诚信文化的生成与发展是政府、企业、居民个人长期共同努力的结果。金融交易主体的诚信行为具有外部正效应,失信行为具有外部负效应。因此,政府作为政策与制度的制定者与实施者,同时又是市场参与者,其诚信状况不但对于其他金融主体具有表率作用,而且在普及诚信教育、培养信用人才、构建失信惩戒机制和诚信激励机制、推动行业性惩戒措施以及完善社会舆论监督机制等方面,具有其他金融主体所不具备的重要作用。

金融活动是以信任为前提条件的。良好的社会诚信文化,可以增强金融交易主体之间的相互信任,有助于降低金融合约的谈判成本、合约履行成本和合约履行监督成本,降低交易费用,降低信用违约率和违约损失率,提高金融效率。因此,良好的社会诚信文化会给金融交易主体以确定的交易预期,降低交易风险和交易成本,促进区域金融发展。不良的社会诚信文化,不但会提高金融交易成本,而且不利于金融资产质量的提升和信用风险的控制。因此,社会诚信文化是区域金融发展的重要约束因素,也是造成区域金融发展差异的重要原因。

(四)区位差异与区域金融发展差异

区位是影响区域金融发展的重要因素。区位因素包括地理区位、行政区位、人文区位和经济区位。拥有地理区位优势的地区,交通便捷,金融集聚和产业集聚程度较高。行政区位优越的地区,集信息中心、行政决策中心、经济中心和交通中心于一身,商务流量较大,金融剩余较多,金融需求也较多,政策制定、信息加工和信息增值服务的需求较高。人文区位较好的地区,拥有悠久的历史和深厚的文化积淀,居民的文化素质相对较高,金融人格较独立,对金融信息的敏感度较高,金融意识较强,具有汇聚金融资源的文化向心力。经济区位反映的是某一地区在与周边其他地区开展经济联系的过程中所处的地位。经济区位较好的地区,一般是地区经济中心和资源配置中心,经济优势明显。有时,经济区位好的地区是毗邻层级较高经济中心的地区,通过产业分工发挥自身比较优势,并与经济中心保持密切的经济联系。

地理区位、行政区位、人文区位、经济区位往往是重叠在一起的。经济中心一般居于交通便利、人文底蕴深厚的地区行政中心或国家政治中心。具有良好区位优势的地区在经济上发展较快,成为推动区域经济乃至全国经济增长的引擎。这些地区经济发展水平较高,经济技术条件较好,投资收益率较高,资本积累的速度较快,金融需求较旺盛,金融资源的持续流入促使金融效率不断提高,成为推动区域金融发展的重要力量。

在上述导致区域金融发展差异形成的四个因素中,区域经济发展差异对区域金融发展差异的形成具有基础性制约作用。良好的金融发展状况、不断优化的区域金融结构、较高的金融效率,都有助于区域经济发展;较小的区域金融业规模、演进滞后的区域金融结构、较低的区域金融效率,会抑制区域经济发展。同时,政府行为、社会诚信文化及区位条件,一方面会直接影响区域金融发展,另一方面通过影响区域经济发展,间接作用于区域金融发展。

第二节　近年来我国区域金融发展差异状况分析

从既有的相关研究来看,对区域金融发展差异的测算方法可以分为三大类。第一类是设定金融业某一指标或银行、证券、保险等金融行业的某几个指标,直观描述金融发展的区域差异状况。第二类是运用泰尔指数、变异系数、相对变异系数、基尼系数、极值率等统计变量,衡量反映金融发展的某一指标在区域间或区域内部各地区间的差异状况,进而分析区域金融发展差异的直接成因。第三类是分别从不同的维度构建指标体系,运用因子分析法、层次分析法、主成分分析法及聚类分析法等进行研究。

本章拟首先从规模、结构、效率三个维度对银行、证券、保险这三个主要金融行业分别设定指标,比较分析近年来我国区域金融发展差异状况;其次在科学、系统地构建金融发展综合评价指标体系的基础上,运用因子分析法对环渤海三省二市的金融发展状况进行分析评价;最后分析天津市的金融业发展状况,针对天津市的金融发展提出政策建议。

一、近年来我国区域金融业规模差异状况分析

(一)区域金融业规模的度量指标

本节分别从银行、证券和保险这三个金融行业入手,分析我国金融业规模的区域差异。具体地,在银行业方面,本节采用资产总额和机构网点数量这两个指标,分别从资产和机构的角度,分析我国各区域银行业的规模差异。在比较证券业规模的区域差异时,本节采用证券公司法人机构数量、上市公司数量、上市公司股票筹资额三个指标,分别从证券市场中介的规模、筹资者的规模和筹资规模三个视角,对各区域证券业的规模进行分析比较。证券公司法人机构数量,反映的是证券公司作为证券行业中介机构的规模大小;上市公司数量和上市公司股票筹资额,反映的是各区域利用证券市场筹集资金的规模,反映了各区域证券行业利用民间资本的规模。在保险业方面,本节采用保险公司原保险保费收入和保险

公司资产规模两个指标,分别考察各区域保险业的保费收入规模和资产规模差异;采用保险公司法人机构数量,分析比较各区域保险业的机构规模差异。

(二)近年来我国各地区银行业规模差异状况分析

1. 近年来我国各地区银行业的资产规模差异

近年来我国银行业资产规模快速增长,各地区资产总额增幅不尽一致,导致地区间银行业资产规模差距有所变化。我国银行业资产总额由2005年的37万亿元上升到2015年的199.3万亿元,增幅为438.65%(见表5-1)。各地区银行业拥有的资产规模存在较大差异,东部地区拥有的资产规模最多,其次为西部地区和中部地区,东北地区最少。2005—2015年各地区银行业资产规模增幅并不一致,西部地区与中部地区的增幅高于全国平均水平,分别为514.63%和500.19%,而东部地区和东北地区的增幅低于全国平均水平。2005年,东部地区与中部地区、西部地区、东北地区的银行业资产总额之比分别为4.36倍、3.59倍和7.63倍,而2009年的这一比值分别为4.06倍、3.59倍和8.71倍,2015年这一比值为3.65倍、2.94倍和7.81倍。中部地区、西部地区与东部地区银行业资产规模差距有所缩小,而东北地区与东部地区的差距有所扩大(见图5-1)。

表5-1 2005—2015年我国各地区银行业资产总额

(单位:万亿元)

年份	东部地区	中部地区	西部地区	东北地区	全国
2005	22.57	5.18	6.29	2.96	37.00
2006	25.83	5.74	6.15	3.28	41.00
2007	31.10	6.80	7.29	3.40	48.60
2008	35.50	8.73	9.31	4.66	58.20
2009	45.20	11.12	12.60	5.19	74.10
2010	53.72	13.14	15.54	6.48	88.80
2011	63.69	15.45	18.94	7.62	105.80
2012	74.08	18.55	23.03	8.84	124.50
2013	89.17	22.86	28.92	10.45	151.40
2014	100.62	26.36	33.25	12.06	172.30
2015	113.60	31.09	38.66	14.55	199.30

资料来源:根据2005—2015年《中国区域金融运行报告》整理。

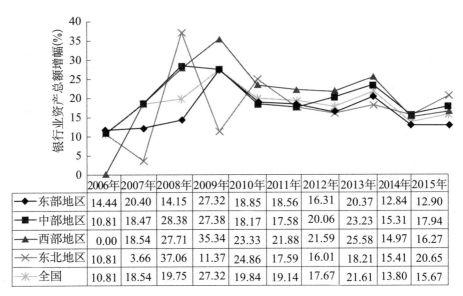

图 5-1　2006—2015 年我国各地区银行业资产总额增长幅度

资料来源:根据 2005—2015 年《中国区域金融运行报告》整理。

2. 近年来我国各地区银行业的机构规模差异

总体而言,我国各地区银行业机构网点规模呈不均衡状态,表现出东部地区、西部地区、中部地区、东北地区依次递减的特征。从表 5-2 可以看出,2005—2008 年,我国银行业机构网点数量逐渐减少。2008 年,全国银行业机构网点共计 18.7 万家,较 2005 年减少约 1.3 万家,减幅为 6.5%。我国东部地区、中部地区和东北地区银行业机构网点数量分别减少 3 100 家、1 200 家和 1 300 家,较 2005 年减幅分别为 4.08%、2.5% 和 6.5%,低于全国平均水平;西部地区银行业机构网点数量下降较多,为 7 400 家,较 2005 年减幅高达 13.21%,高于全国同期减幅一倍以上。2009—2015 年,我国银行业机构网点数量呈逐年增加态势。截至 2015 年,全国银行业机构网点数量为 22.1 万家,较 2008 年增加 3.4 万家,增幅为 18.18%。同期我国东部地区和西部地区银行业机构网点分别增加 1.53 万家和 1.06 万家,较 2008 年分别增长 20.99% 和 21.81%,增幅高于全国平均水平;中部地区和东北地区银行业机构网点分别增加 5 400 家和 2 700 家,增幅分别为 11.54% 和 14.44%,低于全国平均水平。

表 5-2　2005—2015 年我国各地区银行业机构网点数量

(单位:万家)

年份	东部地区	中部地区	西部地区	东北地区	全国
2005	7.60	4.80	5.60	2.00	20.0
2006	7.53	4.83	5.21	1.74	19.3

(续表)

年份	东部地区	中部地区	西部地区	东北地区	全国
2007	7.72	4.75	5.35	1.98	19.8
2008	7.29	4.68	4.86	1.87	18.7
2009	7.37	4.73	5.10	1.70	18.9
2010	7.70	4.60	5.27	1.93	19.5
2011	7.80	4.80	5.46	1.94	20.0
2012	7.98	4.73	5.60	1.90	20.2
2013	8.26	4.95	5.68	2.01	20.9
2014	8.94	4.95	5.84	2.07	21.8
2015	8.82	5.22	5.92	2.14	22.1

资料来源:根据2005—2015年《中国区域金融运行报告》整理。

我国银行业组织机构经过20世纪80年代到90年代中期的快速扩张,规模不经济的现象较为突出。随着20世纪90年代中期以后第三次全球银行业并购浪潮的兴起,我国银行业组织机构进入一个整合期。2008年之前银行业机构网点数量的下降正是这一整合期的具体体现。我国经济持续快速增长带来的金融需求刺激,加上金融监管部门对银行业跨地区设置分支机构以及在农村地区设置分支机构的制度改革和放松,2009年以后我国金融业机构网点数量持续增长。

我国不同地区银行业机构网点的密度存在很大差异。东部地区、中部地区、西部地区、东北地区的境域面积占全国的比例分别为9.5%、10.7%、71.5%和8.2%。按2015年的银行业机构网点数据计算,东部、中部、西部、东北地区每单位银行业机构网点服务的境域面积分别为10.39平方公里、19.69平方公里、116平方公里、36.82平方公里,服务半径分别为1.84公里、2.50公里、6.08公里、3.42公里。在银行业机构网点密度最小的西部地区,单位银行业机构网点服务的境域面积是机构网点密度最大的东部地区的11.16倍。

同时我们注意到,在IT产业与金融业融合程度不断加深、互联网金融飞速发展、金融脱媒现象愈演愈烈的现实背景下,银行业机构网点数量不减反增,而且主要集中在区位条件较好、经济较发达的东部地区,这说明"地理已死"的论断尚需进一步验证。

(三)近年来我国各地区证券业规模差异状况分析

1. 近年来我国各地区证券公司法人机构的数量差异

与银行业机构数量变化特征相似,我国证券公司法人机构数量也经历了先下降再上升的过程。2005年,全国证券公司法人机构数量为120家,之后几年时间迅速减少到106家;从2011年开始逐年增加,2015年达到125家(见表5-3)。然而,各地区证券公司法人机构数量变化趋势并未与全国完全相同。其中,东部地区、西部地区与全国的证券公司法人机构数量变化趋势基本一致,都经历了先下降再回升的过程;东北地区在经历了下降过程之后并未回升。2005年,东北地区拥有证券公司法人机构10家,2007年下降到6家,此后一直保持这个水平。中部地区则没有经历下降过程。2005—2007年,中部地区拥有11家证券公司法人机构,之后一直为12家,并无任何变化。

表5-3 2005—2015年我国各地区证券公司法人机构数量

(单位:家)

年份	东部地区	中部地区	西部地区	东北地区	全国
2005	79	11	20	10	120
2006	69	11	20	8	108
2007	70	11	19	6	106
2008	71	12	18	6	107
2009	70	12	18	6	106
2010	70	12	18	6	106
2011	73	12	18	6	109
2012	78	12	18	6	114
2013	79	12	18	6	115
2014	84	12	18	6	120
2015	87	12	20	6	125

资料来源:根据2005—2015年《中国区域金融运行报告》整理。

我国证券公司法人机构数量也呈现出东部地区、西部地区、中部地区再到东北地区依次递减的特征。2005年,东部地区拥有全国120家证券公司法人机构中的79家,分别是中部地区、西部地区和东北地区的7.18倍、3.95倍和7.9倍。到了2015年,东部地区拥有的证券公司法人机构数量分别相当于中部地区、西部地区和东北地区的7.25倍、4.35倍和14.5倍。东部地区与其他地区的证券公司法人机构数量差距有所扩大。证券公司作为为企业直接融资提供服务、为投资者提供咨询服务、承担证券经纪业务的证券市场组织,依据就近市场的原则在东部地区注册法人机构,说明东部地区经济发展水平较高,满足上市融资条件的企业数量较多,参与证券投资的企业和个人数量较多,证券交易规模也较大。同时,由于证券投资基金通常是由证券公司法人机构设立的,证券公司在各地区数量规模的差异,造成了基金管理公司在各地区分布的不均衡。截至2015年年底,中部地区和东北地区均无一家基金管理公司。

2. 近年来我国各地区上市公司数量与上市公司股票筹资额差异

近年来我国国内上市公司数量快速增长,但空间分布并不均衡,地区差距逐渐扩大。2005—2015年,我国上市公司数量从1 397家增加到2 827家,增幅为102.4%。除2013年上市公司数量略有下降以外,其余年份均有增长。其中,2010年同比增幅最大,为20.08%(见表5-4)。东部地区拥有的上市公司数量最多,其次为西部地区和中部地区,东北地区最少。从上市公司数量增长变动情况来看,各地区均有不同程度的增长。其中,东部地区上市公司数量由2005年的773家增加到2015年的1 869家,增幅最大,为141.79%,高出全国平均水平39.39个百分点;东北地区增幅最小,为31.58%;中部地区和西部地区的增幅也低于全国平均水平,分别为75.65%和44.29%。各地区上市公司数量增长幅度存在的较大差异,使得东部地区与其他地区的上市公司数量差距逐渐扩大。

表5-4 2005—2015年我国各地区上市公司数量

(单位:家)

年份	东部地区	中部地区	西部地区	东北地区	全国
2005	773	230	280	114	1 397
2006	811	236	276	111	1 434
2007	795	251	293	124	1 463
2008	901	245	281	111	1 538
2009	1 024	277	304	113	1 718
2010	1 287	314	338	126	2 065
2011	1 499	356	356	131	2 342
2012	1 621	372	364	140	2 497
2013	1 620	366	366	137	2 489
2014	1 717	374	379	144	2 614
2015	1 869	404	404	150	2 827

资料来源:根据2005—2015年《中国区域金融运行报告》整理。

自2005年以来,我国上市公司股票筹资额处于震荡波动之中(见表5-5)。其中,2010年股票筹资额最高,为8 955.0亿元;2005年的股票筹资额最低,为368.3亿元。从各地区上市公司股票筹资额来看,东部地区最多,西部地区其次,中部地区居第三位,东北地区最少。

表5-5 2005—2015年我国各地区上市公司股票筹资额

(单位:亿元)

年份	东部地区	中部地区	西部地区	东北地区	全国
2005	336.0	3.1	29.2	0	368.3
2006	1 525.8	259.0	101.7	12.5	1 899.0
2007	5 645.5	388.5	589.9	335.0	6 958.9

(续表)

年份	东部地区	中部地区	西部地区	东北地区	全国
2008	2 414.6	390.5	506.0	84.9	3 396.0
2009	2 937.0	451.8	479.1	27.3	3 895.2
2010	6 626.7	1 029.8	904.5	394.0	8 955.0
2011	3 373.5	700.1	659.5	339.9	5 073.0
2012	2 092.6	362.8	534.9	137.6	3 128.0
2013	2 215.8	576.2	955.1	119.9	3 867.0
2014	4 518.1	882.5	1 376.6	282.4	7 059.6
2015	5 681.5	877.4	1 584.3	374.8	8 518.0

注：2013—2014年的上市公司股票筹资额为各类企业和金融机构在境内外股票市场采用发行、增发、配股、权证行权等方式的累计筹资额，其余年份为A股上市公司筹资额。

资料来源：根据2005—2015年《中国区域金融运行报告》整理。

上市公司若要发行股票，必须在公司治理、资产规模、盈利水平等方面满足证券监管部门和证券交易所的条件要求，因此各地区的上市公司数量和股票筹资额的差异，反映了各地区企业的经营规模、管理水平及经济市场化程度的不同，也反映了经济发展对资本市场发展的基础性制约。证券市场是企业直接融资的重要渠道，中部地区、西部地区和东北地区不能满足上市条件的企业，会更多地通过银行渠道进行间接融资，以满足自身经营发展的资金需求。

(四) 近年来我国各地区保险业的规模差异状况分析

1. 近年来我国各地区保险业保费收入差异

2005—2015年，我国保费收入快速增长，保费收入的区域差异显著。全国保险公司原保险保费收入由2005年的4 925.02亿元增长到2015年的23 740.43亿元，增幅为382.04%。在此期间，除2011年保费收入下降3.37%以外，其余年份均为正增长，增幅最高为2008年，同比2007年增幅为39.11%（见表5-6）。各地区保险公司原保险保费收入增速不尽一致，西部地区最快，2015年比2005年增长494.03%；中部地区次之，为442.64%；东部地区和东北地区基本相当，分别为341.21%和341.20%。从各地区拥有的保费收入规模来看，东部地区最多，东北地区最少。由于各地区保费收入增速不等，近年来各地区保费收入差距有所变化。2005年西部地区的保费收入相当于东北地区的1.74倍，而这一差距在2015年扩大到2.34倍。同样，2005年东部地区与西部地区的保费收入之比为3.79∶1，到2015年缩小为2.81∶1。

表 5-6 2005—2015 年我国各地区保险公司原保险保费收入

(单位:亿元)

年份	东部地区	中部地区	西部地区	东北地区	全国
2005	2 890.98	832.33	763.38	438.33	4 925.02
2006	3 237.90	967.17	921.40	500.57	5 627.04
2007	4 031.19	1 217.67	1 196.90	578.16	7 023.92
2008	5 309.08	1 881.30	1 737.90	842.96	9 771.24
2009	6 052.35	2 123.99	2 017.70	921.36	11 115.40
2010	7 898.32	2 793.05	2 614.94	1 183.03	144 89.34
2011	7 546.00	2 772.00	2 632.00	1 050.00	14 000.00
2012	8 225.14	2 885.65	2 863.62	1 122.45	15 096.86
2013	9 129.91	3 156.59	3 253.07	1 253.78	16 793.66
2014	10 736.77	3 680.95	3 750.79	1 569.73	19 738.24
2015	12 755.28	4 516.53	4 534.71	1 933.91	23 740.43

资料来源:根据 2005—2015 年《中国区域金融运行报告》整理。

2. 近年来我国各地区保险公司的法人机构数量差异

2006—2014 年,我国保险公司法人机构数量有较大幅度的增加(见表 5-7),但各地区的增幅不尽一致,空间分布不均衡。2006 年全国保险公司法人机构数量为 98 家,2014 年增加到 178 家,增幅为 81.63%。各地区保险公司法人机构数量变动情况并不一致,东部地区、中部地区、西部地区增长趋势明显,中部地区和东部地区增长幅度高于全国平均水平,西部地区低于全国平均水平。中部地区保险公司法人机构数量由 2006 年的 2 家增加到 2014 年的 6 家,增幅为 200%;东部地区由 2006 年的 81 家增加到 2014 年的 155 家,增幅为 91.36%;西部地区则由 2006 年的 7 家增加到 2014 年的 10 家,增幅为 42.86%。同期东北地区保险公司法人机构数量处于震荡走势。各地区保险公司法人机构数量变动幅度的差异,使得原本存在的各地区保险机构规模的差距发生了改变。东部地区与中部地区的差距因后者的保险公司法人机构数量增幅较大而有所缩小,两个地区保险公司法人机构数量之比由 2006 年的 40.5∶1 下降到 2014 年的 25.8∶1;东部地区与西部地区的差距则因后者的保险公司法人机构数量增幅较小且有所扩大,两个地区保险公司法人机构数量之比由 2006 年的 11.6∶1 上升到 2014 年的 15.5∶1。同时,东北地区保险公司法人机构数量一直处于震荡之中,与东部地区的差距在扩大,与中、西部地区的差距总体有所缩小。

表5-7 2006—2014年我国各地区保险公司法人机构数量

（单位：家）

年份	东部地区	中部地区	西部地区	东北地区	全国
2006	81	2	7	8	98
2007	99	2	5	4	110
2008	105	5	10	10	130
2009	114	5	10	9	138
2010	125	4	9	8	146
2011	121	4	9	6	140
2012	133	5	8	7	153
2013	145	5	10	7	167
2014	155	6	10	7	178

资料来源：根据2006—2014年《中国区域金融运行报告》整理。

3. 近年来我国各地区保险公司的资产规模差异

由表5-8可知，近年来我国保险公司资产总额逐年增长，其空间分布及差异变动情况与保费收入、保险公司法人机构数量基本一致。2014年我国全国保险公司资产规模达51 841.0亿元，比2006年增长281.29%。从各地区的情况看，中部地区增幅最大，由2006年的2 148.83亿元增长到2014年的8 513.41亿元，增幅达296.19%。西部地区增幅也高于全国平均水平，为290.84%。东部地区和东北地区增幅低于全国平均水平，其中东北地区最低，为272.20%。各地区保险公司资产总额增幅的差异，使中部地区、西部地区与东部地区保险公司资产规模的差距有所缩小。增幅最大的中部地区与东部地区的保险公司资产总额之比由2006年的1∶3.86缩小到2014年的1∶3.67。东北地区与东部地区的差距则进一步扩大，两地保险公司资产总额之比由2006年的1∶7.53扩大至2014年的1∶7.62。

表5-8 2006—2014年我国各地区保险公司资产规模

（单位：亿元）

年份	东部地区	中部地区	西部地区	东北地区	全国
2006	8 294.23	2 148.83	2 052.03	1 101.15	13 596.24
2007	8 958.60	2 407.12	2 196.90	1 149.93	14 712.55
2008	11 214.40	3 120.42	2 309.75	1 030.54	17 675.11
2009	12 682.01	3 837.91	3 043.98	1 724.14	21 288.04
2010	15 805.29	4 934.09	4 361.01	2 177.03	27 277.42
2011	19 019.54	4 876.47	5 372.61	3 304.13	32 572.75
2012	21 938.47	5 591.42	6 250.83	3 359.01	37 139.73
2013	26 709.19	7 689.68	7 186.29	3 767.27	45 352.23
2014	31 209.69	8 513.41	8 020.06	4 098.44	51 841.00

资料来源：根据2007—2015年《中国区域金融稳定报告》整理。

二、近年来我国区域金融结构差异状况分析

(一)金融结构的分类

1. 戈德史密斯对金融结构的分类

戈德史密斯依据金融相关比率及其他相关指标,将金融结构划分为三种类型。[①] 第一类是18世纪到19世纪中叶欧洲和北美的金融结构,其特点包括:金融相关比率较低,为1/5~1/2,债权凭证在金融工具中占据主导地位;金融机构持有的金融资产在全部金融资产余额中占比较低,商业银行在金融机构中占据突出地位。第二类是20世纪上半叶普遍存在于拉美、东南亚等地区大多数非工业化国家的金融结构。这类金融结构的特点与第一类金融结构的特点相似,但政府和政府金融机构发挥了更大的作用,国内储蓄率和投资率较低,金融中介比率较高,有些国家已经出现大型股份公司,只是对金融结构的影响微弱。第三类是20世纪初期以来在工业化国家较为常见的金融结构,其特点为:金融相关比率较高,为1~2;尽管债权类资产在金融资产总额中的占比为2/3以上,但股权类资产占比已有所上升;金融机构持有的金融资产在全部金融资产总额中的占比有所提高;金融机构开始多样化,银行体系的地位有所下降,储蓄机构、私人及公共保险组织等非银行金融机构的地位相对上升。

2. Demirguc-Kunt 和 Levine 对金融结构的分类

Demirguc-Kunt 和 Levine 从规模、行为和效率三个方面分别设立指标,并根据指标值的高低,将样本国家划分为银行主导型和证券市场主导型的金融结构。[②] 衡量规模的指标是存款货币银行的总资产与国内股票市值的比值。该比值越低,该国越倾向于证券市场主导型金融结构;否则,越倾向于银行主导型金融结构。衡量行为的指标是存款货币银行对私人部门的信贷总额与证券交易总额的比值。该比值越高,该国越倾向于银行主导型金融结构;否则,越倾向于证券市场主导型金融结构。衡量效率的指标有两个:一是证券交易总额与GDP的比率和银行营业成本与总资产的比率的乘积,二是证券交易总额与GDP的比率和银行净利差的乘积。如果两个指标值均较高,且证券交易总额与GDP的比率高于样本均值,则可认定该国属于证券市场主导型金融结构;如果两个指标值均较低,且存

[①] 〔美〕雷蒙德·W. 戈德史密斯著,周朔等译:《金融结构与金融发展》,上海三联书店、上海人民出版社,1994年。

[②] Demirguc-Kunt, A., and Levine, R., "Bank-Based and Market-Based Financial Systems: Cross-Country Comparisons", World Bank Working Paper, Mimeo, 1999.

款货币银行对私人部门的信贷总额与 GDP 的比率高于样本均值,则可认定该国属于银行主导型金融结构。国内学者在研究金融结构问题时,虽然采用的量化指标有所不同,但主要依据的是这几种分类方法。

一般企业的外源融资主要通过金融机构(金融中介)或证券市场得以实现,前者以德国、日本为代表,称为以银行为主导的金融结构;后者以美国和英国为代表,称为以证券市场为主导的金融结构。另外,有金融中介参与的融资为间接融资,没有金融中介参与的融资为直接融资。因此,有的学者在研究过程中,将金融结构分为以间接融资为主导的金融结构和以直接融资为主导的金融结构。

至于银行主导型金融结构和证券市场主导型金融结构孰优孰劣,学者们的观点不尽一致。根据辛祥晶等的分析归纳,银行主导型金融结构的优点主要表现在以下几个方面:第一,能方便地获取企业和经理人的信息,在解决交易成本和信息不对称问题方面具有优势,能够促进资本分配和公司监督,进行良好的企业控制;第二,在经济发展的早期阶段,制度环境较弱,银行可以将储蓄集中投放于具有战略意义的项目,强制企业披露信息和偿还贷款等,在减少"道德风险"方面具有规模经济优势;第三,能克服内部控制风险,提高投资效用和促进经济增长。证券市场主导型金融结构下,由于企业由内部人控制,董事会和管理层可能会共同损害其他股东的利益;银行则可以通过信息传递,有效监督控制道德风险,与企业建立长期关系以避免信息不对称。[①]

证券市场主导型金融结构的优势集中表现在以下几个方面:第一,证券市场主导型金融结构鼓励创新。银行会向企业收取信息租金,保护与自身已建立紧密关系的企业,促使它们减少对高风险项目的投资,从而阻碍创新和增长。[②] 第二,证券市场主导型金融结构能更加有效地配置资本。国有银行感兴趣的是政治目标而不是克服市场摩擦,因而更倾向于对劳动密集型产业进行贷款,对真正具有战略意义的产业不感兴趣。证券市场则能弥补银行的不足,并促进创新和产业发展。第三,证券市场主导型金融结构能克服信息不对称问题,有效进行公司治理。市场上的收购活动可通过关联企业绩效与收益加强企业监控,而竞争性的市场对信息收集和传递有积极作用,投资者更有动力去研究企业以获取信息。

[①] 辛祥晶、武翠芳、王峥:"当代金融结构理论综述与最优金融结构",《经济问题探索》,2008年第 6 期,第 139—143 页。

[②] Rajan, R. G., "Insiders and Outsiders: The Choice Between Informed and Arm's-Length Debt", *Journal of Finance*, 1992, 47(4), 1367-1400.

3. 刘湘云和杜金岷对金融结构的分类

刘湘云和杜金岷根据区域金融结构与区域经济增长的关系,将金融结构分为宏观金融结构、中观金融结构和微观金融结构三个层次。其中,宏观金融结构主要包括金融目标结构、金融制度结构等;中观金融结构主要包括金融机构结构、金融市场结构等;微观金融结构主要指金融工具结构和金融资产价格结构。宏观金融结构通过中观金融结构传导至微观金融结构,最终作用于经济增长和充分就业,即宏观金融结构(金融目标结构、金融制度结构)→中观金融结构(金融机构结构、金融市场结构)→微观金融结构(金融工具结构、金融资产价格结构)→经济增长、充分就业。在此过程中,金融工具结构、金融资产价格结构等微观金融结构的合理调整最为关键。因此,衡量金融结构时应以微观结构指标为主,同时兼顾中观结构指标和宏观结构指标。[1]

(二)区域金融结构差异的度量

戈德史密斯运用比较分析方法,从金融上层结构、金融工具结构、金融机构结构等几个视角设计出一系列指标体系,实证分析金融结构变动的一般规律。[2] 后来的一些经济学家(如 Demirguc-Kunt 和 Levine)从规模、行为和效率三个方面分别设定分析指标,研究银行主导型和证券市场主导型的金融结构。[3] 李茂生在研究中国的金融结构问题时,将金融结构定义为由货币流通与货币信用构成的整体,能充分发挥各个部分机能的存在方式和组织形式,基于人们物质利益而建立起来的调控机制。金融结构主要包括金融形式结构(信用形式结构和信用工具结构)、金融机构结构(金融机构种类结构、同一金融机构内部的组织结构)、金融调节机制结构(其核心为利率结构)、金融从业人员结构和金融市场结构。[4] 王广谦认为,金融结构反映了金融发展的层次和经济金融化的深度,金融结构的分析基础为社会金融总资产。他采用分层次的结构比率分析法设计了一系列开放式的指标体系,考察了我国的金融资产组成结构、货币结构、融资结构在 1978—2000 年的变化。[5] 李健和贾玉革在研究金融结构的表象、深层与本质特征并提出金融结构合理性评价依据

---

[1] 刘湘云、杜金岷:"区域金融结构与经济增长的相关性研究",《武汉大学学报(哲学社会科学版)》,2005 年第 3 期,第 312—317 页。
[2] 〔美〕雷蒙德·W. 戈德史密斯著,周朔等译:《金融结构与金融发展》,上海三联书店、上海人民出版社,1994 年。
[3] Demirguc-Kunt, A., and Levine. R., "Bank-Based and Market-Based Financial Systems: Cross-Country Comparisons", World Bank Working Paper, Mimeo, 1999.
[4] 李茂生:《中国金融结构研究》,中国社会科学出版社,1987 年。
[5] 王广谦:"中国金融发展中的结构问题分析",《金融研究》,2002 年第 5 期,第 47—56 页。

和判定标准的基础上,设计了一套涵盖金融产业结构、金融市场结构、融资结构、金融资产结构、金融开放结构五个方面,宏观、中观和微观三个层次的立体化的指标体系,为深入研究金融结构问题提供了思路和分析工具。① 何昌采用全部私人市场资本化总量与全部私人信贷总量之比、股票市场资本化总量与存款货币银行信贷总量之比两大指标,描述发达国家证券市场主导的金融市场融资与银行主导的金融中介融资构成的金融结构的演变趋势。② 何晓夏与章林以金融相关比率、金融市场化比率作为总体评价指标,使用区域金融市场结构指标、区域金融机构结构指标、融资结构指标三个细化指标,设计了评价区域金融结构的指标体系。③

本章分别从银行、证券和保险这三个金融行业入手,分析我国各地区近年来的金融结构差异。在对银行业、证券业和保险业进行分类比较时,有必要对各金融行业的空间分布和人均结构进行比较分析。本章采用银行业资产总额和从业人员的地区分布,考量银行业的空间结构差异;用人均存款与人均贷款,分析区域银行业的人均结构差异。在比较各区域证券业结构差异时,本章采用上市公司的地区分布、证券公司法人机构资产规模的地区分布,分析证券业的空间结构差异;采用国内上市公司的人均规模指标,分析区域证券业的人均结构差异。类似地,在分析各地区保险业结构差异时,以保险公司保费收入的地区分布和保险公司法人机构的地区分布作为保险业的空间结构差异分析指标,将保险密度(人均保费收入)作为考察区域保险业人均结构差异的指标。

(三)近年来我国各地区银行业结构差异状况分析

1. 近年来我国银行业资产总额的地区分布差异

一个地区拥有的银行业资产总额占全国的比例,既反映了该地区银行业规模的大小,也反映了该地区拥有的、可支配的来自银行业的金融资源数量比例。从2005—2015年我国各地区银行业资产规模占比情况看,东部地区占五成以上,其次为西部地区,占比最少的为东北地区。如表5-9中所示,各地区银行业资产规模占比变动情况并不一致。东部地区在2005—2007年的占比逐渐走高,2008—2015年逐渐下降,2015年为近年来的最低值57.0%。中部地区和西部地区正好相反,2005—2007年的占比经历了下降

---

① 李健、贾玉革:"金融结构的评价标准与分析指标研究",《金融研究》,2005年第4期,第57—67页。
② 何昌:"发达国家金融结构演变的新趋势及其借鉴意义",《金融论坛》,2006年第4期,第59—63页。
③ 何晓夏、章林:"中国区域金融结构差异研究",《金融论坛》,2010年第1期,第25—31页。

过程,2008年以后则逐步走高。到2015年,中部地区和西部地区均达到近年来的最高值,分别为15.6%和19.4%。东北地区银行业资产规模占比变动走势较为独立,在2005—2006年基本不变,2007年快速下降,2008年反弹到2005—2015年的最高值8.0%,之后则震荡下行。到2015年,东北地区银行业资产规模占比为7.3%,低于2005年8.0%的水平。综合各地区银行业资产规模占全国的比例,中部地区、西部地区与东部地区的差距有所缩小并有进一步缩小的趋势,与东北地区的差距有所扩大并有进一步扩大的趋势。尽管中部地区和西部地区的银行业资产规模占比上升势头强劲,但在短期内难以改变东部地区银行业资产占全国银行业资产半数以上的现实。

表5-9 2005—2015年我国银行业资产总额与从业人员的地区分布

(单位:%)

年份	东部地区		中部地区		西部地区		东北地区	
	资产总额占比	从业人员占比	资产总额占比	从业人员占比	资产总额占比	从业人员占比	资产总额占比	从业人员占比
2005	61.0	43.0	14.0	23.0	17.0	23.0	8.0	12.0
2006	63.0	45.0	14.0	24.0	15.0	19.0	8.0	12.0
2007	64.0	44.0	14.0	22.0	15.0	23.0	7.0	11.0
2008	61.0	44.0	15.0	22.0	16.0	22.0	8.0	12.0
2009	61.0	44.0	15.0	22.0	17.0	23.0	7.0	11.0
2010	60.5	44.0	14.8	21.0	17.5	23.9	7.3	11.1
2011	60.2	43.7	14.6	21.3	17.9	24.0	7.2	11.0
2012	59.5	44.3	14.9	21.1	18.5	24.1	7.1	10.6
2013	58.9	44.1	15.1	21.2	19.1	23.9	6.9	10.8
2014	58.4	45.2	15.3	20.3	19.3	23.8	7.0	10.7
2015	57.0	44.2	15.6	21.1	19.4	23.9	7.3	10.8

资料来源:根据2005—2015年《中国区域金融运行报告》计算整理。

2. 近年来我国银行业从业人员的地区分布差异

从2005—2015年我国银行业从业人员的地区分布情况看,东部地区拥有四成多,西部地区和中部地区均拥有不足四分之一,东北地区仅拥有一成多。从2005—2015年银行业从业人员地区分布变动情况看,东部地区比较平稳,维持在44%左右。中部地区和东北地区均呈下降趋势,2015年比2005年分别下降1.9和1.2个百分点,而同期西部地区银行业从业人员占比上升0.9个百分点(见表5-9)。在商业银行遵从区位指向性原则布局机构网点的背景下,各地区的银行业从业人员比例的大小,不仅反映了各地区人口规模、金融剩余和信贷需求的变动状况,也反映了银行业为各地区提供的金融服务的变动情况。

3. 近年来我国各地区人均存款与人均贷款差异

2005—2015年,我国各地区的人口数量持续增长。2015年,东部地区、中部地区、西部地区、东北地区的人口数量分别为52 519万人、36 489万人、37 133万人和10 947万人,比2005年分别增加5 791万人、1 287万人、1 216万人和190万人(见表5-10),增幅分别为12.39%、3.66%、3.39%和1.77%。10年来各地区人口数量增幅不同,使得我国人口空间分布发生了变化,东部地区人口数量占全国人口数量的比例由2005年的36.33%上升到2015年的38.31%,中部地区、西部地区和东北地区人口数量占全国人口数量的比例分别由2005年的27.37%、27.93%、8.36%逐渐下降到2015年的26.62%、27.09%和7.99%。

表5-10 2005—2015年我国各地区的人口数量及其占全国的比例

年份	东部地区		中部地区		西部地区		东北地区	
	人口数量(万人)	占比(%)	人口数量(万人)	占比(%)	人口数量(万人)	占比(%)	人口数量(万人)	占比(%)
2005	46 728	36.33	35 202	27.37	35 917	27.93	10 757	8.36
2006	47 438	36.63	35 251	27.22	36 017	27.81	10 817	8.35
2007	48 160	36.93	35 293	27.07	36 088	27.68	10 852	8.32
2008	48 854	37.17	35 466	26.98	36 240	27.57	10 874	8.27
2009	49 548	37.41	35 603	26.88	36 385	27.47	10 907	8.24
2010	50 665	37.98	35 696	26.76	36 069	27.04	10 955	8.21
2011	51 063	38.09	35 791	26.70	36 222	27.02	10 966	8.18
2012	51 461	38.18	35 927	26.65	36 428	27.03	10 973	8.14
2013	51 818	38.24	36 085	26.63	36 637	27.04	10 976	8.10
2014	52 169	38.29	36 262	26.62	36 839	27.04	10 976	8.06
2015	52 519	38.31	36 489	26.62	37 133	27.09	10 947	7.99

资料来源:根据《中国统计年鉴(2016)》计算整理。

根据现代金融理论,当人们的收入满足其消费和投资需求以后,会以存款为主要形式形成金融剩余。因此,人均存款余额可以反映各地区人均拥有的金融剩余规模。同时,当人们的收入不能满足其消费和投资需求时,便会形成金融需求。在以银行为媒介的间接融资占据主导地位的情况下,人均贷款余额的变化可以反映出各地区金融需求的变动状况。

根据表5-11和表5-12,2005—2015年,我国的人均存款余额和人均贷款余额都有了较快增长。其中,2015年人均存款余额比2005年增长320.83%,人均贷款余额比2005年增长376.12%。从各地区人均存款余额变动情况看,西部地区和中部地区的增幅超过全国平均水平,尤其是西部地区,增幅达431.99%,为四个地区中最高。东部地区和东北地区低于全国平均水平,分别为265.39%和267.42%。各地区人均存款余额的变动情况,一方面说明西部和中部地区人均收入在2005—2015年增长较快,金融剩余大幅增加;另一方面说明西部地区、中部地区与东部地区人均存款差距逐渐缩小,而东北与东部地区的差距逐渐扩大。

与人均存款余额变动情况相似,西部地区和中部地区的人均贷款余额增幅分别为489.42%和395.67%,分别超出全国平均水平113.3个百分点和19.55个百分点;东部地区和东北地区增幅均低于全国平均水平,分别只有319.22%和352.02%。原因主要有三个方面:第一,在中央政府支持中部崛起政策和西部大开发战略的持续作用下,西部地区与中部地区的经济活力逐渐被激发出来,可贷项目和可贷客户数量不断增多;第二,在世界经济下行、我国经济步入新常态的现实背景下,一直以来引领我国经济高速增长的东部地区出现出口、消费、投资疲弱状态,银行信贷资产质量下降,银行放贷趋于谨慎;第三,作为"共和国长子"的东北地区,因国有企业包袱沉重、观念转变迟滞、企业生产技术和生产工艺落后、高端专业技术人才和经营管理人才持续流失,以致经济活力下降,贷款需求不旺。

表5-11 2005—2015年我国各地区人均存款余额

(单位:元)

年份	东部地区	中部地区	西部地区	东北地区	全国
2005	38 092.79	12 215.22	12 807.31	21 381.43	22 178.71
2006	41 317.09	14 183.99	14 715.27	24 036.24	24 724.61
2007	48 795.68	16 433.85	17 457.33	26 723.18	29 138.19
2008	57 108.94	19 737.21	21 523.18	31 267.24	34 713.33
2009	71 849.52	25 278.77	28 308.37	39 424.22	44 361.18
2010	83 489.59	30 535.63	34 933.04	46 554.08	52 874.54
2011	92 826.51	34 924.98	40 583.07	51 066.93	59 524.25
2012	104 545.19	41 194.64	47 765.46	59 236.31	68 314.08
2013	116 561.81	47 110.99	54 862.57	66 508.75	77 018.05
2014	125 361.80	51 844.91	60 533.67	71 064.14	83 563.63
2015	139 187.72	58 373.76	68 133.47	78 560.34	93 334.89

注:(1)2006年的存款余额为人民币存款余额,其余年份为本外币各项存款余额;(2)2015年的存款余额包含各商业银行总行直存数据,其余年份不包括。

资料来源:存款余额来自2005—2015年《中国区域金融运行报告》,人口数量来自《中国统计年鉴(2016)》。

表 5-12　2005—2015 年我国各地区人均贷款余额

（单位：元）

年份	东部地区	中部地区	西部地区	东北地区	全国
2005	23 754.49	8 238.17	8 909.43	13 944.41	14 301.45
2006	29 512.21	9 645.12	10 550.57	15 716.00	17 421.34
2007	33 845.51	11 050.35	12 192.42	17 508.29	20 056.16
2008	38 277.32	12 406.25	14 348.79	20 231.75	22 966.52
2009	50 052.47	16 571.64	19 788.37	26 588.43	30 573.25
2010	58 028.22	19 890.18	24 397.68	31 036.06	36 318.62
2011	65 213.56	22 910.79	28 987.91	36 476.38	41 563.07
2012	73 259.36	26 720.85	34 314.26	41 921.08	47 561.37
2013	81 438.88	30 760.70	39 850.42	47 376.09	53 721.56
2014	90 283.50	35 574.43	46 146.75	54 664.72	60 680.50
2015	99 583.01	40 834.22	52 513.94	63 030.97	68 091.55

注：2005 年和 2006 年的贷款余额为人民币贷款余额，其余年份为各项贷款余额；2015 年的贷款数据包含各商业银行总行直贷数据，其余年份不包括。

资料来源：贷款余额来自 2005—2015 年《中国区域金融运行报告》，人口数量来自《中国统计年鉴(2016)》。

(四)近年来我国各地区证券业结构差异状况分析

1. 近年来我国上市公司的地区分布差异

一个地区拥有上市公司的数量，可以反映出该地区的企业经营状况、经济市场化程度和经济运行质量。如表 5-13 所示，2005 年，东部地区集中了我国半数以上的上市公司，并呈逐年上升趋势。到 2015 年，东部地区上市公司占全国上市公司总数的比例已由 2005 年的 55.3% 升至 66.1%，提高 10.8 个百分点。中部地区和西部地区的上市公司占比虽然是两位数，但和东北地区一样，逐渐走低。其中，上市公司占比降幅最大的是西部地区，达 5.7 个百分点；其次是东北地区，降幅为 2.9 个百分点。在统一上市条件和统一监管标准的背景下，10 年来上市公司地区分布状况的变化，既折射出各地区证券市场对地区经济发展的贡献差异，又真实地反映出在上市企业资源和经济运行质量方面，中部地区、西部地区和东北地区与东部地区的差距逐渐拉大。

表 5-13　2005—2015 年我国上市公司的地区分布

（单位：%）

年份	东部地区	中部地区	西部地区	东北地区
2005	55.3	16.5	20.0	8.2
2006	56.5	16.4	19.2	7.9
2007	54.3	17.2	20.0	8.5
2008	58.6	15.9	18.3	7.2
2009	59.6	16.1	17.7	6.6

(续表)

年份	东部地区	中部地区	西部地区	东北地区
2010	62.4	15.2	16.4	6.1
2011	64.0	15.2	15.2	5.6
2012	65.0	14.9	14.6	5.6
2013	65.1	14.7	14.7	5.5
2014	65.7	14.3	14.5	5.5
2015	66.1	14.3	14.3	5.3

资料来源:根据2005—2015年《中国区域金融运行报告》整理。

2. 近年来我国各地区上市公司的人均规模差异

根据表5-14,2005—2015年,各地区上市公司的人均规模都有不同程度的上升。其中,东部地区、中部地区、西部地区和东北地区每百万人口拥有的上市公司数量分别由2005年的1.67家、0.65家、0.78家和1.06家增加到2015年的3.58家、1.11家、1.10家和1.37家,增幅分别为114.37%、70.77%、41.03%和29.25%。在东部地区人口数量占全国的比例逐渐上升、其他地区人口数量占全国的比例不断下降的背景下,东部地区的上市公司人均规模增幅最大,说明东部地区与中部地区、西部地区和东北地区的差距继续扩大。

表5-14　2005—2015年我国各地区每百万人口拥有的上市公司数量

(单位:家)

年份	东部地区	中部地区	西部地区	东北地区	全国
2005	1.67	0.65	0.78	1.06	1.09
2006	1.71	0.67	0.77	1.03	1.11
2007	1.65	0.71	0.81	1.14	1.12
2008	1.84	0.69	0.78	1.02	1.17
2009	2.07	0.78	0.84	1.04	1.3
2010	2.54	0.88	0.94	1.15	1.55
2011	2.94	0.99	0.98	1.19	1.75
2012	3.15	1.04	1.00	1.28	1.85
2013	3.29	1.01	1.00	1.25	1.84
2014	3.56	1.03	1.03	1.31	1.92
2015	3.58	1.11	1.10	1.37	2.06

资料来源:根据《中国统计年鉴(2016)》、2005—2015年《中国区域金融运行报告》计算整理。

3. 近年来我国各地区证券公司法人机构资产总额的地区分布差异

上市公司和证券公司法人机构主要集中在我国东部地区,证券公司法人机构资产规模也主要分布在东部地区(见图5-2)。东部地区的证券公司法人机构资产规模变化趋势为U形,即由2007年的85.12%逐渐下降到2009

年的 76.1%,再逐年缓慢下降到 2012 年的低点 74.84%,然后快速回升至 2014 年的 82.65%。中部地区、西部地区和东北地区正好与此相反,呈倒 U 形,即经历了先从低到高,再从高到低的变动轨迹。例如,中部地区 2007 年证券公司法人机构资产规模占比为 6.82%,之后几年时间里逐渐上升,2011 年达最高值 11.74%,随后又快速回落。

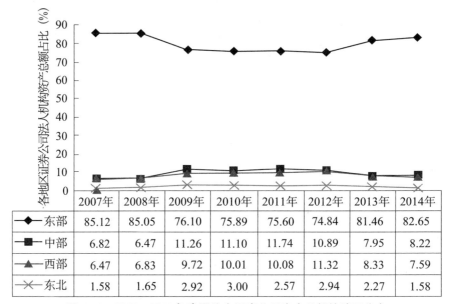

图 5-2　2007—2014 年我国法人证券公司资产总额的地区分布

资料来源:根据《中国统计年鉴(2016)》、2005—2015 年《中国区域金融运行报告》计算整理。

(五)近年来我国各地区保险业结构差异状况分析

1. 近年来我国保险公司原保险保费收入的地区分布差异

我国保险公司原保险保费收入的地区分布并不均衡,东部地区最多,占五成以上;中部地区和西部地区大体相当,保费收入占比均不足两成;东北地区最少(见表 5-15)。从 2005—2015 年我国保险公司原保险保费收入地区占比变化情况看,东部地区呈下降趋势,2005 年东部地区保险公司原保险保费收入占全国的比例为 58.7%,之后快速下降到 2010 年的 54.6%,随后几年时间里缓慢下降,2015 年这一比例为 53.7%。中部地区和西部地区呈上升趋势,中部地区原保险保费收入占全国的比例由 2005 年的 16.9%,逐年上升到 2011 年的 19.8%,2012—2015 年略有回落,但 2015 年仍维持在 19.1%。西部地区由 2005 年的 15.5%逐渐上升到 2015 年的 19.1%,与中部地区持平。东北地区基本呈震荡回落态势,保险公司原保险保费收入占比由

2005 年的 8.9%逐渐降至 2013 年的 7.4%,2014—2015 年略有反弹。我国各地区保险公司原保险保费收入占比变动的差异,使中部地区和西部地区与东部地区的差距有所缩小,东北地区与东部地区的差距基本不变。

表 5-15　2005—2015 年我国保险公司原保险保费收入和法人机构的地区占比

(单位:%)

年份	东部地区		中部地区		西部地区		东北地区	
	保费收入占比	法人保险公司占比	保费收入占比	法人保险公司占比	保费收入占比	法人保险公司占比	保费收入占比	法人保险公司占比
2005	58.7	—	16.9	—	15.5	—	8.9	—
2006	57.6	82.5	17.2	1.8	16.3	7.0	8.9	8.8
2007	57.4	89.9	17.3	1.6	17.0	4.7	8.3	3.9
2008	54.4	81.2	19.2	3.8	17.7	7.5	8.7	7.5
2009	54.5	81.5	19.1	3.5	18.1	7.0	8.3	7.0
2010	54.6	85.4	19.2	3.1	18.0	6.3	8.2	5.2
2011	53.9	86.4	19.8	2.9	18.8	6.4	7.5	4.3
2012	54.5	86.9	19.1	3.3	19.0	5.2	7.4	4.6
2013	54.4	86.8	18.8	3.0	19.4	6.0	7.4	4.2
2014	54.4	87.1	18.7	3.4	19.0	5.6	7.9	3.9
2015	53.7	86.8	19.1	4.4	19.1	4.9	8.1	3.9

资料来源:根据 2005—2015 年《中国区域金融运行报告》整理。

2. 近年来我国保险公司法人机构的地区分布差异

与原保险保费收入相比,保险公司法人机构在我国的地区分布更加不均衡。境域面积占全国 9.5%的东部地区拥有全国 80%以上的保险公司法人机构,面积占全国 90.5%的中部地区、西部地区和东北地区,仅拥有全国不足 20%的保险公司法人机构。从近年来各地区保险公司法人机构占比的变化情况看,东部地区和中部地区震荡上升趋势明显。东部地区保险公司法人机构占全国的比例在 2006 年为 82.5%,2007 年上升至 89.9%,2008 年又迅速下滑至 81.2%,随后几年时间里又逐渐上升,2015 年这一比例为 86.8%。中部地区则先由 2006 年的 1.8%上升至 2008 年的 3.8%,2009 年以后逐渐回落至 2011 年的 2.9%并保持基本稳定,尔后逐渐回升,2015 年达到近年来的最高值 4.4%。与东部地区和中部地区的变动趋势相反,西部地区和东北地区则是震荡下行。西部地区由 2006 年的 7.0%震荡回落到 2015 年的 4.9%,东北地区则由 2006 年的 8.8%震荡回落至 2015 年的 3.9%(见表 5-15)。

3. 近年来我国各地区的保险密度差异

2005—2015 年,我国的保险密度快速增长,各地区保险密度变动幅度不尽相同,保险密度的地区差异仍较为显著(见表5-16)。2015年我国保险公司原保险保费收入为23 740.43亿元,保险密度为1 731.77元/人,比2005年增长352.21%。东部地区保险密度由2005年的618.68元/人增至2015年的2 428.70元/人,增幅为292.56%,为全国各地区中最低。东北地区保险密度由407.48元/人增至2015年的1 766.61元/人,增幅为333.55%,也低于全国平均水平。同期西部地区和中部地区的保险密度由2005年的212.54元/人和236.44元/人分别增至2015年的1 221.21元/人和1 237.78元/人,增幅高于全国平均水平。各地区保险密度的增幅差异,使得保险密度的地区差距发生一定的变化。2005年,东部地区的保险密度相当于中部地区、西部地区、东北地区和全国的2.64倍、2.94倍、1.53倍和1.62倍,而这一差距在2010年分别缩小至1.99倍、2.15倍、1.44倍和1.44倍,到2015年更是缩小到1.96倍、1.98倍、1.39倍和1.40倍。尽管如此,中部地区、西部地区、东北地区与东部地区的保险密度仍有不小差距,尤其是中部地区和西部地区,保险密度较低的状况仍较为突出,后期进一步提升的空间较大。

表5-16 2005—2015年我国各地区的保险密度

(单位:元/人)

年份	东部地区	中部地区	西部地区	东北地区	全国
2005	618.68	236.44	212.54	407.48	382.96
2006	682.55	274.37	255.82	462.76	434.44
2007	837.04	345.02	331.66	532.77	538.67
2008	1 086.72	530.45	479.55	775.21	743.43
2009	1 221.51	596.58	554.54	844.74	839.26
2010	1 558.93	782.45	724.98	1 079.9	1 086.28
2011	1 477.78	774.50	726.63	957.51	1 044.45
2012	1 598.32	803.20	786.10	1 022.92	1 120.04
2013	1 761.92	874.85	887.92	1 142.29	1 239.24
2014	2 058.07	1 015.10	1 018.16	1 430.15	1 448.72
2015	2 428.70	1 237.78	1 221.21	1 766.61	1 731.77

资料来源:根据《中国统计年鉴(2016)》、2005—2015年《中国区域金融运行报告》计算整理。

三、近年来我国区域金融效率差异状况分析

(一)金融效率的层次

学者们在研究的过程中,往往根据自身对金融效率的理解及实证分析的需要,将金融效率分解成不同的层次。

1. 王广谦对金融效率的层次划分

王广谦在《经济发展中金融的贡献与效率》一书中,将金融效率分为四个层次。① 第一个层次是金融机构效率,即金融机构作为金融产业主体在经营发展中的效率,表示金融的微观效率,包括金融机构的经营效率和发展效率。其中,前者反映的是金融机构的业务能力和盈利能力,后者反映的是金融机构在市场竞争中开创未来的能力。第二个层次是金融市场效率,即金融在市场运作中的效率,它更多地体现为微观效率与宏观效率的结合,既反映了金融市场自身的运作能力,也反映了金融市场运作对经济发展的作用能力。第三个层次是金融宏观效率,即金融机构效率和金融市场效率共同作用于经济发展所体现出来的综合效率,但不是两者数学上的简单加总。金融机构效率与金融市场效率是金融宏观效率的基础。金融宏观效率可通过货币总量与经济总量的比率、货币结构综合比率和货币乘数等若干方面来分析。第四个层次是中央银行对货币的调控效率,反映了中央银行对货币的调控能力。金融运行对中央银行调控措施反应的灵敏程度,不仅代表了中央银行对货币的调控能力,也代表了金融效率的高低。中央银行对货币的调控效率可通过两个标准评判:一是调控措施的影响力,二是调控目标与预期目标的偏离程度。

2. 叶望春对金融效率的层次划分

叶望春将金融效率分解为五个层次:第一,金融市场效率,反映了金融市场对融资需求的满足程度和融资的方便程度;第二,商业银行效率,由商业银行资产配置效率和负债管理效率来衡量,反映了商业银行的经营成果;第三,非银行金融机构效率,反映了投资银行和证券公司对资本与证券市场效率的高低;第四,企业融资效率,反映了企业的筹资成本、筹资风险和筹资便利程度;第五,中央银行对货币的调控效率,反映了中央银行调控措施的影响力,以及调控效果与预期目标的偏离程度。②

3. 杨德勇对金融效率的层次划分

杨德勇按照不同金融机构在经济发展中扮演的不同角色,把金融效率分为宏观金融效率、微观金融效率和金融市场效率。③ 宏观金融效率指中央银行的效率,反映中央银行调控货币以促进经济增长的能力。微观金融效率指微观金融主体在日常经营管理过程中投入与产出的对比。金融市场效率指

---

① 王广谦:《经济发展中金融的贡献与效率》,中国人民大学出版社,1997年。
② 叶望春:"金融工程与金融效率相关问题研究综述",《经济评论》,1999年第4期,第76—84页。
③ 杨德勇:《金融效率论》,中国金融出版社,1999年。

金融市场动员资金、调节资金和分配资金的效率。

4. 王振山对金融效率的层次划分

王振山把金融效率划分为微观金融效率和宏观金融效率。① 他认为,从微观经济主体的角度看,金融效率指个人及家庭、企业、政府、银行等经济部门将金融资源配置到最优的状态;从宏观经济总体的角度看,金融效率指社会全部可利用的金融资源实现帕累托效率的状态。

5. 张承惠对金融效率的层次划分

张承惠将金融效率分为宏观金融效率、金融机构效率和金融市场效率三个维度。② 宏观金融效率由 M2 与 GDP 的比例、正规金融系统动员储蓄的能力等表示,反映单位 GDP 所需的货币量以及正规金融系统动员社会储蓄的能力。金融机构效率也称微观金融效率,以金融机构 ROA、金融机构 ROE、人均资产、人均利润等表示,反映金融机构的经营效率。金融市场效率由金融市场规模、金融市场结构、交易成本等表示,反映金融市场上各类经济主体的融资便利程度、交易成本高低和资源配置情况。

(二)区域金融效率的影响因素

1. 金融制度

金融制度是一国关于金融机构的职责分工、业务活动及其相互联系的法律、规章制度和金融政策的总称。金融制度不但能够影响一国金融体系的形成和金融结构的变迁,而且对资金供给方、资金需求方、金融中介机构、金融市场、金融监管机构等参与金融活动的市场主体都具有约束和规范作用。

金融制度对资金供求双方可能形成的融资规模、融资方式、价格形成机制、金融中介以及金融市场的职责与地位,发挥着引导和约束性作用,从而对区域金融效率的高低产生重要影响。

2. 金融监管

金融监管是金融监督和金融管理的统称,指国家授权的金融监管机构依据有关法律条例的规定,对金融企业的组织结构、业务活动、产品开发以及高级管理人员的任职资格进行全面的、经营性的检查和监督,以促使其依法稳健经营,保证金融体系的安全和稳健运行,满足客户的金融需求。

金融监管是弥补市场失灵、避免金融效率低下的重要手段。金融市

---

① 王振山:《金融效率论——金融资源优化配置的理论与实践》,经济管理出版社,2000年。
② 张承惠:"新常态对中国金融体系的新挑战",《金融研究》,2015年第2期,第9—15页。

是实现金融资源优化配置的重要途径,然而市场失灵的现象无法避免,主要原因在于:金融市场组织结构中的垄断会使金融效率下降甚至丧失;信息不对称与不充分会产生金融交易中的"逆向选择"和"道德风险";金融活动外部效应的客观存在,会导致在完全市场竞争状态下不可能形成理想的效率配置;金融业是一个周期性显著的行业,经济的周期性波动会形成从供求失衡到供求均衡的不断反复,并放大经济波动幅度,降低储蓄向投资转化的效率。这在客观上要求政府提供金融监管这种公共物品,以确保金融体系安全和稳健运行,实现金融效率。

金融监管效率不仅是金融效率的重要组成部分,而且对区域金融效率的实现具有重要的约束作用。在实践中,健全的金融监管制度、完善的金融监管组织体系、科学的监管内容和监管指标体系设置、适当的监管方式,能够为市场提供一个稳定且安全的金融环境,有效节约金融交易费用,提高储蓄转化为投资的效率,使金融资源能够按照经济原则在各行业和各区域之间高效流动,避免市场失灵对金融效率产生负面冲击。

3. 金融创新

金融创新是金融企业和金融管理机构在金融工具、金融市场、金融业务、金融服务方式、金融制度等方面进行的创造性活动的总称。金融企业进行金融创新的目的在于降低金融交易成本,增加市场份额,拓展业务边界,规避金融管制,以最大限度地获取利润,提高微观金融效率。金融管理机构从事金融创新的目的在于促进金融稳定和金融发展,提高金融宏观效率。

金融创新是一把双刃剑。一方面,金融创新在提高金融微观效率和金融宏观效率的同时,会加大金融体系面临的风险,成为影响金融稳定和金融安全的重要因素。网络信息技术与金融业相互渗透与融合所产生的网络金融和互联网金融,大大降低了金融交易成本,提高了金融交易效率。与此同时,交易网络的安全问题和交易主体的信用风险暴露出来并借助网络迅速传播,进而引起系统性风险的集中爆发,成为影响区域金融稳定进而降低区域金融效率的重要因素。金融业经营模式的创新,模糊了银行业、证券业、保险业等传统金融业务的边界,不仅对金融业的分业监管制度提出了挑战,而且大大削弱了金融监管的有效性。另一方面,金融创新模糊了不同层次货币间的界限。不同层次货币的货币乘数是不同的,狭义货币(M1)的货币乘数大于广义货币(M2)的货币乘数。金融创新使得不同层次货币间的转换变得更加快捷和便利。由于货币供给量是中央银行货币政策传导机制中的中间变量,货币供给的规模与结构的快速变动,会削弱货币政策的传导效果,甚至会导致货币政策传导意图发生偏离,降低区域金融宏观效率。

4. 区域金融稳定

区域金融稳定是在区域金融监管有效和区域金融生态环境不断改善的条件下,金融机构体系、金融监管体系、金融市场体系、金融制度体系及金融基础设施能够发挥资源配置、风险管理、支付结算等功能,金融业协调发展、运行平稳的状态。金融业作为资源配置和宏观调控的重要部门,受经济周期性波动的影响,各层次金融资源的配置结果与经济运行的需要不适应、不协调的状况时有发生,加之金融体系脆弱性的客观存在,使得经济运行过程中转嫁给金融体系的风险,与金融体系运行中自身存在的风险一起发生碰撞或共振,导致金融交易价格剧烈波动,成为影响区域金融稳定的重要变量。健全的区域金融监管体系、科学的金融监管内容和适当的金融监管方式,是实现和提高区域金融监管效率的重要手段,也是实现区域金融稳定的必要条件。同时,区域金融稳定是一个动态过程。区域金融稳定是区域金融监管体系、区域金融机构体系、区域金融市场体系、区域金融制度体系、区域金融基础设施及区域微观金融主体共同博弈的结果,也是区域金融业不断化解风险、自我调适从而有效发挥金融功能的过程。

区域金融稳定和区域金融效率互为条件。区域金融稳定是区域金融效率实现和提高的前提条件。金融交易价格变动是引导金融资源流动的风向标。区域金融稳定可以为金融交易主体提供稳定的交易环境和可实现的预期。在区域金融不稳定的状态下,金融交易主体往往因价格波动而导致金融资源错配和误配,从而降低区域金融效率。区域金融效率的提升又是区域金融稳定的必要条件。区域金融稳定是在区域金融效率实现和不断提高的条件下出现的区域金融业平稳运行、区域金融体系的金融功能得以发挥的状态。单纯强调区域金融稳定,忽视区域金融效率,区域金融稳定是不可能实现的。

5. 居民的金融人格

居民的金融人格呈现明显的地区差异。第一,不同地区的居民拥有不同的收入水平和受教育程度,而收入水平和受教育程度对居民的金融人格具有正向影响。收入水平和受教育程度越高,居民的金融人格独立性越好。第二,各地区在长时期的社会经济发展过程中,形成了不同的历史文化传统,塑造了风格迥异的金融行为习惯和金融偏好,体现为金融人格的地区差异。受各自金融人格的支配,不同地区的居民有着不同的金融决策和金融行为方式,并由此影响金融生态环境和金融创新水平的地区差异,加上区域金融机构经营模式和区域金融体系的不同,最终导致金融效率的区域差异。金融人格独立性较强的地区,居民在选择金融工具、融资渠道、金融交易方式时,拥有较强的金融意识和金融自主性,也更加注重风险与收益的对称性,区域金融效率较高。而金融人格独立性较弱的地区,区域金融效率较低。

6. 区域经济发展水平与区域技术进步

区域经济发展水平指某一地区经济发展的规模和经济结构所达到的水平,反映了该地区在一定时期内生产的物质产品与提供的服务的丰富程度和经济效益的高低,也反映了该地区的经济结构尤其是产业结构状况。区域经济发展水平的提高表现为社会财富量的增加,意味着经济结构的调整与优化。区域技术进步是内含于区域经济发展水平之中的,因为一定的区域经济发展水平总是与技术进步相适应的。区域技术进步引致较高的生产技术水平是区域经济发展水平提高的前提和基础。区域技术进步一方面可以改进要素配置比例,以增加物质产品与服务的产出总量;另一方面可以降低经济运行中的物耗,提高经济运行的效率,扩大可供金融部门分配的价值部分。

随着区域经济发展水平的提高,社会财富总量会持续上升,从经济运行过程中游离出来的金融剩余数量会增多,金融需求的规模和种类也会相应增加,客观上要求金融行业对经济发展的金融投入规模增大。经济结构的改善尤其是产业结构的升级,对金融体系在融资方式与服务技术、金融产品与金融机构的种类、金融结构等方面提出了较高的要求,这为区域金融效率的提高奠定了基础。而区域技术进步在为金融部门提供日益增多的金融剩余的同时,也为增进区域金融效率提供了技术条件。

(三)区域金融效率差异的度量

20 世纪 50 年代,西方经济学家们采用投入—产出法对效率进行了测算,他们把企业的生产效率分为技术效率和配置效率两个部分。当 X 效率于 20 世纪 60 年代被提出并运用于银行业效率的分析以后,用于测量效率的方法主要有参数分析方法和非参数分析方法两种。参数分析方法是在对总体分布进行事先假设的前提下,针对参数进行统计推断的分析方法。非参数分析方法是在对总体分布形式没有要求,也无法对参数进行推断时,用于检验两个总体间差异的分析方法。从 20 世纪 70 年代后期开始,属于非参数分析方法的数据包络分析(data envelopment analysis,DEA)方法被用来对银行效率进行评价。

近年来,国内不少学者开始采用 DEA 方法对金融效率进行实证分析。一些研究根据对金融效率含义的理解,设定指标,采用描述性统计方法进行分析。还有一些学者为金融效率的评价构建了指标体系,如周国富和胡慧敏基于对金融效率概念的重构,从宏观和微观两个层面分别构建评价指标体系。[1] 宏观金融效率评价指标体系主要考察储蓄动员能力、储蓄向投资的转化效率和投资投向效率,微观金融效率评价指标体系主要用来分析银行的资产质量和微观金融机构的盈利能力。

依据本研究对区域金融效率的理解,本章选用金融相关比率(即一定时期内金融资产规模与经济总量的比率)表示区域金融整体效率。同时,本章采用存贷比率、经济证券化率、保险深度三个指标,分别衡量银行、证券、保险三个行业的金融效率。存贷比率是一定时期内的贷款余额与存款余额的比率,表示银行业将储蓄转化为投资的效率;经济证券化率是上市公司股票市值与经济总量的比率,表示证券市场的融资效率;保险深度是保险费收入与经济总量的比率,表示保险市场的发育程度对经济发展的贡献程度。

(四)近年来我国各地区金融行业效率差异状况分析

1. 近年来我国各地区银行业的效率差异

以存贷比率表示的银行业效率反映的是银行业将动员的储蓄转化为投资的效率。存贷比率较高的地区,一方面反映出经济活动较为活跃,银行可贷项目较多;另一方面反映出银行业在信贷政策影响下,对中央政府的区域经济发展战略实施信贷的配合力度。同时,由于贷款是银行业的主要资产,因此存贷比率越高,预示着商业银行的营利性资产占存款余额的比率越高,银行的盈利能力越强,银行自身的经营效率越高。2005—2015 年,我国银行业的平均存贷比率为 69.12%,各地区银行业的存贷比率存在较大差异。西部地区最高,2005—2015 年的平均值为 71.68%;中部地区最低,平均值为 66.5%;东部地区的平均值略低于全国平均水平,东北地区的平均值略高于全国平均水平。值得注意的是,东北地区的存贷比率虽然在 2006—2010 年低于全国平均水平,但从 2011 年开始快速上升,2015 年超过了西部地区,为全国最高值。

---

[1] 周国富、胡慧敏:"金融效率评价指标体系研究",《金融理论与实践》,2007 年第 8 期,第 15—18 页。

表 5-17 2005—2015 年我国各地区银行业的存贷比率

(单位:%)

年份	东部地区	中部地区	西部地区	东北地区	全国
2005	62.36	67.44	69.57	65.22	64.48
2006	71.43	68.00	71.70	65.38	70.46
2007	69.36	67.24	69.84	65.52	68.83
2008	67.03	62.86	66.67	64.71	66.16
2009	69.66	65.56	69.90	67.44	68.92
2010	69.50	65.14	69.84	66.67	68.69
2011	70.25	65.60	71.42	71.43	69.83
2012	70.07	64.86	71.84	70.77	69.62
2013	69.87	65.29	72.64	71.23	69.75
2014	72.02	68.62	76.23	76.92	72.62
2015	67.60	70.85	78.79	79.12	70.98
平均值	69.01	66.50	71.68	69.49	69.12

资料来源:根据 2005—2015 年《中国区域金融运行报告》整理。

2. 近年来我国各地区证券业的效率差异

证券业效率反映的是证券市场对经济的支持力度和效率,通常用上市公司股票市值和债券市值之和与 GDP 的比率表示。由于我国的债券市场还不发达,债券发行的规模和流通市值较小,本章将上市公司股票市值与 GDP 的比率作为经济证券化率来检验证券业效率。就区域层面来看,经济证券化率越高,说明该区域的经济运行质量和经济市场化程度越高,符合上市条件的公司数量越多,企业通过证券市场发行股票筹资的数额越大,证券市场对该地区的支持力度和效率越高。就 2005—2014 年我国各地区的经济证券化率来看(见表 5-18),从高到低依次为东部地区、西部地区、中部地区和东北地区。东部地区显著高于全国平均水平,其余三个地区均低于全国平均水平。

表 5-18 2005—2014 年各地区的经济证券化率

(单位:%)

年份	东部地区	中部地区	西部地区	东北地区
2005	21.91	6.04	25.06	3.42
2006	69.48	12.55	45.41	4.76
2007	237.37	35.44	135.64	12.70
2008	66.89	14.36	19.97	19.56
2009	115.81	33.12	38.15	28.02
2010	85.61	27.44	31.42	21.78
2011	70.54	21.75	24.69	15.54
2012	68.58	20.34	22.25	13.64
2013	67.96	19.87	23.79	14.51
2014	69.16	18.49	23.37	13.67

资料来源:根据 2005—2014 年《中国区域金融运行报告》、2006—2015 年《中国金融年鉴》及相关省份金融年鉴计算整理。

3. 近年来我国各地区保险业的效率差异

保险业效率反映的是保险业对经济运行的贡献度。以保险深度表示的保险业效率越高,说明该地区的保险市场发育程度越高,保险业在经济中的地位越重要,对经济运行的贡献度也越高。受经济发展水平、保险市场发育程度、人口规模和人口结构、居民的金融偏好等因素的影响,各地区保险市场发展非均衡特征显著,保险业效率也有明显的区域差异。就2005—2015年我国各地区的保险深度来看(见表5-19),东部地区依然位居第一,反映出东部地区不仅经济发展水平、人口密度和人口数量高于其他地区,保险市场发育程度也好于其他地区。相比银行业效率和证券业效率而言,中部地区保险业效率与东部地区的差距较小,这既与中部地区的人口密度较高有关,也反映出中部地区居民的保险意识相对较强。

表5-19 2005—2015年我国各地区的保险深度

(单位:%)

年份	东部地区	中部地区	西部地区	东北地区	全国
2005	2.65	2.25	2.31	2.58	2.51
2006	2.53	2.25	2.36	2.63	2.46
2007	2.67	2.34	2.55	2.51	2.57
2008	2.98	2.99	3.00	3.01	2.99
2009	3.10	3.03	3.01	2.97	3.06
2010	3.45	3.29	3.23	3.20	3.35
2011	2.81	2.67	2.63	2.33	2.70
2012	2.78	2.49	2.51	2.24	2.62
2013	2.84	2.49	2.58	2.32	2.67
2014	3.07	2.65	2.72	2.75	2.89
2015	3.42	3.07	3.11	3.33	3.28

资料来源:根据2005—2010年《中国区域经济统计年鉴》、2011—2013年《中国统计年鉴》、2005—2015年《中国区域金融运行报告》计算整理。

(五)我国各地区金融整体效率差异分析

如表5-20所示,2005—2015年各地区的金融相关比率整体呈上升趋势,但区域差异明显,东部地区最高,其次为西部地区、东北地区和中部地区。除东部地区以外,其余三个地区均低于全国平均水平,尤其是中部地区,比全国平均水平低20%以上。金融整体效率的区域差异,是影响区域经济协调发展的金融基础,较低的金融整体效率,成为抑制中部地区走出"凹陷"困境、实现经济崛起的重要瓶颈。

表 5-20 2005—2015 年我国各地区的金融相关比率

年份	东部地区	中部地区	西部地区	东北地区	全国
2005	2.65	1.95	2.36	2.24	2.42
2006	2.63	1.95	2.33	2.26	2.42
2007	2.64	1.87	2.28	2.09	2.38
2008	2.62	1.81	2.24	2.00	2.34
2009	3.10	2.13	2.61	2.32	2.75
2010	3.13	2.12	2.64	2.3	2.77
2011	3.00	1.99	2.52	2.13	2.63
2012	3.09	2.10	2.62	2.22	2.72
2013	3.19	2.34	2.75	2.31	2.83
2014	3.21	2.28	2.85	2.42	2.88
2015	3.69	2.59	3.23	2.81	3.30

注:除 2015 年的存贷款数据以外,其余年份各地区金融机构汇总数据均不包括商业银行总行直存直贷数据。

资料来源:根据 2005—2015 年《中国区域金融运行报告》计算整理。

四、基本结论

近年来我国金融业规模总体上增速较快,但各地区的增幅并不一致。中部地区和西部地区的银行业资产规模和保险公司原保险保费收入增速较快,东部地区的银行业机构规模、证券公司法人机构规模、上市公司数量和保险公司法人机构规模增幅较大,东北地区的金融机构数量、金融机构资产规模和保险公司原保险保费收入增速较慢。金融业规模的区域差异依然较大,按各地区拥有的金融业规模排序,依次为东部地区、西部地区、中部地区和东北地区。

东部地区拥有的金融资源数量较多,其金融机构数量、金融机构资产规模、保险公司原保险保费收入占全国的比例都最高;同时,由于中部、西部地区的存贷款规模和保费收入增速较快,导致中部、西部地区的保险密度和人均存贷款余额增幅大于国内其他地区,中部、西部地区与东部地区银行业和保险业发展的差距有所缩小,但证券业发展的差距有所扩大。东北地区与东部地区在银行业、证券业、保险业发展等方面的差距都有所扩大。

就以存贷比率表示的银行业效率来看,西部地区和东北地区略高于东部地区和中部地区;从以经济证券化率表示的证券业效率和以保险深度表示的保险业效率来看,东部地区始终居第一位,其他地区尤其是中部地区,与东部地区的差距明显。

金融各行业相互作用并对经济运行作用的综合结果,集中体现在以金融相关比率表示的金融整体效率的区域差异上。各地区的金融整体效率呈上升趋势,但地区差距明显,东部地区最高,其次为西部地区、东北地区和中部地区。除东部地区高于全国平均水平以外,其余三个地区低于全国平均水平。尤其是中部地区,比全国平均水平低20%以上。

改革开放以来,中央政府采取了非均衡的区域经济发展战略,即通过优惠政策,使东部地区率先取得了快速发展,再通过西部大开发、东北振兴及中部崛起战略,促进西部地区、东北地区和中部地区的经济快速发展,最终实现区域经济协调发展的目标。金融发展的区域差异,既反映了经济发展对金融发展的基础性制约,也反映了不同地区的政府行为、社会诚信文化和区位的差异。这一差异成为影响区域金融协调发展的重要变量。面对我国区域金融发展差异的现实状况,应充分认识差异及其对区域经济发展的作用结果,从实现区域经济协调发展的战略高度出发,尽快采取区域金融调控政策,采用相适应的区域金融调控方式和工具,促进区域金融协调发展。

第三节 环渤海区域金融发展状况评价

一、金融发展状况评价指标体系的建立

(一)金融发展状况评价指标体系相关文献回顾

金融发展状况评价指标是对金融发展的量化,也是对金融发展理论重要论点进行实证检验的工具。从最早提出的金融相关比率到如今丰富多彩的金融发展指标及体系,反映了金融发展指标对日益丰富的金融功能和金融发展内涵的体现。

戈德史密斯创造性地提出了衡量一国或地区金融发展水平的指标,即金融相关比率(financial interrelations ratio,FIR),为后续学者的研究拉开了序幕。① 1973年麦金农提出金融深化理论,并提出衡量金融深化程度的基础指标:广义货币 M2 与 GDP 之比。②

20世纪90年代,在研究金融发展与经济增长关系时,学者们开拓了新的金融发展指标。King 和 Levine 提出了 Private 指标与 Privy 指标。Private 指标等于非金融私人部门的信贷额与信贷总量的比率,Privy 指标等于非金

---

① 〔美〕雷蒙德·W. 戈德史密斯著,周朔等译:《金融结构与金融发展》,三联书店上海分店、上海人民出版社,1994年。
② Mckinnon, R. I., *Money and Capital in Economic Development*, The Brookings Institution, 1973.

融私人部门的信贷额与 GDP 的比率。两个指标值的增大均反映金融资源配置效率的提高。[1] 此外，Beck 和 Levine 提出测度一国或地区金融总体发展水平和金融结构的指标体系。前者包括金融活跃性指标、金融规模指标、金融总量指标和虚拟变量；后者包括结构活跃指标、结构规模指标、结构总量指标、结构虚拟变量和结构管制变量。[2]

在研究我国区域金融发展问题时，部分学者采用单一指标表示金融发展水平，如孙晓羽和支大林采用金融相关比率测度金融发展水平，分析我国区域金融发展的差异问题。[3] 也有部分学者采用多个指标分析金融发展水平，比如王修华运用金融相关比率、金融机构信贷比率和金融市场发展指标对我国东部、中部、西部地区的金融发展水平进行比较分析。[4] 还有少数学者构建指标体系综合评价金融发展状况，如杨彩丽构建包含金融总量、金融结构、金融效率三个维度的金融发展综合指数，对我国 31 个省级行政区域单位进行主成分分析。[5] 除了这些直接相关的研究，国内还有一些与区域金融发展水平间接相关的研究，主要集中在金融中心评价、城市金融竞争力评价及创新型城市的金融支持度评价等三个方面。这些研究都是将区域金融发展作为其中一个维度来设计指标体系，再使用一定的统计方法进行评价分析的。

上述国内外研究成果，丰富了区域金融发展理论，对于研究我国区域金融发展的趋势和规律、制定相适应的区域金融发展战略和政策具有重要的理论价值与实际意义，其研究视角和研究方法为本章提供了借鉴与启发。但是，这些研究存在一些缺陷：第一，采用单一指标衡量区域金融发展水平难免以偏概全；第二，采用多个指标从不同侧面表示区域金融发展水平的研究，不能反映区域金融发展的本质特征；第三，设定指标体系综合评价区域金融发展水平的研究，不能反映银行、证券、保险等金融行业相互协调配合、共同作用于金融业规模、金融结构和金融效率的事实，其评价结果不能客观反映区域金融发展的整体水平。一些间接相关的研究构建的评

---

[1] King, R. G., and Levine, R., "Finance and Growth: Schumpeter Might be Right", *The Quarterly Journal of Economics*, 1993,108(3),717-737.

[2] Beck, T., and Levine, R., "Industry Growth and Capital Allocation: Does Having a Market-based or Bank-based System", *Journal of Financial Economics*, 2002,64,147-180.

[3] 孙晓羽、支大林："中国区域金融发展差异的度量及收敛趋势分析",《东北师大学报(哲学社会科学版)》,2013 年第 3 期,第 45—49 页。

[4] 王修华："我国区域金融发展差异的比较",《经济地理》,2007 年第 2 期,第 183—186 页。

[5] 杨彩丽："二维视角下区域金融发展差异：聚集效应与选择约束"，南开大学博士学位论文，2012 年。

价指标体系对本章缺乏可移植性。鉴于此,在已有相关研究的基础上,本章以金融发展度表示金融发展水平,依据严格的构建原则,科学、系统地构建金融发展综合评价指标体系。

(二)金融发展度评价指标体系构建原则

金融发展度评价指标体系的构建是根据研究目的、选取若干个统计指标组成一个统计指标体系的过程。该过程并非随意的,需要一些原则对其进行约束。

第一,科学性。指标选取是否科学,关系到评价结果的准确性。科学性是指指标的选取要有科学依据,要有明确的定义和合理的测量方法,同时要尽可能以金融发展理论和统计意义为基础选取指标。

第二,全面性。本章运用计量统计方法对所构建的指标体系进行测算,从而得出金融发展度,而统计方法本身具有消除指标间相互影响的功能,所以指标的选取要考虑全面性。

第三,代表性。一个研究目标会有很多个影响因素,每个影响因素都可用多个指标变量衡量,但相关程度不一,所以要选取相关程度较强、有代表性的指标。

第四,系统性。在构建金融发展度评价指标体系时,要把金融发展看作一个系统,并运用系统理论挖掘出金融发展的内在联系,做到结构有序、层次分明。

第五,可测性。可测性即对选取指标的量化要具有可操作性。若选取的指标无法测量,则不能用作实证分析。可测性是进行实证分析的基础,要尽量选取有可靠、连续量化数据来源的指标,并且要考虑数据获取的难易程度。

第六,可比性。构建指标体系、测算金融发展度是为了对金融发展水平进行纵向和横向的比较分析、交叉分析和关联分析。因此,保证指标的可比性是非常重要的,尽量采用公认、通用的指标。

第七,稳定性。所选取指标背后的数据应有一定的规律性,不宜选用一些易受偶然因素干扰且波动非常大的指标。

(三)金融发展度评价指标的选取

本章的指标主要从金融业规模、金融结构及金融效率三个层次进行选取与构建。

1. 银行业指标的选取

银行业一方面满足资金需求者的短期资金需要,另一方面为资金剩余者暂时的闲置资金提供能获取盈利机会的出路。本章拟选取的银行业评价指标主要有：银行业规模，包括银行存贷款余额、银行资产规模、法人机构数量、银行经营网点数量、银行从业人员数量；银行业结构，包括存贷款余额占全国存贷款总额的比重、外资银行资产占比、非公有制经济贷款占比、人均存贷余额、人均消费信贷额；银行业效率，包括银行业实现的利润额、存贷款余额与地区生产总值（GDP）的比率、存贷比率、银行员工人均利润额、银行业资产收益率。

2. 证券业指标的选取

资本市场指期限在一年以上金融资产交易的市场。一般来说，资本市场包括两大部分：一是银行中长期存贷款市场，二是有价证券市场。本章的讨论主要着眼于后者。资本市场上交易的金融工具均为一年以上，最长的可达数十年，有些（如股票等）甚至无期限。在资本市场上融通的资金大多用于企业的创建、更新、扩充设备和储存原料，政府在资本市场上筹集长期资金则主要用于兴办公共事业和保持财政收支平衡。资本市场的信用工具由于期限长，价格变动幅度较大，风险也较高。本章拟选取的证券业评价指标主要有：证券业规模，包括股票交易额、发行股票筹资额、企业债券发行额、上市股票市值、上市公司数量、证券机构法人数量、证券行业从业人员数量；证券业结构，包括股票交易额与存款余额的比率、企业债券发行额占全国企业债券发行总额的比重、发行股票筹资额占全国发行股票筹资总额的比重、期货交易额占全国期货交易总额的比重、上市公司数量占全国上市公司总数的比重、每万人拥有的证券营业部数量；证券业效率，包括企业债券发行额与企业贷款的比率、股票市值与GDP的比率、直接融资额与各项贷款余额的比率、人均股票交易额。

3. 保险业指标的选取

保险公司是各国重要的非银行类金融机构。由于保险公司获得的保费收入经常超过赔付支出，因而聚集起大量的货币资本。这些货币资本往往比银行存款更为稳定，是一国金融体系长期资本的重要来源，所以保险市场是金融市场重要的组成部分。本章拟选取的保险业评价指标主要有：保险业规模，包括保费收入额、人身保费收入额、财产保费收入额、保险机构数量、保险从业人员数量；保险业结构，包括保费收入占全国保费总收入的比重、保险机构数量占全国保险机构总数的比重、外资保险公司保费收入占比、每万人拥有的保险机构数量；保险业效率，包括保险密度、保险深度、人身保费与财产保费收入之比、保险从业人员人均保费收入。

综上，可以得到金融发展度评价指标体系如表 5-21 所示。

表 5-21　金融发展度评价指标体系

一级指标	二级指标	三级指标
银行业 B_1	银行业规模 B_{21}	银行存款余额 B_{31}
		银行贷款余额 B_{32}
		银行资产规模 B_{33}
		银行经营网点数量 B_{34}
		银行从业人员数量 B_{35}
		银行业的法人机构数量 B_{36}
	银行业结构 B_{22}	存款余额占全国存款总额的比重 B_{37}
		贷款余额占全国贷款总额的比重 B_{38}
		外资银行资产占比 B_{39}
		非公有制经济贷款占比 B_{310}
		人均存款余额 B_{311}
		人均贷款余额 B_{312}
		人均消费信贷额 B_{313}
	银行业效率 B_{23}	银行业实现利润额 B_{314}
		存贷款余额与 GDP 的比率 B_{315}
		存贷比率 B_{316}
		银行员工人均利润额 B_{317}
		银行业资产收益率 B_{318}
证券业 S_1	证券业规模 S_{21}	股票交易额 S_{31}
		发行股票筹资额 S_{32}
		企业债券发行额 S_{33}
		上市股票市值 S_{34}
		证券机构法人数量 S_{35}
		证券行业从业人员数量 S_{36}
		上市公司数量 S_{37}
	证券业结构 S_{22}	股票交易额与存款余额的比率 S_{38}
		企业债券发行额占全国企业债券发行总额的比重 S_{39}
		发行股票筹资额占全国发行股票筹资总额的比重 S_{310}
		期货交易额占全国期货交易总额的比重 S_{311}
		上市公司数量占全国上市公司总数的比重 S_{312}
		每万人拥有的证券营业部数量 S_{313}
	证券业效率 S_{23}	企业债券发行额与企业贷款的比率 S_{314}
		股票市值与 GDP 的比率 S_{315}
		直接融资总额与各项贷款余额的比率 S_{316}
		人均股票交易额 S_{317}

(续表)

一级指标	二级指标	三级指标
保险业 I_1	保险业规模 I_{21}	保费收入额 I_{31}
		人身保费收入额 I_{32}
		财产保费收入额 I_{33}
		保险机构数量 I_{34}
		保险从业人员数量 I_{35}
	保险业结构 I_{22}	保费收入占全国保费总收入的比重 I_{36}
		保险机构数量占全国保险机构总数的比重 I_{37}
		外资保险公司保费收入占比 I_{38}
		每万人拥有的保险机构数量 I_{39}
	保险业效率 I_{23}	保险密度（人均保费收入额）I_{310}
		保险深度（保费收入与GDP的比率）I_{311}
		人身保费与财产保费之比 I_{312}
		保险从业人员人均保费收入 I_{313}

本章选取环渤海三省二市（河北省、辽宁省、山东省、北京市、天津市）的银行业、证券业、保险业2010年的数据作为样本，主要数据来源为Wind数据库和国泰君安数据库。

二、环渤海三省二市金融发展度评价

（一）因子分析法简介

因子分析法是把多个变量化为少数几个综合变量的多元分析方法，其目的是用有限几个不可观测的隐变量解释原始变量之间的相关关系。因子分析法的基本思想就是：根据相关性大小把原始变量分组，使得同组内变量的相关性较高，而不同组变量间的相关性较低。每组变量代表一个基本结构，用一个综合变量表示，这个基本结构就称为公共因子。对于研究的某一具体问题，原始变量可以分解成两个部分之和，一部分是少数几个不可测的所谓公共因子的线性函数，另一部分是与公共因子无关的特殊因子。因子分析法的过程就是从关系错综复杂的经济现象中找出几个主要因子，每一个主要因子代表经济变量间相互依赖的一种经济作用。抓住这些主要因子，就可以帮助我们分析和解释复杂的经济问题。

（二）分析过程

本章采用因子分析法对所选样本运用表5－21中的指标体系进行综合评价。对金融发展度的评价，主要目的就是通过确定权重，计算出综合得分，进而分析天津市金融业在环渤海地区所处的地位。在确定评价体系权重时，依据的是因子分析法的原理：因子的权重可由它对综合评价的贡献度即方差贡献度确定。方差贡献度大小表示该因子相对于整个指标体系所提供信息解释量的大小(即权重),以因子加权总得分作为综合评价结果,从而避免权重确定的主观随意性。

(三)因子分析结果

1. 银行业发展度评价

首先对银行业的总体指标体系进行验证性因子分析(confirmative factor analysis,CFA)分析,数据抽样适合性检验(KMO检验)的检验值——KMO值为0.85,并通过巴特利(Barlett's)球形检验($P<0.001$),说明可以采用因子分析法。各项量表的特征值均大于1,同时方差累计解释度大于80.00%;所有因子载荷系数均大于0.65,并且所有测量项的载荷因子的t值均显著($P<0.01$)。具体的因子分析结果如表5-22所示。

表5-22 银行业指标的因子提取和旋转结果

成分	被提取的载荷平方和			旋转后的载荷平方和		
	特征根	方差(%)	累积方差(%)	特征根	方差(%)	累积方差(%)
1	5.432	36.352	36.352	3.643	34.245	34.245
2	4.357	26.291	62.643	3.213	31.356	65.601
3	2.024	18.550	81.193	2.754	14.644	80.245

从表5-22可以看出,选取三个因子可以解释原始变量80%以上的信息。相应地,其因子载荷矩阵如表5-23所示。第一个因子在银行存款余额、银行贷款余额、银行资产规模、银行从业人员数量、存款余额占全国存款总额的比重、贷款余额占全国贷款总额的比重、存贷款余额与GDP的比率等指标上有较大的因子载荷量,按照其特性,可以将第一个因子命名为规模因子。第二个因子在外资银行资产占比、非公有制经济贷款占比、人均存款余额、人均贷款余额、人均个人消费信贷额等指标上有较大的因子载荷量,按照其特性,将第二个因子命名为结构因子。第三个因子在银行业实现利润额、存贷比率、银行员工人均利润额、银行业资产收益率等指标上具有较大的因子载荷量,将第三个因子命名为效率因子。

表5-23 银行业指标的因子载荷矩阵

指标	成分		
	1	2	3
银行存款余额 B_{31}	0.723	0.231	−0.334
银行贷款余额 B_{32}	0.783	−0.023	0.132
银行资产规模 B_{33}	0.832	0.134	−0.234
银行经营网点数量 B_{34}	−0.542	0.113	0.021
银行从业人员数量 B_{35}	0.864	0.224	−0.012
银行业的法人机构数量 B_{36}	−0.346	0.625	0.232

(续表)

指标	成分		
	1	2	3
存款余额占全国存款总额的比重 B_{37}	0.723	0.030	0.344
贷款余额占全国贷款总额的比重 B_{38}	0.801	0.234	0.033
外资银行资产占比 B_{39}	0.234	0.702	0.103
非公有制经济贷款占比 B_{310}	0.110	0.733	0.245
人均存款余额 B_{311}	0.133	0.576	−0.045
人均贷款余额 B_{312}	−0.242	0.698	0.240
人均个人消费信贷额 B_{313}	0.023	0.738	−0.042
银行业实现利润额 B_{314}	0.244	0.144	0.874
存贷款余额与 GDP 的比率 B_{315}	0.732	0.352	0.020
存贷比率 B_{316}	−0.241	0.332	0.798
银行员工人均利润额 B_{317}	0.002	0.254	0.764
银行业资产收益率 B_{318}	0.264	0.001	0.832

根据回归法计算因子得分函数的系数,可以得到因子的得分函数为:

$$F_1 = 0.723 B_{31} + 0.783 B_{32} + 0.832 B_{33} - 0.542 B_{34} + \cdots + 0.264 B_{318} \tag{5-2}$$

$$F_2 = 0.231 B_{31} - 0.023 B_{32} + 0.134 B_{33} + 0.113 B_{34} + \cdots + 0.001 B_{318} \tag{5-3}$$

$$F_3 = -0.334 B_{31} + 0.132 B_{32} - 0.234 B_{33} + 0.021 B_{34} + \cdots + 0.832 B_{318} \tag{5-4}$$

根据因子得分函数,可以计算出各因子的排名。在此基础上,对环渤海三省二市的银行业进行综合得分排名。此时采用的指标不再是原有的 18 个指标,而是变为 3 个因子变量,即规模因子、结构因子和效率因子。这三个因子反映了银行业不同方面的得分,因此在计算综合分数的时候应该给不同侧面以不同的权数。以表 5-22 中的方差贡献度作为加权系数,得到银行业综合分数计算公式为:

$$T = 34.245 F_1 + 31.356 F_2 + 14.644 F_3 \tag{5-5}$$

从表 5-24 中可以看出,北京市在银行业的规模、结构、效率方面都排在第一位,天津市总的排名为第三,略低于山东省,但与各因子得分和综合得分均排第一位的北京市差距较大。从以银行存贷款规模、银行资产规模、人员数量与机构数量等指标构成的规模因子得分看,山东省位居第二,略高于天津市;从以存贷款余额占全国的比重、人均存贷款余额、外资银行资产占比、非公有制经济贷款占比等指标构成的结构因子得分来看,天津市与山东省仍有较大差距;从以银行业实现利润额、存贷款余额与 GDP 的比率、存贷比率、银行业资产收益率等指标衡量的银行业效率情况看,天津市仅略好于辽宁省和河北省。

表5-24 环渤海三省二市银行业综合得分

地区	总得分	总排名	规模因子得分	排名	结构因子得分	排名	效率因子得分	排名
北京市	25.0869	1	0.3324	1	0.2351	1	0.4324	1
天津市	18.7652	3	0.2931	2	0.1410	3	0.2941	3
山东省	20.6891	2	0.2743	3	0.2010	2	0.3217	2
辽宁省	15.2372	4	0.2214	4	0.1102	5	0.2868	5
河北省	14.9126	5	0.2021	5	0.1206	4	0.2875	4

2. 证券业发展度评价

首先对证券业的总体指标体系进行 CFA 分析,数据的 KMO 值为 0.82,并通过 Barlett's 球形检验($P<0.001$),说明可以采用因子分析法。各项量表的特征值均大于1,方差累计解释度大于 80.00%,所有因子载荷系数均大于 0.65,并且所有测量项载荷因子的 t 值均显著($P<0.01$)。具体的因子分析结果如表 5-25 所示,选取三个因子可以解释原始变量 80% 以上的信息,其因子载荷矩阵如表 5-26 所示。

表5-25 证券业指标的因子提取和旋转结果

成分	被提取的载荷平方和			旋转后的载荷平方和		
	特征根	方差(%)	累积方差(%)	特征根	方差(%)	累积方差(%)
1	4.732	35.012	35.012	4.564	35.654	35.654
2	3.467	23.591	58.603	3.325	23.569	65.601
3	3.215	21.640	80.243	3.214	22.356	81.579

表5-26 证券业指标的因子载荷矩阵

指标	成分		
	1	2	3
股票交易额 S_{31}	0.832	−0.023	0.432
发行股票筹资额 S_{32}	0.869	0.345	−0.002
企业债券发行额 S_{33}	0.792	−0.214	0.134
上市股票市值 S_{34}	0.768	0.005	0.332
证券机构法人数量 S_{35}	0.668	0.145	0.323
证券行业从业人员数量 S_{36}	0.832	0.324	−0.032
上市公司数量 S_{37}	0.762	0.122	2.13
股票交易额与存款余额的比率 S_{38}	−0.321	0.689	0.0321
企业债券发行额占全国企业债券发行总额的比重 S_{39}	0.221	0.702	0.242
发行股票筹资额占全国发行股票筹资总额的比重 S_{310}	0.732	0.198	0.123
期货交易额占全国期货交易总额的比重 S_{311}	0.023	0.717	0.0241
上市公司数量占全国上市公司总数的比重 S_{312}	0.087	0.733	0.112
每万人拥有的证券营业部数量 S_{313}	0.078	0.775	0.213
企业债券发行额与企业贷款的比率 S_{314}	1.890	0.245	0.673

（续表）

指标	成分		
	1	2	3
股票市值占 GDP 的比率 S_{315}	0.234	−0.212	0.772
直接融资总额与各项贷款余额的比率 S_{316}	0.101	0.124	0.690
人均股票交易额 S_{317}	0.0983	0.211	0.724

根据表 5-26，第一个因子在股票交易额、发行股票筹资额、企业债券发行额、上市股票市值、证券机构法人数量、证券行业从业人员数量、上市公司数量等指标上有较大的因子载荷量，与对银行业的评价相似，按特性可以将第一个因子命名为规模因子。第二个因子在股票交易额与存款余额比率、企业债券发行额占全国企业债券发行总额的比重、发行股票筹资额占全国发行股票筹资总额的比重、期货交易额占全国期货交易总额的比重、上市公司数量占全国上市公司总数的比重、每万人拥有的证券营业部数量等指标上有较大的因子载荷量，按特性将第二个因子命名为结构因子。第三个因子在企业债券发行额与企业贷款的比率、股票市值占 GDP 的比例、直接融资总额与各项贷款余额的比率、人均股票交易额等指标上具有较大的因子载荷量，因此将第三个因子命名为效率因子。

根据回归法计算因子得分函数的系数，得到因子得分函数为：

$$F_1 = 0.832 S_{31} + 0.869 S_{32} + 0.792 S_{33} + 0.768 S_{34} + \cdots + 0.0983 S_{318} \tag{5-6}$$

$$F_2 = -0.231 S_{31} + 0.345 S_{32} - 0.214 S_{33} + 0.005 S_{34} + \cdots + 0.211 S_{318} \tag{5-7}$$

$$F_3 = 0.432 S_{31} - 0.002 S_{32} + 0.134 S_{33} + 0.332 S_{34} + \cdots + 0.724 S_{318} \tag{5-8}$$

根据因子得分函数，可以计算出各因子的排名。在此基础上，对环渤海三省二市的证券业进行综合得分排名。规模因子、结构因子、效率因子等三个因子反映证券业不同方面的得分，在计算综合分数时应该给不同的方面以不同的权数。以表 5-25 中的方差贡献率作为加权系数，得到证券业综合分数计算公式为：

$$T = 35.654 F_1 + 23.569 F_2 + 22.356 F_3 \tag{5-9}$$

从表 5-27 可知，北京市证券业依然稳居第一位，天津市居第二位，但是与北京市的差距较大，与山东省、辽宁省、河北省的差距相对较小。从以股票交易额、发行股票筹资额、上市公司数量、上市股票市值、企业债券发行额及证券机构法人数量和证券行业从业人员数量衡量的证券业规模来看，天津市的得分仅略高于山东省和河北省，居第三位；从以企业债券发行额占全国企业债券发行总额的比重、发行股票筹资额占全国发行股票筹资总额的比重、股票交易额与存款余额的比率、期货交易额占全国期货交易总额的比重、每万人拥有的证券营业部数量等指标表示的证券业结构来看,天津市列第二位,与北京市的差距较大;从以企业债券发行额与企业贷款的比率、股票市值与 GDP 的比率、直接融资总额占各项贷款余额的比率、人均股票交易额衡量的证券业效率指标来看,天津市仍居第三位,略高于河北省和辽宁省。总体来说,天津市证券业在规模、效率方面仍有较大的提升空间。

表 5-27 环渤海三省二市证券业综合得分

地区	总得分	总排名	规模因子得分	排名	结构因子得分	排名	效率因子得分	排名
北京市	27.721	1	0.432	1	0.332	1	0.201	1
天津市	17.82	2	0.311	3	0.187	2	0.104	3
山东省	16.952	4	0.301	4	0.152	3	0.118	2
辽宁省	17.086	3	0.335	2	0.129	5	0.094	5
河北省	15.895	5	0.286	5	0.145	4	0.102	4

3. 保险业发展度评价

首先对保险业的总体指标体系进行 CFA 分析,数据的 KMO 值为 0.87,并通过 Barlett's 球形检验($P<0.001$),说明可以采用因子分析法。各项量表的特征值均大于 1,方差累计解释度大于 80.00%,所有因子载荷系数均大于 0.65,并且所有测量项载荷因子的 t 值均显著($P<0.01$)。具体的因子分析结果如表 5-28 所示,选取三个因子可以解释原始变量 80% 以上的信息;相应地,其因子载荷矩阵如表 5-29 所示。

表 5-28 保险业指标的因子提取和旋转结果

成分	被提取的载荷平方和			旋转后的载荷平方和		
	特征根	方差(%)	累积方差(%)	特征根	方差(%)	累积方差(%)
1	3.939	32.244	32.244	3.874	32.102	32.102
2	3.543	29.567	61.811	3.353	28.987	61.089
3	3.353	22.635	82.446	3.296	22.334	83.423

表 5-29 保险业指标的因子载荷矩阵

指标	成分		
	1	2	3
保费收入额 I_{31}	0.853	0.097	0.112
人身保费收入额 I_{32}	0.778	−0.045	0.332
财产保费收入额 I_{33}	0.753	0.113	0.234
保险机构数量 I_{34}	0.725	0.102	−0.308
保险从业人员数量 I_{35}	0.708	−0.087	0.433
保费收入占全国保费总收入的比重 I_{36}	−0.032	0.675	−0.373
保险机构数量占全国保险机构总数的比重 I_{37}	0.062	0.752	0.184

(续表)

指标	成分		
	1	2	3
外资保险公司保费收入占比 I_{38}	−0.221	0.809	0.343
每万人拥有的保险机构数量 I_{39}	0.101	0.802	0.254
保险密度(人均保费收入额) I_{310}	0.002	0.210	0.823
保险深度(保费收入与GDP的比率) I_{311}	0.054	0.124	0.854
人身保费与财产保费之比 I_{312}	−0.227	0.215	0.712
保险从业人员人均保费收入 I_{313}	0.042	−0.005	0.763

从表 5-29 可知,第一个因子在保费收入额、人身保费收入额、财产保费收入额、保险机构数量、保险从业人员数量等指标上有较大的因子载荷量,按特性可以将第一个因子命名为规模因子。第二个因子在保费收入占全国保费总收入的比重、保险机构数量占全国保险机构总数的比重、外资保险公司保费收入占比、每万人拥有的保险机构数量等指标上有较大的因子载荷量,按特性将第二个因子命名为结构因子。第三个因子在保险密度(人均保费收入额)、保险深度(保费收入与GDP的比率)、人身保费与财产保费之比、保险从业人员人均保费收入等指标上具有较大的因子载荷量,因此将第三个因子命名为效率因子。

根据回归法计算因子得分函数的系数,得到因子的得分函数为:

$$F_1 = 0.853 S_{31} + 0.778 S_{32} + 0.753 S_{33} + 0.725 S_{34} + \cdots + 0.042 S_{318} \tag{5-10}$$

$$F_2 = 0.097 S_{31} - 0.045 S_{32} + 0.113 S_{33} + 0.102 S_{34} + \cdots - 0.005 S_{318} \tag{5-11}$$

$$F_3 = 0.112 S_{31} + 0.332 S_{32} + 0.234 S_{33} - 0.308 S_{34} + \cdots + 0.763 S_{318} \tag{5-12}$$

根据因子得分函数,对环渤海地区三省二市的保险业进行综合得分排名。规模因子、结构因子、效率因子等三个因子反映保险业不同方面的得分,在计算综合分数时应该给不同方面以不同的权数。以表 5-28 中的方差贡献率作为加权系数,得到保险业综合分数计算公式为:

$$T = 32.102 F_1 + 28.987 F_2 + 22.334 F_3 \tag{5-13}$$

从表 5-30 可知,北京市保险行业稳居第一位,天津市落后于山东省,排第三位。以保费收入额、保险机构数量、保险从业人员数量表示的天津市保险业规模得分低于北京市和山东省,列第三位;以保费收入占全国保费总收入的比重、保险机构数量占全国保险机构总数的比重、外资保险机构保费收入占比、每万人拥有的保险机构数量等指标考量的天津市保险业结构得分排第四位,仅高于河北省;以保险密度、保险深度、人身保费与财产保费之比等衡量的天津市保险业效率得分也处于末二位置。从三个方面的得分情况看,天津市保险行业在规模、结构、效率三个方面的得分都较低,尤其是在结构与效率方面,仅优于河北省,与排第一位的北京市差距较大。

表5-30 环渤海地区三省二市保险业综合得分表

地区	总得分	总排名	规模因子得分	排名	结构因子得分	排名	效率因子得分	排名
北京市	33.156	1	0.345	1	0.452	1	0.402	1
天津市	23.359	3	0.257	3	0.287	4	0.304	4
山东省	25.457	2	0.281	2	0.322	2	0.318	2
辽宁省	22.954	4	0.232	4	0.293	3	0.314	3
河北省	18.125	5	0.216	5	0.205	5	0.235	5

第四节 天津市金融发展状况分析

近些年来,国家对天津市的金融发展给予了一系列优惠政策,为天津市金融发展提供了难得的历史机遇。天津市的金融业得到了快速发展,并力图成为北方的金融中心。本节拟从金融业规模、金融结构和金融效率三个维度,对天津市金融发展状况进行纵向梳理与横向比较,考察天津市金融发展面临的优势、劣势、存在的机会和威胁,进而提出促进天津市金融发展的对策建议。

一、天津市金融发展的纵向梳理

(一)天津市金融业规模变化分析

本节以存款余额和贷款余额表示银行业的规模,以上市公司数量和上市公司股票筹资额表示证券业的规模,以人身保费收入和财产保费收入表示保险业的规模。研究发现,1995—2015年,天津市的金融业规模有了较大幅度的增长,银行业、证券业和保险业都取得了较快发展。天津市存款余额由1995年的1 079.97亿元上升到2015年的27 145.93亿元,20年间增长了24.14倍;贷款余额由1995年的1 113.95亿元上升到2015年的24 508.91亿元,增长了21倍。同期,上市公司的数量从5家增加到42家,20年间增长了7.4倍;上市公司股票筹资额也有了较大幅度增长。人身保费收入由1995年的3.16亿元增长到2015年的278.06亿元,增长了86.99倍;财产保险收入额由1995年的6.13亿元增长到2015年的120.28亿元,增长了18.62倍(见表5-31)。

表 5-31　1995—2015 年天津市的金融业规模

年份	银行业		证券业		保险业	
	存款余额（亿元）	贷款余额（亿元）	上市公司数量（家）	上市公司筹资额（亿元）	人身保费（亿元）	财产保费（亿元）
1995	1 079.97	1 113.95	5	1.6	3.16	6.13
2000	2 281.55	1 863.60	18	5.37	19.18	12.29
2005	6 090.50	4 722.38	25	0	68.90	21.78
2010	16 499.25	13 774.11	36	60.89	148.87	65.13
2015	27 145.93	24 508.91	42	6.90	278.06	120.28

资料来源：根据《天津统计年鉴（2011）》、1995—2015 年《天津市国民经济和社会发展统计公报》和中财网（www.cfi.net.cn）相关数据计算整理。

(二) 天津市金融结构变化分析

从存贷款余额占全国存贷款总额的比例来看，1995 年、2000 年、2005 年、2010 年、2015 年天津市存款余额占全国存款总额的比重分别为 2.3%、1.8%、2.0%、2.3%、1.39%。同期，天津市贷款余额占全国贷款总额的比重分别为 2.5%、1.9%、2.3%、2.7% 和 1.72%。与存款余额占比的变动趋势相似，贷款余额占比在 2015 年也出现了下滑（见表 5-32）。

从上市公司数量与上市公司股票筹资额占全国上市公司总数和上市股票筹资总额的比重来看，1995 年、2000 年、2005 年、2010 年和 2015 年天津市上市公司数量占全国上市公司总数的比重分别为 0.94%、1.65%、1.81%、1.75% 和 1.63%；发行股票筹资额占全国发行股票筹资总额的比重分别为 1.06%、0.26%、0、0.48% 和 1.16%。1995—2000 年上市公司数量占全国上市公司总数的比重增长速度较快，2000—2015 年上市公司数量占比处于震荡状态。虽然天津市上市公司数量占全国上市公司总数的比重在 1995—2005 年有较大幅度上升，但天津市上市公司股票筹资额占全国上市公司股票筹资总额的比重却出现了下滑。2005—2015 年，天津市股票筹资额占全国的比重开始有所回升。

表 5-32　1995—2015 年天津市金融业占全国的比重

（单位：%）

年份	银行业		证券业		保险业
	存款余额	贷款余额	上市公司数量	发行股票筹资额	保费收入额
1995	2.30	2.50	0.94	1.06	2.00
2000	1.80	1.90	1.65	0.26	1.97
2005	2.20	2.30	1.81	0	1.84
2010	2.30	2.70	1.75	0.48	1.47
2015	1.39	1.72	1.63	1.16	1.13

资料来源：根据 1995—2015 年《天津市国民经济和社会发展统计公报》、2011 年和 2016 年《天津统计年鉴》和中财网（www.cfi.net.cn）相关数据计算整理。

天津市1995年、2000年、2005年、2010年和2015年的保费收入占全国保费总收入的比重分别为2%、1.97%、1.84%、1.47%和1.13%，呈下降趋势。从1995—2000年、2001—2005年、2006—2010年、2011—2015年这四个阶段来看，保费收入占全国保费总收入的比重均以递增的速度在递减，致使天津市的保费增长速度落后于全国平均增速。

(三)天津市金融效率变化分析

1. 银行业

我们以存贷比率衡量天津市银行业的金融效率。存贷比率又称金融中介效率，表示银行业调度和分配社会资源的能力。从银行的安全性和营利性角度出发，存贷比率有一个适度的规模范围，国际银行业的经验值是50%—100%。我国中央银行为了防止银行信用规模过度扩张，规定商业银行的最高存贷比率为75%，但是从表5-33可以看出，1995年、2000年、2005年、2010年和2015年天津市银行业存贷比率均高于75%，可以看出天津市符合贷款条件的项目较多，商业银行在天津市的扩张力度较大，也说明天津市银行业调度和分配社会资源的能力较强，间接融资在整个金融业占据主导地位，经济发展对银行业的依赖程度较严重。

表5-33　天津市1995—2015年金融效率状况

年份	存贷比率(%)	股票市值占GDP的比率(%)	保险深度
1995	103	6.40	1.33
2000	82	51.02	1.85
2005	78	13.03	2.45
2010	83	51.28	2.35
2015	90	43.88	2.41

资料来源：根据1995—2015年《天津市国民经济和社会发展统计公报》、2011年和2016年《天津统计年鉴》、金太阳交易系统、中财网(www.cfi.net.cn)相关数据计算整理。

2. 证券业

从以股票市值占GDP的比率表示的证券业融资效率来看，天津市1995年、2000年、2005年、2010年和2015年的股票市值占GDP的比率分别为6.4%、51.02%、13.03%、51.28%和43.88%，波动幅度较大但总体水平较低，说明天津市的证券化率不高、不稳，天津市通过证券市场配置资源的力度较小，对产业发展的贡献度较低，证券业在天津市国民经济中的地位不高。造成这种状况的主要原因是我国资本市场的波动性较大，以及天津市本地的上市公司数量较少，直接融资规模较小。

3. 保险业

我们以保险深度表示保险业的效率。天津市1995年、2000年、2005年、

2010 年和 2015 年的保险深度分别为 1.33%、1.85%、2.45%、2.35% 和 2.41%。天津市的保险深度在 1995—2005 年持续快速增长,在 2006—2010 年出现一定程度的下滑,在 2011—2015 年又有所回升。

二、天津市与武汉市、成都市金融发展状况的比较

天津市与武汉市、成都市均属于"新一线"城市,经济总量、人口规模、财政收支状况基本属于同一层次,2016 年地区生产总值分别为 17 885.39 亿元、11 912.61 亿元和 12 170.23 亿元,常住人口分别为 1 562.12 万人、1 076.62 万人和 1 398.9 万人,金融业增加值占地区生产总值的比重分别为 10.03%、8.18% 和 11.63%,财政自给率分别为 73.62%、76.51% 和 73.59%。本节分别从金融业规模、金融结构和金融效率三个维度,比较这三个城市的金融发展状况。

(一)天津市与武汉市、成都市的金融业规模比较

本节采用存贷款余额、上市公司数量及保费收入额分别表示银行业、证券业和保险业的规模。从金融业规模来看,2011—2015 年,天津市的存款余额从 17 197.51 亿元增长到 27 145.93 亿元,增幅为 57.85%。同期,武汉市的存款余额从 11 519.58 亿元增长到 19 393.16 亿元,增幅为 68.35%;成都市的存款余额从 17 098 亿元增长到 29 475 亿元,增幅达 72.39%。天津市的存款余额虽高于武汉市,但在这三个城市中增幅最小(见表 5-34)。

表 5-34　2011—2015 年天津市、武汉市和成都市的存款余额与贷款余额

(单位:亿元)

年份	存款余额			贷款余额		
	天津市	武汉市	成都市	天津市	武汉市	成都市
2011	17 197.51	11 519.58	17 098	15 242.17	10 517.53	13 767
2012	19 675.68	13 131.59	20 354	17 392.06	11 575.84	15 630
2013	22 684.59	14 915.69	23 662	19 453.31	12 803.87	17 618
2014	23 959.42	16 268.71	26 798	21 715.99	14 463.40	19 779
2015	27 145.93	19 393.16	29 475	24 508.91	17 135.79	21 971

资料来源:根据 2012—2016 年《天津统计年鉴》、2012—2016 年《成都统计年鉴》和 2012—2016 年《武汉统计年鉴》整理。

在贷款余额方面,天津市从 2011 年的 15 242.17 亿元增长到 2015 年的 24 508.91 亿元,增幅为 60.8%。同期,武汉市从 10 517.53 亿元增长到 17 135.79 亿元,增幅达 62.93%;成都市从 13 767 亿元增长到 21 971 亿元,增幅为 59.59%。天津市在三地中贷款余额最大,但增长幅度仅略高于成都市。

在上市公司数量方面,天津市在三个城市中始终最少。2011—2015年,天津市的上市公司数量从 37 家增加到 42 家,增长 13.51%,增幅高于武汉市的 4.35%,但数量上天津市落后于武汉市,更落后于成都市(见表 5-35)。

表 5-35　2011—2015 年天津市、武汉市和成都市的上市公司数量和保费收入

年份	上市公司数量(家)			保费收入(亿元)		
	天津市	武汉市	成都市	天津市	武汉市	成都市
2011	37	46	45	211.74	187.24	306.80
2012	38	47	47	238.16	175.28	369.00
2013	38	47	47	276.80	202.23	400.10
2014	42	47	49	317.75	265.71	474.70
2015	42	48	60	398.34	324.57	574.60

资料来源:根据 2012—2016 年《天津统计年鉴》、2011—2015 年《天津市国民经济和社会发展统计公报》、2012—2016 年《成都统计年鉴》、2011—2015 年《成都市国民经济和社会发展统计公报》、《中国统计年鉴(2016)》、2012—2016 年《武汉统计年鉴》、中财网(www.cfi.net.cn)和金太阳证券交易系统相关数据计算整理。

在保费收入方面,天津市在 2011—2015 年有较快增长,从 2011 年的 211.74 亿元增长到 2015 年的 398.34 亿元,增幅达 88.13%。同期,武汉市从 187.24 亿元增长到 324.57 亿元,增幅为 73.34%;成都市则从 2011 年的 306.8 亿元增长到 2015 年的 574.6 亿元,增幅为 87.29%。尽管天津市的保费收入在 5 年间增幅最大,但保费收入规模仍远低于成都市。

(二)天津市、武汉市和成都市的金融结构比较

本节用三个城市的存贷款余额、上市公司数量、保费收入分别占全国存贷款总额、上市公司总数、保费总收入的比重代表金融结构。就存款余额占全国存款总额的比重来看,2011 年天津市略高于成都市,随后被其超过。按存款余额占全国存款总额的比重排序,2011—2015 年,成都市最高,天津市其次,武汉市最低。同期,天津市的贷款余额占全国贷款总额的比重始终高于成都市,也远高于武汉市。在上市公司数量占全国上市公司总数比重方面,天津市最低,武汉市其次,成都市最高。同时,三个城市的保费收入占全国保费总收入的比重都有所上升。天津市的保费收入占比从 2011 年的 1.48%上升到 2015 年的 1.64%;武汉市从 2011 年以后有所下降,但到 2015 年又回升到 1.34%;成都市从 2011 年的 2.14%迅速上升到 2012 年的 2.38%,之后震荡至 2015 年的 2.37%。总体上,按三个城市金融业占全国的比重排序,成都市最高,天津市其次,武汉市最低(见表 5-36)。

表 5-36 2011—2015 年天津市、武汉市和成都市金融业占全国的比重

(单位:%)

年份	银行业						证券业			保险业		
	存款余额			贷款余额			上市公司数量			保费收入		
	天津市	武汉市	成都市	天津市	武汉市	成都市	天津市	武汉市	成都市	天津市	武汉市	成都市
2011	2.08	1.39	2.07	2.62	1.75	2.37	1.58	1.88	1.92	1.48	1.31	2.14
2012	2.09	1.39	2.16	2.58	1.72	2.32	1.52	1.80	1.88	1.54	1.13	2.38
2013	2.12	1.39	2.21	2.54	1.67	2.30	1.53	1.81	1.89	1.61	1.17	2.32
2014	2.04	1.39	2.28	2.50	1.67	2.28	1.61	1.72	1.88	1.57	1.31	2.35
2015	1.94	1.39	2.11	2.47	1.72	2.21	1.49	1.63	2.12	1.64	1.34	2.37

资料来源:根据 2012—2016 年《天津统计年鉴》、2011—2015 年《天津市国民经济和社会发展统计公报》、2012—2016 年《成都统计年鉴》、2011—2015 年《成都市国民经济和社会发展统计公报》、《中国统计年鉴(2016)》、2012—2016 年《武汉统计年鉴》、中财网(www.cfi.net.cn)和金太阳证券交易系统相关数据计算整理。

(三)天津市、武汉市和成都市的金融效率比较

沿用前文的指标设定思路,我们用存贷比率、单位证券公司营业部服务的上市公司数量、保险深度,分别表示银行业、证券业、保险业的效率,以金融相关比率表示金融整体效率。其中,金融相关比率的计算方法和前文相同。

1. 银行业

在存贷比率方面,天津市在 2011—2015 年始终高于成都市,在 2013 年略低于武汉市。这可以看出天津市在金融中介效率方面略优于成都市,在调度和分配社会资源的能力,将存款转化为贷款、将储蓄转化成投资的能力等方面,天津市好于成都市(见表 5-37)。

表 5-37 2011—2015 年天津市、武汉市、成都市的金融效率

年份	银行业效率			证券业效率			保险业效率			金融整体效率		
	存贷比率(%)			单位证券公司营业部服务的上市公司数量(家)			保险深度(%)			金融相关比率		
	天津市	武汉市	成都市	天津市	武汉市	成都市	天津市	武汉市	成都市	天津市	武汉市	成都市
2011	88.63	88.18	80.52	0.36	0.49	0.42	1.87	2.77	4.48	2.87	3.21	4.50
2012	88.39	88.15	76.79	0.36	0.49	0.44	1.85	2.19	4.53	2.87	3.09	4.42
2013	85.76	85.84	74.46	0.34	0.45	0.39	1.92	2.23	4.39	2.92	3.06	4.53
2014	90.64	88.90	73.81	0.32	0.38	0.33	2.02	2.64	4.72	2.92	3.05	4.63
2015	90.29	88.36	74.54	0.28	0.34	0.37	2.41	2.98	5.32	3.12	3.35	4.76

资料来源:根据 2012—2016 年《天津统计年鉴》、2011—2015 年《天津市国民经济和社会发展统计公报》、2012—2016 年《成都统计年鉴》、2011—2015 年《成都市国民经济和社会发展统计公报》、《中国统计年鉴(2016)》、2012—2016 年《武汉统计年鉴》、中财网(www.cfi.net.cn)和金太阳证券交易系统相关数据计算整理。

2. 证券业

从以单位证券公司营业部服务的上市公司数量来看，2011—2015 年，天津市、武汉市、成都市均有不同程度的下降，天津市的数量均低于武汉市和成都市。2011—2014 年武汉市最高，由于 2015 年成都市通过股票融资的上市公司数量较多，单位证券公司营业部服务的上市公司数量超过武汉市。

3. 保险业

2011—2015 年，三地以保险深度表示的保险业效率都有所提升。其中，天津市的升幅最大，为 28.88%；其次是成都市，升幅为 18.75%；武汉市最低，升幅只有 7.58%。总体上看，天津市的保险深度低于武汉市，更远低于成都市。2011 年，成都市的保险深度为天津市的 2.4 倍，2015 年为天津市的 2.21 倍。保险深度由保费收入和 GDP 决定，天津市的保费收入与存贷款余额一样，5 年间出现较大幅度增长，但仍低于天津市的经济增长速度，导致保险业在天津市国民经济中的地位不高。

4. 金融整体效率

由表 5-37 可知，天津市的金融深化程度虽然在不断提高，但以金融相关比率表示的金融整体效率小于武汉市和成都市，反映出天津市金融业资产规模的增长速度小于经济产出规模的增速，也反映出天津市金融深化的滞后。自 2006 年天津市滨海新区的发展纳入国家发展战略以来，天津市的经济增速一度领跑全国，经济规模也有显著增长。如果金融深化滞后的状况持续下去，将会直接影响天津市经济增长的速度和质量，对京津冀协同发展也会产生不利影响。

三、天津市金融发展的 SWOT 分析

（一）优势

1. 天津市拥有良好的区位优势

天津市位于环渤海城市圈和东北亚的中心，拥有北方地区最大的综合性贸易港口，是连接东北与华北、华北与华东的枢纽，是目前我国北方开放程度较高、投资环境较完善、经济实力较雄厚的地区之一。天津市在时区上位于日本东京和新加坡之间，是国际金融市场交易时序中的重要节点。

2. 天津市具备雄厚的经济基础

十多年来，天津市经济持续快速增长，为金融业稳健发展提供了雄厚的经济基础。1999 年以来，在航空航天、石油化工、装备制造、电子信息、生物医药、新能源和新材料、轻纺和国防等八大优势产业的引领下，天津市的生产

总值实现了快速增长。2016年,天津市的生产总值达17 885.39亿元。经济的快速发展在为金融业提供源源不断的金融剩余的同时,也产生出越来越多的金融需求。

3. 天津市拥有较好的政策优势

2006年,天津市滨海新区被国务院批准为全国综合配套改革试验区,作为金融改革试点,被赋予金融改革创新先行先试的权利,目标是建成与北方经济中心相适应的现代金融服务体系,并辐射周边省市。2014年12月12日,国务院常务会议通过的《中国(天津)自由贸易试验区总体方案》,又一次为天津市的金融发展提供了强大动力。

4. 天津市银行业、非传统金融业的规模优势及银行业效率优势

天津市的银行业具有规模优势和效率优势。与中部的武汉市和西部的成都市相比,天津市的贷款规模始终大于成都市和武汉市,增长幅度也较大;以存贷比率表示的银行业效率也高于武汉市和成都市,具有一定的比较优势。同时,天津市的非传统金融业在规模上也具有优势。随着金融创新力度的不断加大,天津市的融资租赁和非证券类基金等非传统金融业得到迅猛发展,并具有规模优势。2006年,在天津市注册的私募股权投资基金公司有79家,2011年上升到759家,募集资金1 098.44亿元;2016年5月底,在天津市注册的私募股权投资基金公司达到2 970家,募集金额超过5 200亿元,机构数量与资金规模领先于全国。① 同时,融资租赁业务与优势产业成功对接。截至2017年2月10日,天津市融资租赁业务总资产占全国的比例为近1/3,对全国的辐射效应不断增强。② 另外,天津市铁合金交易所、天津贵金属交易所、天津渤海商品交易所的先后成立,使得我国逐渐掌握了大宗商品话语权和定价权;天津滨海国际股权交易所、天津股权交易所、天津排放权交易所的先后营业,建立了我国多层次资本市场和排放权市场体系的雏形。

(二)劣势

1. 证券业、保险业规模较小和金融倾斜问题并存

天津市的证券业和保险业规模相对较小。和武汉市、成都市相比,天津市的上市公司数量较少,符合资本市场融资条件的公司数量较少,资本市场发育缓慢,上市公司发行股票筹资额和发行股票上市公司数量都比较少,单位证券公司营业部服务的上市公司数量较少,导致直接融资在社会融资总额中的占比偏低,产业结构优化升级所需的金融支持主要依靠银行业,信贷过度

---

① 战旗:"本市私募股权基金进入'新时代'",《滨海时报》,2016年7月4日。
② 聂伟柱:"天津融资租赁业总资产逼近万亿 占全国近三分之一",《第一财经日报》,2017年2月11日。

投放和金融风险过度集中于银行业的问题较为突出。同时,尽管天津市的保费收入在稳步增长,但保险深度较低的状况意味着作为经济发展重要支撑和保障的保险业发展水平较低,保险业在保障民生、促进产业升级方面的支持力度偏弱。保险产品和保险服务的同质竞争问题较为突出,种类齐全、功能互补、竞争充分的金融格局尚未形成。

2. 金融市场有待进一步完善

第一,天津市证券市场发展滞后。虽然天津市滨海新区是继深圳市和上海市浦东新区之后国务院批准设立的第三个综合配套改革试验区,但深圳市和上海市浦东新区当初享有的金融优惠政策已不可能在天津市滨海新区复制。上市公司数量少,符合上市条件的公司数量少,这一方面说明了天津市现有的 21 000 多家中小企业在经营规模、经营绩效、公司治理方面存在一定的不足,另一方面揭示了天津市中小企业对于上市融资渠道的淡漠和中小企业在天津市经济发展中的短板。

第二,和武汉市、成都市相比,虽然天津市非传统金融行业具有优势,但天津市的产权交易所、要素交易所、股权交易所、排放权交易所等尚处于发展初期,规模较小、交易品种少,对周围省市乃至全国的辐射度和影响力有限。同时,尽管天津市的非证券类投资基金较为集中,但这些基金很少在天津市投资,天津市产业调整与优化升级的融资需求并未能从本地的股权投资基金中获得充分满足。

3. 金融效率亟待提升

从比较中可以看出,除了以存贷比率衡量的银行业效率较高,天津市不仅证券业效率和保险业效率低于武汉市与成都市,以金融相关比率表示的金融整体效率也是三个城市中最低的。促进金融深化、提升金融效率,是天津市金融发展的不二选择。同时,我们注意到,长期以来天津市金融行业的服务理念不强,缺乏规范和富有特色的服务标准,面对企业和居民个人多样化的金融需求,缺乏开发、提供足够相适应的金融产品和金融服务的意识与条件,阻碍了金融业为天津市社会经济发展提供高质量、高效率的服务。

(三) 机遇

1. 中央政府的天津市滨海新区开发开放战略

2006 年 3 月,十一届全国人大四次会议通过的《国民经济与社会发展第十一个五年发展规划纲要》,将天津市滨海新区的开发开放纳入了国家战略布局;随后国务院下发了《关于推进天津市滨海新区开发开放有关问题的意见》,确立了天津市滨海新区作为全国综合配套改革试验区,拥有了金融组织、金融市场、金融制度等创新上的先行先试政策优惠,为天津市金融与经济发展增添了强劲动力。另外,近年来产业集聚效应初步显现,产业结构升级和经济发展方式转变的步伐日益加快,以天津市为龙头的环渤海区域金融合作不断深化,经济发展的金融需求和金融发展方式转变的内在要求愈来愈迫切,这为天津市金融发展提供了前所未有的机遇。

2. 国际金融格局调整

2008 年国际金融危机爆发后,国际金融格局进入了调整和重构时期,世界经济由此步入了缓慢复苏阶段。我国经济尤其是天津市经济的快速增长,为国际金融市场上的剩余资本提供了广阔的投资空间和丰厚的利润回报预期。同时,欧美国家经济增长放缓和金融市场疲软使得大量金融业经营管理人才被"闲置",从而为天津市金融业的快速发展提供了潜在的人力资源。我国实施的人民币有步骤国际化、资本账户有限开放政策,以及天津市滨海新区离岸金融市场的创新举措,为国际金融资本和国际优秀金融人才入驻天津市、推动天津市金融发展提供了舞台。

3. 自贸区为天津市经济金融发展提供了新动力

2015 年 4 月,中国(天津)自由贸易试验区(以下简称"天津自贸区")正式挂牌。中央政府给天津自贸区的战略定位是:以制度创新为核心任务,以可复制、可推广为基本要求,努力成为京津冀协同发展高水平对外开放平台、全国改革开放先行区和制度创新试验田、面向世界的高水平自由贸易园区。因此,天津市可将自贸区作为撬动新一轮改革开放的杠杆,以制度创新为目标,把改革与开放进一步相结合,构建国际合作发展的新平台,拓展经济增长的新空间,以贸易便利化、投资自由化、金融国际化、行政精简化为主要任务,更好地促进京津冀协同发展。①

(四)威胁

1. 外部威胁

天津市作为改革开放的前沿城市,外部威胁不容小觑。外部威胁表现在近年来欧美经济复苏缓慢,贸易保护主义势力有所抬头,贸易摩擦不断发生,直接抑制了我国贸易出口需求的增长,并通过贸易进出口影响我国制造业,进而影响到能源和原材料工业持续稳定增长,出口拉动天津市经济增长的能力受到一定程度的制约。外部经济环境恶化为天津市经济和金融发展增添了许多不确定因素。

---

① 周汉民:"我国四大自贸区的共性分析、战略定位和政策建议",《国际商务研究》,2015 年第 4 期,第 36—46 页。

2. 内部威胁

天津市内部威胁主要表现在两个方面：一是国内经济经历了自2002年下半年开始的低通胀、高增长的"黄金十年"以后，在贸易顺差逐渐减少、投资和消费需求不振的背景下，经济结构调整压力加大，经济增速放缓是必然趋势；二是国内金融业竞争加剧，经济增长主要驱动力的转换以及金融创新过快引致的风险不断集聚。近年来，全国性金融机构和一些地方性金融机构加大了在天津市布局机构网点的力度，金融产品和金融服务的同质化现象较为突出，金融机构之间的竞争日益加剧。以利润最大化为经营目标的金融机构更加偏好如借款担保、贷款承诺、扩大次级贷款规模等高风险、高收益的业务，这为天津市金融业的稳健发展埋下了隐患。另外，产业投资基金、私募股权基金、融资租赁、离岸金融业务等金融创新日趋活跃，这些创新活动也带来了一定的风险。同时，天津市金融产业规模相对偏小、金融发展过分倚重间接融资。如何破解这些来自内部和外部的双重威胁，着实考验天津市金融业经营管理者和监管层的智慧。

四、推动天津市金融发展的对策建议

（一）加快推进区域金融中心建设

第一，政府应依托天津市滨海新区这一全国综合配套改革试验区，充分利用金融改革先行先试的政策优势，以天津自贸区建设为契机，加快推进金融机构集聚和离岸金融中心建设。政府应按照建设与北方经济中心相适应的现代金融体系和金融改革创新基地的目标要求，尽快制定和出台相关政策，将天津市规划和建设成为面向东北亚、辐射东北、西北、华北的北方金融中心。第二，针对近年来经济快速发展积累的经济优势，政府应充分重视金融在经济发展中的地位与作用，在信用文化建设和金融发展规划等方面应有更大作为。政府应在社会诚信、政府诚信等方面进一步加大投入力度，为工商企业、金融机构、金融业高级管理人员入驻天津市创造优良的诚信环境。第三，政府应深入挖掘和利用天津市的金融文化，积极发展金融传媒产业。政府应利用金融机构密集的中心城区和作为金融创新基地的滨海新区为平台，通过财政投资入股、税收优惠等举措，兴办和扶持金融专业网站、广播电视栏目及频道的经营运作，宣传国家的金融政策和天津市金融发展的成就，普及金融知识，传播金融信息。

（二）银行业应提供更多的金融支持

基于天津市经济增长过多依赖大企业和大项目带动、中小企业产出规模偏小的客观实际，银行业监管部门可适当放宽民间资本进入金融业尤其是地方金融业的条件,促进地方金融机构的发育和发展,以便为中小企业发展提供相应的金融支持。政策性银行应进一步加大对天津市基础设施建设的信贷支持力度,改善要素在产业和地区间优化配置的环境,增强天津市对外来资本投资的吸引力。商业银行应不断优化信贷结构,对主导产业和优势产业予以优先贷款保障,重点支持战略性新兴产业的发展,推动产业结构升级和经济发展方式转变。银行业监管部门应支持中小金融机构业务创新,增加业务品种;允许中小金融机构在存贷款利率上有更大的浮动幅度,使中小金融机构的存贷款客户有更多的选择。

(三)完善多层次的资本市场体系

天津市应以国务院2008年通过的《天津滨海新区综合配套改革试验总体方案》为依据,鼓励天津市工商企业通过非上市公司股权交易中心实现资产重组,优化资源配置,规范公司治理结构,提高企业经营绩效,使更多的企业能够在主板市场和二板市场上市融资。同时,天津市应大力培育和引进国内外券商、企业信用评级机构、审计师事务所、会计师事务所等中介机构,为非上市公司股权交易和上市融资提供金融服务。天津市应以国务院2014年通过的《中国(天津)自由贸易试验区总体方案》为依托,加快推进金融集聚,积极发挥非传统金融业的规模优势,不断强化天津金融业在融资租赁、航运金融、国际保理等新型金融业态方面形成的优势,建立和完善多元化、多层次、开放型资本市场体系。另外,天津市应充分利用先行先试的金融改革优惠政策,积极争取在天津市设立功能完备的三板市场,不仅服务于天津市这一"北方经济中心"的建设,辐射"三北"地区,而且对上海市和深圳市的金融市场也能发挥协调与补充作用。

(四)保险业应对经济发展拓展更大的保障空间

近年来,天津市经济的快速增长、产业结构的升级和人均收入水平的提高,产生了新的保险需求,直接推动了天津市保险业的发展。但相对于其他城市而言,天津市保险市场仍有很大发展空间。保险公司应自律经营行为,加强内控制度建设,不断提高风险防范和控制能力;以商业医疗保险和补充养老保险为突破口,增加险种范围,形成新的业务增长点;继续拓展在汽车保险和其他财产保险领域的业务空间,保持产险近年来的强劲增长势头。保险业监管部门应强化监管措施,规范银行保险业务,进一步完善银保专员管理制度;转变监管思路,将监管重心转移到保险公司的偿付能力上;采取措施,公平保险业竞争环境,规范保险业的经营秩序,对经营数据不真实、销售误导、理赔难等问题应加大惩处力度。

本 章 小 结

区域金融发展差异是许多国家尤其是大国在金融发展过程中普遍存在的现象。对区域金融发展差异及其变化规律的探讨,是区域金融学研究的重要命题。首先,本章在对区域金融业规模、区域金融结构和区域金融效率的内涵加以界定的基础上,分析了区域金融发展差异的形成机理。本章认为,区域经济发展水平、政府行为、社会诚信文化、区位等方面的差异,是影响区域金融发展差异形成和演化的重要变量。其次,本章从规模、结构、效率三个维度分别对银行业、证券业、保险业设定指标,比较分析了我国各地区的金融发展差异。本章认为,无论是从规模、结构还是从效率上比较,银行、证券、保险三个行业的区域差异均较为显著,我国金融发展的区域非均衡现象较为突出。再次,本章运用因子分析法,对环渤海三省二市的金融发展状况进行了评价,认为天津市的金融发展水平在环渤海地区位居中等,具有较大的提升空间。最后,本章对天津市金融发展状况进行纵向梳理与横向比较,考察了天津市金融发展面临的优势、劣势、存在的机会和威胁,提出了促进天津市金融发展的对策建议。本章提出的建议主要包括:加快推进区域金融中心建设,银行业应提供更多的金融支持,完善多层次的资本市场体系,保险业应对经济发展拓展更大的保障空间。

第六章 区域金融发展与区域经济发展

区域金融业规模是否适度、区域金融结构是否合理以及区域金融效率的高低，会通过金融体系发挥风险分散、风险管理、资源配置、信息管理等方面的功能，改变储蓄率和储蓄投资转化率，并作用于资本边际生产率，影响区域经济增长。同时，区域金融业可以改变在传统产业和新兴产业的资本投入比率，推动区域产业结构升级。学者们对区域金融发展与区域经济发展关系的研究投入了大量精力，但指标选取和研究视角不尽全面，不能反映区域金融发展与区域经济发展的全貌；而且，研究结论不尽一致，为理论指导实践带来了困惑。本章拟在理论分析金融发展影响经济增长和产业结构升级的基础上，实证检验区域金融发展对区域经济发展的影响。

第一节 区域金融发展影响区域经济发展的理论分析

一、几个相关概念

(一)区域经济增长与区域经济发展的概念

经济学家对经济增长一词的理解不甚统一。一种观点认为，经济增长是产出规模的扩张，是国民收入、国民生产总量或人均量的增长。当然，也有一些经济学家把经济增长与经济发展等同起来，包括经济结构的变化、社会结构的变化和政治结构的变化。另一种观点认为，经济增长即经济产出能力的增长，代表人物是美国经济学家西蒙·库兹涅茨(Simon Kuznets)，他将经济增长定义为在技术进步及其所需制度和意识形态调整基础上的商品生产能力的长期上升。[1]

本章采用第一种观点，一个区域在一定时期内商品或劳务的产出持续增长，即为区域经济增长。区域经济发展不同于区域经济增长，它不仅指与一个区域的商品和劳务产出规模持续增长相伴而生的人均收入水平提高、产业结构优化升级、制度完善、技术进步和劳动生产率提高，还包括区域经济发展方式转变、社会福利增进以及文化体育卫生发展带来的人力资本积累水平的

---

[1] 〔美〕西蒙·库兹涅茨："现代经济增长：事实和思考"，《诺贝尔经济学奖资金获得者演讲集(1969—1981)》，中国社会科学出版社，1986年。

提高。因此,区域经济发展的内涵远比区域经济增长丰富得多。

(二)产业结构升级的含义

产业结构指的是各产业的构成及各产业之间的联系和比例关系。企业技术创新、管理创新、产品质量和生产效率的提升以及产业链整合,引致产业结构由低级形态向高级形态迁移的过程或趋势,即产业结构升级。改革开放以前,国内学者主要采用马克思关于生产资料和生活资料两大部门的产业划分方法,研究计划经济时期的资源分配和经济发展问题。改革开放以后,国内的研究借鉴和采用澳大利亚经济学家 A. G. B. 费舍尔(A. G. B. Fisher)在 1935 年出版的《安全与进步的冲突》(*The Clash of Progress and Security*)一书中提出的三次产业分类方法,考察经济转轨时期及社会主义市场经济条件下的产业结构调整升级问题。配第-克拉克定理(Petty-Clark Theorem)①表明,产业结构升级主要表现为三次产业劳动力比重的相对变化。随着经济的发展和人均国民收入水平的提高,第一产业的劳动力会向第二产业转移,第二产业的劳动力会向第三产业转移,结果是劳动力在三次产业间的分布不断发生变化:第一产业劳动力占比逐渐下降,第二产业和第三产业占比逐渐上升。

(三)金融支持的概念

研究金融发展与经济发展的关系,不可避免地要涉及金融支持的概念。金融支持有狭义和广义两种含义。狭义的金融支持指在经济发展过程中存在储蓄缺口和外汇缺口的背景下,政府通过管制金融资产价格,规制金融产品、金融业务和金融机构的市场准入,对金融性资本的配置结构加以规定和干预,尽可能地动员和集中储蓄,以满足政府的产业融资或区域融资偏好。那些获得优惠融资价格和优先融资支持的产业或区域,会获得超乎市场均衡水平的利润,即政策租金,使得这些产业或区域的盈利状况好于其他产业或区域。在利益的驱使下,政府产业规划限制发展甚至淘汰的产业部门的资本,会在盈利下滑和政府施压的联合作用下转移到政府偏好的产业部门;没有获得金融支持的区域,其资本会在市场规则的作用下逐渐转移至获得金融支持的区域。这些获得金融支持的产业部门无论是资本密集型还是技术密集型,随着时间的推移,集中的社会资本数量会越来越多,产出规模占社会总

---

① 英国经济学家和统计学家柯林·克拉克(Colin Clark)在 1940 年出版的《经济进步的条件》(*The Conditions of Economic Progress*)一书中,采用 40 多个国家和地区不同时期三次产业的劳动投入产出资料,对英国古典经济学家威廉·配第(William Petty)在 1691 年提出的产业演变规律进行了归纳和验证。后人把这一研究成果(经济发展中劳动力在三次产业中分布结构的演变规律)称为配第-克拉克定理。

产出的比重也会日益上升;那些获得金融支持的区域,也会和这些产业一起逐渐成为经济增长极,成为带动全国经济持续增长的引擎。广义的金融支持指发挥金融体系的信息中介、分散和规避投资风险以及金融资源优化配置等功能,动员储蓄以提高储蓄转化为投资的效率,提高资本的边际产出水平,从而推动经济增长。诸多关于区域金融支持的研究,是基于国内存在金融抑制的假设下,如何通过金融制度和金融市场的变革,设置租金,刺激政府偏好的产业或区域经济的发展。因此,国内关于金融支持方面的研究多属于狭义的金融支持。这种金融支持具有休齐·帕特里克(H. T. Patrick)所谓的供给主导型金融发展模式的特征和属性。①

区域金融发展受制于区域经济发展,却又有自身的相对独立性。区域金融发展滞后,会抑制区域经济发展;区域金融发展过度,会导致金融发展与实体经济脱离,容易引发金融资产价格的虚高和金融资源的错配。一旦实体经济增速下滑或衰退,金融资源会迅速撤离市场,金融资产价格也会迅速向其价值回归,金融泡沫就会在短时间内破灭甚至发生金融危机,给实体经济增长带来负面影响。因此,运用金融支持政策刺激区域金融发展进而推动区域经济增长,应建立在对区域金融发展水平和区域经济运行状况进行综合评估的基础之上。

二、区域金融发展模式

区域金融发展模式指的是区域金融发展遵从的一般方式或范式。国外关于区域金融发展模式的研究极少,国内一些学者(如:张志元等,2014②)主要沿用Demirguc-Kunt 和 Levine③对金融结构的分析思路,将金融发展模式分为银行主导型和证券市场主导型两种。本章从金融发展驱动力的角度,将区域金融发展模式分为市场主导型、政府推动型和混合型三种。

(一)市场主导型区域金融发展模式

政府与市场是区域金融发展的两大基础性推动力量。当区域金融发展的动力源为市场时,金融资源配置主要由市场完成,要素边际报酬率的变动会引领金融资源地域运动的方向。市场主导型的区域金融发展模式表现出需求诱致和自发性的特征。在市场主导下区域金融发展的过程中,金融体系

---

① Patrick,H.T.,"Financial Development and Economic Growth in Underdeveloped Countries",*Economic Development and Cultural Change*,1966,14(2),174-189.
② 张志元、马雷、张梁:"基于战略视角的中国金融发展模式选择",《经济与管理评论》,2014年第4期,第83—89页。
③ Demirguc-Kunt,A.,and Levine R.,"Bank-based and Market-based Financial Systems: Cross-Country Comparisons",World Bank Working Paper,Mimeo,1999.

以利益为导向,金融机构布局、区域金融集聚、区域金融中心形成与发展、区域金融合作,都以满足经济和社会发展产生的金融需求为前提条件,需求引致成为市场主导型区域金融发展模式的典型特征。同时,各市场参与主体在自身利益动机驱使下自发地参与资源配置,其结果可能会推动经济和社会发展,也可能出现趋利性导致的个体有限理性而集体非理性的现象,使得金融风险不断集聚,并在某一时点受某一特定事件的冲击而暴露风险,对经济和社会发展产生负面影响。另外,市场主导下的区域金融资源配置不一定满足政府的目标函数。因此,市场主导型区域金融发展模式带有自发性特征。市场主导型区域金融发展模式需要满足一定的条件:拥有理性的市场参与主体,市场机制充分发挥作用,金融资源的地域运动对金融资源边际报酬率的变动反应灵敏,法律体系完备,经济发展水平较高,居民有较独立的金融人格,政府对资源配置基本不干预。这些条件往往需要较长的时间才能具备。

(二)政府推动型区域金融发展模式

在政府推动型区域金融发展模式下,政府的目标函数主导着金融资源的地域运动方向,金融机构的区位布局、金融资源的区域集聚、区域金融中心的构建和区域金融合作,都是政府目标函数的解。政府的目标是,在市场不能发挥资源配置的基础性作用、经济发展水平较低、金融市场不发达、居民金融人格独立性较差、法律制度不健全的情况下,政府运用一系列干预手段,优先发展金融业,增加金融供给,推动区域经济增长和产业结构升级,避免出现"贫困循环累积因果效应",实现经济赶超。然而,政府推动型区域金融发展模式需要具备一定的条件:政府是理性人,对市场信息能够及时收集并准确分析,对政府干预下金融资源地域运动的结果能够做出准确的分析研判,对金融资源配置产生的偏差能够及时运用政策手段加以纠正,市场在资源配置中不能发挥基础性作用,政府具有较强的执行力。同时,政府推动型区域金融发展模式会产生一些负面影响,包括金融资源配置因政府的过度干预而出现金融抑制,以及金融功能的单一化和财政化倾向导致的金融资源配置低效率。

(三)混合型区域金融发展模式

混合型区域金融发展模式指的是市场与政府同时作为动力源,共同驱动区域金融发展。一方面,经济与社会发展产生的金融需求在市场力量的作用下,诱致金融资源进行地域运动,实现金融资源从地域空间布局到区域集聚再到区域金融中心形成,调动行为主体参与区域金融合作的积极性;另一方面,政府基于经济与金融发展的实际情况,制定区域金融发展规划和目标,增加金融基础设施供给,提高基础设施建设水平,充分考虑各地区的经济和金融发展诉求,干预和引导金融资源地域运动的方向,进而优化金融结构,提高金融效率,促进区域金融发展。混合型区域金融发展模式可以使市场与政府在资源配置方面优势互补,其缺陷在于政府与市场参与资源配置的界限不易明确。政府参与资源配置并提供规划、制度与政策等公共物品,以消除和避免市场失灵;然而,政府的行政力量往往在经济发展目标和政府官员个人政绩要求的双重驱动下过多地干预金融活动,挤压市场配置资源的空间,出现所谓的政府"越界"、滥作为的现象,也有可能出现政府与市场之间存在真空地带,政府懒作为,导致资源配置效率低下和资源浪费现象。混合型区域金融发展模式需在一定条件下方可采用,这些条件主要包括市场应具备资源配置的基础性功能,政府在与市场共同配置资源过程中分寸掌握适度。

三、金融发展影响经济增长的理论模型

(一)哈罗德-多马模型

R. F. 哈罗德(R. F. Harrod)发表的"论动态理论"(An Essay in Dynamic Theory)和 E. 多马(E. Domar)发表的"资本扩张、增长率和就业"(Capital Expansion, Rate of Growth, and Employment),都是以凯恩斯的国民收入决定论为基础,得出的结论也相似,后人称之为哈罗德-多马(Harrod-Domar)模型。

哈罗德-多马模型是现代经济增长理论的开端。它分析了资本形成和经济增长的关系,强调了资本对经济增长的作用。哈罗德-多马模型的假设条件主要包括:经济社会使用资本和劳动力这两种生产要素生产一种产品,这种产品用于满足消费和追加投资;技术水平保持不变,资本与劳动力的配置比率固定,单位产品消耗的劳动力和资本保持不变,即资本产出比 $K(t)/Y(t) = k$ 既定,劳动生产率 $Y(t)/L(t) = l$ 既定;社会保持既定的储蓄率;劳动力按照外生给定的速度稳定增长,即劳动力增速 $n = \dot{L}(t)/L(t)$ 。

对既定的劳动生产率 $l = Y(t)/L(t)$,两边取对数后为 $\ln l = \ln Y(t) - \ln L(t)$,再对等式两端求导后得 $g_n = \dot{Y}(t)/Y(t) = \dot{L}(t)/L(t) = n$,即均衡状态下的经济增长速度(g_n)等于劳动力的增长速度(n)。

对既定的资本产出比 $K(t)/Y(t) = k$,两边取对数后为 $\ln k = \ln K(t) - \ln Y(t)$,再对等式两端求导后得 $g = \dot{Y}(t)/Y(t) = \dot{K}(t)/K(t)$,表明均衡状态下的经济增长速度等于资本存量的增长速度,在储蓄等于投资的条件下,有:

$$g_w = \frac{\dot{Y}(t)}{Y(t)} = \frac{\dot{K}(t)}{K(t)} = \frac{I(t)}{K(t)} = \frac{sY(t)}{K(t)} = \frac{s}{\frac{K(t)}{Y(t)}} = \frac{s}{k} \quad (6-1)$$

稳态的经济增长要求自然增长率(g_n)与有保证的经济增长率(g_w)相一致，即$g_n = g_w = s/k$。这个结论说明，有保证的经济增长率(g_w)取决于资本产出比(k)和储蓄率(s)。

哈罗德-多马模型中自然增长率(g_n)与有保证的经济增长率(g_w)相等的隐含假设是：充分就业，储蓄能够全部转化为投资。实际上，现实经济生活中存在的失业与经济均衡增长之间并不冲突，而且充分就业也会随经济的周期性波动而波动；同时，储蓄全部转化为投资的假设也太过严苛，现实中储蓄转化为投资时会存在一定的"漏出"。因此，后来的经济学家在哈罗德-多马模型的基础上进行了修正和扩展，认为一个经济体的增长状况取决于储蓄率、储蓄投资转化效率和投资率三个因素。进一步落实到区域层面，区域经济增长的非均衡性主要缘于区域间金融资源总量结构及其配置效率方面的差异。[1]

（二）索洛模型

索洛模型主要由总量生产函数和资本积累函数构成。总量生产函数为：

$$Y_t = AK_t^\alpha L_t^\beta \qquad (6-2)$$

其中，Y_t表示t时期的总产出，K_t表示t时期的资本存量，L_t表示t时期的劳动数量，A表示t时期的生产技术参数，α、β分别表示资本和劳动力的产出弹性，且$0<\alpha<1, 0<\beta<1$。

假定总量生产函数为齐次方程，将式(6-2)两边同除以L_t后，得：

$$\frac{Y_t}{L_t} = A\left(\frac{K_t}{L_t}\right)^\alpha \qquad (6-3)$$

其中，Y_t/L_t为t时期的人均产出水平，记为y_t；K_t/L_t为t时期的人均资本数量，记为k_t，则式(6-3)可简写为：

$$y_t = Ak_t^\alpha \qquad (6-4)$$

式(6-4)表明，人均产出水平由人均资本数量k、生产技术水平A和资本产出弹性α所决定。对式(6-3)两边取对数，并对时间t求导数，得到：

$$g_y = g_A + \alpha g_k \qquad (6-5)$$

式(6-5)表明，人均产出增长率g_y取决于技术进步增长率、资本产出弹性和人均资本增长率。在稳态经济条件下，由于α趋近于0，此时的人均产出增长率g_y等于技术进步增长率g_A。

索洛模型中的资本积累函数为：

$$\dot{k} = sy - (n+\delta)k \qquad (6-6)$$

其中，$\dot{k}$表示人均资本存量k对时间t的导数，反映人均资本的变化量；s表

---

[1] 王婷、叶军：《金融发展差异与中国区域经济增长非均衡性研究》，南开大学出版社，2012年。

示储蓄率,y 表示人均产出,n 表示人口增长率,δ 表示资本折旧率。

将式(6-4)和式(6-6)联立组成微分方程组后,求得均衡时的人均资本存量 k^* 和人均产出 y^* 分别为:

$$k^* = \left[\frac{sA}{(n+\delta)}\right]^{\frac{1}{1-\alpha}} \quad (6-7)$$

$$y^* = A\left[\frac{sA}{(n+\delta)}\right]^{\frac{\alpha}{1-\alpha}} \quad (6-8)$$

式(6-7)和式(6-8)表明,储蓄率提高和技术进步能够促进资本形成,并由此影响经济发展水平和经济增长速度;提高人口增长率,会降低人均资本存量和人均产出。

(三)帕加诺的 AK 模型

以索洛模型为代表的新古典增长理论,强调技术进步和资本积累对经济增长的贡献,但模型中的资本仅仅指物质资本。随着生产函数的线性技术和资本概念的拓展,内生增长理论放弃了索洛模型中关于资本边际收益递减的假设,将人力资本、知识资本等也考虑进来,与物质资本一起作为决定经济增长的因素。内生增长理论认为,人力资本和知识资本的不断增多,使得资本的边际收益不再递减,从而可以持续推动经济增长。内生增长理论中分析金融发展促进经济增长内生机制的代表性模型是 M. 帕加诺(M. Pagano)[①]提出的线性内生增长模型。由于生产函数以 $Y=AK$ 的形式描述,被称为 AK 模型。

AK 模型假设人口规模不变,在没有政府的两部门经济中,只生产一种产品用于消费和投资,总资本与总产出呈线性相关关系,即:

$$Y_t = AK_t \quad (6-9)$$

其中,Y_t 为 t 时期的总产出,K_t 为 t 时期的总资本存量,A 为资本的边际生产率。

在折旧率为 δ 时,总投资函数为:

$$I_t = K_{t+1} - (1-\delta)K_t \quad (6-10)$$

假设 φ 为储蓄投资转化率,金融中介将储蓄转化为投资时存在摩擦而导致漏损,漏损比率为 $1-\varphi$。在资本市场均衡时,总储蓄 S_t 与总投资 I_t 相等,于是有:

$$\varphi S_t = I_t \quad (6-11)$$

经济增长率 g_{t+1} 为:

$$g_{t+1} = \frac{Y_{t+1} - Y_t}{Y_t} \quad (6-12)$$

---

① Pagano, M., "Financial Markets and Growth: An Overview", *European Economic Review*, 1993, 37, 613-622.

将式(6-9)、式(6-10)和式(6-11)代入式(6-12)后,得到:

$$g_{t+1} = A\varphi \frac{S_t}{Y_t} - \delta \quad (6-13)$$

$\frac{S}{Y}$ 为储蓄率(s),去掉时间下标后,式(6-13)可写为:

$$g = A\varphi s - \delta \quad (6-14)$$

式(6-14)表明,稳态的经济增长率与资本的边际生产率(A)、储蓄投资转化率(φ)、储蓄率(s)呈正相关关系。

四、区域金融发展促进区域经济增长的机制分析:基于金融功能的视角

区域金融发展基于区域金融业规模的扩张、区域金融结构的优化和区域金融效率的提高来完善区域金融功能,并由此促进储蓄率、储蓄投资转化率和资本边际生产率的提升,进而促进区域经济增长(见图6-1)。

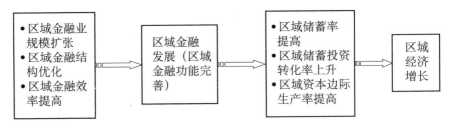

图6-1 区域金融发展促进区域经济增长的机制

Levine 将金融业的主要功能概括为资源配置、风险分散、促进公司治理、储蓄动员、便于商品与劳务交换五个方面,金融功能的发挥正是通过影响储蓄率、资本形成率及改变技术创新比率来促进经济增长的。[①] 罗伯特·C. 默顿(Robert C. Merton)和兹维·博迪(Zvi Bodie)从资源配置这一金融系统的基本功能出发,把金融系统的核心功能划分为六个:在不同的时间、地区和行业之间提供经济资源转移的途径;提供管理风险的方法;提供清算和结算支付的途径以完成交易;为储备资源和在不同的企业中分割所有权提供有关机制;提供价格信息,帮助协调不同经济部门的决策;当交易中的一方拥有另一方没有的信息或一方为另一方的代理人时,提供解决激励问题的方法。[②] 那么,区域金融体系在运行过程中如何发挥自身功能,提升储蓄率、储蓄投资转化率和资本边际生产率进而促进区域经济增长呢?

---

① Levine,R.,"Financial Development and Economic Growth: Views and Agenda",*Journal of Economic Literature*,1997,35(2),688-726.
② 〔美〕罗伯特·C. 默顿、兹维·博迪著,伊志宏等译:《金融学》,中国人民大学出版社,2000年。

（一）区域金融体系功能的发挥有助于储蓄率的提高

1. 金融体系在信息管理和交易成本方面具有规模经济优势

金融体系是一个信息聚集地和信息生产源。在区域金融运行过程中，金融中介因为与社会经济主体的广泛接触而汇聚了来自各方面的信息，形成了一个信息洼地。而金融中介基于逐利动机从事的金融交易，又会源源不断地生产出大量的经济金融信息。资金剩余方和资金需求方均可通过金融中介这一信息源获取所需信息，这些信息成为影响储蓄率变动的重要变量。随着区域金融业规模的扩大，区域金融交易在信息成本、合约谈判成本、合约执行及监督成本等方面随规模边际递减。同时，区域金融体系的存在与区域金融功能的完善，降低了区域金融交易中的信息不对称及由此产生的逆向选择和道德风险，在居民人均收入水平、市场实际利率、金融制度既定的条件下，有助于提高储蓄率。另外，区域金融体系拥有的信息优势，可以为融资双方进行金融合约谈判与合约履行提供便利，保证合约的履约质量与履约效率，从而刺激区域储蓄率的提高。

2. 区域金融体系的风险分散和风险管理功能有助于区域储蓄率的提高

金融业是一个经营风险的产业部门。区域金融体系中的银行、证券、保险等行业均为风险的集中地，它们经营与管理不同风险的资产，为融资双方提供流动性。对风险的分散、转移、控制和管理，是金融中介机构与生俱来的功能，也是它们获得利润的重要途径。金融中介机构根据市场需要和自身对利润的追求，对资本投资项目可能产生的风险，采用跨时期、跨地域空间的资产配置方法予以分散和转移，为资金剩余方提供了可选择的投资工具和投资渠道。实际上，大多数资金剩余者既是风险的厌恶者，又是高收益的追求者。区域金融体系的风险分散和转移安排，刺激了资金剩余者降低风险、追求收益的欲望，客观上极大程度地动员了储蓄，推动了区域经济增长。

（二）区域金融体系功能的发挥有助于储蓄投资转化率的提高

1. 区域金融体系的信息管理和资源配置功能可提高储蓄投资转化率

对于资金剩余者而言，在识别收益率高、发展潜力大的投资项目时，既没有足够的信息收集的渠道和能力，又缺乏发现管理投资项目的企业家的能力；同时，甄别投资项目和企业家的成本较高，他们即便有识别信息的能力，成本花费也存在规模不经济问题。区域金融体系利用自身在信息集聚和信息生产方面的优势，通过专业化的分工和专业技术手段的运用，甄别、筛选投资项目和企业家，降低了信息成本，并对投资项目进行集约化的监督和管理，避免了资金剩余者各自在信息收集、甄别及投资项目监督管理方面的规模不经济问题，降低了金融交易成本，推动了储蓄向投资的转化。

2. 区域金融体系通过资源配置功能促进储蓄向投资转化

收益率高、发展潜力较好的投资项目多为技术创新项目,由于技术处于创新期,市场尚不成熟,技术研发和市场开发需要大量的资本投入,因而开发者成为资金需求方。虽然技术创新项目收益率较高,但也蕴藏着较大的投资风险。区域金融体系把资金剩余者手中具有不同流动性需求的资金通过价值创造工具和提供服务等方式聚集起来,积少成多,续短为长,综合评估拟投资项目的技术状况、市场前景、产业组织结构、竞争优势、盈利预测等,使聚集起来的社会闲散资金投向收益率高、发展前景好的领域。

3. 区域金融体系的风险分散与风险管理功能有助于储蓄投资转化率的提高

资金剩余者在风险识别和风险管理能力较低又厌恶风险的情况下,往往会配置流动性和安全性较好、收益率较低的资产,这不利于提高资本积累速度。区域金融体系则通过自身特有的风险分散和风险管理功能,向资金剩余者提供风险已被过滤的间接金融工具,以保证他们能够如期获得相对较高的确定性收益。这就提高了储蓄转化为生产性资本的速度,并保证这些生产性资本能够持续运作而不会提前变现,从而有效地促进生产性资本高效、快速的积累。

(三)区域金融体系功能的发挥有助于资本边际生产率的提高

1. 区域金融体系的风险分散和风险管理功能有助于提高资本边际生产率

区域金融体系基于信息优势、人力资本优势和知识资本优势,拥有比普通工商企业和居民个人更好的甄别和选择投资项目的能力。那些在未来一段时间内因有技术优势、良好市场前景和发展潜力的项目,风险与收益往往存在非对称性,即期投资风险较高,投资收益率却不一定高,未来一旦技术成熟、产品被市场认可,投资风险就会降低,投资收益率就会较高。正是如此,技术创新往往因得不到应有的金融支持而夭折。区域金融体系可根据不同风险偏好的资金剩余者的投资需求,重新分配风险和收益的支持机制,通过投资项目的甄别与选择、技术研发、市场培育与拓展,最终形成产业化,将整个过程中各个环节内含的风险分散给具有不同风险偏好的投资主体,并通过金融工具创新及资产证券化等路径,平滑技术创新风险。这不仅可以使创新主体能够及时获得足够的、持续的资本支持,降低技术创新风险,而且可以提高技术创新成功的概率,推动资本边际生产率的提升。

2. 区域金融体系的资源配置功能有助于资本边际生产率的提高

受经济、社会、区位等因素以及中央政府区域经济发展战略的影响,各地区的经济发展存在较大差异。近年来,国内许多城市竞相规划和建设区域金融中心,以便通过金融资源优化配置的加速取得对物质资本和人力资本积累与集聚的主导权。一个地区或城市,因为是产业高地而成为该国或该地区的经济增长极。金融资本跨越时间、跨越地域空间的流动和配置,可以推动经济增长极和不同层次金融中心的形成与发展,推动产业集聚和金融集聚的演化与发展,促进由集聚而产生的规模经济效应,这有利于资本边际生产率的提高。

技术创新在金融资本持续支持下的成功,引领着产业的发展方向,形成了新兴产业部门,从而改变了之前的产业格局。这是以资本为代表的要素从传统产业部门持续流出和向新兴产业部门持续流入的结果。无论是资本在新兴产业部门的汇聚还是在区域金融中心的集中,无疑都是以追求最大限度的利润为初衷的,尽管在这一过程中可能存在政府的行政干预,但市场力量仍是原动力。金融资本在不同产业部门或不同地区的流动,引领着物质资本、人力资本、知识资本的流动方向,在市场规则的作用下,最终实现资源优化配置和资本边际生产率的提升。

五、区域金融发展与区域产业结构升级互动关系的理论分析

金融发展通过在不同产业部门间动态地配置资源来推动产业结构调整。一方面,金融发展能够提高投资收益率,缩短资本回收期,促进投资增加,进而深化各产业部门的资本含量,增加产出总量,同时带动就业增加,最终促进产业部门扩张;另一方面,市场化金融体系能够很好地识别产业部门的竞争能力,包括收益率、风险状况、回收期等,促进投资收益高、市场竞争力强、未来前景好的产业发展,而对回报率低、缺乏市场竞争力、没有发展前景的行业采取抑制性措施,从而导致产业部门差异化发展,最终形成不同的产业结构及变迁路径。总之,金融发展对各产业部门的就业变动有着直接的影响,而产业结构的调整升级需要政策性金融和商业性金融的共同支持,通过投资增量效应和资金导向效应,提升产业水平,进而实现产业结构的不断升级。下面通过一个简化模型来描述两者的互动机制。①

(一)模型说明

在对区域金融发展的研究中,使用的基本指标是金融相关比率(financial interrelations ratio,FIR),即金融资产总量与社会总财富之比。由于产业结构升级表现为主导产业的更替,我们可以假定区域经济分为 A、B 两大部门,A 部门为传统产业部门,是现在的主导产业核心部门,B 部门是新兴产业部门,可望在

---

① 模型参考了范方志和张立军的论文"中国地区金融结构转变与产业结构升级研究"(《金融研究》,2003 年第 11 期,第 36—48 页)和何晓夏的论文"论区域金融发展促进产业结构升级的作用机制——以云南省为研究案例"(《经济问题探索》,2011 年第 9 期,第 66—68 页)。

将来成为主导产业核心部门。每个部门中都分为实体经济部门和为实体经济提供服务的金融部门。存在于各个部门的资本存量分别用 K_A(传统产业部门)、K_{AF}(为传统产业服务的金融部门)、K_B(新兴产业部门)、K_{BF}(为新兴产业服务的金融部门)表示,而产业结构升级表现为新兴产业的发展壮大。

(二)模型假设

第一,整个经济处于封闭的稳态增长状态。人均资本和人均产出处于稳定状态,不考虑人口变动问题,区域经济体中的投资率、资本存量不变。

第二,经济均衡发展状态中两大部门的资本配置合理,分别达到合意比率 M 和 N,均衡发展中 M、N 的计算公式如下:

$$M = \frac{K_{AF}}{K_A} \quad (6-15)$$

$$N = \frac{K_{BF}}{K_B} \quad (6-16)$$

由于新兴产业部门往往伴随着技术革新、管理创新,需要金融部门提供更大规模、更复杂的金融服务和工具,新兴产业部门的合意比率大于传统产业部门的合意比率,即 $M<N$,且合意比率保持不变。

金融发展指标在产业结构变动前为:

$$FIR_0 = \frac{K_{AF} + K_{BF}}{K_A + K_B} \quad (6-17)$$

由以上假设可以推断均衡发展中金融深化程度 FIR 的变动主要取决于产业结构。

(三)模型分析及结论

区域经济结构调整主要表现为实体经济部门产品结构和产业结构的不断升级,意味着传统产业部门的投资会不断萎缩,而新兴产业部门的投资会不断增加,这必然要求服务于传统产业的金融部门的投资减少,而新兴产业部门中的金融服务数量相应增加,也就是 K_A、K_{AF} 会不断减少,K_B、K_{BF} 会不断增加。在产业升级的过程中,无论是金融资源还是社会可用的其他资源都会从 A 部门流向 B 部门。由于资本配置的合意比率 $M<N$,为保证新兴产业部门 B 的顺利发展,必然要求为其提供更多的金融资源,即 A 部门的既有金融资源会转入 B 部门,存在 $\Delta K_{AF} < \Delta K_{BF}$。可以证明如下:

由 $\quad \frac{K_{AF} - \Delta K_{AF}}{K_A - \Delta K_A} = M, \frac{K_{AF}}{K_A} = M, \quad$ 可知:$\frac{\Delta K_{AF}}{\Delta K_A} = M$

由 $\quad \frac{K_{BF}}{K_B} = N, \frac{K_{BF} + \Delta K_{BF}}{K_B + \Delta K_B} = N, \quad$ 可知:$\frac{\Delta K_{BF}}{\Delta K_B} = N$

又因为 $\quad \Delta K_A = \Delta K_B$,所以 $\frac{\Delta K_{AF}}{\Delta K_{BF}} = \frac{M}{N}$

由 $M<N$,最终得到 $\Delta K_{AF} < \Delta K_{BF}$。

产业结构升级后的 FIR 为：

$$\mathrm{FIR}_1 = \frac{(K_{AF}-\Delta K_{AF})+(K_{BF}+\Delta K_{BF})}{(K_A-\Delta K_A)+(K_B+\Delta K_B)} = \frac{(K_{AF}+K_{BF})+(\Delta K_{BF}-\Delta K_{AF})}{K_A+K_B} \quad (6-18)$$

由于 $\Delta K_{AF} < \Delta K_{BF}$,因此必然存在 $\mathrm{FIR}_1 > \mathrm{FIR}_0$,金融得以深化。

本模型并没有讨论产业结构发生变动的最初诱因。区域产业结构调整和区域金融发展的关系说明,只要产业结构发生变动且两大部门的资产配置合意比率不变,就必然会推动区域金融发展。反之,如果没有实现区域金融深化,那么新兴产业部门必然不能实现最佳的资本配置比例 N,从而使新兴实体产业发展受阻。因此,区域金融深化是区域产业结构升级的必要保障。

我们不妨进一步讨论前面的假设条件。首先,放松资本存量不变这一假设条件。在资本存量增加的情况下,金融资源必然会以更高的比例投入新兴产业部门,也就是金融体系特别是商业性金融通过调整传统产业部门和新兴产业部门的资本配置比例,不但发挥了效率筛选、风险规避和分散等功能,而且强化了产业调整方向。其次,放松最佳合意比率不变的假设。从经济发展的历史观察,金融在经济发展中的作用是逐步增强的,无论是组建、扩大企业对资金集聚方式和资金累积速度的要求,还是技术创新及推广的金融需求,都要求金融深化。也就是说,新兴产业部门对金融的需求是不断增加的,即 N 从长期来看不可能变小。如果 N 变大的话,由于 $\Delta K_{AF} / \Delta K_{BF} = M/N$,只会加大 ΔK_{AF} 与 ΔK_{BF} 的差距,导致金融深化程度增大,因此以上两个观点也适用于资本增加和新兴产业合意比率增加的情况。

第二节　区域金融发展与区域经济发展关系的文献回顾

一、关于区域金融发展与区域经济增长关系的文献回顾

(一)国外文献综述

西方古典经济学家认为,货币数量只会影响物价变动,对实体经济产出没有实质性作用。直到 1873 年,沃尔特·白哲特(Walter Bagehot)提出,英国的金融系统引导和促进资本高效率投资,为工业革命的顺利完成发挥了关键性作用。[1] 1898 年,瑞典经济学家威克塞尔在《利息与价格》一书中界定了

---

[1] Bagehot, W., *Lombard Street: A Description of the Money Market*, HS King, 1873.

实物借贷产生的自然利率、货币借贷形成的货币利率、企业资本借贷与经济增长的关系,提出了货币非中性的经济思想。① 约瑟夫·熊彼特则从企业创新的角度分析了金融对经济增长的推动作用。② 他认为,银行从资金盈余部门筹措储蓄资金,甄别具有成功实施产品和生产工艺创新潜质的企业家并向他们提供融资,从而加快技术创新,促进经济增长。能够成功实施创新的企业家和发现这些企业家的银行家,是经济增长的关键因素。随后,欧文·费雪(Irving Fisher)和A. C. 庇古(A. C. Pigou)分别提出了"交易方程式"和"剑桥方程式",将货币数量变化与实际经济产出直接联系起来。③ J. M. 凯恩斯(J. M. Keynes)在《就业、利息和货币通论》(*The General Theory of Employment, Interest and Money*)中就货币供给量变动对经济增长的调节作用做了充分论述。约翰·G. 格利和爱德华·S. 肖研究了金融中介在经济增长中的作用,认为金融中介的多样化有利于经济增长,包括商业银行在内的金融中介都具有信用创造能力,它们吸收闲散储蓄并放贷给实体经济主体,使资金流向边际收益较高的领域,从而推动经济增长。④ 詹姆斯·托宾修改了以R. M. 索罗(R. M. Solow)为代表的新古典经济学派的理论假设,将货币因素引入经济增长模型中,强调一国可以通过调整货币政策来改变资本产出比率,最终提高经济增长率。⑤

休奇·帕特里克在研究欠发达国家的金融发展与经济增长的关系时,提出了"供给主导"(supply-leading)和"需求追随"(demand-following)的金融发展理论。供给主导强调优先发展金融业,提高金融中介的服务水平,增加金融供给,刺激实体经济部门的金融需求,从而促进经济增长。需求追随指的是实体经济发展水平的提高刺激了对金融产品和金融服务的需求,强调金融发展是经济增长的结果。他主张欠发达国家在工业化初期阶段和后期阶段,应分别选择供给主导和需求追随的金融发展路径。⑥ 戈德史密斯提出了金

---

① Wicksell, K. *Interest and Prices*, Augusts M, 1898.
② Schumpeter, J. A., *The Theory of Economic Development* (*Theorie der Wirtschaftlichen Entwicklung*), translated by Redversopie; Harvard University Press, 1934.
③ Fisher, I., *The Purchasing Power of Money*, Macmillan, 1911; Pigou, A. C., "The Value of Money", *The Quarterly Journal of Economics*, 1917, 32(1), 38 - 65.
④ Gurley, J. G., and Shaw, E. S., "Financial Aspects of Economic Development", *The American Economic Review*, 1955, 45(4), 515 - 538;[美]约翰·格利、爱德华·肖著,贝多广译:《金融理论中的货币》,上海三联书店、上海人民出版社,2006年。
⑤ Tobin J., "Money and Economic Growth", *Econometrica*, 1965, 33(4), 671 - 684; Solow, R. M., "A Contribution to the Theory of Economic Growth", *The Quarterly Journal of Economics*, 1956, 70(1), 65 - 94.
⑥ Patrick, H. T., "Financial Development and Economic Growth in Underdeveloped Countries", *Economic Development and Cultural Change*, 1966, 14(2), 174 - 189.

融结构论。④ 他运用比较分析方法,使用 35 个国家 103 年(1860—1963 年)的数据样本,对经济增长和金融发展的关系进行了实证研究。① 戈德史密斯认为,金融结构的变化伴随着金融发展的始终,金融结构与经济增长显著相关,两者呈平行关系。他在经验研究过程中设定的金融结构指标尤其是金融相关比率(FIR),对后来的相关研究产生了重要影响。

麦金农和肖在研究发展中国家金融发展与经济增长的关系时,提出了"金融抑制论"和"金融深化论",认为发展中国家采取的利率管制、汇率管制、外贸管制、外汇管制、信贷配给以及财政补贴等金融抑制政策,不利于储蓄积累与资本形成,会抑制经济增长,应取消金融抑制措施,放松利率管制和其他管制政策,实行金融自由化改革。② 麦金农和肖的金融抑制论和金融深化论一度成为发展中国家制定金融政策的理论依据。之后的 V. Galbis、M. J. Fry、D. J. Mathieson 在麦金农和肖已有研究的基础上,强调提高实际利率以增加储蓄,推动银行贷款由生产效率较低部门向生产效率较高部门转移,进一步丰富了金融抑制理论。③

进入 20 世纪 90 年代,西方经济学家对金融发展与经济增长关系的研究出现了多个视角。T. Hellman、K. Murdork、J. E. Stiglitz④ 等经济学家提出金融约束论的思想,这一思想又得到 P. Aghion、P. Howitt 和 D. Mayer-Foulkes⑤ 等经济学家的发展和完善。总体而言,持金融约束论观点的经济学家认为,在金融自由化的过程中,实际利率的提升,一方面促进了储蓄增加,另一方面又抑制了投资需求;同时,国内利率的上升导致资本流入的增加,推动了本币汇率的上扬和出口需求的下降。因此,他们主张政府应控制存贷款利率,限制金融机构的市场进入和资本市场竞争,避免银行过度竞争,从而为金融机构和生产企业创设租金。他们将政府行为纳入金融发展与经济增长关系的分析

---

① 〔美〕雷蒙德·W. 戈德史密斯著,周朔等译:《金融结构与金融发展》,三联书店上海分店、上海人民出版社,1994 年。

② Mckinnon, R. I., *Money and Capital in Economic Development*, The Brookings Institution, 1973; Shaw, E. S., *Financial Deepening in Economic Development*, Oxford University Press, 1973.

③ Galbis, V., "Financial Intermediation and Economic Growth in Less-Developed Countries: A Theoretical Approach", *The Journal of Development Studies*, 1977, 13(2), 58 – 72; Fry, M. J., "Money and Capital or Financial Deepening in Economic Development", *Journal of Money, Credit and Banking*, 1978, 10(4), 464 – 475; Mathieson, D. J., "Financial Reform and Stabilization Policy in a Developing Economy", *Journal of Development Economics*. 1980, 7(3), 359 – 395.

④ Hellmann, T., Murdock, K., and Stiglitz J. E., "Financial Restraint: Towards a New Paradigm", in *The Role of Government in East Asian Economic Development: Comparative Institutional Analysis*, Clarendon Press, 1997.

⑤ Aghion, P., Howitt, P., and Mayer-Foulkes, D., "The Effect of Financial Development on Convergence: Theory and Evidence", *Quarterly Journal of Economics*, 2005, 120(1), 173 – 222.

中,对金融深化论提出了质疑,认为发展中国家的政府应制定租金分配规则,使租金在金融部门和生产部门内部通过市场机制进行分配,在宏观经济稳定、通货膨胀率较低、实际利率为正等前提条件下,只要微观主体遵守政府的租金分配规则,就可以避免市场失灵引起的效率损失,从而促进经济增长。

除了金融约束论,经济学家还把内生增长理论引入对金融发展与经济增长关系的研究中,代表人物有 M. Pagano、R. G. King、R. Levine、J. Greenwood、B. D. Smith、L. G. Deidda 和 R. A. Jarrow 等。[1] 其中,M. Pagano 构建了著名的 AK 模型,并得出分析结论:金融发展是通过提高储蓄率、储蓄投资转化率和资本产出率来刺激经济增长的。[2] 帕加诺的 AK 模型为后来的相关研究提供了一种分析范式。学者们在研究金融发展的成因时,同样借鉴了内生经济增长理论的研究视角和研究方法,将公共政策、法律、文化习惯等纳入金融发展的分析中。King 和 Levine 构建了一个含有金融部门的内生经济增长模型,解释了金融部门引导资金流向创新项目并分散其投资风险的机制,从而证实了熊彼特关于银行在创新驱动经济增长中的贡献的观点。[3] 同时,他们在对 80 个国家 1960—1989 年的面板数据进行实证分析后得出结论:金融发展与经济增长存在显著的正相关关系,金融发展是实际产出增长、资本积累增长及生产率增长的先导因素,金融系统发达的国家经济增长较快,经济增长较快的国家金融系统也较发达。他们发现在经济发展水平较低的国家,金融发展对经济增长存在"门槛效应"。"门槛效应"的存在,使金融发展与经济增长的互动关系存在两种不同的类型:在经济发展水平超过临界值的国家,较高的人均收入支持了金融体系的发展,而良好的金融体系又为经济增长提供了条件,金融发展与经济增长实现了良性互动;在经济发展水平低于临界值的国家,较低的经济发展水平限制了金融体系的发展,欠发达的金融体系又进一步限制了经济增长。King 和 Levine 关于金融发展与经济增长关系的研究结论,尤其他们提出的金融发

---

[1] Pagano, M., "Financial Markets and Growth: An Overview", *European Economic Review*, 1993, 37, 613 – 622; King, R. G., and Levine, R., "Finance Entrepreneurship and Growth: Theory and Evidence", *Journal of Monetary Economics*, 1993a, 32(3), 513 – 542; King, R. G., and Levine, R., "Finance and Growth: Schumpeter Might be Right", *Quarterly Journal of Economics*, 1993b, 108(3), 717 – 737; Greenwood, J., and Smith, B. D., "Financial Markets in Development, and the Development of Financial Markets", *Journal of Economic Dynamics and Control*, 1997, 21, 145 – 181; Deidda, L. G., "Interaction between Economic and Financial Development", *Journal of Monetary Economics*, 2006, 53(2), 233—248; Jarrow, R. A., "Financial Crises and Economic Growth", *The Quarterly Review of Economics and Finance*, 2014, 54(2), 194 – 207.

[2] Pagano, M., "Financial Markets and Growth: An Overview", *European Economic Review*, 1993, 37, 613 – 622.

[3] King, R. G., and Levine, R., "Finance and Growth: Schumpeter Might be Right", *Quarterly Journal of Economics*, 1993, 108(3), 717 – 737.

展对经济增长的"门槛效应",改变了人们之前对两者呈线性关系的习惯认识,也开始从非线性的视角观察金融发展与经济增长的关系,为我国国内的相关研究提供了借鉴。之后,M. Bittencourt 使用 4 个拉美国家 1980—2007 年的年度数据,研究金融发展与经济增长的关系,结果也证实了熊彼特的结论。[1]

当 2008 年美国爆发次贷危机进而迅速演化为国际金融危机时,经济学家们开始重新审视金融发展与经济增长的关系。R. A. Jarrow 在其建立的经济增长模型中,将金融危机考虑了进来。[2] 他推定金融市场通过增加借贷来推动经济增长,资本借贷因企业生产的随机性而存在风险。当这种风险集聚到一定程度时,金融危机的发生便不可避免。

不过,在西方传统的区域经济学研究中,涉及区域金融的研究很少。就国外文献来看,学者们在研究金融发展与经济增长的关系时主要进行国别研究,即选取某一个国家(如 Kendall,2012[3];Greenwood, et al.,2013[4])或某一个有良好地缘关系的由若干个国家或地区组成的区域(如 Rahaman,2011[5];Gehringer,2013[6]),仅有的从一国国内区域层面研究金融发展与经济增长关系的文献主要集中在货币政策的区域传导及区域效应方面。

(二)国内文献综述

国内学者自 20 世纪 90 年代开始,运用西方的金融发展理论,借鉴西方的研究方法,实证分析金融发展与经济增长的关系,考察经济增长过程中的金融贡献。由于学者们采用的视角不同,设定的指标、构建的模型和使用的检验方法均不同,研究结论也有很大差异。

国内学者的研究视角主要集中在跨国、全国、跨省区域、省际及省域等几个层面。在对金融发展和经济增长关系的国别研究中,学者们采用的研究方法不同,得出的研究结论也不一致。罗文波从资本形成与积累的角度,分析了金融深化过程中金融资本和实体资本积累与形成之间的动态博弈关系,指

---

[1] Bittencourt, M., "Financial Development and Economic Growth in Latin America: Is Schumpeter Right", *Journal of Policy Modeling*, 2012, 34(3), 341 – 355.

[2] Jarrow, R. A., "Financial Crises and Economic Growth", *The Quarterly Review of Economics and Finance*, 2014, 54(2), 194 – 207.

[3] Kendall, J., "Local Financial Development and Growth", *Journal of Banking & Finance*, 2012, 36(5), 1548 – 1562.

[4] Greenwood, J., Sanchez, J. M., and Wang, C., "Quantifying the Impact of Financial Development on Economic Development", *Review of Economic Dynamics*, 2013, 16(1), 194 – 215.

[5] Rahaman, M. M., "Access to Financing and Firm Growth", *Journal of Banking & Finance*, 2011, 35, 709 – 723.

[6] Gehringer, A., "Growth, Productivity and Capital Accumulation: The Effects of Financial Liberalization in the Case of European Integration", *International Review of Economics and Finance*, 2013, 25, 291 – 309.

出金融发展与金融体系的规模必须与实体经济相对应;他利用 51 个国家 1990—2008 年的样本数据进行了检验,结果显示发展中国家金融发展边际效用为正,金融深化可以显著促进经济增长。① 刘澄和黄翔基于两部门模型,构建了一个包含金融部门的二元经济结构转化模型,讨论了该模型的均衡增长路径,并对发展中国家的金融发展和经济增长,特别是对二元经济结构转化的关系进行了分析。其研究结果表明:金融部门产出的持续增长可以促进二元经济结构的转化,提高金融部门效率也可以推进二元结构的转换。② 王重润和魏博文采用 M2/GDP 为解释变量,以 GDP 增长率为被解释变量,利用 5 个发达国家 1961—2008 年相关指标的面板数据,定量分析金融发展对经济增长的边际影响。其实证检验结果表明金融发展具有边际效应规律:金融发展对经济增长的影响存在边际递减趋势;金融制度变迁对经济增长具有重大影响,每一次国际金融制度改革,都会提高金融发展水平的,从而促进了经济增长;金融发展对经济增长的影响呈周期性变化,不利的金融事件阻碍了金融发展,降低了金融市场动员储蓄、配置资源、分散风险的效率,从而不利于经济增长。③ 王书华和杨有振基于 40 个国家 1985—2004 年的面板数据建立了 VAR 模型,对供给引导的金融发展作用于经济增长的机制与效应进行了分析和检验。其研究结果显示:在人均收入较低的发展中国家,供给主导型金融发展模式的效应较为明显,经济增长对供给引导的金融发展模式具有较强的正面效应;而在人均收入水平较高的发达国家,这一效应并不明显,说明供给引导的金融发展对发展中国家具有更重要的意义。④ 曹强使用 1960—2010 年全球 66 个国家的面板数据,运用半参数局部线性模型对金融发展与经济增长的关系进行了再检验,并对不同收入水平的国家进行了分组检验。其实证检验结果显示:无论是在全样本还是在分组样本中,金融发展与经济增长都表现出复杂的非线性关系,金融发展并不总是促进经济增长。⑤ 张坤构建了动态面板数据计量模型,对金融发展在全球经济失衡调整及危机后经济转型中的作用进行了实证检验。其研究结论为:金融发展

---

① 罗文波:"金融结构深化、适度市场规模与最优经济增长——基于资本形成动态博弈路径的理论分析与经验证据",《南开经济研究》,2010 年第 2 期,第 98—116 页。
② 刘澄、黄翔:"金融发展与二元经济转型",《山东大学学报(哲学社会科学版)》,2010 年第 5 期,第 60—65 页。
③ 王重润、魏博文:"刍议金融发展对经济增长的边际影响的时间特征",《现代财经:天津财经学院学报》,2011 年第 1 期,第 72—77 页。
④ 王书华、杨有振:"供给领先的金融发展与经济增长——理论假说与经验事实",《山西财经大学学报》,2011 年第 3 期,第 41—47 页。
⑤ 曹强:"金融发展促进了经济增长吗? 基于半参数模型的分析",《南京师大学报(社会科学版)》,2014 年第 2 期,第 65—75 页。

水平的提升能够推动对经济失衡的调整,同时还能促进危机后各国经济的复苏与增长;在强调并重视金融发展在失衡调整、经济增长和复苏过程中的积极作用的同时,不能忽视各经济体存在具有显著差异的个体效应。① 于成永对银行主导型、股票市场主导型金融结构与经济增长的关系,进行了理论推演与实证检验。其研究结果发现:在不区分银行发展和股票市场发展测量指标的情况下,整合证据支持金融发展促进经济增长的观点;与银行发展不同,股票市场发展影响经济增长不具有统计显著性;在经济增长中,银行发展的作用大于股票市场发展的作用;在银行发展促进经济增长的关系上,金融资源配置活动的作用小于金融资产集聚活动的作用;随着时间递延,金融发展—经济增长效应存在下降规律。②

采用全国的数据验证金融发展与经济增长关系的学者,大多认为金融发展对经济增长具有正向推动作用。采用全国的数据作为研究样本的学者中,谈儒勇等认为金融发展促进了经济增长。③ 也有一些研究认为两者之间的关系应是非线性的,在研究方法上更多地采用非线性方法。刘金全等采用金融机构的贷款总额作为金融发展代理变量,以收入增长率作为门槛变量估计经济增长的门槛回归方程,估算得出金融发展与经济增长关系产生结构性改变的收入增长率门槛值,并进一步探究在收入增长率门槛值以上和以下时,金融发展对经济增长的效应变化。其研究发现金融发展与经济增长存在显著的非线性关系。当收入增长率位于门槛值以下时,金融发展对经济增长的作用并不是十分显著;当收入增长率位于门槛值以上时,金融发展对经济增长具有显著的正效应。④ 张亦春和王国强选取国内实体经济生产总值为被解释变量,以参与实体经济劳动力、实体经济资本存量、人力资本、金融

---

① 张坤:"金融发展与全球经济再平衡",《国际金融研究》,2015 年第 2 期,第 14—22 页。
② 于成永:"金融发展与经济增长关系:方向与结构差异——源自全球银行与股市的元分析证据",《南开经济研究》,2016 年第 1 期,第 33—57 页。
③ 谈儒勇:"中国金融发展和经济增长关系的实证研究",《经济研究》,1999 年第 10 期,第 53—61 页;米建国、李建伟:"我国金融发展与经济增长关系的理论思考与实证分析",《管理世界》,2002 年第 4 期,第 23—30+36 页;冉茂盛、张宗益、钟子明:"中国经济增长与金融发展关系关联性的实证分析",《重庆大学学报》,2003 年第 2 期,第 136—140 页;史永东、武志、甄红线:"我国金融发展与经济增长关系的实证分析",《预测》,2003 年第 4 期,第 1—6 页;武志:"金融发展与经济增长:来自中国的经验分析",《金融研究》,2010 年第 5 期,第 58—68 页;罗旻娜:"中国金融发展与 TFP 变化的实证分析(1978—2010)",《福建论坛》(社科教育版),2011 年第 12 期,第 103—107 页;李国璋、刘津汝:"产权制度、金融发展和对外开放对全要素生产率增长贡献的经验研究",《经济问题》,2011 年第 2 期,第 4—9 页;尹宗成和李向军:"企业家精神视角下的金融发展与区域经济增长",《上海金融》,2012 年第 9 期,第 10—15 页。
④ 刘金全、付卫艳、郝世赫:"我国金融发展与经济增长关系的收入'门限效应检验'",《吉林大学社会科学学报》,2014 年第 3 期,第 21—27 页。

发展水平、金融偏离度为解释变量,利用我国1992—2012年30个省份的面板数据,通过双门槛回归检验方法,证实我国各地区金融发展与实体经济增长并非简单的线性正相关,而是呈现出促进和抑制的差异,即存在非均衡性。金融发展向上或向下的过度偏离都抑制了实体经济增长,说明金融发展有效服务于实体经济不仅需要金融部门主观上的支持,客观上也需要金融发展与实体经济增长相适应。① 龙少波等构建了非线性平滑转换机制模型,对技术差距、金融发展差距与城乡居民收入差距的关系进行了实证研究。其研究结果表明,我国的技术引进不平衡和金融发展差异对城乡收入差距的影响具有非线性的特征:总体上,技术进步差异和金融发展差异都扩大了城乡居民收入差距,但金融发展差异的非线性部分对城乡收入差距有一定的缩小作用。② 刘金全和龙威选取经济增长为被解释变量,以投资、进出口、金融发展、政府支出、收入为解释变量,建立门槛效应回归模型,利用我国1993年第一季度至2015年第一季度的数据,对我国金融发展影响经济增长的门槛效应进行了实证分析。其研究结果显示,我国金融发展与经济增长之间存在显著的金融发展门槛效应,当金融发展水平位于门槛值以下时,金融发展对经济增长具有显著的正向影响;反之,金融发展对经济增长的拉动效应并不显著。此外,收入增长对金融发展与经济增长间的依存关系同样具有显著影响,当收入增长高于门槛值时,金融发展对经济增长具有显著的正向影响。③ 当然,也有研究认为,我国的金融发展抑制了经济增长。

以跨省区域为研究对象的研究成果中,只有少数学者(如孙清和李东等)④认为区域金融发展促进了经济增长,多数学者认为金融发展对经济增长的作用存在区域差异。王景武选取金融发展水平(各地区贷款总额/地区生产总值)作为解释变量,选取各省区的人均地区生产总值作为被解释变量来衡量各地区经济发展水平,利用1990—2002年的数据,建立时间序列模型。其研究结果显示:东部地区的金融发展与经济增长不仅存在正向促进关系,而且存在格兰杰因果关系。西部地区金融发展与经济增长存在相互抑制关系,而且金融发展与经济增长不存在显著的格兰杰因果关系。此外,从影

---

① 张亦春、王国强:"金融发展与实体经济增长非均衡关系研究——基于双门槛回归实证分析",《当代财经》,2015年第6期,第45—54页。
② 龙少波、黄林、胡国良:"技术引进、金融发展与城乡居民收入差距",《经济问题》,2015年第5期,第32—38页。
③ 刘金全、龙威:"我国金融发展对经济增长的非线性影响机制研究",《当代经济研究》,2016年第3期,第71—80页。
④ 孙清、李东:"区域金融发展与经济增长关系的理论与经验分析",《金融与经济》,2004年第9期,第8—9页;周才云、陈志刚:"中部地区金融发展与经济增长关系的实证研究",《生态经济》,2007年第4期,第89—92页。

响作用力来看,东部地区金融发展对经济增长的影响显著大于西部地区。这种差异的形成并不是区域经济发展的内生结果,而是政府制度安排的外生产物。① 查奇芬和王亚娜选取人均 GDP 环比增长率衡量经济增长,用金融相关比率反映金融发展,以投资和对外贸易及通货膨胀率为控制变量,选取 1978—2005 年的东南沿海和西部地区的省际面板数据,采用单位根检验、协整检验和误差修正模型,对金融发展与经济增长的关系进行了计量分析。其研究结果显示,金融发展与经济增长的关系存在明显的区域差异性,东南沿海地区金融发展与经济增长之间具有明显的长期和短期双向因果关系,西部地区金融发展对经济增长具有单向长期因果关系,但无明显的短期因果关系。② 邓淇中和叶莘分别从金融发展的规模、结构、效率三个方面设定指标,利用 1991—2007 年我国 29 个省份的面板数据,对金融发展与经济增长的关系进行了实证检验。其研究结论为:在东部地区,金融规模阻碍了经济增长,金融结构和金融效率促进了经济增长;在中部、西部地区,金融规模促进了经济增长,金融结构和金融效率有碍于经济增长。③ 金红丹以人均地区生产总值增长率为被解释变量来衡量经济增长,以各区域年末银行贷款余额、股票流通市值、企业债券余额之和与地区生产总值的比值为解释变量来衡量区域金融发展水平,以投资、地方政府财政支出、实际利用外资为控制变量,利用 1991—2008 年我国东部、中部、西部地区的数据建立面板模型,对我国区域金融发展与区域经济增长的关系进行了实证检验。其研究结果表明,各区域金融发展对经济增长均有明显促进作用,但金融要素对经济增长的贡献弹性在各区域间存在明显差异,西部地区最大,东部地区次之,中部地区最小。④ 孙林和杨俊对我国三大区域金融发展与经济增长、产业结构、城市化之间的长期关系和短期关系进行了比较研究。他们的研究结果表明,三大区域金融发展与经济增长、产业结构、城市化之间的关系具有明显的区域差异。东部地区的金融发展,不论在长期还是短期,均能助推经济增长、产业结构优化升级和城市化进程,但在促进经济增长过程中会产生通货膨胀的负效应;中西部地区的金融发展虽然在长期能引导经济增长、产业结构升级及城市化进程,但短期内因果关系并不成立;中部地区金融塌陷明显,而西部地区金融发

---

① 王景武:"金融发展与经济增长:基于中国区域金融发展的实证分析",《财贸经济》,2005 年第 10 期,第 23—26 页。
② 查奇芬、王亚娜:"金融发展与经济增长区域差异研究",《商业研究》,2009 年第 4 期,第 179—183 页。
③ 邓淇中、叶莘:"中国金融发展规模、结构、效率与经济增长关系的动态分析",2009 年全国博士生学术会议论文。
④ 金红丹:"中国区域经济增长的金融贡献差异分析——基于我国东、中、西部面板数据的检验",《金融理论与实践》,2010 年第 12 期,第 25—30 页。

展对城市化的边际贡献最小。① 刘仕保和鲍曙明以人均存款余额和人均贷款余额为解释变量,以人均地区生产总值为被解释变量,建立省际动态面板数据模型对区域金融发展和区域经济增长的相互关系进行了分析,利用广义矩估计方法对模型进行了估计,并对我国东部、中部、西部区域金融发展水平与区域经济发展差异进行了比较分析。他们的研究发现,区域金融发展对区域经济增长具有显著的正向推动作用,而区域经济增长对区域金融发展的作用并不显著;金融发展与经济增长的动态关系存在明显的区域差异。②

另外,从非线性角度观察区域金融发展与经济增长关系的学者,也认为两者存在明显的区域差异性。杜云福从金融发展的广度判断地区金融发展水平,用地区人均实际贷款额作为门槛变量,采用面板数据门槛模型,对我国区域金融发展与区域经济增长进行了实证分析。其研究发现:金融发展速度对经济增长速度的作用比消费和投资都要大很多;我国各地区金融发展水平存在低、中、高三个区制,金融发展水平中等的地区,金融发展速度对经济增长速度作用最大,金融发展水平较低的地区,金融发展速度与经济增长速度负相关;三个区制的门槛效应显著。③ 叶耀明和王胜考察了长江三角洲地区金融发展与经济增长的关系,认为金融发展是经济增长的重要助推器,但同时认为金融市场化水平低、区域金融合作水平低是发挥金融发展推动经济增长的"第二道门槛"。④

采用省际数据或者省域数据进行实证检验的研究成果中,部分结论(如王晓耕,2011)⑤支持金融发展促进经济增长的观点,还有部分研究认为金融发展对经济增长的作用存在省际差异。马正兵从金融规模、金融结构、金融

---

① 孙林、杨俊:"我国区域金融发展与经济增长关系再研究——基于我国三大区域面板数据的检验和分析",《经济经纬》,2012年第2期,第32—36页。
② 刘仕保、鲍曙明:"金融机构发展与经济增长的区域差异及动态关联——基于动态面板数据模型的分析",《财政研究》,2014年第5期,第22—26页。
③ 杜云福:"区域金融发展与区域经济增长——基于门限模型的实证分析",《金融理论与实践》,2008年第10期,第33—35页。
④ 叶耀明、王胜:"长三角城市群金融发展对经济增长促进作用的实证分析——基于动态计量经济学分析方法的应用",《经济问题探索》,2007年第4期,第128—133页。
⑤ 王晓耕:"天津市金融发展和经济增长关系的实证研究",《经济问题》,2011年第3期,第88—92页;胡民、方文虎:"四川金融发展与经济增长关系的实证研究",《西南金融》,2012年第7期,第37—40页;马颖、李静:"中国金融发展促进区域增长趋同的经验分析:1978—2010",《当代财经》,2012年第12期,第67—76页;李苗苗、肖洪钧、赵爽:"金融发展、技术创新与经济增长的关系研究——基于中国的省市面板数据",《中国管理科学》,2015年第1期,第162—169页;杨晓智:"金融发展、人力资本的耦合机制与经济增长的实证分析",《统计与决策》,2015年第1期,第155—159页;张志元、李东霖、张梁:"经济发展中最优金融规模研究",《山东大学学报(哲学社会科学版)》,2016年第1期,第88—97页;黄燕萍:"金融发展、人力资本与全要素生产率",《厦门大学学报(哲学社会科学版)》,2016年第2期,第102—111页。

效率三个角度设定解释变量,以地区生产总值表示经济增长,选取1994—2006年31个省份数据,采用固定效应模型进行实证分析。其研究结果显示:我国金融发展的增长效应具有区域分异特征。我国各省份金融发展的经济增长效应并没有表现为东部地区、中部地区、西部地区的区域差异,而是表现为各省份的地区性禀赋因素差异。金融效率提升比金融规模扩张更有助于经济增长;金融规模扩张、金融结构调整和金融效率提升,均不能满足区域经济发展的需要。① 曾冰在对区域金融发展差异与区域经济发展差异的关系形成机理加以阐释的基础上,以人均存贷款额表示金融规模,以存贷比率表示金融效率,以人均实际GDP表示经济增长,选取1978—2010年各省份数据,运用VAR模型验证区域金融发展差距与经济发展差距的关系。其研究结果显示:我国省际经济增长差距带来了省际金融规模差距的变化,导致省际金融效率低水平的平衡性发展,而省际金融效率的差距并未对经济差距和金融规模差距造成影响;省际金融规模差距只会带来一定程度的省际金融效率差距,而不能带来经济差距。②

同时,以省际数据或省域数据为研究对象的部分研究认为,金融发展抑制了经济增长,或者金融发展对经济增长的促进作用不显著。牟怡楠和石丽雄以名义GDP增长率为被解释变量,表示经济增长,以金融中介规模、金融中介效率为解释变量,通过单位根检验、协整检验、格兰杰因果检验得出结论:云南省的金融发展与经济增长存在长期的均衡关系,表示金融发展的金融中介规模、金融中介效率和经济增长之间负相关;经济增长对金融发展具有单向因果关系。③ 徐淑芳和彭馨漫采用因子分析法提炼出反映金融发展的变量,用人均GDP表示经济增长,运用VAR模型对广东省金融发展与经济增长的关系进行了实证分析,研究结论是:金融发展推动经济增长的作用较小。④ 卢方元和李彦龙选取地区生产总值作为被解释变量来衡量经济增长,以劳动投入、资本投入、金融发展为解释变量,利用2005—2014年我国30个省份的面板数据,建立VAR模型,运用脉冲响应函数和方差分解对我国金融发展规模、金融效率与经济增长之间的关系进行了实证研究。他们的研究表明:金融发展规模和金融效率对经济增长的影响并不显著;经济增长对金融发展规模和金融效率具有一定的促进

---

① 马正兵:"区域金融发展的增长效应、时变特征与统筹对策",《金融理论与实践》,2008年第1期,第47—51页。
② 曾冰:"我国省际金融发展差距与经济差距关系研究——基于VAR模型的实证分析",《宁夏社会科学》,2015年第4期,第74—82页。
③ 牟怡楠、石丽雄:"云南省经济增长与金融发展关系的实证分析",《云南财经大学学报(社会科学版)》,2011年第3期,第64—67页。
④ 徐淑芳、彭馨漫:"广东金融发展对经济增长的贡献研究——基于与江苏和浙江的比较分析",《经济研究参考》,2014年第70期,第63—68页。

作用。①

还有一些以省际数据或省域数据为研究对象的研究认为金融发展与经济增长呈非线性关系。杨友才利用1987—2009年的省际数据,运用固定效应的面板门槛模型,以金融发展水平为门槛变量,实证分析金融发展与经济增长的非线性关系。其研究显示:在不同的金融发展水平下,金融发展对经济增长的作用是不同的,表现为门槛效应和边际效率递减的非线性特征。这种非线性关系在东部、中部、西部地区的表现形式也各不相同。在中西部地区,大于门槛值的样本点占比较小。② 张羽和赵鑫以农村经济增长为被解释变量,以农村金融相关比率、农村金融存贷比率、农村金融存款比和农业投资比率为解释变量,构建面板平滑迁移模型,实证检验1999—2012年我国不同省份内农村金融发展和农村经济增长间的非线性关联机制。其研究发现:农村金融发展对农村经济增长的影响有明显的阶段性特征和区域性差异。其中,当农村金融相关比率较高时,农村金融发展能够显著拉动农村经济增长;当农村金融相关比率较低时,农村金融发展反而会抑制农村经济增长。③

二、关于区域金融发展与区域产业结构升级关系的文献回顾

西方学者对金融发展与产业结构升级关系的研究,是在熊彼特④关于金融与经济增长关系的研究基础上展开的,遵从的研究逻辑是:金融系统将资本配置给创新能力强、资本边际收益率高的企业,促进技术进步和新兴产业成长,从而推动产业结构升级和经济增长。Rajan和Zingales等的研究都认为⑤,金融发展对产业结构升级具有积极作用。然而,西方学者并未对一国

---

① 卢方元、李彦龙:"金融发展规模、效率与经济增长关系的实证检验",《统计与决策》,2016年第12期,第145—147页。
② 杨友才:"金融发展与经济增长——基于我国金融发展门槛变量的分析",《金融研究》,2014年第2期,第59—71页。
③ 张羽、赵鑫:"农村金融发展拉动了农村经济增长吗?基于面板平滑迁移模型的经验证据",《社会科学战线》,2015年第10期,第257—261页。
④ Schumpeter, J. A., *The Theory of Economic Development* (*Theorie der Wirtschaftlichen Entwicklung*), translated by Redversopie, Harvard U. Press, 1934.
⑤ Rajan, R., and Zingales, L., "Financial Dependence and Growth", *The American Economic Review*, 1998, 88(3), 559–586; Da Rin, M., and Hellmann, T., "Banks as Catalysts for Industrialization", *Journal of Financial Intermediation*, 2002, 11(4), 366–397; Beck, T., and Levine, R., "Industry Growth and Capital Allocation: Does Having a Marketor Bank-based System Matter", *Journal of Financial Economics*, 2002, 64(2), 147–180; Buera, F. J., Kaboski, J. P., and Shin, Y., "Finance and Development: A Tale of Two Sectors", *American Economic Review*, 2011, 101(5), 1964–2002; Kpodar, K., and Singh R., "Does Financial Structure Matter for Poverty? Evidence from Developing Countries", World Bank Policy Research Paper, No. 5915, 2011.

内部区域金融发展与区域产业结构升级的关系加以研究。

在国内,刘世锦最早研究金融发展与产业结构升级的关系,认为金融发展应服务于产业结构升级。① 后来的学者多采用实证研究方法,以第二、第三产业产值之和占 GDP 的比重或第三产业产值与第二产业产值之比代表产业结构升级,从金融规模和金融效率或者从金融中介、证券市场等角度,设定金融发展指标,构建模型,运用 ADF 检验、协整关系检验、格兰杰因果检验、VAR 分析和方差分解等方法,研究金融发展与产业结构升级的关系。在区域层面的研究成果中,多数研究认为金融发展与产业结构升级的关系存在地区差异。惠晓峰和沈静对东北三省的研究认为,东北三省金融发展对产业结构升级有一定的正向作用,但不同省份的影响因素及影响程度存在差异。② 邓向荣和刘文强采用 SLM、SEM 模型分析了金融集聚对东部地区、中部地区和西部地区产业结构升级的作用,发现金融集聚对各区域产业结构升级具有明显作用,但作用的区域差异较大,同时银行业对产业结构升级的贡献最大。③ 李西江的主要结论是:我国的金融空间结构呈现出金融资源向东部地区集聚的显著特征;金融资源空间分布变化对产业结构升级具有显著的影响;从影响程度看,中部地区和西部地区高于东部地区,由东部地区主导的产业结构升级加速了金融资源集聚,使得金融资源在空间分布上的差距进一步拉大。④ 陶爱萍和徐君超的实证研究显示:金融发展与产业结构升级存在非线性相关关系,在不同金融发展水平下,金融发展对产业结构升级的促进作用不同呈现出先上升后下降的倒 U 形趋势;金融发展作用于产业结构升级的非线性关系存在区域差异,中西部地区金融发展水平较低,促进作用更加明显,东部地区金融发展水平较高,促进作用较小。⑤ 也有一些研究显示,金融发展并未起到推动产业结构升级的作用。⑥

在以特定省域为研究对象的成果中,部分学者认为金融发展对产业结构升级具有积极作用。钱水土和周永涛以我国 2000—2008 年 28 个省份数据

---

① 刘世锦:"为产业升级和发展创造有利的金融环境",《上海金融》,1996 年第 4 期,第 3—4 页。
② 惠晓峰、沈静:"东北三省金融发展与产业结构升级关系的实证研究与比较",《哈尔滨工业大学学报(社会科学版)》,2006 年第 2 期,第 87—91 页。
③ 邓向荣、刘文强:"金融集聚对产业结构升级作用的实证分析",《南京社会科学》,2013 年第 10 期,第 5—12+20 页。
④ 李西江:"金融发展、金融结构变迁与产业结构升级",《财经问题研究》,2015 年第 6 期,第 32—39 页。
⑤ 陶爱萍、徐君超:"金融发展与产业结构升级非线性关系研究——基于门槛模型的实证检验",《经济经纬》,2016 年第 2 期,第 84—89 页。
⑥ 阮陆宁、刘珍:"中部地区金融发展与产业结构升级关联性实证研究——基于中部地区与上海经验数据对比",《金融与经济》,2011 年第 11 期,第 50—53+58 页。

为样本,运用两步 GMM 系统估计方法检验了金融发展、技术进步与产业升级三者之间的关系。他们发现,在控制了相关变量后,金融发展对技术进步和产业升级都具有正向促进作用。① 刘宁利用 1982—2011 年广东省的相关数据,运用 VAR 方法实证检验金融发展与产业结构升级的关系,认为广东省金融发展与产业结构升级之间存在相互促进的长期均衡关系。② 何学松选取 1990—2014 年河南省的相关数据,采用自回归分布滞后模型,实证检验金融发展与产业结构升级的关系,研究显示金融发展对产业结构升级具有明显推动作用。③ 还有一些研究认为,金融发展抑制了产业结构升级。刘继兵等选取 1996—2009 年湖北省的相关数据,针对金融发展与产业结构转型升级问题的实证研究结论是:融资效率、投资回报率与产业结构转型升级之间呈反向关系,即金融发展抑制了产业结构转型升级。④

三、文献评析与研究思路

(一)文献评析

总体来看,国内外学者从不同的时间和空间视角,采用不同的量化指标和模型方法,对金融发展和经济发展的关系进行了大量研究,显示出金融发展和经济发展关系的复杂性,也足以说明对金融发展和经济发展关系的研究具有重要的理论意义与实际应用价值。这些研究极大地丰富了区域金融理论,为本研究的开展提供了有益的启示和借鉴,但也存在一些缺陷。第一,金融发展是一个复杂系统,既有的研究中,有关金融发展的指标较为单一,在许多研究中,测度金融发展的指标仅一个,不能反映金融业发展的全貌,其实证检验结果也未免失之偏颇,不能全面揭示出区域金融发展对区域经济发展的影响。少数从规模、结构、效率三个维度设定金融发展指标的研究中,对金融业规模、金融结构和金融效率的理解存在偏差。例如,有的研究以存款规模与贷款规模之和表示金融业规模,有的研究以 FIR 表示金融业规模,有的研究以存贷比率表示金融结构,还有的研究以存贷比率表示金融效率,凡此种种,五花八门。第二,在研究视角上,从银行、证券、保险等金融行业入手考察区域金融发展与

---

① 钱水土、周永涛:"金融发展、技术进步与产业升级",《统计研究》,2011 年第 1 期,第 68—74 页。
② 刘宁:"金融发展对产业升级影响的脉冲响应分析:广东例证",《贵州财经大学学报》,2014 年第 1 期,第 81—88 页。
③ 何学松:"金融发展推动产业结构升级的机理分析与实证检验——基于河南省 1990—2014 年检验数据",《信阳师范学院学报(哲学社会科学版)》,2016 年第 5 期,第 28—32+41 页。
④ 刘继兵、朱微、罗缘凤:"湖北金融对产业结构升级转型的实证分析",《统计与决策》,2012 年第 23 期,第 143—145 页。

区域经济发展关系的成果极少。实际上,我国的银行、证券、保险三大金融行业在各区域的金融发展中扮演着不同的角色,发挥着不同的作用。

我国幅员辽阔,经济、金融、文化差异显著,以跨省区域或以省域、省际数据验证金融发展与经济增长的关系,并得出金融发展作用于经济发展存在区域差异或省际差异的结论并不意外,问题在于不同地区银行、证券、保险等金融行业的发展及其在地区经济发展中的作用是不同的,不同地区的金融业规模、金融结构和金融效率也是不同的,考虑到区域经济发展差异和地方政府对金融的干预程度不同,如何实证检验金融发展与经济发展的区域非均衡关系,需要做深入探讨。

(二)研究假设

根据学者们关于金融发展对经济增长和产业结构升级作用机理的阐述,金融发展促进经济增长作用的发挥主要是通过储蓄率和储蓄投资转化率的提升来实现的,金融发展促进产业结构升级作用的发挥是通过以信贷资金为代表的金融资源在传统产业部门和新兴产业部门之间的不同配置来实现的。同时我们注意到,金融发展和经济发展伴随着我国制度转轨过程的始终。始于1979年的经济体制改革,开启了计划经济向有计划的商品经济进而向市场经济转轨的过程。在这期间,以国家对生产资料的计划控制和生活资料凭票供应为特征的计划经济体制逐渐被以国家计划为主、市场调节为辅的资源配置模式替代。业已存在的区域经济发展差距开始拉大。1992年以来的经济体制改革更是逐步确立了市场作为资源配置的主体地位。与之相对应,我国的金融体制改革与经济体制改革同步进行。改革伊始,我国首先打破了大一统的金融体系,金融形式由银行信贷逐步向"银行信贷融资+金融市场融资"转变、由专业性金融向"商业性金融+政策性金融"转变。与此同时,政府与金融的关系也逐步发生变化:由改革开放初期的直接控制转变为直接干预,进而转变为间接干预,直接来自政府的金融发展动力日趋衰减,政府服务于金融发展的作用日益突出,经济发展带来的需求刺激逐渐成为金融发展的直接动力。由于我国的经济与金融体制改革一直遵循"摸着石头过河"这一渐进式的制度变迁逻辑,并依赖由南向北、由沿海向内地推进的改革开放路径,政府将区域经济非均衡发展理论作为实现区域经济发展目标的决策依据,逐步完成了从低水平的区域经济平衡发展向区域经济非均衡发展的过渡。由第五章的分析我们可以看出,我国的金融发展存在显著的空间差异,这种差异将影响区域金融发展与区域经济发展的关系。由此我们推测,在政府与市场这两种区域金融发展动力的作用下,我国的区域金融发展与区域经济发展可能存在非线性关系。

(三)研究思路

本章基于对区域金融发展概念的理解以及对我国区域金融发展差异的认识和判断,在对面板数据进行 Pedroni 协整性检验的基础上,根据 Hausman 检验结果,选用适用的面板模型,改进 Hansen 门槛回归方法,选取多个门槛依赖型变量,分别对地区生产总值增长率和产业优化率建立单门槛或多门槛回归模型,同时运用自抽样(Bootstrap)方法估计门槛值的统计显著性,从总体上研究区域金融发展与区域经济发展在门槛变量影响下的非线性关系。进一步地,本章将金融业规模、金融结构和金融效率分别作为门槛依赖型变量,探究区域金融发展的规模、结构、效率对区域经济增长和区域产业结构升级的影响,旨在为区域金融调控政策的制定和实施提供理论依据。

第三节 金融发展与经济发展区域非均衡关系的实证检验

一、变量设定和数据来源

(一)解释变量的设定

我们理解的区域金融发展包括了区域金融业规模的增长、区域金融结构的优化和区域金融效率的提升,本节延续上一章的思路,从金融业规模、金融结构、金融效率三个维度针对银行业、证券业和保险业设定指标,分别表示银行业、证券业和保险业的发展状况,以此作为解释变量。在金融业规模方面,本节以银行业资产总额、上市公司股票筹资额和保险公司资产总额分别对应表示各地区银行业、证券业和保险业的规模。在金融结构方面,考虑到金融机构处于金融资源的中间层次,金融机构的空间分布变化与基础性金融资源和高层次金融资源有着直接的关联,本节选取银行业机构网点地区分布、上市公司地区分布和保险公司法人机构地区分布对应表示区域银行业、证券业和保险业的结构状况。在金融效率方面,本节以存贷比率、经济证券化率和保险深度分别表示区域银行业、证券业和保险业的效率指标,对应表示银行业将储蓄转化为投资的效率、上市公司股票市值与经济总量的比率、保险费收入与经济总量的比率(见表6-1)。

表6-1 解释变量的选取情况

	银行业	证券业	保险业
金融业规模	银行业资产总额	上市公司股票筹资额	保险公司资产总额
金融结构	银行业机构网点地区分布	上市公司地区分布	保险公司法人机构地区分布
金融效率	存贷比率	经济证券化率	保险深度

(二)被解释变量的设定

在既有的相关研究中,学者们拟定的经济发展指标有较大差异,本节拟从经济增长和产业结构升级两个维度拟定经济发展指标。其中,本节选取地区生产总值增长率(以下简写为"生产总值增长率"[①])来代表区域经济增长,以第二、三产业产值之和与地区生产总值的比作为产业优化率,来表示区域产业结构优化升级。

(三)门槛变量的设定

从市场主导和政府推动这两个金融发展驱动力考虑,本节拟采用各地区的人均收入和政府行为作为门槛变量。人均收入代表了一个地区的经济发展水平。人均收入水平的提高可以带来商品交易和金融交易规模、范围的扩张,引致金融交易方式和规则发生变革。而经济发展为金融发展提供资源的同时,又不断产生新的金融需求。因此,本节选取人均地区生产总值[②]代表人均收入并作为门槛变量。本节选取政府行为作为门槛变量的理由是:改革开放以来,我国政府主动终结了中华人民共和国成立以后实施的高度集权的计划经济体制,赋予了地方政府越来越多的发展地方经济的自主权,具有分散性权威的地方政府通过政策学习和相互竞争,成为推动我国经济一轮又一轮增长的重要力量。财政和金融作为调控经济的两个重要杠杆,直接影响到社会总需求的规模和结构变化,从而对经济发展产生显著效果。地方政府之所以干预金融,深层次原因在于地方财政能力的弱化。如果地方政府能够通过财政渠道获得足够的资金用以发展地方经济,那么其对金融的干预和控制的欲望会大幅下降。因此,本节选取财政自给率(预算财政收入与预算财政支出的比率)作为政府行为的衡量指标。

本节利用门槛回归模型(单门槛模型和多门槛模型),探讨金融发展对经济发展有无影响,以及这种影响有没有门槛变化。具体分为两个部分:第一,将被解释变量分为两个维度,即生产总值增长率和产业优化率,分别记为 $Y1$、$Y2$。第二,从金融业规模、金融结构、金融效率三个范畴构建金融发展指标。金融业规模指标包括:银行业资产总额,记为 $X1$;上市公司筹资额,记为 $X2$;保险公司资产总额,记为 $X3$。金融结构指标包括:银行业机构网点地区分布,记为 $U1$;上市公司地区分布,记为 $U2$;保险公司法人机构地区分布记为 $U3$。金融效率指标包括:存贷比率,记为 $V1$;经济证券化率,记为 $V2$;保

---

① 生产总值增长率的单位为%,为描述方便,下文中均省略单位。
② 人均地区生产总值的单位为元,为描述方便,下文中均省略单位。

险深度,记为 V3。分别引入人均地区生产总值和财政自给率[①]作为门槛变量,记为 $T1$ 和 $T2$。

(四)数据来源

本节采用我国东部、中部、西部、东北四个地区的面板数据进行实证分析,因为面板数据在进行实证分析时比时间序列数据和横截面数据更有优势。一方面,相对于时间序列数据,面板数据包括多个不同截面个体,在提高样本容量的同时减少了变量之间的多重共线性;另一方面,相对于截面数据,面板数据考虑了时间跨度,可以观测截面的时间趋势。就时间跨度而言,为了保证数据获取的连续性,避免周期样本数据存在结构断点,本节选取的样本区间为 2006—2014 年,共计 9 年。样本数据包含了我国东部、中部、西部和东北四个地区的面板数据,即截面个数为 4。样本数据分别来自历年《中国统计年鉴》《中国金融年鉴》《国民经济和社会发展统计公报》《中国区域金融运行报告》《中国区域经济统计年鉴》《中国区域金融稳定报告》。

二、数 据 分 析

(一)面板数据的截面描述统计

从表 6-2 至表 6-14 可以看出,除解释变量中西部地区的经济证券化率(V2)和中部、东北地区的存贷比率(V1)呈现正态分布外,几乎所有的数据均不服从正态分布,需要进一步处理原始数据,以进行后续的单位根检验和协整检验,本节选择的方法是对原始数据做一阶差分。

表 6-2 银行业资产总额($X1$)截面统计

地区	均值	最大值	最小值	标准差	偏度	峰度	J-B 统计量
东部	57.66	53.72	100.62	26.28	0.38	1.84	0.71
中部	14.31	13.14	26.36	7.16	0.43	1.95	0.69
西部	6.89	6.48	12.06	3.10	0.38	1.89	0.69
东北	17.23	15.54	33.25	9.61	0.44	1.90	0.75

表 6-3 上市公司筹资额($X2$)截面统计

地区	均值	最大值	最小值	标准差	偏度	峰度	J-B 统计量
东部	3 483.29	2 937.0	6 626.7	1 748.28	0.71	2.15	1.03
中部	560.13	451.8	1 029.8	260.76	0.70	2.17	0.99
西部	192.61	137.6	394.0	145.89	0.12	1.42	0.96
东北	678.59	589.9	1 376.6	361.59	0.46	2.96	0.32

---

① 财政自给率的单位为%,为描述方便,下文中均省略单位。

表6-4 保险公司资产总额(X3)截面统计

地区	均值	最大值	最小值	标准差	偏度	峰度	J-B统计量
东部	17 314.60	31 209.69	8 294.23	8 044.87	0.50	1.98	0.77
中部	4 791.02	8 513.41	2 148.83	2 216.11	0.47	2.06	0.67
西部	2 412.40	4 098.44	1 030.54	1 230.93	0.11	1.36	1.02
东北	4 532.61	8 020.06	2 052.03	2 281.93	0.27	1.57	0.87

表6-5 银行业机构网点地区分布(U1)截面统计

地区	均值	最大值	最小值	标准差	偏度	峰度	J-B统计量
东部	39.39	41.01	38.98	0.66	1.86	5.34	7.26
中部	24.05	25.03	22.71	0.82	−0.01	1.90	0.46
西部	9.57	10.00	8.99	0.38	−0.41	1.89	0.71
东北	27.00	27.72	25.99	0.46	−0.85	4.08	1.53

表6-6 上市公司地区分布(U2)截面统计

地区	均值	最大值	最小值	标准差	偏度	峰度	J-B统计量
东部	61.24	65.7	54.3	4.16	−0.45	1.77	0.87
中部	15.54	17.2	14.3	0.92	0.42	2.18	0.52
西部	6.50	8.5	5.5	1.13	0.69	2.01	1.09
东北	16.73	20.0	14.5	2.13	0.30	1.55	0.93

表6-7 保险公司法人机构地区分布(U3)截面统计

地区	均值	最大值	最小值	标准差	偏度	峰度	J-B统计量
东部	85.30	89.9	81.2	2.95	−0.17	1.91	0.49
中部	2.93	3.8	1.6	0.75	−0.89	2.44	1.29
西部	5.49	8.8	3.9	1.81	0.79	2.08	1.24
东北	6.19	7.5	4.7	0.91	−0.20	1.99	0.45

表6-8 存贷比率(V1)截面统计

地区	均值	最大值	最小值	标准差	偏度	峰度	J-B统计量
东部	0.70	0.72	0.67	0.01	−0.73	3.72	1.00
中部	0.66	0.69	0.63	0.02	0.14	2.42	0.09*
西部	0.69	0.77	0.65	0.04	0.87	2.85	1.15
东北	0.71	0.76	0.67	0.02	0.30	3.14	0.10*

注:* 表示在10%的显著性水平下拒绝原假设。

表6-9 经济证券化率(V2)截面统计

地区	均值	最大值	最小值	标准差	偏度	峰度	J-B统计量
东部	94.60	237.37	66.89	55.82	2.15	6.06	10.42
中部	22.60	35.44	12.55	7.89	0.47	2.00	0.70
西部	16.02	28.02	4.76	6.53	0.22	2.96	0.08**
东北	40.52	135.64	19.97	36.64	2.24	6.43	11.94

注:** 表示在5%的显著性水平下拒绝原假设。

表 6-10 保险深度(V3)截面统计

地区	均值	最大值	最小值	标准差	偏度	峰度	J-B统计量
东部	2.91	3.45	2.53	0.27	0.58	2.83	0.52
中部	2.69	3.29	2.25	0.35	0.45	2.01	0.67
西部	2.66	3.20	2.24	0.34	0.24	1.68	0.74
东北	2.73	3.23	2.36	0.29	0.52	2.03	0.75

表 6-11 生产总值增长率(Y1)截面统计

地区	均值	最大值	最小值	标准差	偏度	峰度	J-B统计量
东部	11.04	14.2	8.2	2.09	0.30	1.89	0.60
中部	11.90	14.2	8.9	1.78	−0.42	2.07	0.59
西部	11.78	15.4	5.9	3.04	−0.83	2.56	1.10
东北	12.70	14.5	9.1	1.78	−0.99	2.85	1.47

表 6-12 产业优化率(Y2)截面统计

地区	均值	最大值	最小值	标准差	偏度	峰度	J-B统计量
东部	93.95	94.93	92.77	0.74	−0.14	1.88	0.50
中部	86.12	87.98	83.95	1.43	−0.28	1.65	0.80
西部	88.41	88.96	87.41	0.60	−0.76	1.83	1.37
东北	85.78	87.40	83.45	1.56	−0.51	1.57	1.16

表 6-13 人均地区生产总值(T1)截面统计

地区	均值	最大值	最小值	标准差	偏度	峰度	J-B统计量
东部	44 218.71	63 281.46	25 671.37	12 808.85	0.08	1.76	0.59
中部	23 562.78	36 096.35	11 619.05	8 572.29	0.09	1.66	0.69
西部	33 332.21	49 346.26	17 413.75	11 426.18	0.06	1.60	0.74
东北	22 311.16	35 355.95	10 398.94	8 820.28	0.14	1.65	0.71

表 6-14 财政自给率(T2)截面统计

地区	均值	最大值	最小值	标准差	偏度	峰度	J-B统计量
东部	78.36	82.62	75.08	2.07	0.57	3.51	0.59
中部	45.41	48.70	40.37	2.81	−0.49	2.18	0.61
西部	48.67	52.08	45.04	2.36	−0.07	1.79	0.56
东北	39.12	41.50	34.58	2.32	−0.83	2.51	1.12

(二)面板数据的平稳性检验

面板数据的单位根检验方法与普通单序列的单位根检验方法虽然比较类似,但又不完全相同。对面板数据考虑下面的 AR(1) 过程:

$$y_{it} = \rho_i y_{it-1} + x'_{it} \delta_i + u_{it}$$
$$i = 1, 2, \cdots, N, \quad t = 1, 2, \cdots, T_i \quad (6-19)$$

其中,x_{it} 表示模型中的外生变量向量,包括各截面的固定影响和时间趋

势；N 表示截面成员的个数，T_i 表示第 i 个截面成员的观测期数，参数 ρ_i 为自回归的系数，随机误差项 u_{it} 相互满足独立同分布假设。对于式(6-19)所表示的 AR(1)过程，若 $|\rho_i| < 1$，则对应的序列 y_i 为平稳序列；若 $|\rho_i| = 1$，则对应的序列 y_i 为非平稳序列。

根据参数 ρ_i 的不同限制，可以将面板数据的单位根检验划分为两大类。一类是相同根情形下的单位根检验，假设面板数据中的各截面序列具有相同的单位根过程(common unit root process)，即假设式(6-19)中的参数 ρ_i 满足 $\rho_i = \rho(i = 1, 2, \cdots, N)$，常用方法有 LLC(Levin-Lin-Chu)检验和 Breitung 检验；另一类为不同根情形下的单位根检验，允许面板数据中的各截面序列具有不同的单位根过程，即允许参数 ρ_i 跨截面变化，常用方法有 Im-Pesaran-Skin(ISP)检验、Fisher-ADF 检验和 Fisher-PP 检验。

一般情况下仅查看 LLC 检验、Fisher-ADF 检验和 Fisher-PP 检验的结果即可。由表 6-15 可以看出，在一阶差分以后，统计量大于临界值，拒绝原假设，序列不存在单位根，因此被解释变量和解释变量都是平稳的。另外，两个门槛序列在做二阶差分以后也是平稳的。

表 6-15　面板数据的单位根检验

变量	LLC 检验	Breitung 检验	IPS 检验	Fisher-ADF 检验	Fisher-PP 检验
Y1	−5.44***	−3.92***	−0.36	11.67	22.01***
Y2	−6.75***	0.13	−0.58	14.27*	52.65***
X1	−14.02***	−0.64	−2.09**	27.67***	41.76***
X2	−11.83***	−0.78	−0.63	15.00*	23.45**
X3	−6.75***	−1.45*	−0.38	12.83*	39.25***
U1	−6.38***	−1.85**	−0.78	16.61**	31.68***
U2	−25.62***	−1.38*	−7.19***	61.53***	73.68***
U3	−11.81***	−2.63***	−1.79*	27.57***	62.07***
V1	−6.93***	−1.98**	−0.54	13.79*	68.07***
V2	−28.45***	−2.24**	−5.40***	47.22***	55.48***
V3	−5.15***	—	—	30.94***	30.95***

注：*、**、*** 分别表示在 10%、5%、1%的显著性水平下拒绝原假设。

(三)面板数据的协整检验

面板数据的协整检验方法可以分为两大类，一类是建立在 Engle 和 Granger 二步法检验基础上的面板协整检验，具体方法主要有 Pedroni 检验和 Kao 检验；另一类是建立在 Johansen 协整检验基础上的面板协整检验。

由于数据量有限,Kao 检验和 Johansen 检验无法进行,本节采用 Pedroni 检验面板数据的协整性。该方法以协整方程的回归残差为基础,构造 7 个统计量检验面板变量之间的协整关系。检验的原假设为面板变量之间不存在协整关系。

为此,本节从纵向和横向两个方向进行比对:先看被解释变量 Y1、Y2 分别和银行业、证券业、保险业之间的协整关系,再看被解释变量 Y1、Y2 分别和金融业规模、金融结构、金融效率之间的协整关系。从表 6-16 和表 6-17 的检验结果可以看出,我国东部地区、中部地区、西部地区和东北地区的生产总值增长率、产业优化率与银行业、证券业、保险业的面板数据之间存在协整关系。

表 6-16 生产总值增长率(Y1)与银行业、证券业、保险业的协整关系检验

统计量	(Y1,X1,X2,X3)	(Y1,U1,U2,U3)	(Y1,V1,V2,V3)
Panel v-Statistic	0.63	−1.90	−0.99
Panel rho-Statistic	1.87	1.82	2.53
Panel PP-Statistic	−14.60***	−5.56***	−2.15**
Panel ADF-Statistic	−2.82***	−2.15**	−0.33
Group rho-Statistic	2.56	2.22	3.31
Group PP-Statistic	−20.73***	−10.31***	−4.15***
Group ADF-Statistic	−3.67***	−2.84***	−0.09

注:*、**、*** 分别表示在 10%、5%、1% 的显著性水平下拒绝原假设。

表 6-17 产业优化率(Y2)与银行业、证券业、保险业的协整关系检验

统计量	(Y2,X1,X2,X3)	(Y2,U1,U2,U3)	(Y2,V1,V2,V3)
Panel v-Statistic	3.60***	−2.80	−0.59
Panel rho-Statistic	2.08	2.07	2.29
Panel PP-Statistic	−9.77***	−10.42***	−2.09**
Panel ADF-Statistic	−2.64***	−2.74***	−0.79
Group rho-Statistic	3.21	3.27	2.97
Group PP-Statistic	−7.55***	−7.56***	−2.21**
Group ADF-Statistic	−1.28*	−1.07	−0.86

注:*、**、*** 分别表示在 10%、5%、1% 的显著性水平下拒绝原假设。

表 6-18 和 6-19 中的检验结果显示,我国东部地区、中部地区、西部地区和东北地区的生产总值增长率和产业优化率与金融业规模、金融结构、金融效率的面板数据之间存在协整关系。

表 6-18　生产总值增长率(Y1)与金融业规模、金融结构、金融效率的协整关系检验

统计量	(Y1,X1,U1,V1)	(Y1,X2,U2,V2)	(Y1,X3,U3,V3)
Panel v-Statistic	0.79	−2.06	−0.39
Panel rho-Statistic	1.75	2.02	1.97
Panel PP-Statistic	−6.54***	−3.36***	−2.21**
Panel ADF-Statistic	−3.37***	−1.73**	−1.41*
Group rho-Statistic	2.89	2.78	2.54
Group PP-Statistic	−7.43***	−7.35***	−4.16***
Group ADF-Statistic	−2.51***	−0.97	−1.74*

注：*、**、*** 分别表示在 10%、5%、1% 的显著性水平下拒绝原假设。

表 6-19　产业优化率(Y2)与金融业规模、金融结构、金融效率的协整关系检验

统计量	(Y2,X1,U1,V1)	(Y2,X2,U2,V2)	(Y2,X3,U3,V3)
Panel v-Statistic	2.86***	−3.16	0.19
Panel rho-Statistic	2.17	2.51	2.60
Panel PP-Statistic	−2.55***	−11.88***	−1.94**
Panel ADF-Statistic	−1.28*	−1.17	−0.14
Group rho-Statistic	3.11	3.45	3.29
Group PP-Statistic	−1.85**	−9.02***	−9.88**
Group ADF-Statistic	−0.63	0.04	−0.43

注：*、**、*** 分别表示在 10%、5%、1% 的显著性水平下拒绝原假设。

我们也将被解释变量与门槛变量 $T1$、$T2$ 做协整关系检验，统计结果如表 6-20 所示。

表 6-20　经济发展与门槛变量的协整关系检验

统计量	(Y1,T1,T2)	(Y2,T1,T2)
Panel v-Statistic	−2.58	−2.67
Panel rho-Statistic	0.66	1.15
Panel PP-Statistic	−10.57***	−8.42***
Panel ADF-Statistic	−7.28***	−4.40***
Group rho-Statistic	1.79	2.02
Group PP-Statistic	−8.60***	−8.94***
Group ADF-Statistic	−6.06***	−3.63***

由表 6-20 的检验结果可以看出，生产总值增长率与产业优化率和门槛变量之间存在协整关系。

(四)固定效应检验和 Hausman 检验

用面板数据建立模型时，样本数据包含了截面、时期、变量三个方向上的信息。如果模型形式设定不准确，估计结果就会与要模拟的经济现实偏离甚远。因此用面板数据建模时，首先要检验被解释变量 y_{it} 的参数是否对所有

截面都是一样的，以避免模型设定的偏差，改进参数估计的有效性。在估计方式部分，设定固定或随机影响，对各截面单位或者各时期的影响进行描述。

如果把9个解释变量都考虑进去，那么可选用混合模型、固定效应回归模型和随机效应回归模型三种模型，选用软件为R。回归结果统计如表6-21、表6-22和表6-23所示。

采用混合模型的F统计量为2.831，P值为0.022。将混合模型和固定效应回归模型的估计结果做对比，可以得到$F=0.028$，P值$=0.99$，从结果来看，不能拒绝原假设，即固定效应显著。借助Hausman检验以判定是选择随机效应模型还是选择固定效应模型更加合适。根据Hausman检验，chisq$=5.376$，P值$=0.020$，由此在5%的置信度水平下拒绝原假设，因而采用固定效应模型是合适的。也就是说，由固定效应得到的金融发展与经济发展关系的回归方程更加可信，并且可以忽略截面数据的个体效应。

表6-21　混合模型的回归效果

变量	系数	标准差	t值	P值
常数项	−2.816	0.998	−2.823	0.010***
X1	8.824	4.965	1.777	0.089*
X2	0.958	0.289	3.315	0.003***
X3	2.118	1.809	1.171	0.254
U1	−0.322	0.347	−0.928	0.364
U2	0.210	0.217	0.968	0.344
U3	−0.007	0.121	−0.060	0.953
V1	−11.324	10.721	−1.056	0.302
V2	0.009	0.006	1.499	0.148
V3	−0.003	0.760	−0.004	0.997

注：*、**、***分别表示在10%、5%、1%的统计水平上显著。

表6-22　固定效应模型的回归效果

变量	系数	标准差	t值	P值
X1	8.649	5.815	1.487	0.153
X2	0.955	0.317	3.012	0.007***
X3	2.096	1.986	1.055	0.305
U1	−0.295	0.400	−0.738	0.470
U2	0.209	0.332	0.630	0.536
U3	−0.006	0.155	−0.042	0.967
V1	−10.797	11.962	−0.903	0.378
V2	0.009	0.006	1.368	0.187
V3	0.006	0.823	0.008	0.994

注：*、**、***分别表示在10%、5%、1%的统计水平上显著。

表 6-23　随机效应模型的回归效果

变量	系数	标准差	t 值	P 值
X1	0.036	0.247	−0.147	0.884
X2	0.000	0.000	1.530	0.140
X3	0.000	0.001	0.443	0.662
U1	0.083	0.413	−0.200	0.843
U2	0.092	0.356	0.259	0.798
U3	0.197	0.175	−1.127	0.272
V1	15.895	14.577	−1.090	0.287
V2	0.013	0.007	1.731	0.097*
V3	0.409	0.884	0.462	0.648

注：*、**、*** 分别表示在 10%、5%、1% 的统计水平上显著。

三、门槛回归模型

传统的门槛分析通常采用外生样本分离方法，其缺陷表现在：分异区间和样本分离点是任意选择的，而不是经济内在机制决定的；所得到的参数估计缺乏可靠的有效性检验，对门槛值相当敏感。为此，Hansen 发展了新的门槛回归计量方法[①]，其优点在于：不需要给定非线性方程的形式，门槛值及其个数完全由样本数据内生决定；根据渐进分布理论建立待估参数的置信区间，同时可运用自抽样方法估计门槛值的统计显著性。

（一）理论回顾

Hansen 提出的单门槛回归模型可以表示为：

$$y_i = x_i'\beta_1 + e_i, \quad q_i \leqslant \gamma \quad (6-20)$$

$$y_i = x_i'\beta_1 + e_i, \quad q_i > \gamma \quad (6-21)$$

其中，y_i 为被解释变量，x_i 为 $p \times 1$ 阶解释变量，q_i 可以是也可以不是 x_i 的一部分，e_i 是随机误差项，服从正态分布。门槛变量 q_i 的作用是将样本划分为不同的组，采用 Hansen 门槛回归方法，以门槛变量为体制（regime）改变的转折点，模型中不同体制就是根据门槛变量大于或小于某一门槛值表示。

定义虚拟变量 $d_i(\gamma) = I_{(q_i \leqslant \gamma)}$，其中 $I(\cdot)$ 是指示函数，即对于 $q_i \leqslant \gamma$，$I_{(q_i \leqslant \gamma)} = 1$；否则，为零。这样，上述方程组可以用单一方程表示为：

$$y_i = x_i'\beta + x_i'd_i(\gamma)\theta + e_i, \quad e_i \sim iid(0, \delta_i^2) \quad (6-22)$$

其中，$\beta = \beta_2$，$\theta = \beta_1 - \beta_2$。

---

① Hansen, B. E., "Sample Splitting and Threshold Estimation", *Econometrica*, 2000, 68, 575-603.

对应于任意门槛值 γ，可以求残差平方和 $S_1(\gamma) = e'_i(\gamma)e_i(\gamma)$，得到各参数的估计值。

最优门槛值 $\hat{\gamma}$ 应该使 $S_1(\gamma)$ 在所有残差平方和中最小，即：

$$\hat{\gamma} = \arg\min S_1(\gamma) \qquad (6-23)$$

Hansen 将门槛变量中的每一观测值均作为可能的门槛值，将满足式(6-23)的观测值确定为门槛值。当确定门槛估计值以后，便能够相应确定其他参数值。

为了检验门槛值划分的两组样本的参数估计是否显著不同，需要进行假设检验。不存在门槛值的零假设为 $H_0: \beta_1 = \beta_2, \cdots$，构造 LM（lagrange multiplier）统计量，对零假设进行统计检验，同时构造统计量：

$$F = n(S_0 - S_n(\hat{\gamma}))/S_n(\hat{\gamma}) \qquad (6-24)$$

其中，令 S_0 表示在零假设下的残差项平方和加总，S_n 为存在门槛效应下的残差项平方和加总。

在对式(6-24)进行统计检验时将会遇到一个严重的障碍，即在零假设下 $\hat{\gamma}$ 是无法识别的，这就造成传统的检验统计量的大样本分布并非卡方分布，而是受到干扰参数影响的"非标准非相似"分布，使得分布的临界值无法以模拟方式得到。为了克服这一问题，Hansen 以统计量本身的大样本分布函数进行转换，得到大样本的渐进 P 值。在零假设成立下，该 P 值统计量的大样本分布是均匀分布，并且可以由自抽样方法计算。

在零假设 H_0 成立的条件下，系数 $\beta_1 = \beta_2$，这时并不存在门槛效应；反之，则表示 β_1 和 β_2 在两个区间会有不同的作用效果或影响力。

当确定某一变量存在"门槛效应"时，还需要进一步确定门槛值的置信区间。对零假设 $H_0: \gamma = \gamma_0$ 进行检验，似然比统计量（likelihood ratio statistic）可以表示为：

$$LR_n(\gamma_0) = n(S_n(\gamma) - S_n(\hat{\gamma}))/S_n(\hat{\gamma}) \qquad (6-25)$$

LR_1 同样为非标准正态分布。Hansen 计算了置信区间，即在显著性水平为 α 下，当 $LR_1 \leqslant -2\ln[1-\sqrt{1-\alpha}]$ 时，不能拒绝零假设。其中，在 95% 的置信水平下，$-2\ln[1-\sqrt{1-\alpha}] = 7.35$。

在确定了一个门槛值之后，为了判断是否存在两个或两个以上的门槛值，必须再进行双门槛值的检验。当 LM 检验被拒绝时，表示至少存在一个门槛值；接着，假设一个估计得到的 $\hat{\gamma}_1$ 为已知，再进行下一个门槛值 γ_2 的搜寻；在确定了两个门槛值之后，继续进行三个门槛值的检验，直到无法拒绝零假设为止。

(二)区域金融发展与区域经济发展关系的门槛回归模型

Hansen门槛回归模型中,仅假设存在一个门槛依赖型的解释变量。在实证分析中,根据前文协整性检验的结果,本节选取多个门槛依赖型解释变量,根据不同的门槛变量,分别针对生产总值增长率和产业优化率建立单门槛或多门槛回归模型,研究区域金融发展与区域经济增长、区域产业优化在门槛变量影响下的非线性关系。

本节的实证分析过程为:第一,将解释变量视为门槛依赖型变量,建立单门槛模型,并在此基础上将门槛值的数值提升至2;第二,比较单门槛模型和双门槛模型的F值,从而验证选取几重门槛;第三,进一步估计具体的门槛值大小,以观察门槛值前后解释变量对被解释变量促进(或抑制)的具体效果及差异;第四,根据已估算出的门槛值,对回归方程进行参数估计。在操作过程中,运用R语言和Stata14.0。首先,考虑所有9个解释变量同时被门槛变量影响,运用单门槛模型和多门槛模型,在此基础上估计门槛回归模型的参数并检验模型的拟合效果,从总体上研究区域金融发展与区域经济发展的关系。然后,分别考虑金融业规模($X1$、$X2$、$X3$)、金融结构($U1$、$U2$、$U3$)、金融效率($V1$、$V2$、$V3$)为门槛依赖型变量,建立门槛模型,探究区域金融发展的金融业规模、金融结构、金融效率三个方面分别对区域经济发展的影响。

1. 总体视角下区域金融发展与区域经济发展的关系

(1)门槛变量为人均地区生产总值、被解释变量为生产总值增长率的情形

单门槛模型为:

$$Y1_t = c_0 + (\alpha_1 X1_t + \alpha_2 X2_t + \alpha_3 X2_t + \beta_1 U1_t + \beta_2 U2_t + \beta_3 U3_t + \gamma_1 V1_t + \gamma_2 V2_t + \gamma_3 V3_t) I_{T1_t \leq \theta_1} + (\alpha_4 X1_t + \alpha_5 X2_t + \alpha_6 X3_t + \beta_4 U1_t + \beta_5 U2_t + \beta_6 U3_t + \gamma_4 V1_t + \gamma_5 V2_t + \gamma_6 V3_t) I_{T1_t > \theta_1} + e_i$$

其中,e_i是随机误差项,服从正态分布,本节建立的门槛模型中对e_i的设定相同,将不再赘述。表6-24显示了单门槛自抽样检验结果,因为双门槛模型检验的F值较小,没有通过检验,故没有列出。

表6-24 门槛效果自抽样检验

模型	F值	P值	BS次数	1%	5%	10%
单门槛	47.8313***	0.000	300	38.916	21.697	18.207

注:BS次数指自抽样次数,BS次数越多,结果的准确性越高;*、**、*** 分别表示在10%、5%和1%的统计水平下显著;10%、5%和1%表示对应置信度下的临界值。

自抽样次数选取为300次,模拟得到单门槛回归模型的F值为47.831,大于1%显著性水平的临界值,可见采用门槛回归方法研究区域金融发展与

区域经济增长之间的关系是可行的,从单一门槛的角度说明区域金融发展在促进区域经济增长方面存在阈值,即只有当人均地区生产总值达到一定水平之后,区域金融发展才能促进(或抑制)区域经济增长。

图 6-2 表示门槛变量似然比序列和门槛值函数的一个趋势图。估计得到的门槛值能够确保 LR 函数值最小,它位于图形的最低点。95% 的置信边界为 7.35,在 95% 的置信水平上,穿过水平虚线位置的点都落在了置信区间范围内。

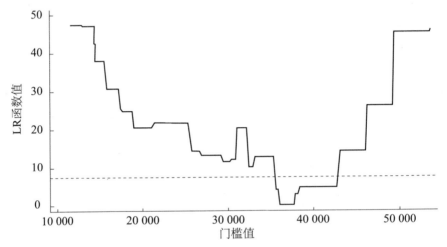

图 6-2　门槛值估计在 95% 置信区间下的 LR 函数图像

具体估计门槛值的置信区间如表 6-25 所示。T1 在区域金融发展对区域经济增长的门槛回归中,门槛变量估计值为 3.62×10^4。

表 6-25　单门槛值估计结果

单门槛模型	门槛值估计	95%置信区间
θ_1	3.62×10^4	$(3.58\times10^4, 4.27\times10^4)$

参数估计结果如表 6-26 所示。以 X1 为例,X1_0 表示 $T1\leqslant 3.62\times10^4$ 时解释变量 X1 的系数估计,X1_1 表示 $T1>3.62\times10^4$ 时解释变量 X1 的系数估计。同样的表示方法对 X2、X3、U1、U2、U3、V1、V2、V3 是适用的。

表 6-26　单门槛回归系数的估计

系数	估计值	标准差	t 值	P 值
X1_0	−0.412	0.084	−4.932	0.000
X1_1	0.001	0.000	2.364	0.033
X2_0	0.000	0.000	1.075	0.301
X2_1	−0.133	0.317	−0.421	0.680

(续表)

系数	估计值	标准差	t 值	P 值
X3_0	−0.802	0.134	−5.970	0.000
X3_1	−0.496	0.124	−4.008	0.001
U1_0	−10.248	8.290	−1.236	0.237
U1_1	0.004	0.006	0.721	0.483
U2_0	0.171	0.468	0.366	0.720
U2_1	−5.142	0.621	−8.284	0.000
U3_0	−0.012	0.001	−8.501	0.000
U3_1	0.017	0.002	8.169	0.000
V1_0	10.397	1.740	5.976	0.000
V1_1	−26.423	3.312	−7.978	0.000
V2_0	15.162	2.151	7.050	0.000
V2_1	−175.128	20.162	−8.686	0.000
V3_0	−1.028	0.116	−8.863	0.000
V3_1	38.851	5.144	7.553	0.000

参数回归结果 $R^2=0.785$，统计量 F 检验 $P=0.0000$，回归结果总体可信。保险公司资产总额（X3）对门槛不敏感。当人均地区生产总值不高于 3.62×10^4 时，银行业资产总额（X1）、银行业机构网点地区分布（U1）、保险公司法人机构地区分布（U3）和保险深度（V3）对生产总值增长率具有抑制作用。当人均地区生产总值高于门槛值 3.62×10^4 时，银行业资产总额（X1）、银行业机构网点地区分布（U1）、保险公司法人机构地区分布（U3）和保险深度（V3）对生产总值增长率起到促进作用。在人均地区生产总值不高于门槛值 3.62×10^4 的情况下，上市公司筹资额（X2）、上市公司地区分布（U2）、存贷比率（V1）、经济证券化率（V2）促进了生产总值增长率的提高。

(2) 门槛变量为财政自给率、被解释变量为生产总值增长率的情形

模型 1（单门槛模型）：

$$Y1_t = c_0 + (\alpha_1 X1_t + \alpha_2 X2_t + \alpha_3 X2_t + \beta_1 U1_t + \beta_2 U2_t + \beta_3 U3_t + \gamma_1 V1_t + \gamma_2 V2_t + \gamma_3 V3_t) I_{T2_t \leq \theta_1} + (\alpha_4 X1_t + \alpha_5 X2_t + \alpha_6 X3_t + \beta_4 U1_t + \beta_5 U2_t + \beta_6 U3_t + \gamma_4 V1_t + \gamma_5 V2_t + \gamma_6 V3_t) I_{T2_t > \theta_1} + e_i$$

模型 2（双门槛模型）：

$$Y1_t = c_0 + (\alpha_1 X1_t + \alpha_2 X2_t + \alpha_3 X2_t + \beta_1 U1_t + \beta_2 U2_t + \beta_3 U3_t + \gamma_1 V1_t + \gamma_2 V2_t + \gamma_3 V3_t) I_{T2_t \leq \theta_1} + (\alpha_4 X1_t + \alpha_5 X2_t + \alpha_6 X3_t + \beta_4 U1_t + \beta_5 U2_t + \beta_6 U3_t + \gamma_4 V1_t + \gamma_5 V2_t + \gamma_6 V3_t) I_{\theta_1 < T2_t \leq \theta_2} + (\alpha_7 X1_t + \alpha_8 X2_t + \alpha_9 X3_t + \beta_7 U1_t + \beta_8 U2_t + \beta_9 U3_t + \gamma_7 V1_t + \gamma_8 V2_t + \gamma_9 V3_t) I_{T2_t > \theta_2} + e_i$$

表 6-27 中的自抽样检验结果显示，双门槛模型的 F 值为 42.4798，较

单门槛模型的 F 值更高,可以建立门槛变量为财政自给率下的区域金融发展与区域经济增长关系的单门槛模型和双门槛模型。

表 6-27 门槛效果自抽样检验

模型	F 值	P 值	BS 次数	1%	5%	10%
单门槛	26.1716*	0.050	300	50.845	25.629	21.116
双门槛	42.4798**	0.013	300	59.748	22.473	14.669

注:BS 次数指自抽样次数,BS 次数越多,结果的准确性越高;*、**、*** 分别表示在 10%、5% 和 1% 的统计水平下显著;10%、5% 和 1% 表示对应置信度下的临界值。

图 6-3 表示门槛变量似然比序列和门槛值函数的一个趋势图。估计得到的门槛值能够确保 LR 函数值最小,它位于图形的最低点。95% 的置信边界为 7.35,在 95% 的置信水平上,穿过水平虚线位置的点都落在了置信区间范围内。从图 6-3 可以看出,选取双门槛模型更为合适。

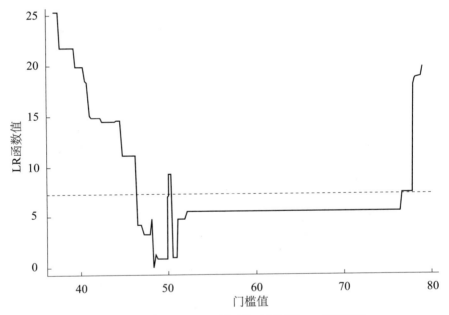

图 6-3 门槛值估计在 95% 置信区间下的 LR 函数图像

具体估计门槛值的置信区间如表 6-28 所示。T2 在门槛回归模型中作为门槛变量,估计值分别为 48.388 和 51.137,这与图 6-3 是对应的。

表 6-28 门槛值估计结果

单门槛模型	门槛值估计	95% 置信区间
θ_1	48.388	(46.485, 49.868)
θ_2	51.137	(50.503, 79.050)

参数估计结果如表 6-29 所示。以 X1 为例，X1_0 表示 $T2 \leqslant 48.388$ 时解释变量 X1 的系数估计，X1_1 表示 $48.388 < T2 \leqslant 51.137$ 时解释变量 X1 的系数估计，X1_2 表示 $T2 > 51.137$ 时解释变量 X1 的系数估计。同样的表示方法对 X2、X3、U1、U2、U3、V1、V2、V3 是适用的。

表 6-29 双门槛回归系数的估计

变量	系数	标准差	t 值	P 值
X1_0	−0.325	0.075	−4.354	0.007
X1_1	0.001	0.001	−0.184	0.861
X1_2	−0.002	0.001	−2.281	0.072
X2_0	−1.759	0.273	−6.456	0.001
X2_1	−3.754	0.549	−6.842	0.001
X2_2	0.316	0.415	0.762	0.481
X3_0	41.552	16.405	2.533	0.052
X3_1	0.076	0.013	6.001	0.002
X3_2	0.242	0.608	0.398	0.707
U1_0	−0.558	0.092	−6.066	0.002
U1_1	0.009	0.001	12.264	0.000
U1_2	0.001	0.000	−1.100	0.321
U2_0	−0.797	0.225	−3.547	0.016
U2_1	−1.318	0.141	−9.319	0.000
U2_2	0.002	0.100	0.024	0.982
U3_0	−58.465	3.002	−19.475	0.000
U3_1	0.006	0.012	0.527	0.621
U3_2	−0.115	0.487	−0.235	0.823
V1_0	1.423	0.079	17.979	0.000
V1_1	0.002	0.000	17.174	0.000
V1_2	−0.004	0.000	−18.215	0.000
V2_0	1.600	0.164	9.768	0.000
V2_1	−1.376	0.034	−40.403	0.000
V2_2	−0.147	0.044	−3.316	0.021
V3_0	−54.345	5.801	−9.368	0.000
V3_1	−0.088	0.003	−28.035	0.000
V3_2	−11.570	0.863	−13.410	0.000

参数回归结果 $R^2 = 0.793$，统计量 F 检验 $P = 0.0000$，回归结果总体可信。在解释变量中，保险公司资产总额(X3)和保险深度(V3)对门槛变量的变化不敏感。当财政自给率在 48.388 以下时，银行业资产总额(X1)、上市公司筹资额(X2)、银行业机构网点地区分布(U1)、上市公司地区分布(U2)、保险公司法人机构地区分布(U3)和保险深度(V3)的发展与生产总值增长率之间呈负向变化关系，其余解释变量的发展均促进了区域经济增长。当财政

自给率介于 48.388 和 51.137 之间时,银行业资产总额($X1$)、银行业机构网点地区分布($U1$)、保险公司法人机构地区分布($U3$)、存贷比率($V1$)的发展促进了生产总值增长率的提高,其余解释变量的发展会抑制区域经济增长。在财政自给率高于 51.137 的情况下,银行业资产总额($X1$)、保险公司法人机构地区分布($U3$)和保险深度($V3$)的发展抑制了生产总值增长率的提高,其余解释变量的发展则促进了区域经济增长。

(3) 门槛变量为人均地区生产总值、被解释变量为产业优化率的情形

单门槛模型:

$$Y2_t = c_0 + (\alpha_1 X1_t + \alpha_2 X2_t + \alpha_3 X2_t + \beta_1 U1_t + \beta_2 U2_t + \beta_3 U3_t + \gamma_1 V1_t + \gamma_2 V2_t + \gamma_3 V3_t) I_{T1_t \leq \theta_1} + (\alpha_4 X1_t + \alpha_5 X2_t + \alpha_6 X3_t + \beta_4 U1_t + \beta_5 U2_t + \beta_6 U3_t + \gamma_4 V1_t + \gamma_5 V2_t + \gamma_6 V3_t) I_{T1_t > \theta_1} + e_i$$

表 6-30 显示了单门槛自抽样检验结果,因为双门槛模型检验的 F 值较小,没有通过检验,故没有列出。且图 6-4 可以看出,选取单门槛模型是合理的。

表 6-30 门槛效果自抽样检验

模型	F 值	P 值	BS 次数	1%	5%	10%
单门槛	52.3076***	0.000	300	34.937	24.714	18.474

注:BS 次数指自抽样次数,BS 次数越多,结果的准确性越高;*、**、*** 分别表示在 10%、5% 和 1% 的水平下显著;10%、5% 和 1% 表示对应置信度下的临界值。

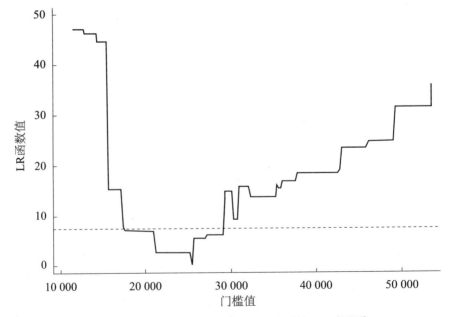

图 6-4 门槛值估计在 95% 置信区间下的 LR 函数图像

自抽样次数选取为300次,单门槛模型的F统计量为52.3076,在1%的显著性水平上大于临界值,可以视为采用门槛回归方法研究区域金融发展与区域产业优化率的回归关系是可行的,从单一门槛的角度说明金融发展在促进区域产业升级方面存在阈值,即只有当人均地区生产总值累积到一定程度之后,区域金融发展才能促进(或抑制)区域产业结构的优化升级。

具体估计门槛值的置信区间如表6-31所示。T1在区域金融发展对产业优化率的门槛回归中作为门槛变量,门槛值估计为2.56×10^4。

表6-31 单门槛值估计结果

单门槛模型	门槛值估计	95%置信区间
θ_1	2.56×10^4	$(1.78 \times 10^4, 2.92 \times 10^4)$

参数估计结果如表6-32所示。以X1为例,X1_0表示$T1 \leqslant 2.56 \times 10^4$时解释变量X1的系数估计,X1_1表示$T1 > 2.56 \times 10^4$时解释变量X1的系数估计。同样的表示方法对X2、X3、U1、U2、U3、V1、V2、V3是适用的。

表6-32 单门槛回归系数的估计

变量	系数	标准差	t值	P值
X1_0	0.568	0.089	6.358	0.000
X1_1	−0.003	0.001	−2.258	0.040
X2_0	0.001	0.000	1.556	0.142
X2_1	−0.515	0.143	−3.589	0.003
X3_0	−0.093	0.134	−0.699	0.496
X3_1	−0.029	0.151	−0.192	0.851
U1_0	−7.581	4.543	−1.669	0.117
U1_1	0.010	0.002	4.525	0.001
U2_0	−2.096	0.626	−3.346	0.005
U2_1	0.096	0.062	1.557	0.142
U3_0	0.001	0.000	2.935	0.011
U3_1	0.002		−1.332	0.204
V1_0	−0.325	0.189	−1.719	0.108
V1_1	0.061	0.099	0.614	0.549
V2_0	0.070	0.088	0.796	0.439
V2_1	−12.445	5.118	−2.432	0.029
V3_0	−0.008	0.006	−1.390	0.186
V3_1	−0.875	0.354	−2.472	0.027

参数回归结果$R^2=0.774$,统计量F检验$P=0.000$,回归结果总体可信。在解释变量中,保险公司资产总额(X3)、保险公司法人机构地区分布(U3)、保险深度(V3)对门槛变量的变化不敏感。银行业资产总额(X1)、上市公司筹资额(X2)、经济证券化率(V2)在人均地区生产总值不高于门槛值

$2.56×10^4$ 时,对区域产业优化起到了促进作用;其余解释变量的发展抑制了区域产业优化。当人均地区生产总值高于门槛值 $2.56×10^4$ 时,银行业资产总额($X1$)、上市公司筹资额($X2$)、经济证券化率($V2$)的发展对产业优化率起到了抑制作用,其余解释变量的发展则促进了产业优化率的上升。

(4)门槛变量为财政自给率、被解释变量为产业优化率的情形

模型1(单门槛模型):

$$Y2_t = c_0 + (\alpha_1 X1_t + \alpha_2 X2_t + \alpha_3 X2_t + \beta_1 U1_t + \beta_2 U2_t + \beta_3 U3_t + \gamma_1 V1_t + \gamma_2 V2_t + \gamma_3 V3_t) I_{T2_t \leq \theta_1} + (\alpha_4 X1_t + \alpha_5 X2_t + \alpha_6 X3_t + \beta_4 U1_t + \beta_5 U2_t + \beta_6 U3_t + \gamma_4 V1_t + \gamma_5 V2_t + \gamma_6 V3_t) I_{T2_t > \theta_1} + e_i$$

表6-33显示了单门槛自抽样检验结果,因为双门槛模型检验的 F 值较小,没有通过检验,故没有列出。

表6-33 门槛效果自抽样检验

模型	F值	P值	BS次数	1%	5%	10%
单门槛	24.965*	0.053	300	39.780	26.136	20.374

注:BS次数指自抽样次数,BS次数越多,结果的准确性越高;*、**、***分别表示在10%、5%和1%的统计水平下显著;10%、5%和1%表示对应置信度下的临界值。

自抽样次数选取为300次,单门槛模型的 F 统计量为24.965,在10%的显著性水平上大于临界值,可以视为采用门槛回归方法研究区域金融发展与产业优化率之间的回归关系是可行的。区域金融发展在促进区域产业结构升级方面存在阈值,即只有当财政自给率达到一定程度之后,金融发展才能促进(或抑制)区域产业结构的优化升级。

具体估计门槛值的置信区间如表6-34所示。T2在区域金融发展对产业结构优化率的门槛回归中作为门槛变量,门槛值估计为41.199。

表6-34 单门槛值估计结果

单门槛模型	门槛值估计	95%置信区间
θ_1	41.199	(39.507,45.005)

参数估计结果如表6-35所示。以 $X1$ 为例,$X1\_0$ 表示 $T2 \leq 41.199$ 时解释变量 $X1$ 的系数估计,$X1\_1$ 表示 $T2 > 41.199$ 时解释变量 $X1$ 的系数估计。同样的表示方法对 $X2$、$X3$、$U1$、$U2$、$U3$、$V1$、$V2$、$V3$ 是适用的。

表6-35 单门槛回归系数的估计

变量	系数	标准差	t值	P值
$X1\_0$	-0.536	0.060	-8.955	0.000
$X1\_1$	-0.012	0.001	-9.988	0.000
$X2\_0$	0.005	0.001	9.549	0.000

(续表)

变量	系数	标准差	t 值	P 值
X2_1	−3.368	0.381	−8.847	0.000
X3_0	−1.127	0.078	−14.440	0.000
X3_1	2.060	0.101	20.349	0.000
U1_0	29.953	4.586	6.532	0.000
U1_1	0.147	0.009	16.092	0.000
U2_0	8.505	0.774	10.986	0.000
U2_1	0.146	0.085	1.710	0.109
U3_0	0.001	0.000	4.208	0.001
U3_1	0.001	0.000	−0.939	0.364
V1_0	−0.969	0.165	−5.892	0.000
V1_1	−0.258	0.075	−3.452	0.004
V2_0	0.006	0.065	0.088	0.932
V2_1	−14.535	5.920	−2.456	0.028
V3_0	−0.014	0.004	−3.425	0.004
V3_1	−0.469	0.312	−1.500	0.156

参数回归结果 $R^2=0.774$,统计量 F 检验 $P=0.000$,回归结果总体可信。银行业资产总额(X1)、银行业机构网点地区分布(U1)、上市公司地区分布(U2)、保险公司法人机构地区分布(U3)、存贷比率(V1)、保险深度(V3)受门槛的影响不明显,模型中参数的正负号没有变化。上市公司筹资额(X2)、经济证券化率(V2)在财政自给率不高于门槛值 41.199 时,对区域产业优化起到了促进作用;而在财政自给率高于门槛值 41.199 时,对区域产业优化起到了抑制作用。保险公司资产总额(X3)在财政自给率高于门槛值 41.199 时,对产业优化具有推动作用。

2. 门槛依赖型金融业规模与经济发展的关系

本部分将仅视金融业规模为门槛依赖型变量,其他解释变量视为与门槛变量相互独立,考察金融业规模在门槛的影响下,对经济增长和产业结构升级的影响机理。

(1)门槛变量为人均地区生产总值、被解释变量为生产总值增长率的情形

模型 1(单门槛模型且门槛影响 X1、X2、X3):

$$Y1_t = c_0 + (\alpha_1 X1_t + \alpha_2 X2_t + \alpha_3 X2_t)I_{T1_t \leq \theta_1} + (\alpha_4 X1_t + \alpha_5 X2_t + \alpha_6 X3_t)I_{T1_t > \theta_1} + \beta_1 U1_t + \beta_2 U2_t + \beta_3 U3_t + \gamma_1 V1_t + \gamma_2 V2_t + \gamma_3 V3_t + e_i$$

模型 2(双门槛模型且门槛影响 X1、X2、X3):

$$Y1_t = c_0 + (\alpha_1 X1_t + \alpha_2 X2_t + \alpha_3 X3_t)I_{T1_t \leq \theta_1} + \\ (\alpha_4 X1_t + \alpha_5 X2_t + \alpha_6 X3_t)I_{\theta_1 < T1_t \leq \theta_2} + \\ (\alpha_7 X1_t + \alpha_8 X2_t + \alpha_9 X3_t)I_{T1_t > \theta_2} + \beta_1 U1_t + \beta_2 U2_t +$$

$$\beta_3 U3_t + \gamma_1 V1_t + \gamma_2 V2_t + \gamma_3 V3_t + e_i$$

模型 3(三门槛模型且门槛影响 $X1$、$X2$、$X3$):

$$Y1_t = c_0 + (\alpha_1 X1_t + \alpha_2 X2_t + \alpha_3 X3_t) I_{T1_t \leq \theta_1} + \\ (\alpha_4 X1_t + \alpha_5 X2_t + \alpha_6 X3_t) I_{\theta_1 < T1_t \leq \theta_2} + \\ (\alpha_7 X1_t + \alpha_8 X2_t + \alpha_9 X3_t) I_{\theta_2 < T1_t \leq \theta_3} + (\alpha_{10} X1_t + \alpha_{11} X2_t + \\ \alpha_{12} X3_t) I_{T1_t > \theta_3} + \beta_1 U1_t + \beta_2 U2_t + \beta_3 U3_t + \gamma_1 V1_t + \\ \gamma_2 V2_t + \gamma_3 V3_t + e_i$$

门槛效果的自抽样检验结果如表 6-36 所示。从估计结果来看,单门槛模型和双门槛模型均在 5% 的统计水平下显著。由此可以得到,金融业规模与生产总值增长率之间的回归关系存在门槛(人均地区生产总值)影响。由图 6-5 可以看出,在 5% 的显著性水平下,选取三门槛模型是合理的。

表 6-36 门槛效果自抽样检验

模型	F 值	P 值	BS 次数	1%	5%	10%
单门槛	12.084***	0.001	300	12.774	8.593	6.671
双门槛	10.028**	0.040	300	11.539	9.596	7.479
三门槛	12.759**	0.040	300	21.859	11.512	7.922

注:BS 次数指自抽样次数,BS 次数越多,结果的准确性越高;*、**、*** 分别表示在 10%、5% 和 1% 的统计水平下显著;10%、5% 和 1% 表示对应置信度下的临界值。

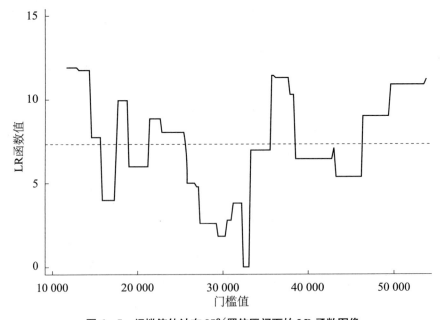

图 6-5 门槛值估计在 95% 置信区间下的 LR 函数图像

门槛值的估计结果如表 6-37、表 6-38 和表 6-39 所示。由门槛值回归结果初步可以看出,在不同的人均地区生产总值水平下,金融业规模对经济增长的影响是不同的。

表 6-37　单门槛值估计结果

单门槛模型	门槛值估计	95%置信区间
θ_1	3.24×10^4	$(2.56\times10^4, 3.55\times10^4)$

表 6-38　双门槛值估计结果

双门槛模型	门槛值估计	95%置信区间
θ_1	1.59×10^4	$(1.46\times10^4, 1.75\times10^4)$
θ_2	3.24×10^4	$(2.56\times10^4, 3.55\times10^4)$

表 6-39　三门槛值估计结果

三门槛模型	门槛值估计	95%置信区间
θ_1	1.59×10^4	$(1.46\times10^4, 1.75\times10^4)$
θ_2	3.24×10^4	$(2.56\times10^4, 3.55\times10^4)$
θ_3	4.32×10^4	$(3.58\times10^4, 4.93\times10^4)$

回归方程的参数估计结果如表 6-40、表 6-41 和表 6-42 所示。单门槛模型下,以 $X1$ 为例,$X1\_0$ 表示 $T1\leqslant 3.24\times10^4$ 时解释变量 $X1$ 的系数估计,$X1\_1$ 表示 $T1>3.24\times10^4$ 时解释变量 $X1$ 的系数估计。同样的表示方法对 $X2$、$X3$ 是适用的。双门槛模型下,以 $X1$ 为例,$X1\_0$ 表示 $T1\leqslant 1.59\times10^4$ 时解释变量 $X1$ 的系数估计,$X1\_1$ 表示 $1.59\times10^4\leqslant T1<3.24\times10^4$ 时解释变量 $X1$ 的系数估计,$X1\_2$ 表示 $T1>3.24\times10^4$ 时解释变量 $X1$ 的系数估计。同样的表示方法对 $X2$、$X3$ 是适用的。三门槛模型下,以 $X1$ 为例,$X1\_0$ 表示 $T1\leqslant 1.59\times10^4$ 时解释变量 $X1$ 的系数估计,$X1\_1$ 表示 $1.59\times10^4\leqslant T1<3.24\times10^4$ 时解释变量 $X1$ 的系数估计,$X1\_2$ 表示 $3.24\times10^4<T1\leqslant 4.32\times10^4$ 时解释变量 $X1$ 的系数估计,$X1\_3$ 表示 $T1>4.32\times10^4$ 时解释变量 $X1$ 的系数估计。同样的表示方法对 $X2$、$X3$ 是适用的。

表 6-40　单门槛回归系数的估计

变量	系数	标准差	t 值	P 值
U1	0.194	0.365	0.530	0.602
U2	0.282	0.149	1.888	0.074
U3	−0.208	0.134	−1.552	0.136
V1	−44.797	12.668	−3.536	0.002
V2	−0.002	0.008	−0.214	0.832
V3	−0.651	0.814	−0.799	0.434
$X1\_0$	−0.465	0.121	−3.842	0.001

(续表)

变量	系数	标准差	t 值	P 值
$X1\_1$	0.001	0.001	1.622	0.121
$X2\_0$	0.002	0.001	3.729	0.001
$X2\_1$	0.040	0.090	0.449	0.659
$X3\_0$	0.001	0.000	3.763	0.001
$X3\_1$	0.000	0.000	−1.019	0.320

表 6-41 双门槛回归系数的估计

变量	系数	标准差	t 值	P 值
$U1$	−0.344	0.241	−1.430	0.171
$U2$	0.149	0.112	1.340	0.198
$U3$	−0.167	0.102	−1.632	0.121
$V1$	−55.247	10.483	−5.270	0.000
$V2$	−0.010	0.005	−1.875	0.078
$V3$	0.406	0.747	0.544	0.594
$X1\_0$	−2.782	0.401	−6.936	0.000
$X1\_1$	0.005	0.002	2.768	0.013
$X1\_2$	0.009	0.001	6.690	0.000
$X2\_0$	−0.483	0.110	−4.388	0.000
$X2\_1$	0.001	0.000	3.678	0.002
$X2\_2$	0.002	0.000	4.808	0.000
$X3\_0$	−0.037	0.090	−0.415	0.683
$X3\_1$	0.001	0.000	4.658	0.000
$X3\_2$	0.000	0.000	0.148	0.884

表 6-42 三门槛回归系数的估计

变量	系数	标准差	t 值	P 值
$U1$	0.389	0.209	1.865	0.083
$U2$	−0.236	0.117	−2.016	0.063
$U3$	−0.043	0.115	−0.377	0.712
$V1$	−51.611	5.723	−9.018	0.000
$V2$	0.014	0.003	4.069	0.001
$V3$	0.797	0.665	1.198	0.251
$X1\_0$	−1.600	0.345	−4.634	0.000
$X1\_1$	0.000	0.002	−0.159	0.876
$X1\_2$	0.007	0.001	6.559	0.000
$X1\_3$	0.012	0.184	0.065	0.949
$X2\_0$	0.004	0.001	5.036	0.000
$X2\_1$	0.000	0.001	0.262	0.797
$X2\_2$	−0.043	0.073	−0.595	0.561
$X2\_3$	0.001	0.000	2.511	0.025
$X3\_0$	0.000	0.000	1.261	0.228
$X3\_1$	1.133	0.231	4.916	0.000

(续表)

变量	系数	标准差	t 值	P 值
X3_2	0.002	0.000	6.780	0.000
X3_3	−0.004	0.001	−5.175	0.000

三门槛模型回归结果得到 $R^2 = 0.7666$，统计量 F 检验 $P=0.0000$，回归结果总体较为可信。当人均地区生产总值不高于 $1.59×10^4$ 时，银行业资产总额的发展抑制了经济增长。当人均地区生产总值大于 $4.32×10^4$ 时，上市公司筹资额（X2）和保险公司资产总额（X3）的发展也会抑制经济增长。只有当人均地区生产总值介于 $1.59×10^4$ 和 $4.32×10^4$ 之间时，金融业规模才能有效促进经济增长。从我国的具体情况看，各地区的金融业规模存在很大差异，因此对经济增长的影响也有较大区域差异。

(2) 门槛变量为财政自给率、被解释变量为生产总值增长率的情形

模型 1（单门槛模型且门槛影响 X1、X2、X3）：

$$Y1_t = c_0 + (\alpha_1 X1_t + \alpha_2 X2_t + \alpha_3 X2_t) I_{T2_t \leq \theta_1} + (\alpha_4 X1_t + \alpha_5 X2_t + \alpha_6 X3_t) I_{T2_t > \theta_1} + \beta_1 U1_t + \beta_2 U2_t + \beta_3 U3_t + \gamma_1 V1_t + \gamma_2 V2_t + \gamma_3 V3_t + e_i$$

模型 2（双门槛模型且门槛影响 X1、X2、X3）：

$$Y1_t = c_0 + (\alpha_1 X1_t + \alpha_2 X2_t + \alpha_3 X3_t) I_{T2_t \leq \theta_1} + (\alpha_4 X1_t + \alpha_5 X2_t + \alpha_6 X3_t) I_{\theta_1 < T2_t \leq \theta_2} + (\alpha_7 X1_t + \alpha_8 X2_t + \alpha_9 X3_t) I_{T2_t > \theta_2} + \beta_1 U1_t + \beta_2 U2_t + \beta_3 U3_t + \gamma_1 V1_t + \gamma_2 V2_t + \gamma_3 V3_t + e_i$$

模型 3（三门槛模型且门槛影响 X1、X2、X3）：

$$Y1_t = c_0 + (\alpha_1 X1_t + \alpha_2 X2_t + \alpha_3 X3_t) I_{T2_t \leq \theta_1} + (\alpha_4 X1_t + \alpha_5 X2_t + \alpha_6 X3_t) I_{\theta_1 < T2_t \leq \theta_2} + (\alpha_7 X1_t + \alpha_8 X2_t + \alpha_9 X3_t) I_{\theta_2 < T2_t \leq \theta_3} + (\alpha_{10} X1_t + \alpha_{11} X2_t + \alpha_{12} X3_t) I_{T2_t > \theta_3} + \beta_1 U1_t + \beta_2 U2_t + \beta_3 U3_t + \gamma_1 V1_t + \gamma_2 V2_t + \gamma_3 V3_t + e_i$$

门槛效果的自抽样检验结果如表 6-43 所示。双门槛模型和三门槛模型的估计结果均在 5% 的统计水平下显著，由此可以得到，金融业规模与生产总值增长率之间的回归关系存在门槛（财政自给率）影响。由图 6-6 可以看出，在 5% 的显著性水平下，选取三门槛模型是合理的。

表 6-43 门槛效果自抽样检验

	F 值	P 值	BS 次数	1%	5%	10%
单门槛	8.434*	0.06	300	13.139	9.175	6.783
双门槛	19.179***	0.00	300	14.588	9.457	6.922
三门槛	11.093 2**	0.02	300	16.104	4.972	2.790

注：BS 次数指自抽样次数，BS 次数越多，结果的准确性越高；*、**、*** 分别表示在 10%、5% 和 1% 的统计水平下显著；10%、5% 和 1% 表示对应置信度下的临界值。

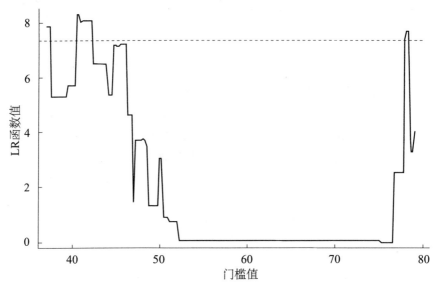

图 6-6　门槛值估计在 95% 置信区间下的 LR 函数图像

由门槛值回归结果初步可以看出(见表 6-44 和表 6-45),在不同的财政自给率水平下,金融业规模对人均地区生产总值的影响是不同的。

表 6-44　双门槛值估计结果

双门槛模型	门槛值估计	95%置信区间
θ_1	52.194	(52.194,76.512)
θ_2	75.243	(42.467,77.992)

表 6-45　三门槛值估计结果

三门槛模型	门槛值估计	95%置信区间
θ_1	52.194	(52.194,76.512)
θ_2	75.243	(42.467,77.992)
θ_3	77.992	(75.243,77.992)

回归方程的参数估计结果如表 6-46 和表 6-47 所示。双门槛回归结果得到 $R^2=0.777$,统计量 F 检验 $P=0.0000$,回归结果总体较为可信。当财政自给率在 52.194 以下时,银行业资产总额($X1$)和上市公司筹资额($X2$)的发展抑制了生产总值增长率的提高。当财政自给率大于 77.992 时,上市公司筹资额($X2$)和保险公司资产总额($X3$)的发展也会抑制经济增长。只有当财政自给率介于 52.194 和 75.243 之间时,包括银行业资产总额($X1$)、上市公司筹资额($X2$)、保险公司资产总额($X3$)在内的金融业规模发展才能有效促进经济增长。由于我国各地区的财政自给率水平差异较大,因此金融业

规模对经济增长的影响也有较大区域差异。

表6-46 双门槛回归系数的估计

变量	系数	标准差	t值	P值
U1	0.342	0.354	0.966	0.348
U2	−0.478	0.137	−3.500	0.003
U3	−0.159	0.153	−1.038	0.314
V1	−19.016	10.360	−1.836	0.084
V2	−0.006	0.005	−1.259	0.225
V3	−1.389	0.736	−1.888	0.076
X1_0	−0.499	0.120	−4.162	0.001
X1_1	0.003	0.001	3.409	0.003
X1_2	0.001	0.001	1.519	0.147
X2_0	−0.625	0.250	−2.500	0.023
X2_1	0.013	0.002	8.291	0.000
X2_2	−0.001	0.001	−0.749	0.464
X3_0	0.422	0.169	2.504	0.023
X3_1	0.000	0.000	2.162	0.045
X3_2	−0.001	0.001	−2.789	0.013

表6-47 三门槛回归系数的估计

变量	系数	标准差	t值	P值
U1	0.210	0.306	0.688	0.503
U2	−0.968	0.178	−5.445	0.000
U3	0.016	0.109	0.146	0.886
V1	−13.249	9.460	−1.401	0.183
V2	0.012	0.005	2.277	0.039
V3	−1.626	0.652	−2.495	0.026
X1_0	−0.517	0.096	−5.410	0.000
X1_1	0.004	0.001	4.451	0.001
X1_2	0.001	0.000	1.248	0.233
X1_3	−1.375	0.395	−3.486	0.004
X2_0	0.004	0.003	1.590	0.134
X2_1	0.002	0.001	1.297	0.216
X2_2	−1.123	0.259	−4.339	0.001
X2_3	0.001	0.000	4.236	0.001
X3_0	0.004	0.001	4.121	0.001
X3_1	1.153	0.224	5.152	0.000
X3_2	−0.002	0.000	−5.027	0.000
X3_3	−0.003	0.001	−5.448	0.000

(3) 门槛变量为人均地区生产总值、被解释变量为产业优化率的情形

模型1(单门槛模型且门槛影响 $X1$、$X2$、$X3$)：

$$Y2_t = c_0 + (\alpha_1 X1_t + \alpha_2 X2_t + \alpha_3 X2_t) I_{T1_t \leq \theta_1} + (\alpha_4 X1_t + \alpha_5 X2_t + \alpha_6 X3_t) I_{T1_t > \theta_1} + \beta_1 U1_t + \beta_2 U2_t + \beta_3 U3_t + \gamma_1 V1_t + \gamma_2 V2_t + \gamma_3 V3_t + e_i$$

从表6-48中的门槛效果自抽样检验结果来看，单门槛模型在1%的统计水平下显著。因此可以得到，金融业规模与产业优化率之间的回归关系存在门槛（人均地区生产总值）影响。由图6-7可知，在1%的显著性水平下，选取单门槛模型是合理的。

表6-48 门槛效果自抽样检验

模型	F值	P值	BS次数	1%	5%	10%
单门槛	29.100***	0.00	300	12.661	8.876	6.969
双门槛	10.2776*	0.05	300	16.803	10.342	7.717
三门槛	11.0932**	0.02	300	16.104	4.972	2.790

注：BS次数指自抽样次数，BS次数越多，结果的准确性越高；*、**、*** 分别表示在10%、5%和1%的统计水平下显著；10%、5%和1%表示对应置信度下的临界值。

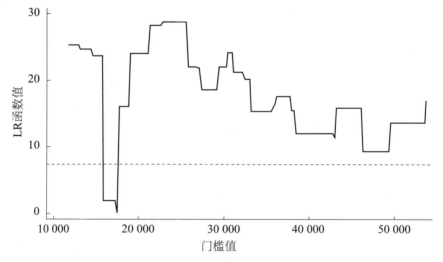

图6-7 门槛值估计在95%置信区间下的LR函数图像

由门槛值估计结果初步可以看出（见表6-49），金融业规模存在门槛依赖；而且，在不同的人均地区生产总值水平下，金融业规模对产业优化率的影响是不同的。

表6-49 单门槛值估计结果

单门槛模型	门槛值估计	95%置信区间
θ_1	1.75×10^4	$(1.59 \times 10^4, 1.75 \times 10^4)$

对回归方程的参数估计结果如表6-50所示。单门槛模型下,以$X1$为例,$X1\_0$表示$T1 \leq 1.75 \times 10^4$时解释变量$X1$的系数估计,$X1\_1$表示$T1 > 1.75 \times 10^4$时解释变量$X1$的系数估计。同样的表示方法对$X2$、$X3$是适用的。

表6-50 单门槛回归系数

变量	系数	标准差	t值	P值
U1	−0.676	0.155	−4.357	0.000
U2	−0.116	0.047	−2.478	0.022
U3	0.084	0.088	0.950	0.354
V1	−12.939	4.863	−2.661	0.015
V2	−0.010	0.004	−2.663	0.015
V3	−0.417	0.294	−1.417	0.172
X1_0	−0.973	0.253	−3.847	0.001
X1_1	0.004	0.002	2.412	0.026
X2_0	0.002	0.001	2.762	0.012
X2_1	0.046	0.049	0.930	0.364
X3_0	0.001	0.000	2.070	0.052
X3_1	0.001	0.000	−0.088	0.931

单门槛回归结果得到$R^2 = 0.8613$,统计量F检验$P = 0.0000$,回归结果总体较为可信。当人均地区生产总值不高于1.75×10^4时,银行业资产总额($X1$)抑制了产业优化;当人均地区生产总值高于1.75×10^4时,金融业规模的发展会促进产业优化。从我国各地区金融业规模发展的具体情况来看,人均地区生产总值均满足门槛要求。

(4)门槛变量为财政自给率、被解释变量为产业优化率的情形

模型1(单门槛模型且门槛影响$X1$、$X2$、$X3$):

$$Y2_t = c_0 + (\alpha_1 X1_t + \alpha_2 X2_t + \alpha_3 X2_t) I_{T2_t \leq \theta_1} + (\alpha_4 X1_t + \alpha_5 X2_t + \alpha_6 X3_t) I_{T2_t > \theta_1} + \beta_1 U1_t + \beta_2 U2_t + \beta_3 U3_t + \gamma_1 V1_t + \gamma_2 V2_t + \gamma_3 V3_t + e_i$$

模型2(双门槛模型且门槛影响$X1$、$X2$、$X3$):

$$Y2_t = c_0 + (\alpha_1 X1_t + \alpha_2 X2_t + \alpha_3 X3_t) I_{T2_t \leq \theta_1} + (\alpha_4 X1_t + \alpha_5 X2_t + \alpha_6 X3_t) I_{\theta_1 < T2_t \leq \theta_2} + (\alpha_7 X1_t + \alpha_8 X2_t + \alpha_9 X3_t) I_{T2_t > \theta_2} + \beta_1 U1_t + \beta_2 U2_t + \beta_3 U3_t + \gamma_1 V1_t + \gamma_2 V2_t + \gamma_3 V3_t + e_i$$

从表6-51中的自抽样检验结果来看,单门槛模型、双门槛模型和三门槛模型均在5%的统计水平下显著。由此可以得到,金融业规模与产业优化

率之间的回归关系存在门槛(财政自给率)影响。

表 6-51 门槛效果自抽样检验

模型	F 值	P 值	BS 次数	1%	5%	10%
单门槛	14.780**	0.01	300	16.107	9.196	7.160
双门槛	14.418**	0.02	300	15.433	10.355	6.926
三门槛	11.0932**	0.02	300	16.104	4.972	2.790

注:BS 次数指自抽样次数,BS 次数越多,结果的准确性越高;*、**、*** 分别表示在 10%、5% 和 1% 的统计水平下显著;10%、5% 和 1% 表示对应置信度下的临界值。

三个门槛检验在 5% 显著性水平下均是合理的。由于三门槛模型的检验结果不如单门槛模型和双门槛模型显著,图 6-8 只列出单门槛模型和双门槛模型的结果。

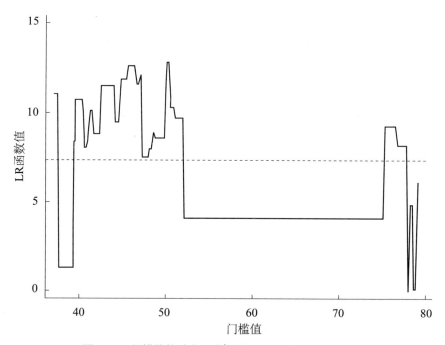

图 6-8 门槛值估计在 95% 置信区间下的 LR 函数图像

由门槛值的估计结果初步可以看出(见表 6-52 和表 6-53),财政自给率水平不同,金融业规模对产业优化率的影响是不同的。

表 6-52 单门槛值估计结果

单门槛模型	门槛值估计	95% 置信区间
θ_1	77.992	(36.970, 39.296)

表 6-53　双门槛值估计结果

双门槛模型	门槛值估计	95%置信区间
θ_1	37.604	$(1.59\times10^4, 1.75\times10^4)$
θ_2	77.992	(77.992, 79.050)

根据已经估算出的门槛值，对回归方程进行参数估计，结果如表 6-54 和表 6-55 所示。单门槛模型下，以 X1 为例，X1_0 表示 $T2\leqslant77.992$ 时解释变量 X1 的系数估计，X1_1 表示 $T1>77.992$ 时解释变量 X1 的系数估计。同样的表示方法对 X2、X3 是适用的。双门槛模型下，以 X1 为例，X1_0 表示 $T2\leqslant37.604$ 时解释变量 X1 的系数估计，X1_1 表示 $37.604<T2\leqslant77.992$ 时解释变量 X1 的系数估计，X1_2 表示 $T2>77.992$ 时解释变量 X1 的系数估计。同样的表示方法对 X2、X3 是适用的。

表 6-54　单门槛回归系数的估计

变量	系数	标准差	t 值	P 值
U1	−0.271	0.235	−1.157	0.261
U2	−0.573	0.080	−7.202	0.000
U3	0.114	0.059	1.949	0.065
V1	−18.243	3.801	−4.799	0.000
V2	0.004	0.005	0.933	0.362
V3	−0.417	0.312	−1.338	0.196
X1_0	−0.016	0.043	−0.369	0.716
X1_1	0.000	0.000	1.959	0.064
X2_0	0.000	0.000	2.021	0.057
X2_1	0.997	0.185	5.400	0.000
X3_0	−0.002	0.000	−4.048	0.001
X3_1	−0.003	0.001	−4.936	0.000

表 6-55　双门槛回归系数的估计

变量	系数	标准差	t 值	P 值
U1	−0.479	0.185	−2.589	0.019
U2	−0.522	0.054	−9.588	0.000
U3	0.101	0.044	2.294	0.035
V1	−20.622	2.888	−7.140	0.000
V2	0.001	0.003	0.351	0.730
V3	−0.562	0.264	−2.127	0.048
X1_0	−1.466	0.204	−7.180	0.000
X1_1	−0.020	0.002	−10.698	0.000
X1_2	0.010	0.001	8.963	0.000
X2_0	−0.010	0.041	−0.247	0.808
X2_1	0.000	0.000	3.023	0.008
X2_2	0.000	0.000	2.064	0.055

(续表)

变量	系数	标准差	t 值	P 值
X3_0	0.892	0.130	6.869	0.000
X3_1	−0.001	0.000	−5.143	0.000
X3_2	−0.002	0.000	−6.123	0.000

双门槛回归结果得到 $R^2=0.732$,统计量 F 检验 $P=0.0000$,回归结果总体较为可信。当财政自给率不大于 37.604 时,银行业资产总额(X1)和上市公司筹资额(X2)的发展抑制了产业结构升级。当财政自给率大于 77.992 时,银行业资产总额(X1)和上市公司筹资额(X2)的发展促进了产业结构升级,保险公司资产总额(X3)的发展抑制了产业结构升级。

3. 门槛依赖型金融结构与经济发展的关系

本部分将仅视金融结构(银行机构网点地区分布 U1、上市公司地区分布 U2、保险公司法人机构地区分布 U3)为门槛依赖型变量,其他解释变量视为与门槛变量相互独立,考察金融结构在门槛的影响下对经济增长和产业结构升级的影响机理。

(1)门槛变量为人均地区生产总值、被解释变量为生产总值增长率的情形

模型1(单门槛模型且门槛影响 U1、U2、U3):

$$Y1_t = c_0 + (\beta_1 U1_t + \beta_2 U2_t + \beta_3 U3_t)I_{T1_t \leqslant \theta_1} + (\beta_4 U1_t + \beta_5 U2_t + \beta_6 U3_t)I_{T1_t > \theta_1} + \alpha_1 X1_t + \alpha_2 X2_t + \alpha_3 X3_t + \gamma_1 V1_t + \gamma_2 V2_t + \gamma_3 V3_t + e_i$$

模型2(双门槛模型且门槛影响 U1、U2、U3):

$$Y1_t = c_0 + (\beta_1 U1_t + \beta_2 U2_t + \beta_3 U3_t)I_{T1_t \leqslant \theta_1} + (\beta_4 U1_t + \beta_5 U2_t + \beta_6 U3_t)I_{\theta_1 < T1_t \leqslant \theta_2} + (\beta_7 U1_t + \beta_8 U2_t + \beta_9 U3_t)I_{T1_t > \theta_2} + \alpha_1 X1_t + \alpha_2 X2_t + \alpha_3 X3_t + \gamma_1 V1_t + \gamma_2 V2_t + \gamma_3 V3_t + e_i$$

表 6-56 中的自抽样检验结果显示,单门槛模型在 5% 的统计水平下显著,双门槛模型在 10% 的统计水平下显著。由此可以得到,金融结构与生产总值增长率之间的回归关系存在门槛(人均地区生产总值)影响。由图 6-9 可知,在 5% 的显著性水平下,选取单门槛模型是合理的。

表 6-56 门槛效果自抽样检验

模型	F 值	P 值	BS 次数	1%	5%	10%
单门槛	17.468**	0.02	300	18.719	8.573	7.246
双门槛	10.095*	0.05	300	15.690	10.567	7.642

注:BS 次数指自抽样次数,BS 次数越多,结果的准确性越高;*、**、*** 分别表示在 10%、5% 和 1% 的统计水平下显著;10%、5% 和 1% 表示对应置信度下的临界值。

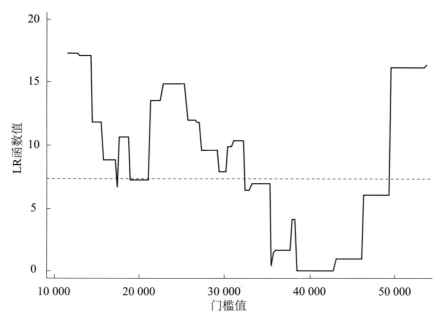

图 6-9 门槛值估计在 95% 置信区间下的 LR 函数图像

由门槛值估计结果初步可以看出(见表 6-57),在不同的人均地区生产总值水平下,金融结构对产业优化率的影响是不同的。

表 6-57 单门槛值估计结果

单门槛模型	门槛值估计	95%置信区间
θ_1	3.85×10^4	$(3.24\times10^4, 4.93\times10^4)$

由已经估算出的门槛值可以得到回归方程的参数估计,结果如表 6-58 所示。单门槛模型下,以 U1 为例,U1_0 表示 $T1\leqslant 3.85\times10^4$ 时解释变量 U1 的系数估计,U1_1 表示 $T1>3.85\times10^4$ 时解释变量 U1 的系数估计。同样的表示方法对 U2、U3 是适用的。

表 6-58 单门槛回归系数的估计

变量	系数	标准差	t 值	P 值
$X1$	-0.274	0.084	-3.262	0.004
$X2$	0.001	0.001	1.025	0.318
$X3$	0.001	0.000	1.518	0.145
$V1$	-26.054	10.682	-2.439	0.024
$V2$	0.008	0.007	1.228	0.234
$V3$	-0.028	0.680	-0.042	0.967

(续表)

变量	系数	标准差	t 值	P 值
U1_0	0.566	0.296	1.915	0.070
U1_1	−0.248	0.121	−2.043	0.054
U2_0	−0.226	0.148	−1.525	0.143
U2_1	−0.577	0.766	−0.754	0.460
U3_0	1.607	1.706	0.942	0.358
U3_1	−1.022	1.117	−0.915	0.371

回归结果得到 $R^2 = 0.766$，统计量 F 检验 $P = 0.0000$，回归结果总体较为可信。如表 6-58 所示，上市公司地区分布（U2）对门槛变量缺乏敏感性。对于银行业机构网点地区分布（U1）和保险公司法人机构地区分布（U3）而言，当人均地区生产总值不高于 3.85×10^4 时会促进经济增长，当人均地区生产总值高于 3.85×10^4 时会抑制经济增长。

(2) 门槛变量为财政自给率、被解释变量为生产总值增长率的情形

模型 1（单门槛模型且门槛影响 U1、U2、U3）：

$$Y1_t = c_0 + (\beta_1 U1_t + \beta_2 U2_t + \beta_3 U3_t) I_{T2_t \leq \theta_1} + (\beta_4 U1_t + \beta_5 U2_t + \beta_6 U3_t) I_{T2_t > \theta_1} + \alpha_1 X1_t + \alpha_2 X2_t + \alpha_3 X3_t + \gamma_1 V1_t + \gamma_2 V2_t + \gamma_3 V3_t + e_i$$

模型 2（双门槛模型且门槛影响 U1、U2、U3）：

$$Y1_t = c_0 + (\beta_1 U1_t + \beta_2 U2_t + \beta_3 U3_t) I_{T2_t \leq \theta_1} + (\beta_4 U1_t + \beta_5 U2_t + \beta_6 U3_t) I_{\theta_1 < T2_t \leq \theta_2} + (\beta_7 U1_t + \beta_8 U2_t + \beta_9 U3_t) I_{T2_t > \theta_2} + \alpha_1 X1_t + \alpha_2 X2_t + \alpha_3 X3_t + \gamma_1 V1_t + \gamma_2 V2_t + \gamma_3 V3_t + e_i$$

从门槛效果的自抽样检验结果可知（见表 6-59），单门槛模型和双门槛模型在 5% 的统计水平下显著。由此可以得到，金融结构与生产总值增长率之间的回归关系存在门槛（财政自给率）影响。由图 6-10 可知，在 5% 的显著性水平下，选取单门槛模型和双门槛模型是合理的。

表 6-59　门槛效果自抽样检验

模型	F 值	P 值	BS 次数	1%	5%	10%
单门槛	10.59**	0.03	300	12.502	9.427	6.672
双门槛	11.747**	0.04	300	16.191	9.867	7.730

注：BS 次数指自抽样次数，BS 次数越多，结果的准确性越高；*、**、*** 分别表示在 10%、5% 和 1% 的统计水平下显著；10%、5% 和 1% 表示对应置信度下的临界值。

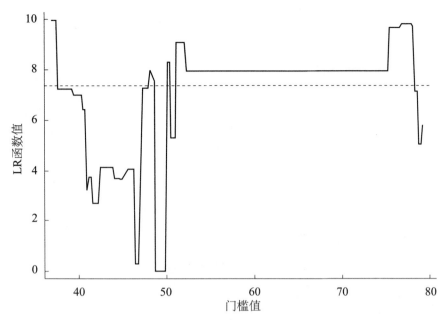

图 6-10　门槛值估计在 95% 置信区间下的 LR 函数图像

由表 6-60 和表 6-61 中的门槛值估计结果初步可知,在不同的财政自给率水平下,金融结构对生产总值增长率的影响是不同的。

表 6-60　单门槛值估计结果

单门槛模型	门槛值估计	95%置信区间
θ_1	48.811	(48.811,49.868)

表 6-61　双门槛值估计结果

双门槛模型	门槛值估计	95%置信区间
θ_1	48.811	(48.811,49.868)
θ_2	51.137	(50.926,77.781)

根据已经估算出的门槛值可以得到回归方程的参数估计结果(见表 6-62 和表 6-63)。单门槛模型下,以 U1 为例,U1_0 表示 $T2 \leqslant 48.811$ 时解释变量 U1 的系数估计,U1_1 表示 $T2 > 48.811$ 时解释变量 U1 的系数估计。同样的表示方法对 U2、U3 是适用的。双门槛模型下,以 U1 为例,U1_0 表示 $T2 \leqslant 37.604$ 时解释变量 U1 的系数估计,U1_1 表示 $48.811 < T2 \leqslant 51.137$ 时解释变量 U1 的系数估计,U1_2 表示 $T2 > 51.137$ 时解释变量 U1 的系数估计。同样的表示方法对 U2、U3 是适用的。

表 6-62　单门槛回归系数的估计

变量	系数	标准差	t 值	P 值
$X1$	−0.423	0.114	−3.704	0.001
$X2$	0.000	0.000	1.393	0.179
$X3$	0.001	0.000	2.792	0.011
$V1$	−23.146	13.938	−1.661	0.112
$V2$	0.002	0.008	0.231	0.820
$V3$	−0.051	0.858	−0.059	0.954
$U1\_0$	0.596	0.252	2.363	0.028
$U1\_1$	−0.218	0.227	−0.961	0.348
$U2\_0$	−0.364	0.203	−1.791	0.089
$U2\_1$	−0.401	0.343	−1.172	0.255
$U3\_0$	0.233	0.182	1.283	0.214
$U3\_1$	0.281	0.164	1.712	0.102

表 6-63　双门槛回归系数的估计

变量	系数	标准差	t 值	P 值
$X1$	−0.361	0.114	−3.154	0.006
$X2$	0.000	0.000	0.090	0.929
$X3$	0.001	0.000	2.319	0.033
$V1$	0.205	12.375	0.017	0.987
$V2$	−0.001	0.006	−0.194	0.849
$V3$	1.232	0.772	1.597	0.129
$U1\_0$	0.483	0.264	1.829	0.085
$U1\_1$	−0.010	0.216	−0.045	0.965
$U1\_2$	−0.385	0.199	−1.938	0.069
$U2\_0$	−31.415	1.591	−19.750	0.000
$U2\_1$	37.924	3.631	10.446	0.000
$U2\_2$	21.699	3.114	6.969	0.000
$U3\_0$	−0.336	0.325	−1.037	0.315
$U3\_1$	0.113	0.157	0.721	0.481
$U3\_2$	0.386	0.124	3.123	0.006

回归结果得到 $R^2 = 0.741$，统计量 F 检验 $P=0.0000$，回归结果总体较为可信。当财政自给率小于 48.811 时，银行业机构网点地区分布（U1）的发展促进了生产总值增长率的提高，上市公司地区分布（U2）和保险公司法人机构地区分布（U3）的发展抑制了经济增长。当财政自给率介于 48.811 和 51.137 之间时，银行业机构网点地区分布（U1）的发展抑制了经济增长，而上市公司地区分布（U2）和保险公司法人机构地区分布（U3）的发展促进了经济增长。当财政自给率大于 51.137 时，银行业机构网点地区分布（U1）与生产总值增长率负向变化，而上市公司地区分布（U2）和保险公司法人机构地区分布（U3）与生产总值增长率正向变化。

(3)门槛变量为人均地区生产总值、被解释变量为产业优化率的情形

模型 1(单门槛模型且门槛影响 $U1$、$U2$、$U3$):

$$Y2_t = c_0 + (\beta_1 U1_t + \beta_2 U2_t + \beta_3 U3_t) I_{t1_t < \theta_1} + (\beta_4 U1_t + \beta_5 U2_t + \beta_6 U3_t) I_{t1_t > \theta_1} + \alpha_1 X1_t + \alpha_2 X2_t + \alpha_3 X3_t + \gamma_1 V1_t + \gamma_2 V2_t + \gamma_3 V3_t + e_i$$

模型 2(双门槛模型且门槛影响 $U1$、$U2$、$U3$):

$$Y2_t = c_0 + (\beta_1 U1_t + \beta_2 U2_t + \beta_3 U3_t) I_{t1_t < \theta_1} + (\beta_4 U1_t + \beta_5 U2_t + \beta_6 U3_t) I_{\theta_1 < t1_t < \theta_2} + (\beta_7 U1_t + \beta_8 U2_t + \beta_9 U3_t) I_{t1_t > \theta_2} + \alpha_1 X1_t + \alpha_2 X2_t + \alpha_3 X3_t + \gamma_1 V1_t + \gamma_2 V2_t + \gamma_3 V3_t + e_i$$

从表 6-64 中门槛效果的估计结果可知,单门槛模型和双门槛模型在 1% 的统计水平下显著。由此可以得到,金融结构与产业优化率之间的回归关系存在门槛(人均地区生产总值)影响。由图 6-11 可知,在 1% 的显著性水平下,选取单门槛模型和双门槛模型是合理的。

表 6-64 门槛效果自抽样检验

模型	F 值	P 值	BS 次数	1%	5%	10%
单门槛	24.412***	0.00	300	16.764	11.146	7.554
双门槛	14.624***	0.00	300	11.028	8.539	6.641

注:BS 次数指自抽样次数,BS 次数越多,结果的准确性越高;*、**、*** 分别表示在 10%、5% 和 1% 的统计水平下显著;10%、5% 和 1% 表示对应置信度下的临界值。

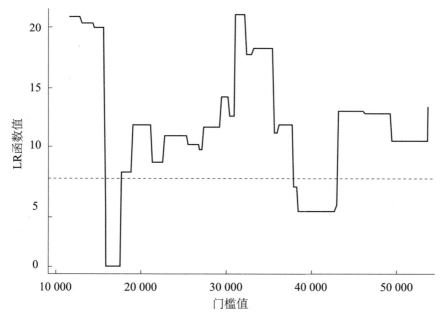

图 6-11 门槛值估计在 95% 置信区间下的 LR 函数图像

由门槛值回归结果初步可知（见表 6-65 和表 6-66），在不同的人均地区生产总值水平下，金融结构对产业优化率的影响是不同的。

表 6-65　单门槛值估计结果

单门槛模型	门槛值估计	95%置信区间
θ_1	1.75×10^4	$(1.59\times 10^4, 1.75\times 10^4)$

表 6-66　双门槛值估计结果

双门槛模型	门槛值估计	95%置信区间
θ_1	1.75×10^4	$(1.59\times 10^4, 1.75\times 10^4)$
θ_2	3.85×10^4	$(3.58\times 10^4, 5.35\times 10^4)$

根据已经估算出的门槛值可以得到回归方程的参数估计结果（见表 6-67 和表 6-68）。单门槛模型下，以 U1 为例，U1_0 表示 $T1\leqslant 1.75\times 10^4$ 时解释变量 U1 的系数估计，U1_1 表示 $T1>1.75\times 10^4$ 时解释变量 U1 的系数估计。同样的表示方法对 U2、U3 是适用的。双门槛模型下，以 U1 为例，U1_0 表示 $T1\leqslant 1.75\times 10^4$ 时解释变量 U1 的系数估计，U1_1 表示 $1.75\times 10^4<T1\leqslant 3.85\times 10^4$ 时解释变量 U1 的系数估计，U1_2 表示 $T1>3.85\times 10^4$ 时解释变量 U1 的系数估计。同样的表示方法对 U2、U3 是适用的。

表 6-67　单门槛回归系数的估计

变量	系数	标准差	t 值	P 值
X1	0.071	0.041	1.733	0.099
X2	0.000	0.000	1.461	0.160
X3	0.000	0.000	−0.793	0.437
V1	−9.492	5.157	−1.841	0.081
V2	−0.006	0.004	−1.740	0.097
V3	−0.566	0.393	−1.440	0.166
U1_0	−0.628	0.184	−3.418	0.003
U1_1	0.229	0.237	0.967	0.345
U2_0	−0.015	0.072	−0.207	0.839
U2_1	−0.341	0.152	−2.239	0.037
U3_0	−0.083	0.080	−1.043	0.310
U3_1	0.028	0.072	0.394	0.698

表 6-68　双门槛回归系数的估计

变量	系数	标准差	t 值	P 值
X1	0.048	0.035	1.371	0.188
X2	−0.001	0.000	−3.072	0.007

(续表)

变量	系数	标准差	t 值	P 值
$X3$	0.000	0.000	0.469	0.645
$V1$	−7.383	3.575	−2.065	0.055
$V2$	0.006	0.003	1.874	0.078
$V3$	−0.196	0.225	−0.873	0.395
$U1\_0$	−0.431	0.144	−2.981	0.008
$U1\_1$	−0.079	0.193	−0.409	0.688
$U1\_2$	0.019	0.066	0.288	0.777
$U2\_0$	−0.206	0.136	−1.515	0.148
$U2\_1$	−0.300	0.089	−3.393	0.004
$U2\_2$	−0.032	0.079	−0.410	0.687
$U3\_0$	0.222	0.270	0.824	0.422
$U3\_1$	−1.996	0.588	−3.397	0.003
$U3\_2$	1.053	0.409	2.578	0.020

回归结果得到 $R^2=0.871$,统计量 F 检验 $P=0.0000$,回归结果总体较为可信。上市公司地区分布(U2)对门槛变量的变化不敏感,即无论人均地区生产总值发生了怎样的变化,上市公司地区分布(U2)都会抑制产业结构升级。当人均地区生产总值不高于 1.75×10^4 时,银行业机构网点地区分布(U1)的发展抑制了产业结构升级,而保险公司法人机构地区分布(U3)的发展可以促进产业结构升级。当人均地区生产总值高于 3.85×10^4 时,银行业机构网点地区分布(U1)和保险公司法人机构地区分布(U3)的发展会促产业升级。当人均地区生产总值介于 1.75×10^4 与 3.85×10^4 之间时,包括银行业机构网点地区分布(U1)、上市公司地区分布(U2)和保险公司法人机构地区分布(U3)在内的金融结构的发展,对产业结构升级都会产生抑制作用。

(4)门槛变量为财政自给率、被解释变量为产业优化率的情形

模型 1(单门槛模型且门槛影响 U1、U2、U3):

$$Y2_t = c_0 + (\beta_1 U1_t + \beta_2 U2_t + \beta_3 U3_t)I_{T2_t \leqslant \theta_1} + (\beta_4 U1_t + \beta_5 U2_t + \beta_6 U3_t)I_{T2_t > \theta_1} + \alpha_1 X1_t + \alpha_2 X2_t + \alpha_3 X3_t + \gamma_1 V1_t + \gamma_2 V2_t + \gamma_3 V3_t + e_i$$

模型 2(双门槛模型且门槛影响 U1、U2、U3):

$$Y2_t = c_0 + (\beta_1 U1_t + \beta_2 U2_t + \beta_3 U3_t)I_{T2_t \leqslant \theta_1} + (\beta_4 U1_t + \beta_5 U2_t + \beta_6 U3_t)I_{\theta_1 < T2_t \leqslant \theta_2} + (\beta_7 U1_t + \beta_8 U2_t + \beta_9 U3_t)I_{T2_t > \theta_2} + \alpha_1 X1_t + \alpha_2 X2_t + \alpha_3 X3_t + \gamma_1 V1_t + \gamma_2 V2_t + \gamma_3 V3_t + e_i$$

从门槛效果的自抽样检验结果来看(见表 6-69),单门槛模型和双门槛

模型分别在1%和5%的统计水平下显著。由此可以得到,金融结构与产业优化率之间的回归关系存在门槛(财政自给率)影响。由图6-12可知,在5%的显著性水平下,选取单门槛模型和双门槛模型是合理的。

表6-69 门槛效果自抽样检验

模型	F值	P值	BS次数	1%	5%	10%
单门槛	14.594***	0.00	300	16.764	10.310	14.183
双门槛	10.989**	0.04	300	15.170	10.434	8.328

注:BS次数指自抽样次数,BS次数越多,结果的准确性越高;*、**、*** 分别表示在10%、5%和1%的统计水平下显著;10%、5%和1%表示对应置信度下的临界值。

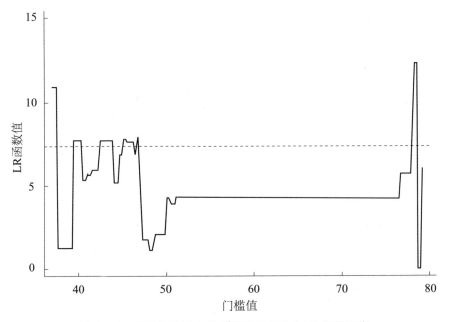

图6-12 门槛值估计在95%置信区间下的LR函数图像

由门槛值回归结果初步可知(见表6-70和表6-71),在不同的财政自给率水平下,金融结构对产业优化率的影响是存在差异性的。

表6-70 单门槛值估计结果

单门槛模型	门槛值估计	95%置信区间
θ_1	78.627	(78.627,79.050)

表6-71 双门槛值估计结果

双门槛模型	门槛值估计	95%置信区间
θ_1	44.159	(40.564,76.512)
θ_2	78.627	(78.627,79.050)

根据已经估算出的门槛值，对回归方程进行参数估计，结果如表 6-72 和表 6-73 所示。单门槛模型下，以 U1 为例，U1_0 表示 $T2 \leqslant 78.627$ 时解释变量 U1 的系数估计，U1_1 表示 $T2 > 78.627$ 时解释变量 U1 的系数估计。同样的表示方法对 U2、U3 是适用的。双门槛模型下，以 U1 为例，U1_0 表示 $T2 \leqslant 44.159$ 时解释变量 U1 的系数估计，U1_1 表示 $44.159 < T2 \leqslant 78.627$ 时解释变量 U1 的系数估计，U1_2 表示 $T2 > 78.627\%$ 时解释变量 U1 的系数估计。同样的表示方法对 U2、U3 是适用的。

表 6-72 单门槛回归系数的估计

变量	系数	标准差	t 值	P 值
X1	0.036	0.047	0.773	0.449
X2	0.000	0.000	3.418	0.003
X3	0.000	0.000	1.146	0.265
V1	−15.667	4.095	−3.826	0.001
V2	0.011	0.006	1.860	0.078
V3	−0.539	0.360	−1.498	0.150
U1_0	−0.144	0.235	−0.611	0.548
U1_1	−0.498	0.093	−5.369	0.000
U2_0	0.220	0.107	2.060	0.053
U2_1	2.769	0.704	3.936	0.001
U3_0	−0.952	0.153	−6.228	0.000
U3_1	−0.840	0.168	−5.007	0.000

表 6-73 双门槛回归系数的估计

变量	系数	标准差	t 值	P 值
X1	−0.070	0.056	−1.247	0.229
X2	0.000	0.000	4.673	0.000
X3	0.001	0.000	2.794	0.013
V1	−16.386	3.128	−5.239	0.000
V2	0.033	0.006	5.469	0.000
V3	−0.799	0.382	−2.094	0.052
U1_0	−0.093	0.142	−0.653	0.523
U1_1	−1.010	0.124	−8.154	0.000
U1_2	0.937	0.221	4.249	0.001
U2_0	−0.482	0.166	−2.902	0.010
U2_1	−0.285	0.081	−3.539	0.003
U2_2	0.178	0.068	2.607	0.018
U3_0	3.169	0.511	6.201	0.000

(续表)

变量	系数	标准差	t 值	P 值
U3_1	-0.765	0.147	-5.217	0.000
U3_2	-1.207	0.140	-8.638	0.000

双门槛模型回归结果得到 $R^2 = 0.721$,统计量 F 检验 $P=0.0000$,回归结果总体较为可信。当财政自给率不高于 44.159 时,银行业机构网点地区分布(U1)和上市公司地区分布(U2)的发展抑制了产业优化,保险公司法人机构地区分布(U3)的发展则促进了产业优化。当财政自给率高于 78.627 时,银行业机构网点地区分布(U1)和上市公司地区分布(U2)的发展促进了产业优化,保险公司法人机构地区分布(U3)的发展抑制了产业优化。当财政自给率介于 44.159 和 78.627 之间时,银行业机构网点地区分布(U1)、上市公司地区分布(U2)和保险公司法人机构地区分布(U3)的发展都会抑制产业优化。

4. 门槛依赖型金融效率与经济发展的关系

本部分仅视金融效率(存贷比率 V1、经济证券化率 V2、保险深度 V3)为门槛依赖型变量,其他解释变量视为与门槛变量相互独立,考察金融效率在门槛的影响下对经济增长和产业结构升级的影响机理。

(1)门槛变量为人均地区生产总值、被解释变量为生产总值增长率的情形

模型 1(单门槛模型且门槛影响 V1、V2、V3):

$$Y1_t = c_0 + (\gamma_1 V1_t + \gamma_2 V2_t + \gamma_3 V3_t) I_{T1_t \leq \theta_1} + (\gamma_4 V1_t + \gamma_5 V2_t + \gamma_6 V3_t) I_{T1_t > \theta_1} + \alpha_1 X1_t + \alpha_2 X2_t + \alpha_3 X3_t + \beta_1 U1_t + \beta_2 U2_t + \beta_3 U3_t + e_i$$

模型 2(双门槛模型且门槛影响 V1、V2、V3):

$$Y1_t = c_0 + (\gamma_1 V1_t + \gamma_2 V2_t + \gamma_3 V3_t) I_{T1_t \leq \theta_1} + (\gamma_4 V1_t + \gamma_5 V2_t + \gamma_6 V3_t) I_{\theta_1 < T1_t \leq \theta_2} + (\gamma_7 V1_t + \gamma_8 V2_t + \gamma_9 V3_t) I_{t1_t > \theta_2} + \alpha_1 X1_t + \alpha_2 X2_t + \alpha_3 X3_t + \beta_1 U1_t + \beta_2 U2_t + \beta_3 U3_t + e_i$$

从门槛效果的自抽样检验结果来看(见表 6-74),单门槛模型和双门槛模型在 1% 的统计水平下显著。由此可以得到,金融效率与生产总值增长率之间的回归关系存在门槛(人均地区生产总值)影响。由图 6-13 可知,在 5% 的显著性水平下,选取单门槛模型和双门槛模型是合理的。

表 6-74 门槛效果自抽样检验

模型	F 值	P 值	BS 次数	1%	5%	10%
单门槛	18.835***	0.00	300	12.978	9.166	6.644
双门槛	19.30***	0.00	300	12.816	8.497	6.771

注:BS 次数指自抽样次数,BS 次数越多,结果的准确性越高;*、**、*** 分别表示在 10%、5% 和 1% 的统计水平下显著;10%、5% 和 1% 表示对应置信度下的临界值。

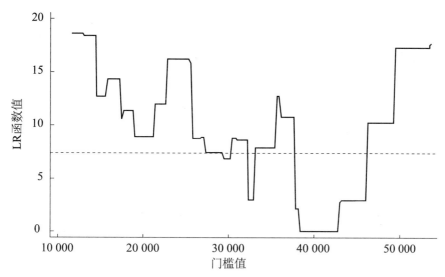

图 6-13　门槛值估计在 95% 置信区间下的 LR 函数图像

从门槛值回归结果初步可以看出（见表 6-75 和表 6-76），在不同的人均地区生产总值水平下，金融效率对生产总值增长率的影响存在差异。

表 6-75　单门槛值估计结果

单门槛模型	门槛值估计	95%置信区间
θ_1	3.85×10^4	$(3.79 \times 10^4, 4.61 \times 10^4)$

表 6-76　双门槛值估计结果

双门槛模型	门槛值估计	95%置信区间
θ_1	3.24×10^4	$(2.73 \times 10^4, 3.53 \times 10^4)$
θ_2	3.85×10^4	$(3.24 \times 10^4, 4.93 \times 10^4)$

根据已经估算出的门槛值，对回归方程进行参数估计，结果如表 6-77 和表 6-78 所示。单门槛模型下，以 V1 为例，V1_0 表示 $T1 \leqslant 3.85 \times 10^4$ 时解释变量 V1 的系数估计，V1_1 表示 $T1 > 3.85 \times 10^4$ 时解释变量 V1 的系数估计。同样的表示方法对 V2、V3 是适用的。双门槛模型下，以 V1 为例，V1_0 表示 $T1 \leqslant 3.24 \times 10^4$ 时解释变量 V1 的系数估计，V1_1 表示 $3.24 \times 10^4 < T1 \leqslant 3.85 \times 10^4$ 时解释变量 V1 的系数估计，V1_2 表示 $T1 > 3.85 \times 10^4$ 时解释变量 V1 的系数估计。同样的表示方法对 V2、V3 是适用的。

表 6-77　单门槛回归系数的估计

变量	系数	标准差	t 值	P 值
X1	−0.298	0.087	−3.403	0.003
X2	0.000	0.000	0.372	0.714

(续表)

变量	系数	标准差	t 值	P 值
$X3$	0.001	0.000	2.202	0.040
$U1$	0.719	0.268	2.688	0.014
$U2$	−0.114	0.132	−0.864	0.398
$U3$	−0.062	0.087	−0.711	0.485
$V1\_0$	−10.534	10.707	−0.984	0.337
$V1\_1$	0.011	0.006	1.932	0.068
$V2\_0$	0.556	0.746	0.745	0.465
$V2\_1$	0.878	16.420	0.054	0.958
$V3\_0$	0.195	0.041	4.756	0.000
$V3\_1$	−5.742	2.376	−2.417	0.025

表 6-78 双门槛回归系数的估计

变量	系数	标准差	t 值	P 值
$X1$	−0.312	0.075	−4.132	0.001
$X2$	0.001	0.000	2.434	0.026
$X3$	0.001	0.000	3.551	0.003
$U1$	−0.046	0.219	−0.211	0.835
$U2$	−0.063	0.128	−0.493	0.629
$U3$	−0.318	0.091	−3.487	0.003
$V1\_0$	−3.135	8.175	−0.384	0.706
$V1\_1$	0.005	0.005	1.022	0.321
$V1\_2$	0.441	0.476	0.927	0.367
$V2\_0$	2.565	5.384	0.476	0.640
$V2\_1$	0.024	0.012	2.071	0.054
$V2\_2$	−2.330	1.700	−1.371	0.188
$V3\_0$	12.755	13.126	0.972	0.345
$V3\_1$	0.187	0.044	4.286	0.001
$V3\_2$	−7.882	2.192	−3.595	0.002

双门槛模型回归结果得到 $R^2=0.847$，统计量 F 检验 $P=0.0000$，回归结果总体较为可信。当人均地区生产总值不高于 3.24×10^4 时，存贷比率($V1$)的发展抑制了生产总值增长率的提高，经济证券化率($V2$)和保险深度($V3$)的发展促进了经济增长。当人均地区生产总值高于 3.85×10^4 时，正好相反，存贷比率($V1$)的发展会促进经济增长，经济证券化率($V2$)和保险深度($V3$)的发展则会抑制经济增长。当人均地区生产总值介于 3.24×10^4 和 3.85×10^4 之间时，存贷比率($V1$)、经济证券化率($V2$)和保险深度($V3$)的发展能够促进生产总值增长率的提高。

(2)门槛变量为财政自给率、被解释变量为生产总值增长率的情形

模型1(单门槛模型且门槛影响$V1、V2、V3$):

$$Y1_t = c_0 + (\gamma_1 V1_t + \gamma_2 V2_t + \gamma_3 V3_t)I_{T2_t \leq \theta_1} + (\gamma_4 V1_t + \gamma_5 V2_t + \gamma_6 V3_t)I_{T2_t > \theta_1} + \alpha_1 X1_t + \alpha_2 X2_t + \alpha_3 X3_t + \beta_1 U1_t + \beta_2 U2_t + \beta_3 U3_t + e_i$$

从门槛效果自抽样检验结果来看(见表6-79),单门槛模型在5%的统计水平下显著,同时拒绝了双门槛模型。因此可以得出结论,金融效率与生产总值增长率之间的回归关系存在门槛(财政自给率)影响。由图6-14可知,在5%的显著性水平下,选取单门槛模型是合理的。

表6-79 门槛效果自抽样检验

模型	F值	P值	BS次数	1%	5%	10%
单门槛	13.407**	0.01	300	15.081	10.036	7.523
双门槛	6.374	0.12	300	10.690	8.303	6.934

注:BS次数指自抽样次数,BS次数越多,结果的准确性越高;*、**、***分别表示在10%、5%和1%的统计水平下显著;10%、5%和1%表示对应置信度下的临界值。

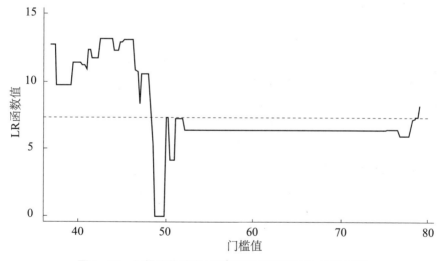

图6-14 门槛值估计在95%置信区间下的LR函数图像

由门槛值回归结果初步可以看出(见表6-80),在不同的财政自给率水平下,金融效率对地区生产总值的影响存在差异。

表6-80 单门槛值估计结果

单门槛模型	门槛值估计	95%置信区间
θ_1	48.811	(48.388,49.868)

根据已经估算出的门槛值,对回归方程进行参数估计,结果如表6-81

所示。单门槛模型下,以 V1 为例,V1_0 表示 $T2 \leqslant 48.811$ 时解释变量 V1 的系数估计,V1_1 表示 $T2 > 48.811\%$ 时解释变量 V1 的系数估计。同样的表示方法对 V2、V3 是适用的。

表 6-81 单门槛回归系数的估计

变量	系数	标准差	t 值	P 值
X1	−0.234	0.099	−2.365	0.028
X2	0.001	0.000	3.598	0.002
X3	0.001	0.000	1.364	0.188
U1	0.531	0.282	1.880	0.075
U2	0.229	0.149	1.543	0.139
U3	−0.298	0.173	−1.725	0.100
V1_0	−20.552	10.262	−2.003	0.059
V1_1	−0.003	0.009	−0.391	0.700
V2_0	0.411	0.675	0.610	0.549
V2_1	−1.871	11.514	−0.163	0.873
V3_0	0.002	0.008	0.187	0.854
V3_1	−6.581	1.754	−3.751	0.010

单门槛模型回归结果得到 $R^2 = 0.713$,统计量 F 检验 $P=0.0000$,回归结果总体较为可信。当财政自给率在 48.811 以下时,存贷比率(V1)的发展对经济增长具有较强的抑制作用,经济证券化率(V2)和保险深度(V3)的发展则促进经济增长。当财政自给率高于 48.811 时,存贷比率(V1)、经济证券化率(V2)和保险深度(V3)的发展都会抑制生产总值增长率的提高。

(3)门槛变量为人均地区生产总值、被解释变量为产业优化率的情形

模型 1(单门槛模型且门槛影响 V1、V2、V3):

$$Y2_t = c_0 + (\gamma_1 V1_t + \gamma_2 V2_t + \gamma_3 V3_t) I_{T1_t \leqslant \theta_1} + (\gamma_4 V1_t + \gamma_5 V2_t + \gamma_6 V3_t) I_{T1_t > \theta_1} + \alpha_1 X1_t + \alpha_2 X2_t + \alpha_3 X3_t + \beta_1 U1_t + \beta_2 U2_t + \beta_3 U3_t + e_i$$

模型 2(双门槛模型且门槛影响 V1、V2、V3):

$$Y2_t = c_0 + (\gamma_1 V1_t + \gamma_2 V2_t + \gamma_3 V3_t) I_{T1_t \leqslant \theta_1} + (\gamma_4 V1_t + \gamma_5 V2_t + \gamma_6 V3_t) I_{\theta_1 < T1_t \leqslant \theta_2} + (\gamma_7 V1_t + \gamma_8 V2_t + \gamma_9 V3_t) I_{T1_t > \theta_2} + \alpha_1 X1_t + \alpha_2 X2_t + \alpha_3 X3_t + \beta_1 U1_t + \beta_2 U2_t + \beta_3 U3_t + e_i$$

由门槛效果自抽样检验结果可以看出(见表 6-82),单门槛模型和双门槛模型分别在 1% 和 5% 的统计水平下显著。由此可以得出,金融效率与产业优化率之间的回归关系存在门槛(人均地区生产总值)影响。由图 6-15 可知,在 5% 的显著性水平下,选取单门槛模型是合理的。

表 6-82 门槛效果自抽样检验

模型	F 值	P 值	BS 次数	1%	5%	10%
单门槛	20.030***	0.00	300	15.937	8.816	6.934
双门槛	9.823**	0.00	300	18.305	8.942	7.392

注：BS 次数指自抽样次数，BS 次数越多，结果的准确性越高；*、**、*** 分别表示在 10%、5% 和 1% 的统计水平下显著；10%、5% 和 1% 表示对应置信度下的临界值。

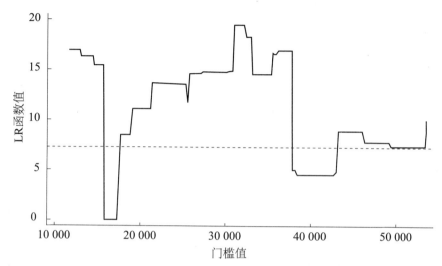

图 6-15 门槛值估计在 95% 置信区间下的 LR 函数图像

由门槛值的估计结果初步可以看出（见表 6-83 和表 6-84），受人均地区生产总值的影响，在不同的人均地区生产总值水平下，金融效率对产业优化率的影响存在差异。

表 6-83 单门槛值估计结果

单门槛模型	门槛值估计	95% 置信区间
θ_1	1.59×10^4	$(3.79 \times 10^4, 4.61 \times 10^4)$

表 6-84 双门槛值估计结果

双门槛模型	门槛值估计	95% 置信区间
θ_1	1.59×10^4	$(3.79 \times 10^4, 4.61 \times 10^4)$
θ_2	3.85×10^4	$(3.24 \times 10^4, 5.35 \times 10^4)$

根据已经估算出的门槛值，对回归方程进行参数估计，结果如表 6-85 和表 6-86 所示。单门槛模型下，以 V1 为例，V1_0 表示 $T1 \leqslant 1.59 \times 10^4$ 时解释变量 V1 的系数估计，V1_1 表示 $T1 > 1.59 \times 10^4$ 时解释变量 V1 的系数估计。同样的表示方法对 V2、V3 是适用的。双门槛模型下，以 V1 为例，V1_0 表示 $T1 \leqslant 1.59 \times 10^4$ 时解释变量 V1 的系数估计，V1_1 表示 $1.59 \times 10^4 <$

$T1\leqslant 3.85\times 10^4$ 时解释变量 $V1$ 的系数估计，$V1\_2$ 表示 $T1>3.85\times 10^4$ 时解释变量 $V1$ 的系数估计。同样的表示方法对 $V2$、$V3$ 是适用的。

表 6-85　单门槛回归系数的估计

变量	系数	标准差	t 值	P 值
$X1$	0.071	0.045	1.578	0.130
$X2$	0.000	0.000	2.558	0.019
$X3$	0.000	0.000	−0.584	0.566
$U1$	−0.688	0.197	−3.493	0.002
$U2$	−0.074	0.095	−0.779	0.445
$U3$	−0.027	0.075	−0.355	0.726
$V1\_0$	−7.251	5.513	−1.315	0.203
$V1\_1$	0.000	0.004	−0.015	0.988
$V2\_0$	−2.111	0.809	−2.608	0.017
$V2\_1$	−9.358	6.401	−1.462	0.159
$V3\_0$	−0.005	0.005	−1.171	0.256
$V3\_1$	−0.643	0.424	−1.516	0.145

表 6-86　双门槛回归系数的估计

变量	系数	标准差	t 值	P 值
$X1$	0.015	0.039	0.388	0.703
$X2$	0.000	0.000	−0.585	0.566
$X3$	0.000	0.000	0.641	0.530
$U1$	−0.666	0.166	−4.021	0.001
$U2$	−0.239	0.095	−2.517	0.022
$U3$	−0.149	0.086	−1.727	0.102
$V1\_0$	−4.864	4.669	−1.042	0.312
$V1\_1$	0.002	0.003	0.734	0.473
$V1\_2$	−1.261	0.607	−2.077	0.053
$V2\_0$	−5.744	5.155	−1.114	0.281
$V2\_1$	0.006	0.007	0.836	0.415
$V2\_2$	−0.321	0.359	−0.896	0.383
$V3\_0$	−3.210	7.415	−0.433	0.671
$V3\_1$	0.081	0.020	4.106	0.001
$V3\_2$	−1.904	0.855	−2.227	0.040

双门槛模型回归结果得到 $R^2=0.806$，统计量 F 检验 $P=0.0000$，回归结果总体较为可信。当人均地区生产总值不高于 1.59×10^4 和高于 3.85×10^4 时，存贷比率($V1$)、经济证券化率($V2$)和保险深度($V3$)的发展会抑制产业优化率的提高。当人均地区生产总值介于 1.59×10^4 和 3.85×10^4 之间时，存贷比率($V1$)、经济证券化率($V2$)和保险深度($V3$)的发展能够较好地促进产业结构升级。

(4) 门槛变量为财政自给率、被解释变量为产业优化率的情形

模型 1(单门槛模型且门槛影响 $V1$、$V2$、$V3$):

$$Y2_t = c_0 + (\gamma_1 V1_t + \gamma_2 V2_t + \gamma_3 V3_t)I_{t2_t < \theta_1} + (\gamma_4 V1_t + \gamma_5 V2_t + \gamma_6 V3_t)I_{t2_t > \theta_1} + \alpha_1 X1_t + \alpha_2 X2_t + \alpha_3 X3_t + \beta_1 U1_t + \beta_2 U2_t + \beta_3 U3_t + e_i$$

模型 2(双门槛模型且门槛影响 $V1$、$V2$、$V3$):

$$Y2_t = c_0 + (\gamma_1 V1_t + \gamma_2 V2_t + \gamma_3 V3_t)I_{T2_t \leq \theta_1} + (\gamma_4 V1_t + \gamma_5 V2_t + \gamma_6 V3_t)I_{\theta_1 < T2_t \leq \theta_2} + (\gamma_7 V1_t + \gamma_8 V2_t + \gamma_9 V3_t)I_{T1_t > \theta_2} + \alpha_1 X1_t + \alpha_2 X2_t + \alpha_3 X3_t + \beta_1 U1_t + \beta_2 U2_t + \beta_3 U3_t + e_i$$

从门槛效果的自抽样检验结果来看(见表 6-87),单门槛模型和双门槛模型分别在 5% 和 1% 的统计水平下显著。由此可以得出结论,金融效率与产业优化率之间的回归关系存在门槛(财政自给率)影响。由图 6-16 可知,在 5% 的显著性水平下,选取单门槛模型是合理的。

表 6-87 门槛效果自抽样检验

模型	F 值	P 值	BS 次数	1%	5%	10%
单门槛	14.594**	0.01	300	17.079	10.250	7.241
双门槛	14.362***	0.00	300	13.743	9.358	7.427

注:BS 次数指自抽样次数,BS 次数越多,结果的准确性越高;*、**、*** 分别表示在 10%、5% 和 1% 的统计水平下显著;10%、5% 和 1% 表示对应置信度下的临界值。

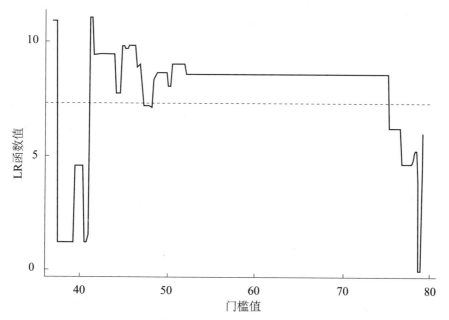

图 6-16 门槛值估计在 95% 置信区间下的 LR 函数图像

根据门槛值的估计结果(见表 6-88 和表 6-89),初步可以看出受财政自给率的影响,在不同的财政自给率水平下,金融效率对产业优化率的影响存在差异。

表 6-88 单门槛值估计结果

单门槛模型	门槛值估计	95%置信区间
θ_1	78.627	(75.243,79.050)

表 6-89 双门槛值估计结果

双门槛模型	门槛值估计	95%置信区间
θ_1	40.564	(36.970,41.410)
θ_2	78.627	(75.243,79.050)

对回归方程的参数估计结果如表 6-90 和表 6-91 所示。单门槛模型下,以 V1 为例,V1_0 表示 $T2\leqslant 78.627$ 时解释变量 V1 的系数估计,V1_1 表示 $T2>78.627$ 时解释变量 V1 的系数估计。同样的表示方法对 V2、V3 是适用的。双门槛模型下,以 V1 为例,V1_0 表示 $T2\leqslant 40.564$ 时解释变量 V1 的系数估计,V1_1 表示 $40.564<T2\leqslant 78.627$ 时解释变量 V1 的系数估计,V1_2 表示 $T2>78.627$ 时解释变量 V1 的系数估计。同样的表示方法对 V2、V3 是适用的。

表 6-90 单门槛回归系数的估计

变量	系数	标准差	t 值	P 值
X1	0.036	0.047	0.773	0.449
X2	0.000	0.000	3.418	0.003
X3	0.000	0.000	1.146	0.265
U1	−0.144	0.235	−0.611	0.548
U2	−0.498	0.093	−5.369	0.000
U3	0.220	0.107	2.060	0.053
V1_0	−15.667	4.095	−3.826	0.001
V1_1	0.011	0.006	1.860	0.078
V2_0	−0.539	0.360	−1.498	0.150
V2_1	11.641	7.005	1.662	0.112
V3_0	−0.021	0.007	−3.283	0.004
V3_1	−7.097	1.919	−3.699	0.001

表 6-91 双门槛回归系数的估计

变量	系数	标准差	t 值	P 值
X1	0.051	0.033	1.547	0.140
X2	0.001	0.000	4.883	0.000

(续表)

变量	系数	标准差	t 值	P 值
X3	0.000	0.000	1.261	0.224
U1	−0.456	0.162	−2.806	0.012
U2	−0.432	0.056	−7.708	0.000
U3	0.136	0.060	2.275	0.036
V1_0	−17.864	4.124	−4.332	0.001
V1_1	0.140	0.030	4.633	0.000
V1_2	−2.168	0.721	−3.008	0.008
V2_0	−18.843	2.555	−7.376	0.000
V2_1	0.010	0.003	3.467	0.003
V2_2	−0.914	0.285	−3.207	0.005
V3_0	8.114	6.282	1.292	0.214
V3_1	−0.020	0.005	−4.319	0.001
V3_2	−7.328	1.660	−4.416	0.000

双门槛模型回归结果得到 $R^2 = 0.768$，统计量 F 检验 $P=0.0000$，回归结果总体较为可信。当财政自给率不高于 40.564 时，存贷比率(V1)和经济证券化率(V2)的发展抑制了产业优化率的提高，保险深度(V3)的发展促进了产业优化。当财政自给率高于 78.627 时，存贷比率(V1)、经济证券化率(V2)和保险深度(V3)的发展较强地抑制了产业优化率的提高。当财政自给率介于 40.564 和 78.627 之间时，存贷比率(V1)和经济证券化率(V2)的发展对产业结构升级具有一定的促进作用，保险深度(V3)则对产业结构升级具有一定的抑制作用。

四、实证结果与启示

（一）实证结果

首先，我国东部地区、中部地区、西部地区、东北地区的地区生产总值增长率和产业优化率与银行业、证券业、保险业之间均具有协整关系，地区生产总值增长率、产业优化率与金融业规模、金融结构、金融效率之间存在协整关系，地区生产总值增长率、产业优化率与人均地区生产总值、财政自给率之间也存在协整关系。

其次，无论是总体视角下的金融发展，还是在金融业规模、金融结构和金融效率视角下的银行业、证券业、保险业的发展，对经济增长与产业优化升级的影响都存在门槛效应。

最后，门槛回归结果显示，我国区域金融发展与区域经济发展存在复杂的非线性关系。我国金融发展的区域非均衡性以及各地区不同的人均收入和财政自给率,使得各区域的金融发展对经济发展的影响,以及银行、证券、保险等金融行业对经济增长和产业结构升级的作用,均具有显著的区域非均衡性特征。具体表现在以下三个方面:

第一,人均地区生产总值和财政自给率的偏离度只有分别在区间 $(1.59\times10^4, 4.32\times10^4)$ 和 $(52.194, 75.243)$ 时,金融业规模的发展才能促进经济增长。当人均地区生产总值大于 1.75×10^4、财政自给率大于 77.992 时,金融业规模发展会促进产业结构优化。

第二,当人均地区生产总值不高于 3.85×10^4 时,银行业结构和保险业结构的发展会促进经济增长;当人均地区生产总值大于 3.85×10^4 时,金融结构的发展会抑制经济增长。当财政自给率不超过 48.811 时,银行业结构的发展会促进经济增长,证券业结构和保险业结构的发展会抑制经济增长。当财政自给率介于 48.811 和 51.137 之间时,银行业结构的发展会抑制经济增长,而证券业结构和保险业结构的发展会促进经济增长。当财政自给率大于 51.137 时,银行业结构与生产总值增长率负向变化,而证券业结构和保险业结构与生产总值增长率正向变化。当人均地区生产总值不高于 1.75×10^4 时,银行业结构的发展会抑制产业结构升级,而保险业结构的发展可以促进产业结构升级。当人均地区生产总值高于 3.85×10^4 时,银行业结构和保险业结构的发展会促进产业升级。当人均地区生产总值介于 1.75×10^4 和 3.85×10^4 之间时,包括银行业结构、证券业结构和保险业结构在内的金融结构的发展,对产业结构升级都会产生抑制作用。当财政自给率不高于 44.159 时,银行业结构和证券业结构的发展会抑制产业优化,保险业结构的发展则会促进产业优化。但是当财政自给率高于 78.627 时,银行业结构和证券业结构的发展会促进产业优化,保险业结构的发展会抑制产业优化。当财政自给率介于 44.159 和 78.627 之间时,银行业结构、证券业结构和保险业结构的发展都会抑制产业优化。

第三,当人均地区生产总值高于 3.85×10^4 时,银行业效率的发展可以促进经济增长,证券业效率和保险业效率的发展则会抑制经济增长。当人均地区生产总值介于 3.24×10^4 和 3.85×10^4 之间时,包括银行业效率、证券业效率和保险业效率在内的金融效率的发展可以促进经济增长。当财政自给率不高于 48.811 时,银行业效率的发展对经济增长具有较强的抑制作用,证券业效率和保险业效率的发展则会促进经济增长。但是当财政自给率高于 48.811 时,正好相反。当人均地区生产总值介于 1.59×10^4 和 3.85×10^4 之间时,包括银行业效率、证券业效率和保险业效率在内的金融效率的发展能够较好地促进产业结构升级。当财政自给率介于 40.564 和 78.627 之间时,银行业效率和证券业效率的发展对产业结构升级具有一定的促进作用,保险业效率则对产业结构升级具有一定的抑制作用。

(二)启示

1. 关于金融业规模

人均收入水平过高或过低,政府干预过多或过少,都不利于发挥金融业规模对经济增长的促进作用。目前中部地区和西部地区的人均地区生产总值满足了金融业规模的发展促进经济增长的门槛区间要求,可以继续增加金融机构数量、扩张金融业规模,以推动地区经济快速增长。与此同时,东部地区和东北地区的人均地区生产总值超过区间上限,在这种情况下,增加金融业规模只会抑制区域经济增长。因此,从经济增长的角度考虑,应适当限制东部地区和东北地区金融业规模的扩张。对于财政自给率而言,中部地区、西部地区和东北地区的财政自给率均低于区间下限,要发挥金融业规模促进经济增长的目的,还需尽快转变经济发展方式,提高经济运行效率以增强财政能力。

金融业规模的发展要促进产业结构升级,人均地区生产总值达到较高水平和政府较少干预金融都是必需的。从人均地区生产总值的角度看,目前各地区都满足了门槛标准,利用金融业规模发展促进产业结构升级正当其时;就财政自给率看,除了东部地区勉强能够满足门槛要求,其余地区均远低于门槛条件,要发挥金融业规模推动产业结构升级的作用,提高这些地区的财政能力是必由之路。

2. 关于金融结构

总体来看,中部地区、西部地区的银行业结构和保险业结构在人均地区生产总值和财政自给率方面均能满足促进经济增长与产业结构升级的门槛要求。在这种情况下,应进一步优化银行业结构和保险业结构,扩大银行业机构和保险业机构的地区占比,以推动经济较快发展。鉴于东北地区不能满足人均地区生产总值的门槛条件,可以考虑一方面缩小银行业机构和保险业机构的地区占比,另一方面提高财政自给能力,扩大上市公司规模,优化证券业结构,从而进一步推动经济增长和产业结构升级。东部地区的证券业结构和保险业结构满足促进经济增长的财政自给率门槛要求,不符合人均地区生产总值的经济增长门槛条件,但又满足银行业结构和保险业结构促进产业结构升级的人均地区生产总值门槛条件,在目前调结构、保增长的现实背景下,不宜过度收缩银行业机构和保险业机构的地区占比,而应进一步扩大上市公司的地区占比,在推动经济增长的同时实现产业结构优化升级。

3. 关于金融效率

中部地区和西部地区的人均地区生产总值符合金融效率提高促进经济增长与产业结构升级的门槛条件,同时也满足证券业效率和保险业效率促进经济增长、银行业效率和证券业效率促进产业结构升级的财政自给率条件。因此,在转变经济发展方式、创新驱动产业结构升级和经济增长的现实背景下,应进一步提升银行业效率和证券业效率,适当提高财政自给率,以便在经济运行质量不断改善的前提下实现经济快速发展。东北地区的证券业效率和保险业效率满足促进经济增长的财政自给率门槛要求,结合近年来东北地区经济增速下滑、产业结构调整缓慢的实际情况,应大力推进资本市场和保险市场发展,在保证经济增长的前提下优化产业结构;同时,应增强政府的财政能力,不断提高财政自给水平。东部地区满足银行业效率促进经济增长的人均地区生产总值和财政自给率门槛要求,财政自给率也满足银行业效率和证券业效率优化产业结构的门槛条件,应着重提升银行业效率,实现经济增长和产业结构升级。

五、我国区域金融发展模式的选择

在本章中,不同的门槛变量水平下,金融业规模、金融结构和金融效率作用于经济增长与产业结构升级的变化,反映出在政府和市场两种不同的金融发展驱动力作用下区域金融发展与区域经济发展之间复杂的非线性关系。基于实证结果与各地区的经济和金融发展实际,本章认为,各地区应选择不同的区域金融发展模式,即东部地区应选择市场主导型模式,中部地区、西部地区和东北地区应选择混合型模式。

东部地区的人均地区生产总值不能满足金融业规模、金融结构的发展促进经济增长的门槛要求,但满足银行业效率的发展促进经济增长、银行业结构和保险业结构的发展促进产业结构升级的门槛要求;财政自给率则基本满足金融业规模扩张和银行业效率的发展促进产业结构升级的门槛条件。东部地区的人均地区生产总值和财政自给率最高,在以产业结构调整升级和提高经济增长质量,中美贸易摩擦不断升级,金融开放力度加大以致金融业竞争压力剧增,高度依赖出口加工贸易的经济增长模式亟待转换的现实背景下,金融发展模式应从混合型向市场主导型转变,利用市场的力量调整银行业结构与保险业结构,不断提高银行业效率,促进产业升级进而带动经济增长。

中部地区人均地区生产总值满足金融业规模促进经济增长和产业结构升级的门槛条件,也满足银行业结构、保险业结构和金融效率的发展促进经济增长的门槛条件；财政自给率满足金融业规模扩张促进经济增长和产业结构升级的门槛要求，也满足了证券业效率和保险业效率的发展促进经济增长、保险业结构和证券业效率的发展促进产业结构升级的门槛要求。中部地区近年来经济快速增长，居于长江经济带中心位置的武汉市和中原城市群核心区的郑州市的辐射效应明显，2017年3月湖北省和河南省自由贸易试验区方案的推出与落实以及中部各省会城市中欧班列的开出，拓展了中部地区的经济发展空间。中部地区人均地区生产总值不高，财政自给率较低，应在政府和市场的合力作用下扩张金融业规模，调整银行业结构与保险业结构，提升证券业效率，促进经济增长，实现中部地区的崛起。

西部地区人均地区生产总值满足金融业规模扩张促进经济增长和产业结构升级的门槛条件，也满足金融效率的发展促进经济增长的门槛条件；财政自给率则满足金融业规模扩张促进经济增长和产业结构升级的门槛要求，也满足银行业结构、证券业效率和保险业效率的发展促进经济增长、证券业效率的发展促进产业结构升级的门槛要求。近年来，贵州省、重庆市、四川省、陕西省等西部省份经济较快发展，对外开放程度不断提高。随着2017年3月重庆市、四川省、陕西省自由贸易试验区方案的落地以及"一带一路"倡议的逐步实施，区位条件明显改善，以点带面的经济发展格局正在形成。本章认为，西部地区的人均地区生产总值和财政自给率在各地区中均最低，政府应加大干预金融发展的力度，并运用经济发展产生的金融需求刺激，扩张金融业规模，提升金融效率尤其是证券业效率，进一步推动经济增长和产业结构升级。

东北地区人均地区生产总值满足银行业结构和保险业结构的发展促进产业结构升级、银行业效率的发展促进经济增长的门槛条件；财政自给率满足金融业规模促进经济增长和产业结构升级、证券业结构和保险业结构及银行业效率的发展促进经济增长、保险业结构及证券业效率的发展促进产业结构升级的门槛要求。东北地区经济基础较好，属于老工业基地，产业转型缓慢，国有企业包袱沉重，近年来经济增长速度在全国垫底。新一轮的经济改革和金融开放为东北加速产业升级并带动经济增长和金融发展提供了机遇。东北地区人均地区生产总值和财政自给率仅次于东部地区，本章认为，应采用政府推动型和市场主导型相结合的混合型金融发展模式，扩张金融业规模，优化金融结构，提高银行业效率和证券业效率，在产业结构升级的前提下实现经济持续增长。

本 章 小 结

本章基于对区域金融发展概念的理解和对我国区域金融发展差异的认识与判断,从规模、结构、效率三个维度对银行业、证券业和保险业分别设定指标作为解释变量,以经济增长和产业结构升级近似地反映区域经济发展并作为被解释变量,从市场主导和政府推动两个视角设定门槛变量,采用2006—2014年东部地区、中部地区、西部地区和东北地区的面板数据,实证检验我国各地区近年来区域金融发展与区域经济发展的关系,从而为各地区针对金融业规模、金融结构、金融效率制定和实施相应的金融发展政策及选择相适应的区域金融发展模式提供理论依据。首先,本章分析了区域金融发展影响区域经济发展的机理,认为区域金融发展一方面可以提高储蓄率、储蓄投资转化率和资本边际生产率,从而有助于区域经济增长;另一方面可以在不同产业部门间动态地配置资源,来推动产业结构调整升级。其次,本章系统地梳理了区域金融发展与区域经济增长的关系、区域金融发展与区域产业结构升级关系的相关文献。最后,本章采用Hansen门槛回归计量方法及其改进模型,实证检验了区域金融发展与区域经济发展的非线性关系。本章认为:区域金融发展与区域经济发展之间存在协整关系;无论是总体视角下的区域金融发展还是在金融业规模、金融结构和金融效率视角下银行业、证券业、保险业的发展,都存在门槛效应;由于我国各地区人均地区生产总值和财政自给率存在差距,从规模、结构、效率三个维度测度的银行业、证券业、保险业的发展状况也有较大差异,门槛回归结果显示我国区域金融发展与区域经济发展存在复杂的非线性关系。根据实证结果与各地区的经济和金融发展实际,本章认为东部地区应从混合型向市场主导型金融发展模式转变,中部地区、西部地区和东北地区应选择混合型金融发展模式。

第七章　区域金融调控

　　金融发展的区域非均衡,不仅会影响统一金融政策的实施效果,还会影响区域经济的协调发展。因此,政府、中央银行和金融监管部门等区域金融调控主体在既定的调控目标下,运用适当的调控方式与调控工具,发挥和改善如协调、监控等区域金融的调控功能,对于区域经济协调发展和区域金融协调发展具有重要的现实意义。同时,我国的区域金融调控实践表明,根据各区域所处的不同发展阶段,借鉴国外的区域金融调控经验,选择相应的调控目标和调控工具,实施有差别的区域金融调控政策和调控机制,也是缩小区域金融发展差距、实现区域金融协调发展和区域经济协调发展的必由之路。本章在阐述区域金融调控一般理论的基础上,从我国实际出发,探寻区域金融调控的理论依据,并提出进一步完善我国区域金融调控的政策建议。

第一节　区域金融调控的一般理论

一、区域金融调控的内涵

　　区域金融调控是政府、中央银行以及金融监管部门为实现区域经济和区域金融协调发展、提高区域金融资源配置效率、维护区域金融稳定等目标所遵从的原则和所采取的政策措施的总称。区域金融调控是宏观金融调控政策在区域层面的体现,既要反映政府、中央银行和金融监管部门的宏观调控意图,又要满足区域经济和区域金融发展的具体实际与内在要求。区域金融调控是联结宏观金融调控政策与微观经济基础的纽带,既要保证宏观金融调控的统一性,又要照顾到区域经济金融发展差异的实际状况。因此,宏观金融调控并非区域金融调控在数量上的简单累加。

二、区域金融调控的功能

　　区域金融调控作为宏观金融调控的区域单元,在整个调控体系中发挥着承上启下的作用,具有协调功能和监控功能。

　　(一)协调功能

　　首先,区域金融调控的协调功能表现在协调区域经济金融发展的差距方面。"差异性是金融调控政策区域化的理论基石"。① 区域经济非均衡发展是大国经济发展中普遍存在的现象。在各区域的经济发展基础、区位条件、人文环境等因素的影响下,区域经济和金融发展出现差异是不可避免的,而这种差异是市场机制自身无法消除的。区域差异的长期存在和持续扩大,会降低资源配置的效率,制约宏观经济持续稳定增长,并可能成为影响社会稳定发展的重要变量。因此,政府、中央银行和金融监管部门应当制定差异化的区域金融调控政策,缩小区域经济金融发展差异,促进区域协调发展。其次,区域金融调控的协调功能表现在中央政府和地方政府的利益协调方面。宏观金融调控与区域金融调控在主体上是统一的,在促进经济增长、增加就业等方面也具有一致性,但在具体实施过程中,各区域的经济发展水平和发展环境具有一定的差距,所处的发展阶段和经济景气度也不尽一致,地方政府出于本地区的利益考虑,往往采取与宏观金融调控相悖的举措,从而形成中央政府与地方政府的博弈。在市场机制的自发作用下,微观经济主体的有限理性行为会带来集体非理性,从而会在区域层面造成宏观金融政策传导的阻滞,致使宏观金融调控目标不能如期实现。因此,区域金融调控在体现中央政府调控意图的同时,也要考虑各区域的具体经济和金融实际,尽可能发挥各区域的比较利益优势,实现中央政府调控意图与地方利益的有机结合。最后,区域金融调控的协调功能还表现在协调金融调控政策、产业政策和财政政策方面。金融调控政策与财政政策作用的侧重点不同,政策工具不同,时滞不同,政策制定部门也不相同,与以产业政策为代表的供给调控政策更是有着明显的区别。这就要求区域金融调控政策与财政政策、产业政策协调配合,共同作用于区域微观经济主体,才能达到最优的区域金融调控效果。

(二)监控功能

区域金融调控的监控功能表现在对区域经济金融运行的监测和控制两个方面。就监测功能看,区域金融调控是一个动态过程,要求区域金融调控主体密切跟踪区域经济金融运行的状态变化,及时收集和分析区域经济金融信息并做出判断,预测未来的变化趋势,适时调整区域金融调控的目标和方式,通过区域金融调控工具的操作,影响区域微观经济主体的行为,实现宏观金融政策意图与区域经济实际的有机结合。因此,对区域经济金融运行的监测,可以避免区域金融调控的僵化和偏狭,提高调控效率。就控制功能看,一方面,区域金融调控既要贯彻宏观金融调控意图,又要实现区域金

---

① 郭立平:"金融调控政策区域化的基本逻辑",《金融时报》,2013年9月23日。

融调控目标,这就要求处于不同发展阶段和具有不同经济景气度的区域实施有差别的调控政策。然而,过分强调调控政策的区域差异,势必会影响宏观金融调控的统一性,增加区域金融调控的成本,降低中央政府、中央银行和金融监管部门的权威性。因此,区域金融调控目标和调控工具选择权必须由中央政府、中央银行和金融监管部门集中控制。另一方面,鉴于金融在经济和社会发展中的特殊地位,区域金融调控还应通过调控工具的运用,化解区域金融风险,维护区域金融稳定,为区域经济运行创造一个安全的金融环境。

三、区域金融调控的主体与目标

(一)区域金融调控的主体

区域金融调控的主体包括政府、中央银行和金融监管部门。中央政府作为区域金融调控的发起者之一,是宏观经济的管理者和区域经济发展的统筹者,统揽全局,负责制定和实施区域经济发展战略,保持宏观经济平稳运行,不断缩小区域发展差距,促进区域经济协调发展。地方政府担负着推动和保持地区经济持续快速健康发展的职责,制定和实施地区经济发展规划,一方面要与中央政府的目标保持一致,贯彻落实宏观金融调控政策,另一方面作为地方利益的代言人,又要与中央政府及其他地方政府博弈,为本地区经济发展争取更多的优惠政策和更大的发展空间,使区域金融调控政策更符合本地区经济金融运行的实际情况。中央银行是国家货币金融事务的最高管理部门,制定和执行货币政策,调控经济运行,跟踪和控制货币政策的区域传导效果,畅通货币政策的区域传导渠道,实现货币政策目标。金融监管部门通过对金融机构的市场准入、业务经营、高级管理人员任职资格以及市场运行状况的监管,为区域经济发展提供稳定的金融环境,维护区域金融安全。金融监管部门在履行监管职责时,根据各区域的实际情况,在机构和产品的市场准入、业务经营范围等方面给予适当差异安排,这将对区域金融资源配置及区域金融协调发展产生重要影响。

(二)区域金融调控的目标

区域金融调控目标是区域金融调控主体运用各种政策手段所要达到的效果和目的。与宏观金融调控相比,区域金融调控无须考虑外部均衡(国际收支平衡)问题,其目标即为内部均衡目标中的经济增长、充分就业和物价稳定。区域金融调控的目标与区域经济所处的发展阶段应具有较好的适应性。在经济发展的初级阶段,鉴于储蓄形成和资本积累在经济增长中的重要作用,应将调控目标锁定为促进区域金融集聚和资本形成,激发科技创新,推动资本边际产出率提高，进而增加就业，提高经济增长率，推动产业集聚和经济增长极的形成，逐步扩大区域经济发展差距。在经济发展的中期，调控目标应侧重于促进区域金融集聚和区域金融中心的建设与发展，提高要素边际产出率，优化资源配置，调整和优化区域经济结构，提高就业率，实现经济稳定和可持续发展；同时，逐步解除区域金融抑制，实现直接调控方式向间接调控方式转变，并使区域金融发展差距保持在适当的范围内。在经济发展进入成熟阶段，区域金融调控的重点应在保持区域经济稳定增长的前提下，进一步推动区域金融深化和金融开放，优化区域金融资源配置，调整区域金融结构，加大区域金融调控政策的差异化力度，缩小区域经济金融发展差距。另外，应充分发挥区域金融中心的辐射效应，配合经济增长极的扩散效应，以金融资本在区域内外的快速高效流动带动生产要素的空间重构，改善区域金融功能，提高区域金融效率，以此逐步缩小区域金融发展差距，实现区域金融协调发展。需要说明的是，区域金融调控目标的分解与定位，应始终服从宏观金融调控的目标要求，确保宏观经济稳定和金融安全。

区域金融调控应处理好公平与效率的关系。任何一项经济活动的目标都是公平和效率以及两者的最佳结合，区域金融调控也不例外。公平是区域金融调控的基本原则和目标。这里所说的公平指的是相对公平，并非绝对公平。也就是说，区域金融调控政策的实施，可以为区域经济和金融发展提供相对公平的环境，从而促进区域经济金融协调发展，而不是完全消除区域差距。效率也是区域金融调控应遵循的基本原则和应追求的目标。区域金融调控的效率，一方面指以最小的区域金融调控成本取得尽可能好的调控效果；另一方面指运用差异化的区域金融调控措施，改善区域金融运行状态，提高资源配置效率，进而实现区域经济协调发展。

公平与效率互为条件。效率是公平的前提条件，公平是效率的必要条件。在经济发展的初期，应以效率为先，实施区域金融调控政策，尽可能调动有限的金融资源，使经济基础好、要素禀赋和区位条件有优势的区域率先发展起来，形成拉动宏观经济的增长极。在经济发展的中期，仍应以效率为先，但要兼顾公平，为各区域的经济发展创造公平的金融环境，控制区域金融发展差距，促进落后地区经济快速增长。在经济发展的成熟阶段，应以公平为先，兼顾效率，制定和实施有差别的区域金融调控政策，增强经济发达地区对经济落后地区的金融辐射，推动金融产业的梯度转移，促进经济落后地区的金融业规模扩张、金融结构优化、金融效率提升和金融功能完善，不断缩小与经济发达地区的金融发展差距。

四、区域金融调控的方式与工具

区域经济非均衡发展是大国经济运行中的正常状态。区域金融调控并不是要消除区域经济发展的绝对差距,而是要采用一定的调控方式和调控工具使得区域经济发展差距不至于过大。在区域经济发展差距既存的状态下,经济发展水平不同的地区,要素的边际产出效率是不同的。经济发达地区的要素边际产出率通常高于经济欠发达地区,如果采用统一的金融调控政策,就会导致欠发达地区的要素在市场机制的作用下自发流向发达地区,从而出现"贫困累积因果循环效应",导致区域经济金融发展差距失控,最终降低全国范围内的资源配置效率和宏观经济运行质量。为此,应针对不同区域所处的具体发展阶段和经济金融实际,按照相机抉择原则,分别采用相应的区域金融调控方式和调控工具。

(一)政策扶持型的区域金融调控方式与调控工具

对于经济发展水平较低的地区,由于经济货币化和经济市场化程度较低,货币政策传导的灵敏度较差,金融市场不发达,产业结构层次较低,居民的金融人格独立性较差,只有采用政策扶持型的区域金融调控方式,增加金融供给,才能发挥应有的调控作用。政府可使用的调控工具包括:增加政策性融资规模,降低金融机构的市场准入门槛,组建从事区域开发的政策性金融机构,执行较低的法定存款准备金率和再贴现率,增加商业银行的信贷额度,等等。

(二)市场导向型的区域金融调控方式与调控工具

对于经济发展水平较高、经济市场化和经济货币化程度较高的地区,可采用市场导向型的区域金融调控方式和调控工具。首先在这些地区,要素配置主要由市场完成,要素边际报酬率的高低决定了要素在区域内部不同地区和不同行业的流动方向,并决定了企业结构和产业结构的变化。其次,由于居民的收入水平较高,金融人格较独立,对金融信息和噪声的甄别能力较强,金融素质较高。最后,经济货币化程度较高说明金融市场较发达,金融调控政策对经济活动的影响更加灵敏。在市场导向型的区域金融调控方式下,可选用一般性货币政策工具,尤其是再贴现政策和公开市场业务等调控工具来达到调控目的。

(三)混合型的区域金融调控方式与调控工具

混合型是指政策扶持型和市场导向型相结合的区域金融调控方式。对于经济发展水平、经济市场化和经济货币化程度处于中等的地区,可采用混合型的区域金融调控方式和调控工具。这些地区的要素边际报酬率低于经济发展水平较高的地区,要素的区域配置并不能完全由市场完成,存在产业梯度较低、产业结构不合理,以及资本积累速度较慢引发的资本短缺等问题,货币政策传导的灵敏程度弱于经济发展水平较高的地区。在混合型调控方式下,利用政策性金融增大对基础设施及弱质产业的扶持力度,适当放宽商业性金融机构、合作性金融机构、产业基金等市场准入条件,开放金融市场,有步骤地取消金融抑制政策,在确保区域金融安全的条件下,适当降低金融监管标准,增加商业银行的信贷规模,以提升区域金融发展对区域经济增长、区域产业结构调整升级的金融贡献,控制并不断缩小本地区与经济发展水平较高地区的差距。

五、区域金融调控政策与区域产业政策、区域财政政策的关系

区域产业政策是地方政府在国家产业政策和总体布局下,根据本地区在区位条件、自然环境、要素禀赋、经济基础、商业文化等方面的比较优势,对产业活动、产业布局和产业结构变动进行规划与调节的政策措施的总和。区域产业政策是区域经济政策的核心组成部分,具体包括区域产业结构政策、区域产业组织政策、区域产业技术政策和区域产业布局政策四个部分,重点在于通过规划产业发展、规范产业组织、合理产业布局、调整产业结构,培育和促进优势产业的形成和发展,形成在全国产业分工中的比较优势,增加区域产出总量,调整区域供给结构,在区际贸易中获取比较利益。区域产业政策对区域产出规模增长和区域产出结构具有重要推动作用,对区域金融业发展具有制约作用。同时,区域产业政策的实施,需要区域金融调控政策与区域财政政策的配合和支撑。

区域财政政策是政府出于区域经济发展的效率、稳定性及区际公平的考虑,利用税收、转移支付等工具调节区域经济发展方针与政策措施的总称。区域财政政策与区域金融调控政策同属于需求调节政策,目标均为配合区域产业政策的实施,运用相应的政策手段,影响区域微观经济主体的需求变化,实现区域经济的协调发展。与区域金融调控政策相比,第一,区域财政政策直接作用于微观经济主体,政策作用时滞较短;第二,区域财政政策作用的重点在于运用有选择的税收政策和转移支付制度调节区域投资和消费需求的结构而非需求总量;第三,两者的主体不同,区域金融调控的主体是政府、中央银行、金融监管部门,主要是中央银行,而区域财政政策的制定和实施主体是政府。

政府、中央银行和金融监管部门作为区域金融调控主体,运用差异化的

区域货币政策,增加或减少不同区域的融资规模,收紧或放宽金融市场组织的区域准入条件,调节区域金融供给,改变区域金融需求总量,从而影响区域经济增长速度和经济规模。在政策传导过程中,区域金融调控工具通过各类金融机构刺激或抑制企业、居民个人等微观经济主体的消费需求和投资需求,以此影响区域就业水平和经济增速,最终实现调控目标。

鉴于区域金融调控政策和区域财政政策在实施主体、政策作用的侧重点、传导路径和作用时滞方面存在差异,要实现最佳的调控效果,两者应协调配合。

第二节 区域金融调控的理论依据之一:最优货币区的视角

统一金融调控政策实施的前提条件是区域经济空间具有均质性。在各区域的经济发展水平、产业结构、就业率、储蓄率、资本积累率、资本产出率、劳动生产率及经济增长速度相同或相似的情况下,实施统一的金融调控政策,可以避免出现调控效应的区域非对称问题。然而这种近似理想的状态在大国经济中是不存在的。受各地区经济发展水平、地理环境、社会环境及其他因素有差异的影响,区域金融发展的差异无法避免。区域经济金融发展的非均衡性,决定了实施差异化区域金融调控的必要性。区域金融调控工具主要包括差异化的货币政策手段、差异化的区域金融监管措施、政策性金融扶持、差异化的银行信贷政策和金融市场融资条件,等等。其中,差异化的货币政策手段是最重要的区域金融调控手段。在现代西方经济理论中,最优货币区理论是实施统一货币政策调控的理论依据,是否满足最优货币区的条件,是判断有无必要实施区域金融调控的理论依据。

一、最优货币区理论

根据韩博印和王学信主编的《国际金融》一书中对最优货币区的解释[①],最优货币区是指在一个"最优的"地理区域内,通用单一的支付手段或共同货币,在一些情况下也可能几种货币,而这几种货币的汇率在区域内的经常账户交易和资本与金融账户交易中互相钉住,与区域外国家的货币汇率保持浮动,而且这几种货币间具有无限的可兑换性。最优货币区理论主张,当一国在生产要素流动、商品交易或金融交易方面与外部世界一体化时,固定汇率也许会比浮动汇率更有助于实现内部均衡和外部均衡。这里的内部均衡是

---

① 韩博印、王学信:《国际金融》,北京大学出版社、中国林业出版社,2007年。

指一国处于物价稳定下的充分就业和经济增长状态,外部均衡则是指内部均衡实现前提下的国际收支平衡。

(一)要素流动性理论

最优货币区理论最初由罗伯特·A. 蒙代尔(Robert A. Mundell)从要素流动性角度提出。[①] 蒙代尔认为,当一国的产品需求由 A 地区转移至 B 地区时,B 地区的就业率会上升,A 地区的失业率会增加。因为 A、B 两地区共同使用同一种货币,所以汇率变化无法同时解决 A 地区的失业和 B 地区的通货膨胀。浮动汇率只能解决两个不同货币区之间的需求转移,而不能解决同一货币区内不同地区之间的需求转移;同一货币区内不同地区之间的需求转移只能通过生产要素的流动解决。因此,蒙代尔主张用生产要素的高度流动性作为确定最优货币区的标准。

在蒙代尔的要素流动性理论提出之后,一些经济学家分别从经济开放性[②]、产品多样化[③]、国际金融一体化[④]、通货膨胀率相似性[⑤]、政策一体化[⑥]等不同标准出发,提出相应的最优货币区理论。

(二)经济开放性理论

经济开放性理论将社会总产品分为可贸易商品和不可贸易商品,认为经济开放性和可贸易商品在社会总产品中的比重呈正向变化关系,比重越高,经济开放性越好。一些贸易关系密切的经济高度开放性国家可组成一个共同货币区,在货币区内实行固定汇率制,对货币区外的国家或地区实行浮动汇率安排。

(三)产品多样化理论

产品多样化理论主张以低程度的产品多样性作为构建最优货币区的标准。该理论认为,在固定汇率制度下,出口需求的下降不会对一个产品多样

---

① Mundell, R. A., "A Theory of Optimum Currency Areas", *The American Economic Review*, 1961, 51(4), 657 – 665.

② Mckinnon, R. I., "Optimum Currency Areas", *The American Economic Review*, 1963, 53(4), 717 – 725.

③ Kenen, P. B., *The Theory of Optimum Currency Areas: An Eclectic View in Monetary Problems of the International Economy*, Chicago University Press, 1969.

④ Ingram, J. C., "Comment: The Currency Area Problem", in *Monetary Problems of the International Economy*, Chicago University Press, 1969, 95 – 100.

⑤ Harberler, G., "The International Monetary System: Some Recent Developments and Discussions", in *Approaches to Greater Flexibility of Exchange Rates*, Princeton University Press, 1970, 115 – 123; Fleming, G. M., "On Exchange Rate Unification", *Economic Journal*, 1971, 81 (323), 467 – 488.

⑥ Tower, E., and Willett, T., "The Theory of Optimum Currency Areas and Exchange Rate Flexibility", *International Finance Section*, 1976, 11, 85 – 94.

化程度较高国家的就业率产生太大的冲击,而会对一个产品多样化程度较低国家的就业率产生较大影响。因此,产品多样化程度较高的国家可以承受固定汇率制下需求变动带来的后果,产品多样化程度较低的国家则适宜采用汇率灵活安排的独立货币区制度。

(四)国际金融一体化理论

国际金融一体化理论认为,如果一个区域内金融一体化程度较低,缺乏长期证券的自由交易,就会出现各国国际收支平衡表中资本与金融账户资金移动引起的国际收支失衡;而买卖短期外国证券并伴随远期市场抛补交易的结果是,各国长期利率结构存在较大差异。因此,该理论主张以金融高度一体化作为货币区的最优选择标准。

(五)通货膨胀率相似性理论

通货膨胀率相似性理论认为,各国经济结构和工会力量的不同会导致经常账户收支失衡;货币政策不同所引起的通货膨胀离散趋势差异,除了会导致基本账户收支失衡,还会引起短期资本的投机性流动。如果区域内各国通货膨胀率趋于一致,就可以避免汇率的波动。因此,该理论主张以通货膨胀率相似性作为确定最优货币区的标准。

(六)政策一体化理论

政策一体化理论认为,能否构成一个最优货币区的关键是其成员对通货膨胀率和失业率上升的态度以及对这两个指标之间相互作用的认识是否具有合理的一致性。一个不能容忍高失业率的国家很难在政策取向上与另一个不能容忍高通货膨胀率的国家保持一致。因此,政策一体化应作为确定最优货币区的标准,以政策合作作为国际收支的平衡机制,建立一个超国家的、统一的中央银行和统一的财政制度。

上述最优货币区理论都是以某一指标作为判断最优货币区的唯一标准。尽管这些指标是站在跨国的视角来分析区域性货币合作的条件,而且存在一定的片面性和局限性,但可以用来解释大国内部不同地区经济形势的变化对金融调控的要求与影响。

二、对我国是否为最优货币区的判断

自最优货币区理论产生以来,经济学家们用该理论对多个国家是否适合作为最优货币区进行分析和检验,但忽略了一国内部不同区域的异质性。在一国尤其是大国内部,存在经济和金融发展的差异,使得统一金融政策调控势必会产生区域效应,甚至会影响宏观经济调控目标的实现。那么,我国是不是一个最优货币区呢？下面根据最优货币区的六个标准分别予以检验。

(一)要素流动性标准

生产要素是社会生产经营活动所需的各种资源,主要包括劳动力、资本、土地、企业家才能和技术。本节从劳动力的视角,观察各地区的人口密度变动,以判断我国是否满足要素流动性的最优货币区标准。改革开放以来,东部地区优先发展了劳动密集型产业,产生了大量劳动力需求。2008年我国东部地区的人口数量最多,为48 854万；中部地区和西部地区人口数量大致相当,分别为35 466万和36 240万；东北地区人口数量最少,为10 874万。到2015年,我国东部地区人口数量为52 519万,比2005年增长了7.50%；中部地区、西部地区和东北地区人口数量分别为36 489万、37 133万和10 947万,增长幅度远小于东部地区,分别为2.88%、2.46%和0.67%。从地区人口密度来看,我国东部地区2008年的人口密度为523.5人/平方千米,分别是中部地区、西部地区和东北地区的1.29倍、9.95倍和3.89倍。随着人口向东部地区持续流入,2015年东部地区的人口密度达562.7人/平方千米,分别是中部地区、西部地区和东北地区的1.34倍、10.44倍和4.16倍。在统一的人口政策下,东部地区经济率先发展,吸引了大量劳动力从中部地区、西部地区和东北地区流入,东部地区人口数量增幅和人口密度增幅远远超过其他三个地区,是劳动力净流入地区,而中部地区、西部地区及东北地区为劳动力净流出地区,使各地区业已存在的人口空间分布差异变得更加显著。从各地区人口密度差异变动的情况可以看出,在东部地区城市房价大幅上涨,外来人口落户成本快速走高,以及户籍管理制度使城乡居民在教育、医疗、社会保障等方面存在偏差的多重约束下,东部地区人口密度的增幅仍快于中部地区、西部地区和东北地区。除了气候和人文环境具有优势,地区经济的快速发展提供了更多的就业机会,也是导致人口净流入的重要原因。综合来看,我国满足了最优货币区的要素流动性标准(见表7-1)。

表7-1 2008—2015年我国各地区人口密度

(单位:人/平方千米)

年份	东部地区	中部地区	西部地区	东北地区
2008	523.5	406.9	52.6	134.5
2009	530.9	408.5	52.8	134.9
2010	542.9	409.5	52.4	135.5
2011	547.1	410.6	52.6	135.7
2012	551.4	412.2	52.9	135.7
2013	555.2	414.0	53.2	135.8

(续表)

年份	东部地区	中部地区	西部地区	东北地区
2014	559.0	416.0	53.5	135.8
2015	562.7	418.6	53.9	135.4

注：地区人口密度＝地区人口数量/地区行政面积。
资料来源：根据《中国统计年鉴(2016)》计算整理。

(二)经济开放性标准

麦金农所谓的经济开放性，指的是贸易商品在社会总产品中的占比。① 一国内部各地区的经济开放性可用进出口商品总额与地区生产总值的比率衡量。从表7-2可知，东部地区和东北地区的经济开放性自2009年以来明显下降，中部、西部地区有所上升。尽管如此，2008—2015年各地区的进出口商品总额与地区生产总值的比率差距较大，东部地区最高，分别是中部地区、西部地区和东部地区的5倍以上、4倍以上和3倍以上，由此可见我国各地区在经济开放性方面不符合最优货币区的标准。

表7-2　2008—2015年我国各地区进出口总额与地区生产总值的比率

(单位：%)

年份	东部地区	中部地区	西部地区	东北地区
2008	99.69	12.33	14.72	30.04
2009	80.63	8.86	11.20	23.72
2010	81.10	9.73	11.33	23.35
2011	80.81	10.84	12.90	24.01
2012	74.64	11.23	14.01	22.23
2013	71.50	11.39	14.63	22.01
2014	65.89	11.61	15.82	20.41
2015	86.25	11.43	13.13	15.26

资料来源：根据《中国统计年鉴(2016)》和2008—2015年《中国区域金融运行报告》计算整理。

(三)产品多样化标准

在一国内部的不同区域，产品多样化程度意味着该区域抵御宏观经济波动的能力。产品多样化程度表现在产业结构上，为了更加直观地分析各地区的产业结构状况，我们将第一产业产值作为基数1。根据表7-3中的数据，各地区的产业结构并不均衡，东部地区的第二、三产业的产出规模远大于第一产业，而第三产业的产出规模超过第二产业，产品多样化程度最高。中部

---

① Mckinnon, R. I., "Optimum Currency Areas", *The American Economic Review*, 1963, 53(4), 717-725.

地区和西部地区的产业结构较为相似。中部地区和西部地区2014年以前三次产业产出占地区生产总值的比重由高到低依次为：第二产业、第三产业、第一产业，2015年第三产业的产值略大于第二产业，农业产出在区域经济中的地位较为突出，以制造业为代表的第二产业和以服务业为主的第三产业产出与东部地区差距明显。东北地区三次产业结构的层次虽不及东部地区，但略优于中部地区和西部地区。因此，依据产品多样化标准，我国各地区还不是一个最优货币区。

表7-3　2008—2015年我国各地区三次产业结构变动情况

年份	东部地区	中部地区	西部地区	东北地区
2008	1∶6.98∶6.75	1∶3.24∶2.63	1∶2.86∶2.59	1∶4.20∶3.37
2009	1∶6.92∶7.15	1∶3.40∶2.82	1∶3.20∶3.02	1∶3.95∶3.59
2010	1∶7.03∶7.44	1∶3.62∶2.80	1∶3.41∶3.00	1∶4.42∶3.73
2011	1∶6.91∶7.65	1∶3.87∶2.92	1∶3.57∶2.98	1∶4.35∶3.54
2012	1∶6.76∶7.89	1∶3.87∶3.07	1∶3.53∶3.09	1∶4.05∶3.52
2013	1∶6.67∶8.18	1∶3.89∶3.29	1∶3.48∶3.28	1∶3.75∶3.58
2014	1∶6.83∶8.59	1∶3.89∶3.57	1∶3.46∶3.43	1∶3.63∶3.74
2015	1∶6.69∶9.16	1∶3.80∶3.94	1∶3.32∶3.61	1∶3.34∶3.99

资料来源：根据《中国统计年鉴(2016)》、各省份(自治区、直辖市)相关年份的《国民经济和社会发展统计公报》及2008—2015年《中国区域金融运行报告》计算整理。

(四)金融一体化标准

金融一体化标准考察资金在不同市场的流动性。一国国内各地区的金融一体化程度可以从资金融出入、各项融资占全国各项融资总额的比重以及票据业务发生额占全国票据业务发生总额的比重来考量。从2008—2015年我国各地区资金融出入的情况来看(见表7-4)，东部地区为资金净融出地区，其他地区为资金净融入地区，资金融出入的绝对规模差异显著。东部地区之所以出现资金净融出的情况，是因为东部地区的北京市和上海市是金融机构总部较为集中的地方，它们多数年份为资金融出地区，而且融出的资金规模远大于东部地区其他省市融入的资金规模。中部地区、西部地区与东北地区为资金净融入地区。2008—2015年，东部地区、中部地区、西部地区和东北地区的资金融出入的平均余额分别为−25.09万亿元、12.54万亿元、3.56万亿元和5.78万亿元。货币市场资金融出入的余额只能反映各地区资金融出入的绝对规模，结合各地区的经济总量加以比较后可以看出，西部地区的经济总量与中部地区较为接近，而西部地区的资金净融入规模远小于中部地区，说明中部地区的经济更加活跃，对货币市场的资金需求更加旺盛。

表 7-4 2008—2015 年我国各地区资金融出入情况

(单位:万亿元)

年份	东部地区	中部地区	西部地区	东北地区
2008	−10.2	6.3	2.2	1.7
2009	−11.9	7.3	1.6	1.8
2010	−15.0	9.9	2.5	2.6
2011	−15.8	8.3	2.2	5.5
2012	−17.0	10.4	3.5	5.1
2013	−13.5	12.6	2.2	2.2
2014	−31.7	13.0	5.7	8.8
2015	−85.6	32.5	8.6	18.5

注:货币市场资金融出入情况反映了各地区金融机构参与银行间市场交易的活跃程度,也反映了经济活动对货币资金的供给和需求状况。表中数据正值表示净融入,负值表示净融出。净融入余额反映的是对货币资金需求的规模,净融出余额反映的是对货币资金供给的规模。

资料来源:根据 2008—2015 年《中国区域金融运行报告》整理。

就同期各地区各项融资占全国各项融资总额的比重来看(见表 7-5),东部地区集中了全国近半数以上的贷款融资、六成以上的股票融资和债券融资。改革开放以来,东部地区的金融市场得到了率先发展,经济发展水平远高于其他地区,由此吸引了八成以上的外资金融机构和股份制商业银行入驻,加上经济快速发展对贷款的融资需求,致使东部地区的贷款占比较高。中部地区、西部地区和东北地区在经济发展水平上落后于东部地区,不仅贷款占比较低,而且满足股票融资和债券融资条件的企业数量较少,加上两家证券交易所均落户东部地区,导致股票和债券融资占比偏低。

表 7-5 2008—2015 年我国各地区各项融资占比

(单位:%)

年份	东部地区			中部地区			西部地区			东北地区		
	贷款	股票	债券	贷款	股票	债券	贷款	股票	债券	贷款	股票	债券
2008	56.7	72.6	84.5	14.8	10.7	6.8	20.8	13.7	6.4	7.7	3.0	2.3
2009	59.5	76.2	78.9	14.6	10.5	9.6	19.2	12.5	7.4	6.7	0.8	4.1
2010	57.1	67.7	75.1	15.5	14.7	10.5	20.4	12.4	10.9	6.9	5.2	3.5
2011	53.2	67.6	76.0	16.0	13.3	10.9	22.9	12.6	9.7	8.0	6.4	3.4
2012	53.1	66.0	72.6	16.7	13.4	10.8	23.1	15.8	12.4	7.2	4.8	4.2
2013	50.0	37.5	59.3	17.7	22.5	17.8	24.9	33.6	17.9	7.4	6.4	4.7
2014	49.1	66.5	54.0	18.0	12.3	17.4	25.3	15.1	23.7	7.6	6.1	4.9
2015	49.1	68.9	66.4	19.0	10.8	12.3	23.5	14.7	17.5	8.4	5.5	3.8

注:2013—2015 年的贷款为人民币贷款,其余年份为各项贷款;股票融资为非金融企业境内股票融资,其余年份为所有企业境内和境外股票融资。

资料来源:根据 2008—2015 年《中国区域金融运行报告》计算整理。

与资金融出入以及各项融资占比的情况类似,货币市场上的票据业务也主要分布在东部地区(见表7－6)。其中,银行承兑汇票发生额五成以上集中在东部地区,东北地区最低。票据贴现发生额的分布情况略好于银行承兑汇票,中部地区票据贴现额各年度占比的平均数达18.6%,西部地区为16.8%,说明这些地区企业经营性资金短缺情况较为严重,在银行贷款、股票发行或者债券融资不能实现的背景下,通过票据贴现满足资金需求。综合来看,我国各地区的金融市场发展不均衡,不满足最优货币区的金融一体化标准。

表7－6 2008—2015年我国各地区票据业务累计发生额占比

(单位:%)

年份	东部地区		中部地区		西部地区		东北地区	
	银行承兑汇票	票据贴现	银行承兑汇票	票据贴现	银行承兑汇票	票据贴现	银行承兑汇票	票据贴现
2008	70.9	50.6	12.0	15.3	11.6	22.9	5.5	11.2
2009	70.3	38.9	16.4	35.7	9.0	14.2	4.3	11.2
2010	69.5	41.7	14.0	29.7	11.5	15.0	5.0	13.6
2011	64.5	44.5	16.1	28.7	14.2	16.9	5.2	9.9
2012	66.3	57.8	14.6	11.8	13.2	16.8	5.9	13.6
2013	63.4	59.7	16.7	12.1	14.1	17.8	5.8	10.4
2014	60.2	64.4	19.4	14.7	13.7	13.6	6.7	7.3
2015	62.0	65.6	14.7	10.1	16.8	15.0	6.5	9.3

资料来源:根据2008—2015年《中国区域金融运行报告》计算整理。

(五)通货膨胀率相似性标准

货币政策的重要调控目标之一便是维持物价稳定。在通货膨胀率相似的条件下,可以采取统一的货币政策工具对宏观经济加以调控。从表7－7可知,2008—2015年,以工业生产者出厂价格指数衡量的我国各地区物价水平并不一致。其中,东部地区在2008年、2010年和2011年的物价水平低于其他地区3个百分点以上;而东北地区2015年的物价水平低于其他地区1.3个百分点以上。2008年国际金融危机发生以后,我国东部地区受到的冲击明显大于其他地区,出口需求下降,消费不振,收入增速放缓,造成物价水平偏低;而东北地区由于经济增速下滑,产业结构升级缓慢,致使物价水平低于其他地区。由此可以看出,受各地区经济发展水平、经济外向性程度、经济结构、金融发展水平以及金融市场发育程度有差异的影响,在外部因素冲击的背景下,经济发展水平较高地区的物价水平的反应更加灵敏,说明我国并不符合最优货币区的通货膨胀率相似性标准。

表7-7 2008—2015年我国各地区工业生产者出厂价格指数

年份 地区	2008	2009	2010	2011	2012	2013	2014	2015
东部	105.4	93.6	105.3	105.0	98.0	98.1	98.0	94.3
中部	110.8	93.8	108.9	108.2	98.0	97.3	96.9	94.0
西部	109.2	93.7	109.5	107.6	98.7	97.5	97.5	93.0
东北	109.9	92.5	109.2	108.0	99.7	98.6	98.1	91.7

注：表中数据为各地区包含的省份工业生产者出厂价格指数的算术平均数。
资料来源：根据《中国统计年鉴(2016)》计算整理。

(六)政策一体化标准

政策一体化标准要求一国国内各地区在需求调节政策和供给调节政策方面具有一致性。无论是供给调节政策还是需求调节政策，都是宏观经济政策的分解。固定资产投资会形成现期或未来的生产能力，从而对供给产生影响。同时，投资是社会总需求的重要组成部分，它对需求总量和需求结构会产生直接作用。固定资产投资额是考量投资变化的重要指标，这里我们选取固定资产投资与地区生产总值的比率考察政策一体化程度。根据表7-8的数据，中部地区和西部地区固定资产投资与地区生产总值的比率较高且较接近，东部地区最低。各地区固定资产投资与地区生产总值的比率存在较大差异，极差值2008年为16.16%，2015年进一步扩大到36.88%。以固定资产投资与地区生产总值的比率衡量的区域政策一体化程度存在明显差异，因此我国不符合最优货币区的政策一体化标准。

表7-8 2008—2015年我国各地区固定资产投资与地区生产总值的比率

(单位：%)

年份	东部地区	中部地区	西部地区	东北地区
2008	37.06	53.22	58.74	62.94
2009	42.80	67.12	70.68	78.17
2010	44.96	71.32	75.45	84.78
2011	50.27	70.14	74.73	76.00
2012	54.35	79.07	81.69	87.12
2013	58.81	86.95	90.78	92.68
2014	62.25	93.44	97.75	84.22
2015	65.42	102.30	101.31	72.82

注：2010—2015年的数据为不含农户的固定资产投资与地区生产总值的比率，其余年份的数据均为城镇固定资产投资与地区生产总值的比率。
资料来源：根据2008—2015年《中国区域金融运行报告》和《中国统计年鉴(2016)》计算整理。

（七）最优货币区的综合判断

1. 综合指标的构建

根据我国经济和金融发展的具体状况，若采用单一标准判断我国是否为最优货币区，会出现相互矛盾的结果：符合要素流动性标准但不符合其他标准，即从要素流动性标准看，我国属于最优货币区，但其他标准不支持这一结论。可能的原因是，单一标准的内涵不完全一致，包括的范围宽窄不一；以某一个或某几个指标度量某一标准有失偏颇。为了得到更明确的结论，我们借鉴孙辉的研究方法[①]，对上述每一个指标的量纲进行标准化处理，从而建立一个综合指标。蒙代尔的要素流动性理论是最早出现的最优货币区理论，其余理论则是在这一理论的启发下提出的，因此赋予要素流动性标准 0.2 的权重，其余 5 个标准分别赋予 0.16 的权重。对应各标准的相应指标及权重如表 7-9 所示。

表 7-9　最优货币区标准的对应指标及其权重

标准	指标	权重
要素流动性	人口密度	0.20
经济开放性	进出口总额与地区生产总值的比率	0.16
产品多样化	第二、三产业产值之和与第一产业产值之比	0.16
金融一体化	资金融出入余额	0.16
通货膨胀率相似性	工业生产者出厂价格指数	0.16
政策一体化	固定资产投资与地区生产总值的比率	0.16

对于与最优货币区成正向变化的要素流动性、经济开放性、产品多样化等标准对应的指标，标准化的公式为：

$$P_i = \frac{V_i}{\max(V_i)} \times 100 \qquad (7-1)$$

其中，i 表示各地区。各地区的指标取值 V_i 越接近于最大取值 $\max(V_i)$，得分越高。而金融一体化、通货膨胀率相似性标准和政策一体化的对应指标，则采用以下标准化公式：

$$P_i = \frac{\min(\mathrm{ABS}(V_i - \mathrm{average}(V_j)))}{\mathrm{ABS}(V_i - \mathrm{average}(V_j))} \times 100 \qquad (7-2)$$

其中，i、j 表示各地区。各地区的指标取值 V_i 与平均值 $\mathrm{average}(V_j)$ 之差的绝对值越小，得分越高。

2. 数据处理及指标计算结果

随着 2008 年美国的次贷危机逐渐演变为国际金融危机，包括我国在内

[①] 孙辉："区域经济协调发展视角下的差异化货币政策研究"，东北师范大学博士学位论文，2012 年。

的世界主要经济体于 2009 年第四季度开始采取财政政策和货币政策双扩张的经济刺激举措。2010—2011 年,我国经济强劲复苏,此后逐步走入经济"新常态"。一方面,企业面临发展环境的改变:出口增长放缓,要素价格上涨,金融风险加大,消费升级加速。另一方面,实体经济出现转型的新趋势:企业从规模经济向范围经济转型,从着力引进外资转向对外投资,从投资拉动转向创新驱动。① 因此,为了消除经济短期波动对指标取值的影响,我们对 2008—2015 年各地区的指标数据加以算术平均。各地区的标准化得分如表 7-10 所示。

表 7-10 我国各地区最优货币区的综合指标

	标准及对应指标	东部地区	中部地区	西部地区	东北地区
要素流动性	人口密度	100	75.3836	9.6942	24.7742
经济开放性	进出口总额与地区生产总值的比率	100	13.6485	16.8210	28.2634
产品多样化	第二、三产业产值之和与第一产业产值之比	100	46.4456	44.0221	51.6582
金融一体化	资金融出入余额	5.9705	100	9.7440	13.3578
通货膨胀率相似性	工业生产者出厂价格指数	23.2877	58.6207	100	62.9630
政策一体化	固定资产投资与地区生产总值的比率	24.7767	100	59.9377	73.1171
最优货币区综合得分		68.6456	66.0711	38.8228	41.6524

从计算结果看,无论是单一指标还是综合指标,反映出的区域差异都较大。综合指标是对要素流动性、经济开放性、产品多样化、通货膨胀率相似性和政策一体化程度的综合反映。从得分情况看,东部地区和中部地区较为接近,西部地区和东北地区较为接近,得分最高的东部地区与得分最低的西部地区相差 29.8228,极值比率为 1.7682,标准差为 23.6898,表明我国各地区的经济金融发展差距显著,并不是一个最优货币区。

第三节 区域金融调控的理论依据之二:区域金融协调发展的视角

一、区域金融协调发展的含义

区域金融协调发展是在区域金融发展这一概念基础上进一步延伸出来的。区域金融发展是指区域空间内的金融资产规模扩张、金融机构和金

---

① 张承惠:"新常态对中国金融体系的新挑战",《金融研究》,2015 年第 2 期,第 9—15 页。

融产品多样化、金融结构优化、金融制度完善以及金融效率提升,从而更好地满足区域经济发展产生的金融需求的过程。区域金融协调发展是指在区域经济与金融系统中各要素相互作用、相互配合、相互适应的条件下,区域金融功能不断完善、区域金融效率不断提高、区域金融监管有效、区域金融风险不断降低、区域金融发展差距不断缩小的过程。从系统论的角度看,区域金融发展是区域金融系统运动的指向,而协调则是对这种指向的有益约束与规定,强调的是区域金融整体性、综合性和内在性的发展聚合。区域金融协调发展是一个动态过程而不是一个静态结果,不但要求区域内部的银行、证券、保险等不同金融行业之间,金融监管部门与金融企业之间,商业性金融机构、政策性金融机构与合作性金融机构等不同性质的金融机构之间相互协作、相互配合,而且要求不同区域的金融主体之间、政府之间共同合作,从而形成区域金融在质的变化上相互适应、量的增长上相互促进的局面。

区域金融协调发展不同于区域金融协同发展。协同发展是指两个或两个以上的个体实现某一个共同目标的过程。区域金融协调发展注重区域金融系统内部各构成要素的配合与合作,其目标在于优化区域金融资源配置,提高区域金融运行效率,为区域经济发展提供更加充足的金融动力,缩小区域金融发展的差距。与区域金融协调发展相比,区域金融协同发展更加强调区域内部不同主体基于各自比较优势和在区域金融分工中的地位展开合作,其发展目标具有唯一性,即经由协同发展路径取得"1+1>2"的发展结果。

区域金融协调发展也不同于区域金融可持续发展。区域金融可持续发展是"根据区域金融资源的特点,依托区域经济发展的状况,合理开发利用区域金融资源,有效规避金融风险,实现区域金融资源的可再生发展、可持续发展"。[①] 区域金融可持续发展强调区域金融应遵循自身发展规律,保持与环境支持系统的适应性,目标在于实现量性金融扩张与质性金融提升相统一,维持区域金融持久发展的能力。

二、区域金融调控是我国实现区域金融协调发展的必要手段

(一)区域经济发展战略是区域经济协调发展的重要影响因素

从经济与金融的相互作用关系来看,经济决定金融,金融反作用于经济。区域经济协调发展是区域金融协调发展的实现基础,区域金融协调发展可以

---

① 张志元:《区域金融可持续发展论——基于制度的视角》,科学出版社,2009年。

为区域经济协调发展提供金融支持。然而,众多既有研究表明,我国的区域经济发展具有明显的非均衡特征。影响区域经济协调发展的原因是多方面的,主要包括区域经济发展战略、区位、资源禀赋、商业文化、经济基础、人才与教育等。在这些影响因素中,区域经济发展战略尤其重要。

中华人民共和国成立以前,我国的区域经济发展就是非均衡的,东南沿海地区经济发展水平高于内陆地区和东北地区。从"一五计划"时期(1953—1957年)到20世纪70年代末,中央政府考虑到均衡产业布局和加强国防建设的双重目标,运用行政性指令计划手段,集中优势资源,加大对东北地区和中西部地区的投资力度,推动东北地区和中西部地区经济的快速增长,经济发展的区域差距有所缩小。改革开放伊始,我国采取非均衡的区域经济发展战略,引发经济发展水平较高地区产生"机会创造机会"的循环累积因果效应,要素由经济发展落后地区向经济发展水平较高地区流动,进一步拉大区域经济发展差距。

1. 改革开放以来我国区域经济发展战略回顾

改革开放初期,我国实施的是以东部沿海开放战略为主的区域非均衡发展战略,采取设立经济特区、沿海开放城市、沿海经济开放区等政策举措,促进东部沿海地区经济率先发展。20世纪末以来,我国又采取了西部大开发、东北振兴、中部崛起和自由贸易试验区等区域经济协调发展战略。

(1)以东部沿海开放战略为主的区域经济非均衡发展战略

1980年到20世纪90年代中期,中央政府实施东南沿海开放战略,通过在东部地区设立经济特区、开放沿海城市、建设经济技术开发区和沿海经济开放区等政策措施,发展外向型经济,并配套一系列制度创新优惠政策,推动东部地区率先发展。这期间,经济基础较好又具有区位优势的东部地区,集中了一大批重点投资项目,与东北地区和中西部地区经济发展的差距迅速拉大。

第一,经济特区。经济特区就是采取特殊优惠政策、特殊体制和灵活措施,吸引外部资金和技术进行开发建设的特定经济区域。经济特区建设共分两批,第一批于1980年8月在深圳市、珠海市、汕头市、厦门市建立,第二批于1988年4月在海南省建立。经济特区不仅在体制和机制上有所创新,引领改革开放走向,而且极大地推动区域经济非均衡发展。

第二,沿海开放城市。沿海开放城市是经济特区的延伸。1984年3月,中央开放的沿海城市有14个,包括大连市、秦皇岛市、天津市、烟台市、青岛市、连云港市、南通市、上海市、宁波市、温州市、福州市、广州市、湛江市和北海市。中央政府对沿海开放城市的优惠政策主要有:在一定权限内,拥有对外资建设项目的审批权;对老市区企业征收的地方所得税给予减征、免征的优惠政策;对来自老市区的股息、利息、租金、特许权使用费和其他所得,除依法免征外,均按 10% 的税率计征所得税;对于符合国务院《关于鼓励外商投资的规定》的项目,给予特别优惠的待遇。1992 年,中央政府又决定对 5 个长江沿岸城市、东北地区、西南地区和西北地区 13 个边境城市、县,11 个内陆地区省会(首府)城市实行沿海开放城市的政策,形成多层次、多渠道、全方位开放的格局。

第三,沿海经济开放区。沿海经济开放区是中央政府在实施经济特区政策和沿海开放城市政策的基础上,为了统筹某一地区的经济发展,推动改革开放向纵深发展,在沿海地区开辟的贸—工—农型的经济区域。贸—工—农型指的是按照贸易的需要发展加工工业,根据加工工业的需要发展农业和其他原材料的生产。我国设立的沿海经济开放区共 4 批。第一批是 1985 年 2 月中央政府确立的长江三角洲、珠江三角洲和闽南三角地带,共计 13 个市、46 个县和 2 个区镇;第二批是 1988 年 3 月确立的辽东半岛、山东半岛、环渤海地区的一些市、县和沿海开放城市的所辖县;第三批是 1990 年 12 月确立的上海市浦东新区;第四批是 2006 年确立的天津市滨海新区。沿海经济开放区的设立,使得我国的改革开放由点到面,形成了"经济特区—沿海开放城市—沿海经济开放区—内地"的全方位、梯次推进的开放格局,东部地区借此获得了经济发展的先机,与中部地区、西部地区和东北地区经济的差距迅速扩大。

(2)区域经济协调发展战略

第一,西部大开发战略。西部大开发战略是中央政府于 1999 年 11 月提出的一项区域经济发展战略,目的是把东部沿海地区的经济发展剩余能力用来提高西部地区经济社会发展水平,促进区域经济协调发展,维护民族团结和社会稳定,巩固国防。2001 年 3 月,九届全国人大四次会议通过的《中华人民共和国国民经济和社会发展第十个五年计划纲要》(以下简称"十五计划")对西部大开发战略再次进行了部署:"合理调整地区经济布局、促进地区经济协调发展……加快水利、交通、通信、电网及城市基础设施建设,突出抓好西电东送、西气东输、节水和开发水资源等一批具有战略意义的重点工程……依托欧亚大陆桥、长江水道、西南出海通道等交通干线及中心城市,以线串点,以点带面,实行重点开发,促进西陇海兰新线经济带、长江上游经济带和南(宁)贵(阳)昆(明)经济区的形成,提高城镇化水平。"①"十五计划"明

---

① 中国网,http://www.china.com.cn/ch—15/plan8.htm,访问时间 2020 年 5 月。

确中国西部地区包括内蒙古自治区、陕西省、甘肃省、宁夏回族自治区、青海省、新疆维吾尔自治区、西藏自治区、四川省、重庆市、云南省、贵州省、广西壮族自治区等12个省份、直辖市和自治区。2006年12月8日,国务院常务会议审议并原则通过了《西部大开发"十一五"规划》,将西部大开发的战略目标定为:"努力实现西部地区经济又好又快发展,人民生活水平持续稳定提高,基础设施和生态环境建设取得新突破,重点区域和重点产业的发展达到新水平,教育、卫生等基本公共服务均等化取得新成效,构建社会主义和谐社会迈出扎实步伐。"①2012年2月,国务院批复同意了第三个西部大开发五年规划——《西部大开发"十二五"规划》,进一步明确了深入实施西部大开发战略的基本思路,"更加注重基础设施建设,着力提升发展保障能力;更加注重生态建设和环境保护,着力建设美好家园和国家生态安全屏障;更加注重经济结构调整和自主创新,着力推进特色优势产业发展;更加注重社会事业发展,着力促进基本公共服务均等化和民生改善;更加注重优化区域布局,着力培育新的经济增长极;更加注重体制机制创新,着力扩大对内对外开放,推动西部地区经济社会又好又快发展,共同建设美好家园,为实现全面建设小康社会目标打下坚实基础。"②

在西部大开发的各项政策作用下,西藏铁路、西气东输、北煤南运、西油东输、西电东送、西棉东调等多项重点工程投入运作或竣工,西部地区全社会固定资产投资年均增长速度超过20%,高于全国平均水平。同时,西部地区生产总值年均增长速度超过了同期全国平均水平。另外,中央转移支付力度不断加大,西部地区人均收入水平有了显著提高。

第二,东北振兴战略。东北振兴战略是中央政府于2003年3月提出的又一项协调区域经济发展的战略举措,意在通过深化体制改革促进经济结构调整,带动经济社会协调发展。2003年9月10日,中共中央、国务院发布《关于实施东北地区等老工业基地振兴战略的若干意见》,将东北振兴的指导思想确定为"经济结构调整取得较大成效,可持续发展能力明显增强,社会发展水平明显提高,改革开放取得突破性进展"。2005年,国务院办公厅在《促进东北老工业基地进一步扩大对外开放的实施意见》中,进一步提出"加强东北亚地区国际经济技术合作,推进边境地区开发和对外开放"。③ 2007年8月,

---

① 中国政府网,http://www.gov.cn/govweb/gongbao/content/2007/content_549035.htm,访问时间2020年5月。
② 中国经济网,http://www.ce.cn/cysc/newmain/yc/jsxw/201302/06/t20130206_21334807.shtml,访问时间2020年5月。
③ 中华人民共和国政府网,http://www.gov.cn/gongbao/content/2005/content_64320.htm,访问时间2020年5月。

国务院批复了由国家发展和改革委员会及国务院振兴东北地区等老工业基地领导小组办公室编制的《东北地区振兴规划》，将东北老工业基地规划范围定为：辽宁省、吉林省、黑龙江省和内蒙古自治区呼伦贝尔市、兴安盟、通辽市、赤峰市和锡林郭勒盟。2009年9月，国务院下发《国务院关于进一步实施东北地区等老工业基地振兴战略的若干意见》，提出了关于振兴东北老工业基地的具体要求，主要包括：优化经济结构，建立现代产业体系；加快企业技术进步，全面提升自主创新能力；加快发展现代农业，巩固农业基础地位；加强基础设施建设，为全面振兴创造条件；积极推进资源型城市转型，促进可持续发展；切实保护好生态环境，大力发展绿色经济；着力解决民生问题，加快推进社会事业发展；深化省区协作，推动区域经济一体化发展；继续深化改革开放，增强社会经济发展活力。振兴东北老工业基地的措施和政策主要包括：在东北地区进行消费型增值税的试点，扩大建立社会保障制度试点的范围，开展资源型城市转型，支持一批东北地区具有优势的产业和项目。随着东北振兴战略的实施，传统体制束缚经济发展的状况有所缓解，市场活力在一定程度上被激发出来，经济社会取得较快发展。

第三，中部崛起战略。中部崛起战略是继东部沿海开放、西部大开发和东北振兴之后又一项重要的区域经济发展战略。2004年3月，温家宝总理在政府工作报告中，首次明确提出"中部地区崛起"。2006年4月，中部崛起战略的纲领性文件《中共中央、国务院关于促进中部地区崛起的若干意见》正式发布，将中部地区的地域范围划定为山西省、河南省、湖北省、安徽省、江西省和湖南省，提出要把中部地区建成全国重要的粮食生产基地、能源原材料基地、现代装备制造及高技术产业基地、综合交通运输枢纽，使中部地区在发挥承东启西和产业发展优势中崛起。2009年9月，国务院常务会议讨论并原则通过《促进中部地区崛起规划》，对中部地区承接产业转移、城市群发展、引进外资等工作予以指导支持。同时中央政府先后批准在中部地区建设武汉城市圈、长株潭城市群、鄱阳湖生态经济区、皖江城市带、中原经济区、山西国家资源型经济转型综合配套改革试验区等多种类型的改革试验区，赋予中部地区改革创新先行先试的权力。2012年7月25日，国务院常务会议讨论通过《关于大力实施促进中部地区崛起战略的若干意见》，对中部地区崛起的内容有所调整，新增内容包括：因地制宜推广分布式新能源发电；发展壮大演艺娱乐、出版发行、影视制作、文化创意等产业；依托长江黄金水道和重大交通干线，加快构建沿陇海、沿京广、沿京九和沿长江经济带；加快长江、淮河干流及重要支流高等级航道和重点内河港口建设；推动晋中南、皖北、赣南、湘南地区开发开放；打造湘西、鄂西生态文化旅游圈和皖南文化旅游示范区；探索建立沿长江大通关模式,支持具备条件的地方设立海关特殊监管区域等。中部地区六省尤其是湖南省、湖北省、江西省三省正在进一步推进基础设施一体化、产业一体化、市场一体化、文化旅游一体化和生态保护一体化,打造中国经济新的增长极。自中部崛起战略实施以来,中部地区生产总值年均增长率高于全国平均水平1个百分点以上,城镇居民人均可支配收入和农村居民人均纯收入年均增长12%以上,教育、文化、卫生等社会事业得到迅速发展,与东部地区的发展差距有所缩小。

第四,自由贸易试验区。自由贸易试验区是2013年以来中央政府推出的有利于改革和发展的对外开放新模式。2013年7月,国务院原则通过了《中国(上海)自由贸易试验区总体方案》。同年9月29日,中国(上海)自由贸易试验区(以下简称"上海自贸区")正式挂牌,范围包括外高桥保税区、外高桥保税物流园区、浦东机场综合保税区和洋山保税港区在内的28.78平方千米,主要任务和措施包括:加快政府职能转变、扩大投资领域的开放、推进贸易发展方式转变、深化金融领域的开放创新、完善法律领域的制度保障。① 经过一年多的探索和实践后,上海自贸区积累了一些可复制和可推广的经验。为此,2014年12月12日,国务院决定在天津市、广东省、福建省的三个特定区域再设立三个自贸区。其中,天津市自贸区包括天津机场片区、滨海新区中心商务区和天津港片区,总面积119.9平方千米,着重于制造业和商业物流的并重开放,承担着贯彻落实京津冀协同发展战略的重任。广东省自贸区包括广州南沙新区、深圳前海蛇口片区及珠海横琴新区三个部分,总面积116.2平方千米,目的在于深化粤港澳经济融合和贸易自由化,探索构建粤港澳经济与金融合作新机制。福建省自贸区涵盖厦门市、福州市和平潭市三大片区,共计118.04平方千米,意在进一步深化海峡两岸经济合作。2015年4月,上海自贸区的范围扩展到陆家嘴金融片区、世博园片区、金桥开发片区和张江高科技片区,总面积扩大至120.72平方千米。2017年3月31日,国务院通过了辽宁省、浙江省、河南省、湖北省、重庆市、四川省、陕西省的自贸区总体方案。这是全面深化改革和扩大开放的又一项战略举措,旨在为加快政府职能转变、积极探索管理模式创新、促进贸易投资便利化、深化金融开放创新探索新途径积累新经验,对于推进西部开发、东北振兴、中部崛起和长江经济带发展等国家战略的贯彻实施具有重要意义。

第五,雄安新区。中央政府于2017年4月1日决定在河北省雄县、容

---

① 武剑:"中国(上海)自贸区金融改革展望",《新金融》,2013年第11期,第12—15页。

城、安新等三个县及周边区域设立国家级新区,称为"雄安新区",是继经济特区、上海市浦东新区、天津市滨海新区之后又一个国家级新区。雄安新区规划建设的起步区面积约100平方千米,中期发展面积约200平方千米,远期控制区面积约2 000平方千米。雄安新区地处北京市、天津市、保定市腹地,与北京市、天津市构成了"京津冀三角",三地可以在资源重构的基础上错位和协同发展,并将新的经济能量辐射到整个华北地区,补齐河北省在京津冀区域经济发展中的短板,再造经济增长极。① 按照中央政府提出的"绿色生态宜居新城区、创新驱动发展引领区、协调发展示范区、开放发展先行区"的建区要求②,建设雄安新区对于提升河北省经济社会发展的质量和水平,培育形成新的区域增长极,集中疏解北京市非首都功能,探索人口经济密集地区优化开发新模式,调整优化京津冀城市布局和空间结构,培育创新驱动发展新引擎,具有重大的现实意义和深远的历史意义。

2. 改革开放以来我国区域经济发展战略的实施效果

从区域经济发展战略的实施效果来看,经济特区、开放沿海城市、建设经济技术开发区和沿海经济开放区等政策措施的实施,使得东部地区实现了率先发展,人均地区生产总值、城乡居民人均收入快速增长,远高于中西部地区和东北地区。20世纪末以来实施的西部大开发、东北振兴、中部崛起和自贸区战略,以及配套的相关政策措施,使得中西部地区经济实现快速增长,区域经济协调发展初见成效。

2015年我国人均国内生产总值为49 659.91元,较2005年增长35 334.07元,增长幅度为246.65%。从我国各地区人均地区生产总值绝对额来看,区域经济发展仍不均衡。2015年我国东部地区和东北地区的人均国内生产总值分别为66 939.03元和50 510.13元,高于全国平均水平;中部地区和西部地区分别为37 977.18元和36 950.87元,低于全国平均水平。从区域经济增长的角度来看,2005—2015年,我国各地区人均地区生产总值增长幅度存在较大差异,中部地区和西部地区高于全国平均水平,增幅分别为278.29%和319.73%;东部地区和东北地区低于全国平均水平,分别只有205.76%和224.58%,地区间经济发展差距不断缩小。2005年,东部地区与中部地区、西部地区、东北地区的人均地区生产总值之比分别为2.18、2.49、1.41,2015年分别缩小为1.76、1.81、1.33。2008年以来,东部地区与其他地区的人均地区生产总值之比呈现L形走势(见图7-1)。

---

① 张锐:"雄安新区:新世纪的中国经济明珠",《中关村》,2017年第5期,第30—33页。
② 邹毅:"雄安新区三个关键词:3万亿投资、1000万人口导入、世界级都市圈",《中国外资》,2017年第5期,第20—22页。

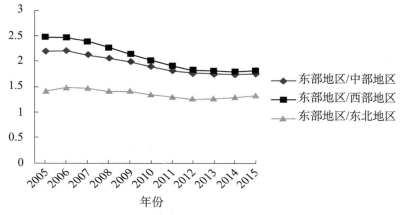

图 7-1 2005—2015 年东部地区与其他地区人均地区生产总值的比较
资料来源:根据《中国统计年鉴(2016)》计算整理。

2005—2015 年,随着区域经济协调发展战略的逐步实施,城镇居民收入的区域差距经历了先扩大再缩小的过程。2005—2009 年,东部地区城镇居民人均可支配收入与中部地区、西部地区、东北地区的比例分别由 1.45 倍、1.47 倍和 1.47 倍上升到 1.53 倍、1.57 倍和 1.54 倍;2010 年以后又逐步缩小到 2015 年的 1.47 倍、1.51 倍和 1.46 倍。与城镇居民人均可支配收入的区域差距变动趋势相似,东部地区与其他地区农村居民人均纯收入的差距也经历了一个先扩大后缩小的过程。2005 年东部地区与中部地区、西部地区、东北地区的农村居民人均纯收入之比分别为 1.65 倍、2.02 倍、1.42 倍,2009 年分别扩大为 1.85 倍、2.28 倍、1.61 倍,到 2015 年逐渐滑落至 1.58 倍、1.90 倍、1.50 倍(见图 7-2 和图 7-3)。

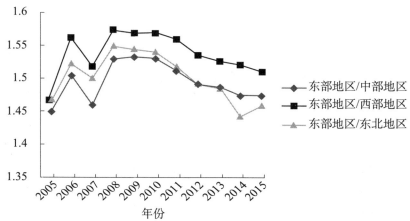

图 7-2 2005—2015 年东部地区与其他地区城镇居民人均可支配收入的比较
资料来源:根据 2005—2015 年《中国区域金融运行报告》计算整理。

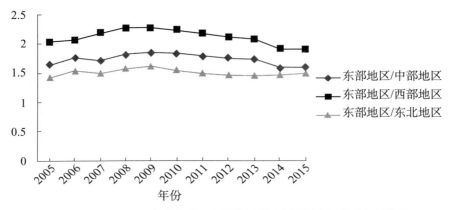

图 7-3　2005—2015 年东部地区与其他地区农村居民人均纯收入的比较
资料来源：根据 2005—2015 年《中国区域金融运行报告》计算整理。

(二) 我国区域金融调控主体与调控方式的历史演进

1. 区域金融调控主体的演进

(1) 中央银行与金融监管部门

改革开放以前，由于我国的金融体系是为国有企业和集体所有制企业提供信贷资金与支付结算服务而设立的，并未建立真正的银行体系，中国人民银行也未独立发挥中央银行的职能，并不存在真正意义上的区域金融调控主体。从 1979 年 2 月到 1983 年 9 月，为了满足经济体制改革的需要，我国逐步建立了以中国人民银行为领导、国有专业银行为主体、非银行金融机构为补充的金融机构体系。金融宏观调控的职能由中国人民银行和四大国有专业银行共同执行。从 1994 年开始，中国工商银行、中国农业银行、中国银行、中国建设银行由专业银行向商业银行转轨，中国人民银行原来承担的政策性业务，分别由新成立的国家开发银行、中国农业发展银行和中国进出口银行承担。1995 年 3 月八届全国人大三次会议通过的《中华人民共和国中国人民银行法》，首次从法律上确立了中国人民银行的中央银行地位，赋予其制定和执行货币政策、对经济实施宏观调控的职责。1998 年，为了减少货币政策执行中来自地方政府的干扰，中国人民银行撤销省级分行，设立 9 个跨省区分行，分别负责各辖区的金融调控。在总行与分支行之间，业务和人事关系实行垂直领导、统一管理，地方政府不能干预中央银行履行职责。2003 年 3 月，十届全国人大一次会议决定将银行监管职能从中国人民银行中剥离出来，单独设立了中国银行业监督管理委员会（以下简称"银监会"），对商业银行和信托投资公司等其他存款类金融机构进行监督管理。中国银监会与 1998 年 4 月改组成立的中国证券监督管理委员会（以下简称"证监会"）以及

1998年11月成立的中国保险监督管理委员会(以下简称"保监会")一起,构成了我国的分业监管组织体系。这样,中国人民银行就成了履行金融调控、执行货币政策的专门机构。2017年11月,国务院批准成立了金融稳定发展委员会,其职责包括强化宏观审慎管理,强化功能监管、综合监管和行为监管,旨在加强统筹协调金融稳定和改革发展的重大问题。2018年3月,国务院颁布《国务院机构改革方案》,将银监会和保监会的职责合并,组建中国银行保险监督管理委员会(以下简称"银保监会"),不再保留银监会和保监会。

(2)中央政府与地方政府

改革开放以来,我国进入了经济转轨阶段。中央政府由之前的全能型政府向服务型政府转变,由之前的国民经济计划者、生产经营组织者、销售者、消费者及国民收入分配者,向社会服务提供者和社会管理者转变,逐渐开始政企分开、政银分开。在这一过程中,中央政府逐渐减少了运用行政手段对经济运行进行控制和管理,更多地运用经济手段和法律手段对经济运行进行间接调控,资源配置方式也由之前的行政化向市场化转变。中央政府制订和组织实施区域经济发展规划,培育区域经济增长极,推动区域经济向区域经济协调发展过渡。

我国的经济体制改革是从放权让利开始的。随着改革的逐步深入,地方政府拥有了越来越多的自主权来发展本地区经济。一方面,地方政府从本地区的实际出发,制订和实施地区经济发展规划,充分动员本地区的资源,提高地区经济发展的速度和质量;另一方面,中央政府制定的区域经济发展战略对区域经济发展有着巨大影响力,肩负着增加就业、发展地方经济等使命的地方政府会竞争性地游说中央政府给予政策优惠和财政扶持。

中央政府合理搭配与灵活运用金融政策、产业政策、财政政策等政策手段,实现统筹区域经济发展的目的。同时,中央政府建立与经济转轨相配套的金融机构体系,动员金融剩余为转轨阶段的经济发展提供金融支持。当中央政府发现运用直接干预金融的手段积累了越来越多的金融风险并有可能危及宏观经济运行安全时,便废除商业银行的国有化体制,通过资产运作甩掉不良资产的包袱,对金融的干预方式由直接转变为间接。此时,地方政府趁机加强了对农村信用社、城市商业银行等地方金融机构的控制,并促使它们为地区经济发展提供金融便利。

2. 区域金融调控方式的演进

在经济转轨的初期(1995年以前),中央政府通过计划控制信贷规模,尽可能将集中起来的金融资源投向国有企业,以保证在经济体制改革过程中保持经济快速增长。中国人民银行缺乏中央银行的法律地位,不仅经营着大量政策性业务,而且在财政收支出现赤字时承担着为政府财政融资的职责。同时,中央政府通过政企不分的国有专业银行,按照行政区划在全国各地建立了庞大的科层组织结构①,在资本市场尚未建立的情况下以低成本动员一切金融剩余,为体制内产出增长提供金融支持。另外,中央政府为了贯彻实施东部沿海开放战略,在深圳市特区建设和上海市浦东新区开发开放过程中,给予地方政府信贷资金"切块"管理、利率调控、存款准备金率调节、机构准入审批以及资本市场融资等方面的灵活自主权。中央政府和地方政府的目标利益函数不尽一致。作为区域金融调控主体之一的地方政府,在落实中央政府产业规划的同时,考虑到金融发展对经济增长的积极贡献,会尽力争取金融支持。

1995年以后,随着《中国人民银行法》《商业银行法》《保险法》等一系列法律的颁布实施,中国人民银行作为中央银行的法律地位得以确认,其剥离的政策性业务由1994年组建的政策性金融机构经营,中国人民银行不得直接对政府财政进行透支,不得直接认购、包销国债和其他政府债券,也不得向各级政府部门提供贷款。国有专业银行开始向商业银行转轨,成为依法经营的金融企业,政企不分的状况逐渐消失。1998年,中央银行取消了信贷规模管理,金融宏观调控方式由直接调控转变为间接调控。地方政府则通过参与城乡信用社的改组和参股城市商业银行,掌握了地方金融的主导权,进而影响地方金融资源的配置。

(三)区域金融调控工具的演进及效果检讨

1. 信贷规模管理

1979年以前,我国实行"统贷统存"的信贷资金计划管理模式。1980—1984年,为了与指令性计划和市场调节并存的经济体制相适应,我国实行"存贷挂钩、差额包干"的信贷资金管理办法,但由于中国人民银行和各专业银行之间在资金上没有明确界限,因此中国人民银行无法有效控制专业银行的信贷规模。1985年,各专业银行开始实行"统一计划、划分资金、实贷实存、相互融通"的信贷资金管理办法,要求存款大于贷款的地区将资金以超额准备金的形式上缴中国人民银行,由中国人民银行调剂给资金短缺的地区。这样,中国人民银行与各专业银行之间的资金往来由计划调拨转变为借贷关系,既不会对信贷总量产生扩张压力,又调剂了地区间信贷资金余缺。但在实际操作中,随着地区经济发展差距的逐渐扩大,地区间的资金收益率有了明显差异,资金充裕地区的专业银行将吸收的存款转移到了资金收益率高的地区,而资金短缺地区因为有信贷计划,仍可以发放贷款,使得中央银行的再

---

① 周立:《中国各地区金融发展与经济增长(1978—2000)》,清华大学出版社,2004年。

贷款规模不断增加，信贷规模扩张问题无法得到有效控制，导致1988—1989年和1992—1996年的两次通货膨胀。1994年，中国人民银行要求商业银行实行贷款限额控制下的资产负债比例管理。1998年1月1日起，中国人民银行取消对国有商业银行贷款限额控制，在推行资产负债比例管理和风险管理的基础上，实行"计划指导、自求平衡、比例管理、间接调控"的信贷资金管理办法，不再直接控制商业银行的信贷规模，各商业银行对资金来源与资金运用实行自求平衡。

2. 法定存款准备金率

法定存款准备金率是存款类金融机构按照规定向中央银行缴存的存款准备金与存款余额的比率。存款准备金最初是存款类金融机构为了应付客户提取存款和资金清算而准备的货币资金，后来逐渐演变为中央银行调节货币流通量的工具。存款类金融机构在中央银行存放的准备金超出法定存款准备的部分即为超额准备金。在货币理论中，法定存款准备金率是中央银行用以调节货币流通量的政策工具。法定存款准备金率的高低与货币供给量呈反向变化关系。中央银行提高法定存款准备金率，存款类金融机构缴存的法定存款准备金数额就会上升，可贷资金规模就会下降，货币供给量会随之减少。

中国人民银行开始履行中央银行职能以后，除了将法定存款准备金作为维护存款类金融机构流动性的手段，还赋予法定存款准备金率结构调整和货币供应量调节的功能。在结构调整方面，中国人民银行将法定存款准备金用作配合信贷规模控制的工具，运用法定存款准备金对资金短缺地区发放再贷款，以调整地区信贷规模。1984年，中国人民银行按照存款类别分别规定了相应的法定存款准备金率，其中储蓄存款为40%，农村存款为25%，企业存款为20%；从2008年9月25日至今，按照存款类金融机构的类别分别规定了相应的法定存款准备金率，大型金融机构执行的存款准备金率要高于小型金融机构，意在扩大小型金融机构的可贷资金规模，增强其对中小企业和"三农"的贷款扶持力度。从执行效果看，这种看似全国统一的法定存款准备金政策，在不同地区起到了不同的政策效果。在经济基础较好的东部地区，企业存款占各项存款的比重较大，而经济发展水平较低的中部地区、西部地区和东北地区，储蓄存款是存款类金融机构主要的资金来源。1984年规定的适用于企业存款、农村存款和储蓄存款的三个准备金率，使得东部地区金融机构实际缴存的准备金数额相对少于其他地区，客观上增加了银行对东部地区的贷款规模。同时，由于东部地区集中了全国半数以上的中小企业和以股份制商业银行、城市商业银行、农村商业银行等为代表的中小金融机构，因此

2008年9月以来根据机构类型实施的有差别的法定存款准备金政策，也造成了东部地区和其他地区之间的信贷规模差异，加剧了金融发展与经济发展的区域非均衡。在调节货币供给量方面，中央银行本着相机抉择的原则，在通货膨胀率较高和经济过热的情况下，提高法定存款准备金率，收紧银根，减少市场上的货币供给量；在经济低迷的情况下，降低法定存款准备金率，放松银根，增加市场上的货币供给量。然而，各地区的经济货币化程度有所不同，经济货币化程度高的地区对于法定存款准备金率的调节较为敏感，而经济货币化程度较低的地区反应则较为滞后。

3. 再贴现政策

再贴现指中央银行对金融机构持有的已贴现未到期的商业汇票办理贴现的行为。中央银行通过办理再贴现业务，购买申请再贴现机构持有的未到期商业汇票，以融通资金，增加基础货币投放，释放流动性。因此，再贴现的规模会直接影响到基础货币量和货币供给量的规模。根据中国人民银行1984年发布的《商业汇票承兑管理暂行办法》的规定，在上海市等城市试点的基础上，陆续在全国范围内开展商业汇票承兑和贴现业务。再贴现业务最早是1986年由中国人民银行上海市分行办理的。1988年，中国人民银行首次公布了再贴现率。1997年5月22日，中国人民银行印发了《商业汇票承兑、贴现与再贴现管理暂行办法》（以下简称《办法》），规定"再贴现利率由中国人民银行制定、发布与调整，中国人民银行总行设立再贴现窗口，受理、审查、审批各银行总行的再贴现申请，并经办有关的再贴现业务……中国人民银行各一级分行和计划单列市分行设立授权再贴现窗口，受理、审查并在总行下达的再贴现限额之内审批辖内银行及其分支机构的再贴现申请，经办有关的再贴现业务"[1]；中国人民银行对各授权窗口的再贴现操作效果实行总量比例、期限比例和投向比例的量化考核。由于我国整体社会商业信用水平不高、票据市场发育不成熟[2]，商业汇票贴现和再贴现的规模较小，使中央银行运用再贴现政策调节市场货币供给量以实现货币政策的目标未能实现。同时，对于投向比例，《办法》规定，"对国家重点产业、行业和产品的再贴现不低于再贴现总量的70%；对国有独资商业银行的再贴现不低于再贴现总量的80%"，使得不同地区金融机构的再贴现规模产生了较大差异，国家重点产业、行业和产品在东部地区较为集中，国有商业银行在东部地区的机构规模和资产规模也较大。因此，东部地区获取的再贴现规模相对大于中部地区、西部地区和东北地区。

---

[1] 中国人民银行网站，www.pbc.gov.cn/rhwg/970602f.htm，访问时间2020年5月。
[2] 范祚军：《区域金融调控论》，人民出版社，2007年。

4. 再贷款政策

再贷款是指中央银行对各金融机构发放的贷款。中国人民银行自 1984 年行使中央银行职能以来，就把再贷款作为调节基础货币量和实施金融宏观调控的重要工具。从过去三十多年再贷款所发挥的作用看，再贷款可以分为三大类：一是政策性再贷款，即对政策性金融机构的再贷款、对重点项目的再贷款和支农再贷款；二是金融稳定再贷款，即对处置高风险金融机构以及对资产管理公司发放的再贷款；三是流动性再贷款，即为调节流通中货币供给量或缓解金融机构流动性紧张而发放的再贷款。根据范祚军的归纳，中国人民银行的再贷款业务经历了三个不同的历史发展阶段。[①] 1984—1993 年为第一阶段，再贷款不仅是配合信贷规模计划控制、吞吐基础货币量的重要渠道，而且是弥补农副产品收购和重点建设项目资金不足、调剂地区间和部门间的资金余缺、清理三角债务、推动地方经济高速增长的重要工具。1993—1998 年为第二阶段，中央政府收回了中国人民银行分行以下分支机构供应和调剂再贷款规模的权力，再贷款管理的主要任务调整为发放短期资金用于解决商业银行头寸不足的问题。与第一阶段相比，由于没有了贷款权力，中国人民银行基层部门的职能未能充分发挥。第三阶段为 1998 年至今，金融宏观调控方式由直接转变为间接，再贷款成为真正的间接调控工具。在这一阶段，中国人民银行基层部分承担了大量的微观操作职能，中国人民银行各级分支机构对再贷款的管理更加严格、规范，弱化了再贷款调控基础货币的作用。

政策性再贷款在政策性金融运作、重点项目建设以及支持农村发展、农业稳产增产、农民增收等方面，发挥了积极作用。金融稳定再贷款对于化解区域金融风险、提高区域金融资产质量和金融效率，具有重要的积极影响。流动性再贷款在维持区域金融机构的流动性，尤其是在东南亚金融危机和美国次贷危机冲击下维持东部地区部分金融机构的流动性方面，提供了重要的金融支持。

5. 公开市场业务

公开市场业务指中央银行在货币市场上与指定交易商进行国债和其他政府债券及外汇买卖，从而影响流通中的货币供给量，达到调节基础货币量、实现金融宏观调控目标的目的。与其他货币政策工具相比，公开市场业务更加公开、灵活、主动和直接。中国人民银行开展的公开市场业务分为外汇操作和人民币操作两个部分。自 1994 年 4 月汇率制度改革和结售汇制度改革开始，为

[①] 范祚军：《区域金融调控论》，人民出版社，2007 年。

了保持人民币汇率的相对稳定,中国人民银行进入银行间外汇市场进行外汇业务操作。中国人民银行于1997年发布了《公开市场业务暨一级交易商管理暂行规定》,建立了公开市场业务一级交易商制度,完善了公开市场业务交易系统和统计系统。1998年5月26日,中国人民银行恢复了公开市场业务债券交易,交易品种主要包括回购交易、现券交易和中央银行票据发行。回购交易分为正回购和逆回购两种。正回购指中国人民银行将有价证券卖给一级交易商,并约定在未来的某一时间再购回的一种交易行为。逆回购交易的操作方向与操作效果与正回购相反。卖出有价证券会减少基础货币量、收缩流动性,而购回有价证券会增加基础货币量、释放流动性。现券交易的操作方式有两种:现券买断和现券卖断。现券买断指中国人民银行在二级市场上买入债券;现券卖断指中国人民银行在二级市场上卖出债券。中央银行票据即中国人民银行发行的短期票据,是中国人民银行的负债,主要是为了对冲公开市场业务外汇操作中因收购外汇而增加的流动性。发行中央银行票据会减少基础货币,中央银行票据到期会增加基础货币。中央银行票据的交易,拓展了公开市场业务操作的空间,增强了公开市场业务的灵活性。

公开市场业务对于区域经济与金融发展差异的形成和扩大产生了一定的影响。在经济发展水平不同的地区,银行的可贷项目和企业的还款能力是不同的。欠发达地区的可贷项目较少,企业的整体经营状况相对较差,在商业银行头寸相对充裕的情况下,从控制风险的角度考虑,用于购买债券或央行票据的资金的比例会较高。另外,一级交易商主要分布在经济相对发达的东部地区,中央银行公开市场操作的结果需要经过东部地区的传递,因而对于欠发达地区货币供给量变动和总需求、总产出变动的时滞就会较长。

6. 利率政策

利率是本金与在一定时期内获取的利息额之间的比率。利率是货币政策的中介目标,中央银行运用法定存款准备金政策、再贴现政策、再贷款政策及公开市场业务,使货币供求关系发生变化,从而影响利率。利率变动既是其他多种货币政策工具作用的结果,也可以作为独立的调控工具运用于区域金融调控实践。我国的利率水平主要由中国人民银行根据经济和金融运行的实际状况来制定。在存款利率和贷款利率市场化进程不断加快的今天,利率水平差异主要体现在不同行业之间和城乡之间。中华人民共和国成立伊始,利率便充当了金融支持产业重工业化的重要工具,银行以较低的利率水平动员储蓄资金,又以低于市场均衡水平的利率放贷给工业部门,使国有工业企业获得了大量的信贷租金,促进了我国社会主义经济体系的建立和发展。改革开放以后,利率被当作重要的金融宏观调控工具,在抑制通货膨胀、调节宏观经济运行等方面发挥了积极作用。从1987年6月开始,中国人民银行开启了利率市场化的大门。从货币市场到资本市场,从贷款市场到存款市场,利率市场化的步伐正在逐步加快。

利率水平的区域差异主要表现为显性差异和隐性差异两个方面。显性差异指不同地区适用的名义利率水平存在一定的差异。改革开放以来,为了更好地支持西部地区的发展,对西部地区的民族贸易和民族特需商品生产的贷款实行比一年期贷款基准利率低2.88个百分点的优惠利率。隐性差异指在统一名义利率水平的情况下,经济发展水平较高地区的资本边际收益率高于经济欠发达地区,从而使不同地区企业的实际利息负担存在差异。长期以来,我国除了对西部地区的生产性贷款实行优惠利率,其余地区一律执行统一的利率政策,导致利率水平隐性差异的持续存在。同时,由于各地区的经济规模不同,经济发展水平存在差距,各地区的投资函数与储蓄函数不尽相同,在统一的利率政策下,资本的逐利性会促使其更多地流向经济发展水平较高的地区。而目前我国商业银行实行的总分行制也为资本从农村流向城市、从中西部地区流向东部地区提供了组织保证。这种利率政策为东部地区经济率先发展提供了金融支持,也造成了经济发展与金融发展的区域差距。尽管在西部大开发、东北振兴和中部崛起战略的实施过程中,政府通过再贷款等政策手段加大了对欠发达地区的金融支持力度,但是市场经济条件下金融资源配置的制度惯性,部分抵消了金融支持用于消除经济发展与金融发展区域差异的积极作用。

7. 其他政策工具

除上述区域金融调控政策工具以外,还有金融机构市场准入监管、证券市场融资条件设置等其他政策工具。金融机构市场准入监管指金融监管机构利用行政等手段,依据相关法律法规对金融机构市场准入采取的监管活动。金融机构的市场准入情况,不仅会直接作用于区域金融供给,而且对于区域金融稳定和区域金融安全也将产生直接影响,因此世界各国对于市场准入监管都非常重视。我国的金融监管机构对金融机构的市场准入在注册资本、批准条件、市场环境、行政审批权限等方面做出了统一规定。实际上,由于国有商业银行在1998年以后出于成本与收益的考虑,不断收缩其在经济落后地区的机构网点规模,而股份制商业银行新增加的分支机构主要布局在经济较发达的东部地区,外资银行在华分支机构也主要设立在经济外向性程度较高的东部地区,加上中西部地区及东北地区的城市商业银行、农村信用合作社等中小金融机构的资本实力较弱,且在异地扩张分支机构的规模受到制度约束,因此统一的金融机构市场准入标准客观上增大了东部地区的银行组织规模。同时,证券业和保险业的机构市场准入条件与银行业相似,这也是金融供给区域差异形成的主要原因。

资本市场的培育和发展,对于合理配置社会资源、储蓄向投资转化、调整升级产业结构、重组企业产权、筹集建设资金以及降低经济和金融运行风险都具有十分重要的意义。我国于1990年12月和1991年1月分别在上海市和深圳市设立了证券交易所,证券监管机构对于拟上市融资的企业在注册资本、经营绩效、资产规模、所处行业等方面做出了统一规定。中部地区、西部地区、东北地区的经济发展水平明显落后于东部地区,经济市场化程度较低,企业的整体素质不如东部地区,符合上市条件的企业数量较少,资本市场中介数量较少,市场发育较为迟缓,导致全国六成以上上市公司、七成以上证券公司、九成以上基金管理公司集中在东部地区。因此,统一的证券市场融资条件不但在一定程度上抑制了区域资源配置效率的提高,而且不利于区域经济的协调发展。

第四节 进一步完善我国区域金融调控的政策建议

一、国外的区域金融调控经验借鉴

在西方发达国家和发展中国家的经济发展过程中,都经历过经济发展不平衡带来的困扰。这些国家为了实现区域经济的协调发展,在区域金融调控方面所采取的措施及成功经验,为我国的区域金融调控提供了有益借鉴。

(一)明确区域金融调控目标

20世纪50年代,日本采取非均衡的区域经济发展战略,重点建设"太平洋带状工业地区",充分发挥太平洋沿岸港口优越的区位条件,通过优惠贷款等手段,完善太平洋沿岸地区的基础设施条件,促进重化工业向该地区集聚,以满足外向型经济发展的需要。随着相关政策的贯彻落实,日本人均收入的区域差距迅速拉大。太平洋沿岸狭长地带在经济快速增长的同时,出现了人口和重化工业过度集中和集聚导致的交通成本上升与生态环境恶化等一系列问题。从20世纪60年代开始,日本把促进区域经济均衡发展、解决人口和产业分布的过疏与过密、缩小经济发展水平的区域差距问题作为区域金融调控的重要目标。[1]

---

[1] 安烨:"中国货币政策效应区域差异研究",东北师范大学博士学位论文,2011年。

印度是一个典型的经济二元化国家，制造业、软件服务业、生物医药业、金融业主要集中在少数几个中心城市，其他地区尤其是农村地区的经济发展严重滞后。为此，印度政府将区域金融调控的目标确定为促进落后地区尽快缩小与经济发达地区的差距。美国在1929—1933年的大萧条之前，在市场机制的作用下，东西部地区的差距和南北部地区的差距达到了历史上的最大值。因此，大萧条过后的美国把协调区域经济发展作为区域金融调控的主要目标。

(二)建立完善的金融调控体系

完善的金融调控体系是区域金融调控的重要组织保证，也是履行区域金融调控职能、促进区域经济金融协调发展的重要环节。美国在建立金融调控体系方面主要有以下经验：第一，实行两级中央银行制。在中央一级设立联邦储备委员会，地方一级则是将全美划分为12个联邦储备区，每一个储备区设立一家联邦储备银行，这些联邦储备银行不受地方政府的管辖，在金融机构的地区市场准入条件及货币政策工具的地区差异化等方面有较大的自主权。中央银行的职能由联邦储备委员会和各联邦储备银行共同完成。第二，创办政策性金融机构。20世纪30年代后，美国先后成立了美国进出口银行、各类农业信贷机构以及住宅建设信贷机构等政策性色彩较浓的金融机构，使政府通过直接参与存贷款业务活动，增强自身对不同地区的经济影响。第三，大力发展单一制的地方性商业银行组织，以满足地方经济发展的金融需求。美国实行商业银行双线制，即商业银行可以在联邦政府注册成为国民银行，也可以在州政府注册成为州立银行，但许多州通过立法禁止或限制州立银行设立分支行。商业银行双线制使美国地方性商业银行数量占全国商业银行总数约70%，充分保护了地方的经济和金融利益，并在不同领域全面贯彻执行了美国的货币政策。

(三)制定和实施有差别的金融管理政策

金融调控政策的区域差异化，是实现区域金融调控目标的重要途径，许多国家都做了有益的尝试。美国采取的差别金融管理政策主要包括：第一，根据不同地区的经济发展水平规定不同的法定存款准备金率。比如1937年，美国联邦储备体系规定中央储备城市的活期存款准备金率为26%，储备城市为20%，其他地区为14%。第二，依据地区的不同情况，对设置商业银行的资本金做出了不同的要求。比如在6 000人口以下的地方设置银行，资本金最低要求为5万美元；在6 000—50 000人口的地方设置银行，资本金最低要求为10万美元；在5万人口以上的地方设置银行，资本金最低要求为

20万美元。① 第三,依据各地区的经济发展程度,区域性联邦储备银行确定了不同的贴现率,以降低经济欠发达地区的融资成本,促进区域经济发展。第四,对不同地区的商业银行,在库存现金和备付金等方面做出了不同的规定。

印度针对国内经济二元化和金融二元化的实际情况,也采取了一系列有差别的区域金融政策。第一,印度中央银行规定商业银行只有在没有银行的农村地区开设4家分支行,才能在大城市和其他有银行的区域开设1家分行,从而保证银行将2/3的分支行开设在原本没有银行的地区。② 第二,印度中央银行出台信贷配额的差别利率计划,引导资金向落后的部门和地区流动,以提高落后地区的经济货币化水平,促进落后部门尤其是农业的发展。第三,实行"银行规划"措施。印度中央银行将全国划分为若干个地区,将这些地区分配给印度国民银行、国有化银行和某些私营银行,要求这些银行实行"银行规划"措施。在所划分的每一个地区担负主要责任的银行,都要在对该地区进行经济和社会调查的基础上形成规划,并根据规划协调地区内各种金融机构的信贷流向和份额。③

（四）用法律法规保护地方经济利益

美国为了缩小区域经济发展差距,颁布了一系列法律法规。为了协调区域经济发展,美国在早期颁布的《土地法》（Land Bill）、《宅地法》（Homestead Act）、《植树法》（Timber Culture Act）、《田纳西流域开发法》（Tennessee Valley Authority Act）等一系列法律法规的基础上,20世纪60年代至80年代又颁布了《地区再开发法》（Area Redevelopment Act）、《阿巴拉契亚区域开发法》（Appalachian Regional Development Act）、《公共工程与经济开发法》（Public Work and Economic Development Act）、《经济机会法》（Economic Opportunity Act）、《社区再投资法》（Community Reinvestment Act）和《农村发展法》（Rural Development Act）等④,为经济欠发达地区的开发和长期稳定发展提供了法律保障。其中,《社区再投资法》规定,商业银行首先要满足当地经济发展的资金需要,其次要拨出一部分资金专项用于银行所在地的有色人种以及贫穷居民经济活动的金融需求,最后不允许商业银行随意跨州经营、在资金上向外扩张。⑤

德国在第二次世界大战结束后制定和颁布了一系列法律法规,构建了区

---

① 安烨:"中国货币政策效应区域差异研究",东北师范大学博士学位论文,2011年。
② 白钦先、刘刚、郭翠荣:《各国金融体制比较》(第二版),中国金融出版社,2008年。
③ 尹优平:《中国区域金融协调发展研究》,中国金融出版社,2008年。
④ 安烨:"中国货币政策效应区域差异研究",东北师范大学博士学位论文,2011年。
⑤ 郭立平:"金融调控政策区域化的国际经验",《宏观经济管理》,2013年第3期,第80—81页。

域均衡协调发展的政策体系。这些法律主要包括《联邦基本法》《联邦改善区域结构共同任务法》《联邦空间布局法》《联邦财政平衡法》等。其中,《联邦改善区域结构共同任务法》规定,联邦和州共同出资(各50%)向落后地区给予补贴。[1] 20世纪50年代,日本希望利用北海道人少地多的条件,开发北海道,以解决第二次世界大战后严峻的粮食和能源供给问题及复员军人安置问题。1950年5月1日,日本发布《北海道开发法》,确立了中央与地方双重负责的开发体制:由中央政府设立开发机构直接负责地方开发活动,以促进并加强中央政府在地区开发工作中各省、厅之间的协调作用。[2]

(五)建立区域性的证券市场

自美国于1792年5月17日建立第一家证券交易所至今,其国内已有众多证券交易所。这些证券交易所在成立之初,规定了符合本地区经济发展条件的上市标准和管理指标体系,以满足本地区企业上市融资的需要。其中,经济发达地区证券交易所的上市标准要高于经济发展相对落后的地区,这就使得经济落后地区的企业也拥有了进入本地区证券交易所上市融资的机会。因此,尽管各证券交易所成立的时间不同,但都具有鲜明的地区特征,在这些证券交易所上市的企业也主要是本地区的企业。区域性证券交易所的建立和发展,与美国的宪政制度和社会经济发展历史密切相关,满足了区域经济发展的需要,在防止区域资金外流、促进区域经济协调发展、缩小区域经济发展差距方面发挥了积极的作用。

二、进一步完善我国区域金融调控的政策建议

(一)以区域金融协调发展战略统领区域金融调控

我国区域金融发展存在许多不协调。第一,金融产业的空间布局不协调,城乡金融产业布局的二元性特征显著。城市集聚着现代化的金融机构,而在农村布局的主要是传统金融机构;证券行业和保险行业的金融机构主要分布在东部地区,金融机构的区域分布显著非均衡。第二,我国的区域金融发展不协调。东部地区金融发展水平显著高于其他地区;区域内部各地区之间金融发展不协调,金融业规模、金融结构、金融效率在区域内部各地区之间存在明显差异。第三,区域金融发展与区域经济发展的关系不协调。区域金融发展以区域经济发展为基础,并为区域经济发展提供金融支持。区域金融发展水平和质量的高低会体现为对区域经济发展的金

---

[1] 尹优平:《中国区域金融协调发展研究》,中国金融出版社,2008年。
[2] 殷孟波:《西南经济发展的金融支持》,西南财经大学出版社,2002年。

融贡献。不同地区的银行、证券、保险等金融行业在规模、结构、效率方面与区域经济发展表现出复杂的非线性关系。第四,区域金融发展与区域金融生态环境不协调。区域金融主体经营和发展所面临的经济、社会、法律、文化环境与区域金融发展不适应、不协调。第五,区域金融发展过程中政府与市场关系的不协调。政府过于重视金融对经济发展的作用和在经济发展中的特殊地位,对区域金融产业布局、区域金融集聚及区域金融中心建设实施较多的行政干预,抑制了市场在区域金融发展和区域金融资源配置中基础性作用的发挥。我国区域金融发展中的不协调,既是区域经济非均衡发展在金融领域中的体现,又是区域金融调控主体、调控方式和调控工具不断演进的结果。

区域经济协调发展是区域金融协调发展的基础,中央政府应继续实施区域经济协调发展战略,各地区也应加大对内开放和对外开放的力度,增强经济开放性和要素的空间流动性,以创新驱动经济发展方式转变和产业结构转型升级,提高金融市场的资金配置效率。同时,各地区应采取相适应的区域金融协调发展策略。第一,以乡村振兴战略的实施为契机,政府应加大对农业增效、农村发展、农民增收的金融需求的调研投入,以税收优惠、财政补贴等政策举措,鼓励信贷互助组织、村镇银行等小微金融企业在农村地区布局和经营;金融监管部门应鼓励城乡金融机构互相参股,鼓励城市商业银行、股份制商业银行在农村布局机构网点,并鼓励它们加大金融创新力度,提供适合农业、农村、农民特征要求的金融产品、金融形式、金融方式和金融技术。第二,各级政府应积极采取措施,改善营商环境,培养和发展适应现代金融业的文化环境,减少政府对司法的干预,提高司法公正和司法效率。同时,政府还应规范自身行为,改革行政管理体制,提高行政效率;讲求诚信,进而优化地区诚信环境。第三,基于区域金融发展的不协调以及区域金融发展与区域经济发展关系的不协调,东部地区应进一步加大金融开放力度,继续发挥先行先试的政策优势,强化金融增长极的地位;政府应更加注重市场需求力量对金融发展的推动作用,逐步减少对金融的干预,优化银行业结构和保险业结构,提升银行业效率,促进产业结构升级以带动经济持续增长。中西部地区和东北地区应通过政府与市场的双重力量作用,不断扩张金融业规模,提高证券业效率,推动经济发展。金融监管部门应站在区域金融协调发展的高度,鼓励证券机构和保险业机构布局中西部地区与东北地区。同时,中部地区应利用与东部地区相邻的地理优势,进一步优化营商环境和金融生态环境,迎接东部地区金融增长极的辐射。西部地区可借助"一带一路"倡议提供的战略机遇,通过规划建设"金融飞地",内联东部地区金融增长极,外联"一带一路"沿线金融中心,推动区域金融集聚,建设区域金融资源配置高地。东北地区应深化经济体制改革,摒弃僵化的体制机制,加快产业结构调整升级的速度,在不断优化金融结构的基础上,提高银行业效率。

(二)进一步完善我国的区域金融调控体系

政府作为有限理性的经济人,在存在市场失灵现象的情况下,单纯依靠实施区域经济协调发展战略和区域金融协调发展策略,无法真正实现区域金融协调发展的目标。金融发展是在调控下的发展,客观上要求把区域金融调控作为实现区域金融协调发展的重要途径,从顶层角度设计,以区域金融协调发展为目标,制定和实施一系列区域金融调控政策。区域金融调控体系的构建,应既能体现金融宏观调控的整体要求,又能反映在区域经济与金融发展存在明显差异的条件下,地方政府推动区域经济增长以实现区域经济和金融协调发展的内在要求。许多发达国家在进行区域金融调控时构建的较完善的区域金融调控体系,在开发落后地区、均衡区域经济发展方面发挥了重要作用。目前,我国的区域金融调控体系还存在许多问题,比如中国人民银行分支机构设置不合理、政策性金融机构和区域性开发机构缺位等,为此有必要进一步完善我国的区域金融调控体系。

1. 调整中国人民银行的机构设置

20世纪八九十年代,中国人民银行按行政区划设置分支机构并由分支机构实施金融宏观调控,助长了地方政府的干预行为。1998年,中国人民银行裁撤省级分行,设立9个跨省区分行和两个营业部,大幅度减少了地方政府对货币政策执行的直接干预。但是,跨省区分行只是僵化地执行总行给定的调控指令,其立足于本区域有差别地执行区域金融调控的职能并未得到有效发挥。同时,中国人民银行现行的分支机构设置使得管理层次过多,信息传递时滞较长且极易发生失真,真正从事业务调控和监管的部门人员过少,跨省区分行与各省会城市中心支行之间、各层次职能部门之间在职责划分上不十分清晰。因此,可考虑裁撤跨省区分行,恢复各省会城市的一级分行,在地市级城市设立支行,裁撤县级支行,对其人员进行重新组合,增加差异化区域金融调控政策的执行人员。

2. 动态调整政策性银行的目标

我国于1994年先后组建了中国农业发展银行、国家开发银行和中国进出口银行,这三家政策性银行的任务是:实行政策性金融和商业性金融的分离,使国有专业银行真正实现商业化经营;割断政策性贷款与基础货币的联系,确保中国人民银行调控基础货币的主动权。我国政策性银行具有财政和金融双重职能,政策性金融体现了信贷资金财政化运作的特征。政策性银行一方面需要贯彻政府的产业政策意图;另一方面作为独立法人,还要"实行独立核算、自主经营、保本经营、企业化管理"。在利益的驱动下,政策性银行容易出现赢利冲动和信用扩张行为,破坏整个银行体系的竞争格局。同时,我国政策性银行的资金来源主要是中国人民银行再贷款,因此政策性银行信贷规模的变化,会直接影响到基础货币量的变动,对中国人民银行的金融宏观调控形成干扰。另外,中国进出口银行和国家开发银行在许多地区没有分支机构或分支机构较少,许多业务须委托商业性金融机构办理,委托与代理双方在具体职责、权限、法律责任等方面没有具体明确的规定,无法形成有效的约束,难以保证信贷资产的质量。值得注意的是,由于经济发展落后地区的财政能力不足,难免出现向政策性银行转嫁地方财政赤字的情况,过度干预政策性银行,抑制政策性金融的发展。因此,应动态调整政策性银行的目标,明确政策性金融的功能定位。

在经济发展的不同阶段,政策性银行的目标应有所不同,需要进行阶段性的调整。在经济发展初期,政策性银行应通过向重点发展部门或基础产业部门提供金融支持,发挥推动经济发展的重要作用。在经济发展中期,政策性银行应继续发挥资金筹措和融资的作用,同时应肩负调整产业结构、开发地区经济、消除地区差异、推进工业化、实现经济平衡发展等重要职能。在经济发展后期,政策性银行的业务重点应转向社会福利和公益事业,如国土整治、教育、医疗卫生等方面。由于我国各地区的经济发展水平存在一定差距,当中部地区、西部地区和东北地区进入经济发展中期时,东部地区已经进入经济发展后期。针对处于不同发展阶段的地区,政策性银行应分别确定相应的目标,明确政策性金融在不同地区的功能定位。

三家政策性银行自成立以来,在配合国家产业政策的实施,支持基础产业、基础设施、重点项目和加强宏观调控职能等方面发挥着重要作用。但是,三家政策性银行都有各自的业务范围,市场失灵现象在许多产业领域仍大量存在,政策性金融缺位现象较为严重。比如农业等弱质产业的发展与升级亟须的农业政策性保险机制,以及国家创新发展的政策性保险机制至今尚未建立,中小企业融资所需要的政策性担保机构亟须加强和完善,产业转型升级所需要的政策性融资租赁机构尚未成立。因此,进一步丰富政策性金融机构类型、完善政策性金融机制就显得十分必要。具体而言,第一,应从支持和鼓励农业等弱质产业以及创新驱动经济发展的角度出发,设立专门的政策性保险机构,建立健全粮食安全和产业转型升级所需要的保险机制;第二,应从支持中小企业发展的角度出发,由政府出资建立中小企业融资担保机构,健全中小企业融资的政策性担保机制,以推动产业升级、增加就业和保持经济平稳增长;第三,应配合国家"一带一路"倡议的实施和产业的转型升级,设立政策性融资租赁机构,填补商业性融资租赁留下的市场空白。

3. 设立区域性开发机构

与政策性金融一样,开发性金融也是在政府推动下干预市场、弥补市场失灵的手段。但开发性金融有别于政策性金融,政策性金融是将信贷资金财政化,而开发性金融是将财政资金转化为信贷资金进行市场化运作,即财政资金信贷化,是政府财政职能的延伸。日本、德国等发达国家曾建立区域性开发机构对落后地区实施开发,取得了显著的经济成效。我国于1994年建立的国家开发银行,以国家信用为基础,在重点项目建设、重点产品和基础产业发展等方面提供了重要的金融支持,但随着经济的发展,政策性业务越来越少,传统业务受到来自商业银行的竞争。于是,国家开发银行自2008年开始向商业银行转型,但从此为开发落后地区提供融资支持的机构就出现了缺位。同时,改革开放以来,在东部沿海开放、西部大开发、东北振兴和中部崛起等区域发展战略的制定与实施的过程中,中央政府的财政、信贷优惠政策是渐次减少的。解决西部大开发、东北振兴和中部崛起面临的资本困境,寻求区域金融合作、实现共赢,是各省份的共同期盼。为此,应考虑尽快由中央政府、各省份地方政府共同出资,分别在中部地区、西部地区和东北地区组建区域性开发银行,以项目融资为引导,结合长期融资优势和政府组织协调优势,对资金需求量大、投资期限长、经济效益低但社会效益突出的基础设施建设项目,能够将资源优势转化为经济优势的项目,环境综合治理项目,产业结构调整项目和高科技项目等进行资金扶持,将开发性金融作为实现区域经济发展战略的重要支撑,改善区域投资环境,以国家信用推动市场建设和制度建设,增强商业性金融机构的金融信心,引导民间资本的区域投资方向。

4. 发展中小金融机构

中小金融机构指除政策性银行和四大国有商业银行以外的非证券、非保险类金融机构,主要包括股份制商业银行和诸如城市商业银行、农村商业银行、农村合作银行、农村信用合作社等地方金融机构。改革开放以来,股份制商业银行和城市商业银行从无到有,在中西部地区及东北地区存贷款的市场份额逐步提高,资产规模稳定增长,为地方经济发展提供了积极的金融支持。与四大国有商业银行近年来日益收缩机构规模形成鲜明对比的是,股份制商业银行和城市商业银行在中西部地区及东北地区的分支机构规模不断扩张。但目前中小金融机构面临一些不容忽视的问题:受经济增速放慢的影响,局部地区地方金融机构的金融风险有所上升;长期以来的金融抑制使民营资本游离于正规金融之外,民营资本进入正规金融机构存在"制度歧视";地方金融机构公司治理结构不完善,受地方政府干预较多,经营缺乏稳健性;地方金融机构的业务范围局限于存贷款、结算等,利润来源仍主要是息差;地方金融机构布局须进一步规范。

中小金融机构不断发展壮大,已经成为货币政策传导和执行区域金融调控的重要力量。第一,中小金融机构应明确市场定位。中小金融机构应遵从区域发展取向,实施区域定位战略,形成自身特点,发挥本土化优势,融入当地文化,为客户服务。第二,应采取积极举措,降低民营资本参股地方金融机构的门槛。地方金融机构可积极引入境内外战略投资者,并邀其派驻董事参与经营决策。地方政府可逐步减持地方金融机构的股份,促进其转换经营机制,以便减少地方政府不必要的行政干预,进一步规范中小金融机构的公司治理结构。第三,应进一步放松股份制商业银行和外资银行进入中西部地区和东北地区的限制。首先,对于经济发展基础较好、经济发展水平较高、地方金融机构经营状况持续欠佳的地区,可采取优惠措施向股份制商业银行及外资银行转让地方金融机构的部分股权乃至控股权;其次,对到中西部地区和东北地区设立分支机构的股份制商业银行和外资银行,应在资产规模、资本规模、年分支机构设立数量上放宽限制,并对其在中西部地区和东北地区设立的分支机构应缴纳的营业税、所得税等税负予以减免;最后,应加大商业银行高级经营管理人才的引进力度,以提升这些地区银行业的经营管理水平和竞争力水平。第四,扩大中小金融机构的业务经营范围,支持中小金融机构增加业务品种,建立中小金融机构与四大国有商业银行之间的同业借款制度;对经营规模较大、经营状况良好的中西部地区和东北地区的中小金融机构,可适当放宽再贷款和再贴现的条件;支持中小金融机构业务创新,增加业务种类。第五,地方政府应重新认识地方金融发展与地方经济发展的关系,重整与地方金融的关系,减少对地方金融机构在人事和业务等方面的控制和干预,赋予地方金融机构与其他金融机构同等的市场地位。第六,重构地方金融机构布局。对于经营稳健、管理规范、盈利能力较强的地方金融机构,可放宽其在异地设立分支机构以及参股或控股其他地区地方金融机构的限制,避免地方政府的过度行政干预,以便于地方金融机构拓展经营的地理边界,进而提高金融效率和金融产权效率。地方金融机构不但应统筹考虑经济环境、行政法律等外部因素,而且应考虑机构自身的规模经济、市场定位、业务导向、安全及交通条件、形象营销、金融风险状况等内部因素,不断调整机构网点数量,按照经济原则重构区位布局。

(三)建立健全落后地区多元化、多层次的资本市场

1. 大力发展经济落后地区的资本市场中介机构

经济相对落后的中部地区、西部地区和东北地区上市公司数量相对较少,投资者在资本市场上更多地投资于东部地区的上市公司,这一方面支持了东部地区的经济发展,另一方面降低了本地区的储蓄率,使本地区的银行信贷资金来源相对减少,在以间接融资为主的市场格局下,不利于经济落后地区的资本形成和经济增长。因此,中部地区、西部地区和东北地区在积极培育优质上市公司的同时,应大力发展地方券商,鼓励企业资本特别是民营企业资本参股地方券商,以扩充其资本规模;地方政府应在人才引进、网点设立等方面给予政策优惠,吸引国内的券商和国外的投资银行进入本地市场设立分支机构,使券商能够更好地充当企业的融资顾问、证券配售代理人、并购重组及政策顾问。另外,应大力发展企业信用评级机构,为企业并购重组、股份制改造、上市融资提供相应的金融服务。

2. 在中部地区、西部地区和东北地区建立多层次的金融市场

证券交易所在提高资源配置效率、促进储蓄向投资转化等方面具有重要的意义。深圳证券交易所和上海证券交易所的建立,对推动深圳市特区建设和上海市浦东新区开发开放起到了不可或缺的作用。目前,在经济相对落后的中部地区、西部地区和东北地区,企业融资方式主要是间接融资,储蓄向投资转化的效率较低,大部分企业达不到在沪深两市上市或发行债券的条件。统一的上市条件客观上造成地区间企业不平等的融资机会,大量需要通过证券市场融资解决资本瓶颈的企业被拒于沪深两市之外。对此,可借鉴美国为平衡区域经济发展,在经济发展水平不同的地区设立证券交易所、分别制定上市标准和监管制度的办法,在中部地区、西部地区和东北地区选择经济基础较好、金融发展水平相对较高的中心城市建立证券交易所,制定有别于在沪深两市上市或发行债券融资的标准和办法,降低企业的融资门槛,并根据各区域的实际经济状况,分别核定每年可以上市融资的额度。同时,在证券交易所所在区域以外的其他地区满足上市条件的企业,也可以申请在该证券交易所上市融资。

金融衍生品交易市场是连接商品市场、货币市场和资本市场的纽带,在配置资源、管理风险、推动金融创新、提高金融效率等方面具有重要作用。随着近年来我国经济发展和金融体制改革的不断加快,金融资源数量急剧上升,金融创新不断加速。对此,本章建议在中部地区、西部地区和东北地区金融机构集聚程度较高、金融创新较为活跃的某个中心城市,设立金融衍生品交易所,通过金融远期类合约、金融期权类合约、黄金期权和黄金期货等金融

衍生品的交易,推动区域金融创新和区域金融发展,增强区域创新的动力和活力,促进区域产业升级和经济发展方式转变。

目前主板、中小板和创业板市场均分布在东部地区,对此,本章建议分别在中部地区、西部地区或东北地区尽快建立场外交易市场。第一,这样有利于优化企业资产配置,加快经营机制和经营方式转变、规范经营管理行为、强化企业的市场主体意识;第二,这样可以为区域内部不能满足证券市场融资条件的企业提供充足的融资渠道;第三,这样可以拓宽区域内外民间资本的投资空间,促进东部地区的资本输入中部地区、西部地区和东北地区。

(四)构建实现区域经济协调发展的法律法规体系

美国、德国、日本等西方发达国家历史上都曾出现区域经济发展差距过大的问题,它们通过制定和颁布一系列法律法规,为经济欠发达地区的开发和长期稳定发展提供法律保障。我国经过改革开放四十多年的发展,区域经济发展差距显著,成为影响资源优化配置、社会秩序稳定和经济持续稳定发展的重要因素。然而,出于种种原因,我国关于区域经济协调发展方面的法律法规体系至今没有建立起来,区域金融调控和开发经济落后地区的依据主要是"办法""意见""规划"等政府文件,没有法律约束力,也缺乏持续性和稳定性。随着近年来"西部大开发""东北振兴"和"中部崛起"等区域经济发展战略的制定和实施,亟须建立实现区域经济协调发展的法律法规体系。

实现区域经济协调发展的法律法规体系主要包括几个方面:第一,应对开发落后地区、缩小区域经济发展差距、实现区域经济协调发展的目标做出明确规定。只有目标明确,开发落后地区的实施主体才会有明确的努力方向,采取的调控手段才会更加有效。第二,应对政府的相关职能部门、中央银行、政策性银行及商业银行等区域经济协调发展的实施主体的权利和义务做出明确规定,廓清主体之间的行为边界。第三,应对"西部大开发""东北振兴""中部崛起""雄安新区"等区域经济发展战略和区域经济发展规划采用立法形式予以规范。可依法制订规划、调整规划、执行规划,避免区域经济发展战略和区域经济发展规划在制订和实施过程中的随意性造成资源浪费和效率损失。第四,应就实现区域经济协调发展所采用的政策工具,如财政政策工具(财政补贴、优惠税收等)、货币政策工具(较低存款准备金率、政策性再贷款、优惠利率等)、产业政策手段(产业规划等)之间的协调配合及其在落后地区开发中的作用做出明确规定。

(五)实施适度差别的区域货币政策

1. 对不同区域实行差别存款准备金政策

目前我国的存款准备金政策规定,大型金融机构和小型金融机构分别执行有差别的准备金率,并由一级法人机构统一缴存,这个规定不利于调节区域货币供给量。货币供给量由基础货币量和货币乘数共同决定。存款准备金率是决定货币乘数的重要变量。由于存在区域经济发展差异,在统一的法定存款准备金政策下,经济发达地区的货币乘数要大于经济欠发达地区,其信贷规模也大于经济欠发达地区,从而加剧了货币供给的区域非均衡性。而对不同区域实行有差别的存款准备金率,可以抵消货币乘数区域差异引起的货币供给量的区域不均衡。由此本章建议对经济较发达的东部地区实施较高的存款准备金率,对经济相对落后的中部地区、西部地区和东北地区实行较低的存款准备金率。同时,将现行的一级法人统一缴存准备金的做法,改为由存款类金融机构在各地区的分支机构按相应的存款准备金率缴存。

2. 对不同区域实行适度差别的再贴现政策和再贷款政策

再贴现规模的大小,直接影响基础货币量的大小。由于东部地区票据市场发育程度、商业信用水平高于其他地区,加之现行再贴现政策中总量比例、期限比例和投向比例的量化考核办法,东部地区实际获得的再贴现规模相对大于中部地区、西部地区和东北地区。为此,中央银行应依据不同区域的经济发展水平和区域经济发展战略实施需要,规定不同区域再贴现的规模比例。另外,中央银行应规定再贴现率的浮动区间,由各省份分行自行确定。再贷款与再贴现一样,是一个调节货币供给量的重要工具。我国自1984年以来实行的统一的再贷款政策,并没有突出区域经济与金融发展的非均衡性,也没有顾及区域经济发展的客观要求。从区域经济协调发展的角度出发,应施行适度差别的区域再贷款政策,比如加大政策性再贷款向中部地区、西部地区和东北地区倾斜的力度;增加再贷款的规模,确保国家粮食安全;降低再贷款利率,以降低农户的利息负担;支农再贷款的期限应在现行的1年的基础上延长为2—3年,以推动农业产业升级和农业现代化;增加对西部地区基础设施建设的再贷款扶持力度,改善西部地区的生态环境和投资环境;流动性再贷款应进一步增加对中部地区、西部地区中小金融机构尤其是地方金融机构的扶持型再贷款。另外,在目前经济下行致使东部地区银行业不良资产比率快速上升的现实背景下,应增加对资产管理公司发放金融稳定再贷款的规模,并确保用于对东部地区不良资产的处置。

3. 对不同区域实行适度差别的利率政策

崔光庆和王景武在分析我国区域金融差异的成因时,构建了一个中央政府干预条件下的金融市场均衡模型,解释了不同地区的利率差异对金融市场均衡的影响。① 模型中设定的利率差异为显性差异。利率水平的显性差异,目前除对西部地区民族贸易和民族特需商品的生产性贷款实行优惠利率以外,主要表现在对不同产业、不同产品贷款利率的差异上。而利率水平的隐性差异则是形成不同地区企业实际利息负担差异的关键,也是资金在区域间流动的重要驱动力量。在利率市场化进程日益加快的今天,应将区域利率水平的隐性差异显性化,针对不同地区的经济和金融运行实际,实施差别利率管理,对经济落后地区采取相对较低的贷款利率,对经济较发达的地区采取相对较高的贷款利率,以加快落后地区的资本形成和经济发展。

本 章 小 结

区域差异引致金融资源的地域运动,是金融发展区域非均衡的形成基础,也是实施有差别的区域金融调控的决策依据。本章主要讨论四个方面的内容:第一,阐述区域金融调控的理论基础。本章认为区域金融调控具有协调功能和监控功能,其目标应根据区域经济具体所处的发展阶段确定,并处理好公平与效率的关系。第二,从最优货币区的视角,分析区域金融调控的理论依据。本章认为,我国经济与金融发展的区域差异显著,并不满足最优货币区的标准,有必要实施有差别的区域金融调控政策。第三,从区域金融协调发展的视角,分析区域金融调控的理论依据。本章认为,区域金融调控是实现区域金融协调发展的必要手段。第四,构建进一步完善我国区域金融调控的政策框架,内容包括:以区域金融协调发展战略统领区域金融调控,进一步完善我国的区域金融调控体系,建立健全落后地区多元化、多层次的资本市场,构建实现区域协调发展的法律法规体系,实施适度差别的区域货币政策。

---

① 崔光庆、王景武:"中国区域金融差异与政府行为:理论与经验解释",《金融研究》,2006年第6期,第79—89页。

第八章 区域金融合作

20世纪80年代以来,我国的区域金融合作从无到有,并在近年来得到不断加强。这些合作无论是政府推动还是市场主导抑或两者兼有,对促进区域金融协调发展、深化区域经济合作、推动区域经济发展都发挥了积极作用。但是,我国的区域金融合作还存在许多进一步加强的空间。"一带一路"倡议下的国际区域金融合作正迅速展开,促进我国进一步金融开放和金融深化,是实现金融区域化和金融全球化的大好机遇。本章拟在阐述区域金融合作机理的基础上,研究我国区域金融合作的现状及存在的问题,从金融区域化的视角分析"一带一路"倡议下国际区域金融合作面临的挑战,探讨加强与"一带一路"沿线国家金融合作的路径。

第一节 区域金融合作概述

一、区域金融合作的基本含义

(一)区域金融合作的定义

区域金融合作即一定地域范围内的金融行为主体基于共同利益,采用协调或配合等方式进行的联合行动。区域金融合作的行为主体主要包括中央银行和金融监管部门设置在各地区的分支机构,商业银行、证券公司、保险公司等商业性金融机构和政策性银行设置在不同地区的分支机构,地区性的金融行业协会,等等。

(二)区域金融合作的特征

区域金融合作主要有以下几个特征:第一,区域金融合作是区域经济合作的重要组成部分,是区域经济合作的中心环节。区域金融合作服务于区域经济合作,对区域金融发展和区域经济发展具有重要的推动作用。区域金融合作的基础和前提是区域经济一体化,区域金融的合作程度、合作方式、合作模式及合作效率与区域经济一体化程度密不可分。在区域经济一体化的过程中,物资流、人流、信息流和资金流是相辅相成的。前三者引起的支付清算、资金划拨和融资需求,都会促进资金在区域内部不同地区间流动,从而为区域金融合作提供契机。第二,区域金融合作有助于区域金融发展。金融业是一个规模经济效应和范围经济效应较显著的行业，区域内部的不同金融机构在信息共享、产品创新、支付清算及融资方面的合作，可以有效地节约金融交易成本，促进金融资源的地域运动，优化金融资源的配置，实现规模经济和范围经济，提升金融资源配置的效率。第三，区域金融合作的行为主体在目标上具有一致性。区域金融合作能为参与合作的各行为主体带来经济利益。然而，各行为主体对合作利益的分割有自己的诉求和愿望，当区域金融合作的利益分割不能满足行为主体的要求时，合作便不能维持下去。于是，对合作利益分配主导权的控制就变得愈发重要。只有区域金融行为主体对合作利益分配和合作成本分割达成一致意见，合作各方便拥有了共同的目标，也才可能来采取联合行动。第四，区域金融合作的实质是联合行动。在区域金融合作中，参与各方需要协调行为，相互配合，联合采取行动，才能最终达到合作目标。行为主体各自的单独行动，不属于合作的范畴，也无益于合作目标的实现。

二、区域金融合作的模式与方式

(一)区域金融合作模式

区域金融合作模式指区域金融合作的标准化样式或范式。区域金融合作对于优化区域金融结构、完善区域金融功能、提高区域金融效率具有重要的积极意义，也是实现区域金融发展的重要途径。区域金融合作的动力主要来自政府和市场两个方面。政府推动区域金融合作的目的在于维护区域金融安全、促进区域金融发展，以便金融业能够为本地区的经济增长和产业升级提供更有力的金融支持。来自市场的动力主要集中在金融机构和企业两类市场主体。金融机构谋求区域金融合作的目的在于降低金融交易成本，拓展经营的地理边界和业务边界，实现规模经济和范围经济，最大限度地攫取利润。企业期望区域金融合作，主要是因为由此可以获得更加便捷安全的支付结算服务、高效方便的融资支持。当然，政府推动和市场主导的区域金融合作并不是完全对立的，在特定的区域空间，金融合作的动力往往是混合的，既有来自政府的推动力量，也有来自行为主体从微观利益出发的自主推动力量。因此，从动力来源的角度看，区域金融合作模式有三种：政府推动型、市场主导型和混合型。

政府推动型的区域金融合作是以政府为区域金融合作的主导力量，由政府对区域金融合作做出规划，充当区域金融合作的组织者和协调者，规范合作主体的行为。这种模式的优点是政府凭借行政权力可以对区域金融合作进行较好的统筹规划，取得较高的合作效率。其缺点在于，政府推动下的区域金融合作较多地反映了政府干预金融和经济运行的政策意图，难免违背市场上业已存在的区域金融合作的供求决定规律,降低金融资源的区域配置效率。同时,政府推动型的区域金融合作是为区域经济和金融运行提供公共物品,往往需要动用财政资金,客观上会增加纳税人的税收负担。另外,政府推动下的区域金融合作,需要多个地方政府协调一致,采取共同行动。由于各地区均有自身相对独立的经济利益和金融利益,协调成本较高,因此合作的深度与广度也会受到一定程度的限制。

市场主导型区域金融合作是指在市场机制的作用下,以市场为区域金融合作的主导力量,由金融机构等行为主体因追求微观经济利益而自发实现的合作。市场主导型区域金融合作的优点在于能够调动行为主体参与合作的积极性。其缺点表现在:一方面,这一模式发挥作用的大小受制于市场经济体制的完善程度。在市场经济体制较完善的地区,这种合作模式取得的效果较为显著;在市场经济体制较不完善、政府对市场有较多干预的地区,这种模式不易发挥作用。另一方面,市场主导型模式是行为主体在微观利益驱动下自发行动的结果,往往缺乏统筹规划,合作方式受到一定的约束,合作领域也有局限性。

混合型区域金融合作是指政府和市场共同充当区域金融合作的推动力量,政府充分考虑区域内部各地区间金融发展水平的差异、金融分工的状况和金融发展的诉求,制订区域金融合作规划,统筹区域金融发展,配套以金融政策与法规,向市场提供完善的金融基础设施,引导行为主体参与合作的积极性,协调和处理合作过程中出现的摩擦和纠纷。在政府合作规划与政策法规的引导下,行为主体在市场、机构、业务等多个领域展开区域合作。混合型区域金融合作模式既避免了市场主导型模式下的无序与合作领域方面的局限性,调动和保护了行为主体参与合作的积极性,又避免了政府推动型模式下区域金融合作的高成本和政府干预市场引发的金融资源配置扭曲。但应注意的是,政府推动作用的发挥应是理性和适度的,政府制订的区域金融合作规划,制定出台的相关政策法规在保证有利于区域经济发展的条件下,既要满足行为主体对利益分割的要求,又要尊重市场规律的作用。同时,混合型区域金融合作模式对经济和金融发展所处的阶段有一定的要求。在经济发展的初期阶段,政府的主要职能是制订合作规划和制定相关政策法规,提供有利于合作的金融基础设施和优惠财税政策;在经济发展的中期阶段,政府的工作重心应向提供金融基础设施、维护合作环境和协调合作主体利益等方面转移,引导更多的行为主体参与到区域金融合作中;在经济发展的后期阶段,政府工作的着力点应放在合作规划的制定方面。

(二)区域金融合作方式

区域金融合作方式是指行为主体在区域金融合作过程中所采用的方法和形式。区域金融合作方式主要有:区域金融信息合作、区域金融机构合作、区域金融市场合作、区域金融监管合作。

1. 区域金融信息合作

区域金融信息合作是指包括区域金融机构、区域金融监管部门在内的行为主体在金融信息的沟通与交流方面相互协调配合、共同采取行动。金融机构是一个信息集聚地,金融交易会产生大量的金融信息。区域金融机构在金融信息方面的即时沟通与交流,可缓解金融活动中的信息不对称和信息不完备,从而促进规模经济效应,降低金融风险。在各类区域金融合作方式中,区域金融信息合作是层次最低、成本最小也是最容易实现的一种合作方式。

2. 区域金融机构合作

区域金融机构合作是指金融监管机构以外的商业性金融机构、政策性金融机构及合作性金融机构在业务经营、跨地区设置分支机构、合资共设分支机构等方面开展的合作。区域金融机构合作包括:区域内部不同地区提供同类金融产品或同类金融服务的行为主体之间的横向合作,金融机构等行为主体与其客户之间以及为其提供服务和产品的行为主体之间进行的纵向合作,商业银行与政策性银行、信用合作组织、保险公司、证券公司等提供不同种类金融产品和金融服务的行为主体之间的混合合作。

3. 区域金融市场合作

区域金融市场合作指区域行为主体在货币市场、股票市场、保险市场等专业市场领域中的合作。金融市场是一个通过金融工具交易实现金融资源配置的场所。各地区政府承担着增加就业和推动地方经济发展的职责,会采取各种手段鼓励本地区的金融机构动员并运用本地区的金融剩余,对金融资源的跨地区流动和配置会采取"奖入限出"政策。区域金融市场合作的基础是互利共赢,合作的结果会因区域金融资源配置效率的提升而致使行为主体的微观经济效益得以提高。

4. 区域金融监管合作

区域金融监管合作指区域金融监管部门以及地区性金融行业协会在对金融机构的市场准入、业务经营、金融产品开发与产品定价等方面相互协调配合、采取的联合行动。金融业是一个风险集聚的行业,金融机构在跨地区设置分支机构、经营相关业务的过程中,会因为信息不对称而加剧区域金融风险,并可能在某一事件的刺激下爆发区域性金融危机,影响区域金融安全与区域金融稳定。区域金融合作往往与区域金融创新同时进行,而区域金融创新在提高区域金融效率的同时,同样会放大区域金融风险。因此,区域金融监管机构和地区性金融行业协会密切沟通与合作,可以及时发现风险并采取措施,防范和化解区域金融风险,维护区域金融安全与稳定。

三、区域金融合作的经济意义

区域金融合作是指区域内部不同地区之间的金融机构、金融市场、金融监管等在金融信息沟通与交流方面相互协调与配合并进行联合行动。虽然行为主体参与联合行动的目的在于获取合作带来的利益,但客观上有着重要的经济意义,主要表现在以下三个方面。

(一)区域金融合作有助于实现区域金融协调发展

受多种因素的影响,区域内部的金融空间并不是均质的。居于不同金融空间的金融主体的创新能力有所不同,在金融发展水平较高的地区,金融主体的创新能力较强,金融产品、金融服务技术、金融监管手段与监管机制往往处于高梯度①;在金融发展水平较低的地区,金融主体的创新能力较弱,往往处于低梯度。高梯度地区在创新的金融产品、金融服务方式、金融监管手段与监管机制逐渐被市场接受以后,会逐步向低梯度地区扩散,引领低梯度地区的金融发展。这种高梯度地区的扩散效应通常需要一个漫长的过程,也使得区域金融发展差异得以长期存在。

区域金融合作是一个由浅入深、由表及里的过程。受地方政府对本地区金融资源保护、金融监管部门行政区域职责划分、金融机构之间信息不对称以及地方金融文化、区域经济联系紧密程度等条件的制约,最初的区域金融合作主要限于金融信息的沟通与交流。随着制约条件的逐渐改善及行为主体对合作利益的追求,区域金融合作逐渐发展为高梯度地区与低梯度地区在某一个或某几个专业领域的合作,并随合作条件的进一步成熟逐渐向全方位的区域金融合作转化,由此加速高梯度地区扩散效应的发挥。全方位的区域金融合作会大大提高金融资源在区域内部的配置效率,有助于增加行为主体的规模经济和范围经济,推动金融资源在区域内部的自由流动,加快区域金融一体化进程,使区域金融发展差异逐步收敛,最终实现区域金融协调发展的目标。

(二)区域金融合作有助于促进区域经济发展

根据二元经济结构理论,在欠发达国家的经济发展初期,存在经济发达地区和欠发达地区并存的"二元经济结构"。在"循环累积因果关系"的作用

---

① 根据区域经济学的梯度推移理论,经济梯度指的是经济发展水平的区域差异。这里的"高梯度地区"指的是金融发展水平较高的地区,"低梯度地区"指的是金融发展水平较低的地区。

下,经济发展较快的地区会发展得更快,经济发展较慢的地区会发展得更慢。经济率先发展的某些地区会拥有累积性竞争优势,形成"回波效应"。在要素由欠发达地区向发达地区流动的过程中,当要素集聚的外部正效应和规模经济被外部负效应和规模不经济替代时,就会出现"扩散效应"。回波效应使要素向优先发展的地区集聚,加速发达地区的经济发展;扩散效应使要素由发达地区向欠发达地区流动,推动欠发达地区的经济发展。其间,区域金融合作促进了金融资本随生产资料、劳动力和信息的流动而流动。

假设甲地区为经济发达地区,A银行为甲地区的商业银行;乙地区为经济欠发达地区,B银行为乙地区的商业银行。银行拥有信息优势,并对技术创新项目具有甄别能力,金融资本总是从低收益地区向高收益地区流动。当发生回波效应时,乙地区的生产要素向甲地区流动。若乙地区的B银行与甲地区的A银行无合作关系,乙地区的企业到甲地区投资时,B银行会因为乙地区的企业超出B银行的营业地域范围而拒绝给予金融支持,甲地区的A银行会因为不了解来自乙地区企业的资信状况而不予信贷支持,致使企业的投资规模受到限制。若A银行与B银行存在合作关系,当乙地区的企业到甲地区投资时,A银行会及时从B银行处了解到企业的资信状况并给予相应的信贷支持,由此提高回波效应作用下的要素集聚效率。当发生扩散效应时,若A银行与B银行存在合作关系,甲地区的企业到乙地区投资时,B银行可以及时从A银行处了解企业的资信状况,从而满足该企业的金融需求;或者,A银行和B银行可以基于合作关系向该企业提供银团贷款,从而放大扩散效应。

(三)区域金融合作有助于深化区域经济合作

区域经济合作指地理位置相邻或相近的两个或两个以上的地区为了实现共同的经济利益,利用各自在地域分工中的比较优势,在经济政策方面采取共同的或协调的行动。区域经济合作可以是松散的,也可以是紧密的。松散的区域经济合作指不同地区处在同一产业链不同生产环节的企业之间的相互依赖与协作,是区域经济合作的初级形态;紧密的区域经济合作指区域经济一体化,即在正式制度约束下生产要素市场、产品市场和经济政策的统一,是区域经济合作的高级形态。不论区域经济合作的表现形态如何,其实质均为实现经济联合,而这种联合必然会促进生产要素和产品在区域内部的自由流动,加大区域内部各地区经济联系的紧密程度,进而产生大量金融需求。

区域金融合作有助于推动和深化区域经济合作。区域金融主体在信息领域的合作,可以为区域经济合作提供信息支持,降低要素和商品流动的信息成本;在支付结算领域的合作,可以为区域经济交易提供便捷高效的支付结算服务,提高要素市场和产品市场的交易效率;在授信、融资租赁、信托、保险等资本市场领域的合作,可以扩大区域经济合作的规模,促进产业转移与产业转型升级;在风险管理、资产管理领域的合作,可以提高区域经济合作的总体收益水平,刺激经济主体参与区域经济合作的积极性;在金融监管领域的合作,可以为区域经济合作与区域经济发展提供稳定、安全的金融环境。总之,区域金融合作以区域经济联系的紧密程度为基础,又服务于区域经济合作,推动和深化区域经济合作。

四、区域金融合作的原则

(一)市场与政府并重

在市场机制的作用下,区域金融机构以合作利益为导向,金融资源的配置较容易实现帕累托最优。区域金融合作可以使参与各方均得到利益。因此,通过合作产生利益的领域都可能出现合作。区域金融合作都具有外部性,即合作不仅可以使参与者获利,还可以使参与者以外的其他经济主体获取收益,而且不必支付任何代价。合作都是有成本的,当行为主体在某一金融领域合作的私人边际成本小于私人边际收益时,就会积极参与该领域的合作;当合作的私人边际成本大于私人边际收益时,该行为主体就会不愿参与该领域的合作,从而出现合作真空。同时,区域金融合作可能会使区域金融市场的组织结构和业务结构发生变化,在条件适宜的情况下,区域金融机构会形成合谋,从而损害其他市场主体的利益。区域金融合作就像一辆汽车,从宏观经济利益着想的政府,会给汽车添加"燃料"以促使这辆汽车运转起来。这些"燃料"主要包括:运用行政力量提供交流和磋商的平台,营造合作环境,制订区域金融合作规划,提供有利于合作的基础设施和金融基础设施,改善金融生态环境,等等。市场主导型模式下形成的合作外部性与合作真空,需要在政府行政力量干预和推动下予以弥补。单纯强调市场主导或者政府推动,都是不现实的。

(二)效率与安全并重

效率原则强调通过区域金融合作提高金融效率。无论是政府行政力量推动的合作,还是市场主体自发实现的合作,都应在满足合作共赢要求的前提下提高区域金融效率。区域金融合作可以通过规模经济和范围经济影响区域金融效率。一方面,区域金融合作主体基于互利互惠的目的,通过合作扩大业务经营的地理边界和组织规模,实现规模节约和规模报酬递增;在业务方面的交叉合作,又有利于实现范围经济,提高区域金融效率。另一方面,金融业是一个风险集聚度较高的行业,区域金融合作本身又是一种金融资源的跨地域整合,这一整合过程常常与金融组织创新、金融工具创新、金融市场创新、金融制度创新及金融服务技术创新等金融创新紧密相连。业已存在的金融风险可能通过区域金融合作在区域内部的各金融行业、各金融机构之间串并和膨胀,在某一事件的刺激下可能会引发区域金融动荡,影响区域金融安全。因此,区域金融合作应遵从安全原则,即市场主体在通过区域金融合作谋求利益的同时,应采取相应措施来防范和化解区域金融风险;同时,应加强区域金融监管合作,避免因合作而加剧区域金融风险,影响区域金融安全。一味地追求合作利益而忽视区域金融合作过程中风险集聚对区域金融安全的影响,或者一味地强调区域金融安全而漠视区域金融合作对金融效率的提升,都是不可取的。

(三)统筹与互补并重

统筹原则一方面要求区域金融合作应兼顾各地区金融业的特色及其在区域金融分工中的地位,统筹安排区域金融合作的主体、领域、规则、具体目标、与区域经济发展的协调程度,尽可能使区域金融合作主体步调一致地采取共同行动;另一方面要求区域金融合作要统筹区域合作整体利益,协调合作利益在各行为主体之间的分割,确保合作目标的一致性,避免行为主体在合作过程中采取损人利己的行动。互补原则要求合作主体在容忍区域金融发展差异的前提下,利用各自在产品开发、市场拓展、组织规模、服务技术与服务方式、人才及区位等方面的比较优势,取长补短,使区域金融合作效益最大化,满足区域经济发展不断增长的金融需求。在区域金融合作中,应结合统筹与互补,既要使得行为主体在目标一致的条件下采取共同行动,又要充分发挥行为主体各自拥有的比较优势。

第二节 区域金融合作的成因及制约因素[①]

一、区域金融合作的成因

区域金融合作的成因既有内在的,也有外在的。内在成因是指合作主体对于合作产生的宏观利益或微观利益的追求,外在成因是指金融业经营环境的变化和金融服务技术手段的进步对区域金融合作形成的外在推动。

---

① 该部分根据王学信发表在《金融理论与实践》(2016年第11期)上的"收益驱动、条件约束与我国的区域金融合作问题"一文整理。

(一)内在成因

内在成因与利益有关。地方政府和包括中央银行及金融监管机构在内的金融管理部门推动并谋求区域金融合作,主要目的是取得宏观利益。正是出于对宏观利益的追求,才有推动区域金融合作的动力。区域金融合作带来的宏观利益主要有五个方面:第一,区域金融合作可以带动生产要素在区域内的流动,直接推动区域经济一体化。金融业是一个"利润嗅觉"非常敏感的行业,金融机构总是擅长将金融资本投向盈利能力强、盈利前景好的企业和行业。区域金融合作将会增大金融资源在区域内部及区域间的流动性,带动技术、产业资本、劳动力等要素在区域内部和区域间流动,提高金融资源配置效率,促进区域要素市场、产品市场和金融市场的一体化发展。区域经济一体化发展,不仅能够提高区域资源配置效率和产出水平,而且能够缩小地区差距,实现区域经济协调发展。第二,在区域金融合作过程中,合作各方充分利用各地区金融业的特色和比较优势,完善区域金融功能,推动区域金融业进入良性发展轨道,从而降低政府用于推动金融发展的费用支出,提升金融发展对经济增长的贡献。第三,区域金融合作为行为主体在整个区域内部不同地区之间进行资产配置和风险管理提供了平台,可以在一定程度上分散金融风险;区域金融监管合作有助于维持区域金融稳定和区域金融安全,提高监管效率,能够有效防范和化解区域金融风险。第四,随着区域金融合作的不断加强,区域金融功能日臻完善,区域金融竞争力不断增强,吸引资源自区域外向区域内流动,使该区域成为资源配置的中心和制高点,并拥有品牌效应和广告效应。第五,区域金融合作还有助于区域产业结构升级。区域金融合作的实质是通过区域金融资源的整合推动经济发展,结果会使金融业产出在区域总产出中的比重有所上升,并带动与金融业关系密切的现代服务业产出增加,从而推动产业结构升级。因此,政府(尤其是各级地方政府)、中央银行、金融监管部门,为了获取合作带来的宏观利益,都会积极推动区域金融合作。

金融机构、金融监管部门在区域金融合作中可以获得微观利益,正是这些微观利益的存在,才使得相关行为主体积极参与到合作中。这些微观利益主要表现在以下三方面:第一,区域金融合作的原始动力来自行为主体对利润最大化的追求和市场竞争的压力。金融机构通过在信息交流、金融服务技术、人才培训、市场拓展等方面的合作,可以降低经营边际成本,提高规模收益,实现范围经济。金融机构通过横向合作,可以扩大单个金融机构的组织规模,将以邻为壑的竞争变为互利互惠的合作;通过纵向合作,整合零售业务和批发业务,增加新的金融品种,降低经营成本,发挥自身优势,利用对方的特长全面扩张自身的业务;通过混合合作,破除银行业与证券业、保险业的传统界限,拓展业务空间,扩大服务领域,实现交叉经营,从而增强盈利能力和竞争力。金融机构不仅面临同业之间的竞争,也面临非金融机构的竞争,生存空间受到越来越严重的威胁。面对激烈的市场竞争,金融机构必须通过区域金融合作来扩大组织规模,降低跨行业、跨地区经营的渗透成本,增强其自身的竞争力。第二,金融监管部门的合作,可以在实现既定监管目标的前提下,节省监管费用,提高监管效率。横向监管合作,有利于实现监管信息对称,降低监管信息的搜寻成本,整合监管力量;纵向监管合作,有利于实现全方位监管,避免出现监管真空,确保区域金融安全;混合监管合作,在金融全球化、金融自由化和金融电子化推动金融业经营模式混业化的今天,可以发挥专业监管机构的特长和专业优势,互补监管技术,防止混业经营产生的风险集聚和风险串并,进而实现协同效应。

(二) 外在成因

1. 金融自由化

金融自由化是"一个国家的金融部门运行从主要由政府管制转变为由市场力量决定的过程"。① 金融自由化从两个途径展开:一是金融当局为提高金融效率,放松对金融机构市场准入、业务监管及金融产品价格的限制;二是市场竞争中广泛的金融创新活动。随着互联网与金融产品的不断融合,市场的盈利机会随之产生。金融机构在金融服务和金融产品方面所进行的创造与革新活动,构成了金融创新。这些金融创新活动进一步推动政府监管政策的变化和革新。金融自由化从观念变革到政策调整以及政府对金融业管制的放松,迎合了金融发展的需求,成为推动区域金融合作的重要外部力量。

2. 电子信息技术与金融业的融合

20世纪80年代以来,通信卫星、计算机编程交易、图文传真机、自动转账机、电子销售点、电话银行、对谈通信屏幕、互联网等信息技术的迅猛发展,为提高金融机构的管理技术和管理水平搭建了平台。现代金融业属于知识密集型、资本密集型的高科技服务业。随着电子信息技术的迅速发展及其在金融业中的广泛应用,金融产品中的信用卡、IC卡等都具有较高的信息化、电子化程度,尤其是20世纪90年代中后期以来网络技术的快速发展,金融业进入了大数据时代,金融业外部信息和内部信息在区域内部不同地区以及区域间的传播速度大大加快,为金融业跨地区、跨行业渗透消除了障碍,从而极大地拓展了金融机构规模经济和范围经济的边界。电子信息技术与金融

---

① 黄金老:"金融自由化的最优安排",《国际金融研究》,2002年第1期,第26—32页。

业的融合,在提高金融效率的同时,也成为推动区域金融合作的强大力量。

二、区域金融合作的制约因素

(一)经济因素

经济因素对于区域金融合作发挥着基础性制约作用。经济因素主要包括区域经济运行的稳定状况、区域经济联系的密切程度、区域内部各地区间的经济发展水平差异等几个方面。第一,区域经济稳定运行,不仅为行为主体参与区域金融合作提供了一个稳定的经济环境和合作预期,而且能够产生不断增长的区域金融合作需求。处于震荡或者下行趋势中的区域经济环境,行为主体因为难以预测参与合作的收益而导致合作需求下降。第二,区域经济联系的密切程度越高,要素和产品在区域内部流动的障碍越少,区域要素市场、产品市场一体化的程度越高,行为主体参与区域金融合作能够加快区域金融市场一体化进程。第三,区域经济发展水平对区域金融合作的制约主要表现在,经济发展的空间非均衡,使得区域内部不同收入水平和产业结构的地区之间存在一定的互补性。在区域经济发展初期,经济基础较好、具有区位或者资源优势的地区在经济上率先发展,拉开了与其他地区的差距,在产业结构上处于高梯度,回波效应大于扩散效应。要素和产品在区域内部的流动性受区域内部各地区经济发展差距的约束。区域内部经济发展差距过大,则欠发达地区会缺乏要素和产品流动需要的基础设施,从而降低要素的流动性,抑制产品流动。回波效应与扩散效应发生的前提是要素和产品具有充分的流动性。地方政府采取地方保护措施,形成较高的壁垒,会阻碍回波效应和扩散效应的出现。要素和产品在区域内部的流动,要求金融部门为之提供相应的金融便利。经济发展差距过大,区域内部会形成现代金融业与传统金融业并存的二元金融结构,欠发达地区因缺乏现代金融业发展必需的金融基础设施而使得区域金融合作困难重重;地方政府从"本本主义"出发对要素市场和产品市场的保护,会阻碍金融资源的空间流动,使区域金融合作难以实现。

(二)金融因素

金融因素主要包括区域金融联系度、区域金融生态环境、金融基础设施状况。根据经济动力学中的经济引力原理,区域中的各种资源存在相互吸引和逐渐集聚的规律。区域金融联系度反映的是区域内部具有不同金融竞争力的城市之间金融联系的密切程度。区域金融联系度由城市的人口规模、城市的金融竞争力、城市间的距离决定,可以通过引力模型进行测算。引力模型公式为:

$$R_{ij} = \frac{\sqrt{p_i v_i} \times \sqrt{p_j v_j}}{D_{ij}^2} \tag{8-1}$$

其中，R_{ij} 表示城市 i 与城市 j 的区域金融联系度，p_i、p_j 分别表示城市 i 与城市 j 的人口总量，v_i、v_j 分别表示城市 i 与城市 j 的金融竞争力，D_{ij} 表示 i、j 两城市间的距离。式(8-1)中的金融竞争力，通常用功效系数公式来计算。功效系数公式为：

$$v_i = \frac{X_i - \min(X)}{\max(X) - \min(X)} \times 40 + 60 \tag{8-2}$$

其中，v_i 表示第 i 个城市的金融竞争力水平，X 和 X_i 分别表示根据因子分析法测算的该区域所有城市和第 i 个城市的竞争力得分。

人口规模较大的城市，通常是经济实力较强的中心城市，也是所在地区的金融中心。一个城市的经济金融发展水平，决定了其金融竞争力和对周边其他城市的辐射能力。经济实力较强的中心城市，金融竞争力和辐射能力也较强。金融联系度的高低与城市间的距离密切相关，空间距离相近的城市，地缘关系密切，要素、产品流动较频繁，金融联系度较高。金融联系度的高低还受行政区划的影响，一个城市与同一行政区内其他城市之间的金融联系度要高于与行政区外其他城市间的金融联系度。[1]

区域金融生态环境状况，取决于各地区的经济基础、制度文化、金融发展情况和政府治理水平。[2] 良性的区域金融生态环境，可以提高区域金融效率，降低区域金融交易成本，促进区域金融市场的发展，改善区域金融结构，为行为主体参与区域金融合作创造机遇和条件。

区域金融基础设施是区域金融合作得以实现的重要条件。金融基础设施包括法律基础设施、会计基础设施和监管基础设施，属于金融运行的硬件设施和制度安排。良好的金融基础设施，不仅可以降低行为主体参与合作的成本，提高金融交易效率，而且可以稳定金融系统，保护行为主体的权利，为金融交易提供法律保障。区域金融基础设施建设滞后，无疑会增大区域金融合作的成本和不确定性。

(三) 制度与金融文化因素

任何形式的区域金融合作都是在一定的制度环境下进行的。第一，政府部门作为区域金融合作宏观利益的获得者，有义务为区域金融合作做出规划，维护合作秩序，并为合作提供必要的基础设施和有利的制度安排。这些

---

[1] 许亦楠:"长三角区域金融合作发展研究",《统计科学与实践》，2010年第2期，第9—11页；彭化非:"珠三角和长三角区域金融合作比较研究"，《南方金融》，2012年第5期，第79—82页。
[2] 李扬、张涛:《中国地区金融生态环境评价(2008～2009)》，中国金融出版社，2009年。

制度安排除了税收、补贴等优惠政策,还应考虑地方政府能否为区域金融合作提供良好的金融法制环境,因为这关系到行为主体自身权益能否得到维护、合作收益能否如期获得。司法是否公正和独立、司法效率的高低、执法是否严格,都会直接影响到行为主体的合作预期和合作行为选择。地方政府能否从客观公正的立场出发,保护合作参与各方尤其是外埠合作主体的合法权益,能否保证地方司法机关独立行使审判权、执行权和司法权,都会直接影响到行为主体参与区域金融合作的积极性和合作的顺利实现。第二,区域金融合作应是在相应的合作协议框架下进行的金融资源流动与整合,政府推动抑或市场主导下的区域金融合作,需要政府、中央银行、金融监管部门和金融企业签署一系列合作文件,对合作的权利、义务、内容、目标等做出明确规定,合作参与各方均要接受相关合作文件的约束。

金融文化作为一种以非遗传方式获取的价值观、行为习惯和行为方式的传递与延续,成为影响区域金融合作的"软门槛"。一方面,金融机构在长期的经营过程中生成和培育了独具特色的企业文化,其金融核心价值取向、经营理念、服务规范和行为习惯有别于其他金融机构;另一方面,金融文化具有根植性,受历史、社会经济发展状况、区位条件的影响,各地区的金融文化存在较大差异。然而,区域金融文化趋同是区域金融合作的重要基础和"酶化剂",可以降低区域金融合作的成本。区域金融文化趋同指在同一金融体制和共同的法律环境下,区域内部不同地区的行为主体在金融价值取向和行为趋向等方面达成的一致性。区域金融文化趋同可以提高行为主体参与区域金融合作的主动性和效率。① 在某区域空间内部一旦形成了趋同的金融文化,就会被金融机构和区域内部的不同地区普遍接受。因此,区域金融文化趋同能够包容各地区金融文化的差异,是容忍地区金融文化多元性背景下的文化趋同。区域金融文化趋同,有助于区域金融合作的实施和合作效率的提高。

(四)政府推动

地方政府承担着推动社会发展、刺激经济增长、促进政治稳定的责任,其中经济增长是社会发展和政治稳定的基础。基于金融业在国民经济中的核心地位,地方政府自然倾向于利用手中的行政资源,有意识地主导金融资源的配置。政府对区域金融合作的推动方式有两种:一种是直接推动——利用行政力量干预和市场准入优惠条件,提供财政补贴、减免税等优惠政策,主导

---

① 张望:"金融文化趋同在我国区域金融合作中的作用",《上海金融》,2010年第1期,第63+86—89页。

或控制区域金融合作;另一种是间接推动——在市场主导金融资源配置的条件下,运用财政资金提高基础设施投资水平,加大金融基础设施的建设力度,优化地区金融生态环境,有意识地引导和推动区域金融合作。

政府直接推动下的区域金融合作,前提是政府对金融市场、金融机构、资金价格直接管制。间接推动是政府通过动用行政资源形成市场以外的力量来弥补市场失灵,是政府运用媒体营造舆论环境,利用科研团队为合作提供智力支持,讲求政府诚信以培养诚信环境,影响司法与执法以提供公平的司法环境和高效的执法效率,运用财政资金完善合作需要的基础设施和金融基础设施,搭建金融资源整合的平台,引导金融资源的流向,创造金融合作需要的环境,从而推动区域金融合作。其中,培养诚信环境、提供公平独立的司法环境和高效的执法效率尤为重要。总之,政府对区域金融合作的推动是必要的,以何种方式推动取决于市场和政府在资源配置中的地位。政府直接推动下的区域金融合作,会在一定程度上扭曲金融资源配置机制,损失金融资源配置效率;政府间接推动下的区域金融合作,需要廓清政府的行为边界,营造合作环境,引导和推动区域金融合作。

(五)合作的主动权与合作利益分配

追求合作利益是合作主体参与区域金融合作的原始动力,不同地区在面对共同利益展开区域金融合作时,都会关注合作利益在合作主体之间的分配问题,如哪个地区获益较少,哪个地区获益较多,等等。获得合作利益相对较少的地区,就会担心其他合作主体因获取较多的合作利益而实力增强,因此丧失参与合作的积极性,甚至拒绝合作。实际上,区域内部不同地区的金融发展是不均衡的,平均分配合作利益是不可能的。不同地区之间在金融业规模、金融结构、金融效率、金融创新能力等方面存在差异。金融发展水平较高的地区在现代金融业中占有优势,金融服务方式与服务技术、金融创新能力等方面优于金融发展水平较低的地区,易成为金融极化地区。随着金融专业化分工程度的日益提高,地区之间的金融依赖程度不断提升。低梯度地区担心在合作过程中金融资源进一步向高梯度地区流动,从而削弱本地区的金融实力,使自身在地区金融竞争中处于更加不利的地位,因此会选择不参与区域金融合作或者降低合作的深度与广度,避免使自身在合作中依附于高梯度地区。

区域内部不同地区间不仅在经济金融方面存在差异,在政治能量上也是不同的。政治级别较高的地区拥有较多的行政资源,经济与金融发展水平高于其他地区,在区域金融合作中往往充当牵头人和协调人的角色,是区域金融合作的主导力量,有必要也有能力在协调区域金融调控、维持区域金融合作秩序、形成共同接受的合作理念和行为准则以及处理合作纠纷等方面提供"公共物品"。为了补偿提供这些公共物品所需的费用,行政级别较高地区往往要求在区域金融合作中分割更多的合作利益份额。只要区域内部各地区的行政级别不变,这种合作便可以维持下去。

(六)重大事件

重大事件指对区域金融合作产生重大的积极影响或消极影响。重大事件是被政府、媒体、金融机构及社会公众确认了的,能够对区域金融合作产生重大影响的事件。重大事件具有偶发性和不确定性,其结果会改变既有的经济与金融发展格局和发展趋势,继而使区域内部各地区的经济主体重新评估区域金融合作的参与成本与合作利益,可能改变之前持有的对区域金融合作的态度与立场,从而修正合作方式、合作模式甚至合作领域安排。有的重大事件会对区域金融合作产生积极影响,如中央政府发布关于某一区域经济发展的规划,会使该区域业已形成的区域经济与金融发展态势发生改变,从而使区域经济与金融发展面临新的机遇,此时金融主体、地方政府比较容易在区域金融合作问题上达成共识。同样,有的重大事件(比如世界经济危机)在短期内会抑制区域经济发展,引发区域金融风险暴露并危及区域金融安全,迫使地方政府、中央银行、金融监管部门及金融机构寻找走出困境的途径,采取"抱团取暖"的方式共同建立区域金融安全合作机制,以最大限度地维护区域金融安全,实现地区金融利益最大化。当然,有的重大事件(如战争、行政区划调整等)会对区域金融合作产生消极影响,甚至会终止区域金融合作。区域金融合作的生成与发展有其自身的规律,重大事件的发生会影响区域金融合作的方向和进程,使区域金融合作进入一个崭新的发展轨道。

第三节 我国区域金融合作的状况及问题分析

一、我国区域金融合作的状况

(一)长三角区域金融合作

长三角是长江入海前的冲积平原,区域面积 21.07 万平方千米,人口数量为 1.56 亿,是我国综合经济实力较强的地区之一。近十多年来,随着长三角区域经济一体化的加速发展,在政府和金融监管部门的积极引导和推动下,行为主体在金融信息、机构市场准入、金融业务、金融市场等方面展开了一系列合作。

在金融信息合作方面,2007 年 11 月,江苏省、浙江省、上海市政府与中国人民银行签署了《推进长江三角洲地区金融协调发展　支持区域经济一体化框架协议》，建立了推进长三角地区金融协调发展工作联席会议制度。2008年4月，江苏省、浙江省、上海市政府与中国人民银行联合主办了第一届长三角地区金融论坛，之后每年都举办不同主题的长三角地区金融论坛，为长三角区域金融合作提供了信息交流和合作磋商渠道。四大国有商业银行设在江苏省、浙江省、上海市不同行政区域的分支机构之间也展开了不同形式的信息合作，如中国银行在上海市设立了华东信息中心，与江苏省、浙江省开展信息交流方面的合作；中国农业银行、中国建设银行分别在长三角地区建立了自己的沟通协调机制；股份制商业银行也随后跟进。

在机构市场准入合作方面，从2006年4月起，总部设在江苏省、浙江省、上海市的金融机构加强了在长三角区域的分支机构布局力度；城市商业银行、农村商业银行等地方金融机构，和证券公司等资本市场中介组织开始跨地区设立分支机构，实现了区域内部金融机构的互动。在机构市场准入方面的合作为深化金融信息合作、金融业务合作及金融市场合作提供了平台。

在金融业务合作方面，第一，商业银行跨行政区域的业务合作不断深化，如中国银行在江苏省、浙江省和上海市的分支机构，在营销、服务、新产品研发等方面进行了合作；光大银行在上海市设立了华东区审贷中心；华夏银行实施了长三角地区分行整体联动战略。第二，农村金融机构的区域合作不断加强。比如，上海农村商业银行与浙江农村信用联社签订了银行承兑汇票合作协议，双方约定在银行承兑汇票的贴现、转贴现、托收、查询、复查以及与此相关的信息交流、业务培训等方面开展全面合作；农村商业银行在长三角地区16个城市的分支机构共同签署了产品创新与共享、个人业务、市场营销与信贷管理等三份合作协议。

金融市场合作是长三角区域金融合作的重要组成部分。在货币市场方面的合作主要表现在两个方面：第一，跨地区贷款增长较快，成为区域产业融合和经济一体化的重要推动力量；第二，统一的区域票据市场形成，跨地区票据交换发展迅速，货币市场往来业务增幅较大，并于2009年发布全国首个区域性商业汇票贴现价格指数——长三角票据贴现价格指数。在资本市场合作方面，长三角区域内跨地区收购兼并和资本重组非常活跃，促进了长三角地区的产业转移和产业转型升级。在区域金融市场创新方面，第一，跨地区人民币结算业务、跨地区外汇资金清算、异地进口付汇集中备案、民营企业境外放款等试点项目顺利开展；第二，在《共建"信用长三角"合作备忘录》的指导下，积极推进地方信用体系的建设和信贷征信体系的建设，推动信用评级机构的跨地区合作，信用一体化进程明显加快，金融生态环境不断改善。①

(二)泛珠三角区域金融合作

泛珠三角区域(泛珠江三角洲地区)包括福建省、广东省、广西壮族自治区、贵州省、海南省、湖南省、江西省、四川省、云南省、香港特别行政区和澳门特别行政区,即"9+2"经济区,面积占全国面积的20.9%,人口占全国人口的34.8%,地区生产总值占全国生产总值的33.3%。泛珠三角区域金融合作的特点是制度先行、市场主导。2004年6月,"9+2"经济区的省、区政府在香港地区签署了《泛珠三角区域合作框架协议》,深圳市和香港特别行政区两地政府签署了《关于加强深港合作的备忘录》。2004年11月,"9+2"经济区的省、区政府共同签署了"泛珠三角区域合作与发展金融论坛备忘录",正式建立了泛珠三角金融合作机制。

在金融信息合作方面,2005年6月召开的"第二届泛珠三角区域合作与发展金融论坛"上,"9+2"经济区的省、区政府建立了金融信息共享机制。广东省和香港特别行政区在《关于建立更紧密经贸关系的安排》(CEPA)框架下的金融信息合作主要集中在金融监管层面,如反洗钱、打击地下保单及银行结算等金融基础设施建设的初步合作。

在金融机构合作方面,各方采取一系列措施,推动金融机构跨区域经营和互相参股。比如,福建兴业银行收购佛山市商业银行;平安保险集团和香港上海汇丰银行收购福建亚洲银行;广州银行、东莞银行、顺德农村商业银行等金融机构在珠三角其他城市设立分支机构。

在金融市场合作方面,货币市场的合作主要在深圳市和香港特别行政区之间展开。2004年1月1日起,中央政府正式批准香港持牌银行经营个人人民币业务。2010年以后,香港人民币市场呈加速发展态势。到2012年,经营人民币业务的香港持牌银行达到139家,占香港持牌银行总数的89.7%,使香港成为全球最重要的人民币离岸中心。同时,内地的金融机构和香港的金融机构以深圳市为纽带,加快了深圳市银行间货币市场和债券市场的发展。资本市场的合作主要在广东省和香港之间,广东省本地的上市公司尤其是深圳市的上市公司多采用"A+H"股两地上市模式,为广东省本地企业上市融资和发展提供了平台。

在金融服务合作方面,各地方政府积极推进金融服务的同城化发展。第一,建立起完善的区域支付结算基础设施。在中国人民银行广州分行电子结算中心各种支付系统的支持下,大额支付系统及支票影像系统覆盖珠三角城

---

① "上海地方志办公室"网站,http://www.shtong.gov.cn/Newsite/node2/node4429/node4437/node70463/userobject1ai100259.html,访问时间2020年5月。

市大部分金融机构;兴业银行、上海浦东发展银行等在广州市、佛山市等城市的支付结算业务实现了同城化。第二,一批农村金融以及统筹城乡金融改革创新试点确立,开始逐步解决金融产业布局的区域不平衡问题。

(三)环渤海区域金融合作

环渤海区域包括以京津为核心、以辽东半岛和山东半岛为两翼、环绕着渤海全部及黄海部分沿岸地区所组成的广大经济区域,主要有北京、天津两个直辖市和山东、河北、辽宁三个省,全区陆域面积达51.8万平方千米,人口数量为2.3亿,占全国总人口的17.5%,地区生产总值约占全国国内生产总值的28.2%。近年来,环渤海区域经济快速发展,形成了继珠三角区域和长三角区域之后推动我国经济增长的第三个引擎,并催生了区域内部各省份之间的金融合作。与长三角和泛珠三角的区域金融合作相比,环渤海区域金融合作是在政府的直接推动下进行的。自1986年天津市发起成立环渤海地区经济联合市长联席会(以下简称"市长联席会")以来,合作层次不断加深,合作领域不断拓展。2005年11月,在天津市召开的第一届"环渤海区域金融合作发展研讨会",探索建立了区域金融合作与协调机制。2006年4月,32个成员城市在天津市共同签署了《推进环渤海区域合作的天津倡议》,进一步明确了环渤海区域合作的专业领域。2008年9月,市长联席会石家庄会议修改了《市长联席会章程》,更加明确了市长联席会的宗旨、原则、任务,将市长联席会的名称改为"环渤海区域合作市长联席会",进一步完善了市长联席会的组织机构和职责。

信息共享是区域金融合作的重要组成部分。2007年8月,第二届"环渤海区域金融合作发展研讨会"通过了《环渤海区域经济金融信息交流办法》,确立了环渤海区域金融信息交流沟通机制。在环渤海区域合作市长联席会的推动下,2011年环渤海区域信息网设立,以推进区域内经济金融信息共享。2013年11月环渤海区域合作市长联席会审议通过的《环渤海区域信息合作联席会常务理事会各成员市宏观经济数据及研究成果交流机制(试行)》和《环渤海区域各省(地区)、市宏观经济交流指标》,进一步完善了环渤海信息共享机制。2015年12月,天津银行与15家金融机构共同发起的"环渤海银银合作平台",实现了成员间信息互通,业务规模稳步提升。2017年以来征信系统及大数据的交融,更使得区域金融合作有了实质性的进展。

在机构市场准入合作方面,在环渤海地区异地设立分支机构的金融机构不断增多,各城市着力引进国内外大型金融机构。例如,截至2017年年底,已有包括花旗银行、汇丰银行、德意志银行、日本三井住友银行等25家外资银行和百余家域外金融机构入驻天津市。

在金融市场合作方面,环渤海三省二市依托天津股权交易所,通过未上市公司的股权交易,实现区域资源的优化配置和产业整合。山东省淄博市与天津股权交易所合作共建的齐鲁股权托管交易中心,旨在打造集企业融资、挂牌交易、股权托管、上市孵化、规范培育于一体的"综合性服务平台"。2013年,齐鲁股权托管交易中心改为公司制,目前已发展成为覆盖山东全省的股权交易市场。

在金融业务合作方面,第一,建立了京津冀区域票据自动清分系统。2000年6月,京津两地就开通了"京津区域票据自动清分系统"。2005年6月,"京津冀票据自动清分系统"正式运行,实现了京津冀地区票据清算中心同步清分区域交换票据、网络化传输资金清算信息。第二,部分商业银行在环渤海地区分支机构之间的业务合作不断加强。比如,中国建设银行环渤海地区各分行之间自2005年起就建立了有效的区域联动机制、利益协调机制、信息共享机制;中国农业银行环渤海地区分支机构从2006年开始在客户营销、品牌建设、风险防范及人才培养等领域展开合作。第三,部分商业银行通过发放异地贷款,实现业务合作和金融创新。比如,渤海银行2012年年底成立的首家分行——石家庄分行2017年资产规模已经超过500亿元,累计在河北省投放融资总量超过1 300亿元,有力地支持了河北省的经济发展。

二、我国区域金融合作中应进一步关注的问题①

(一)合作层次能否继续深入

目前的区域金融合作主要停留在论坛交流、信息沟通、清算支付、联合贷款、机构互设等领域,全方位的合作尚未形成,金融资源在区域内部的流动仍有不少阻碍。论坛交流为行为主体在合作技术、合作领域、合作方法等方面提供了磋商平台,论坛签署的文件或协议为合作指引了方向。然而,论坛交流的成果能否最终实现,还取决于行为主体对论坛交流结果的接受程度。受到实行分支行制的商业银行授权属地经营管理体制以及金融监管部门属地管理原则的制约,信息交流不够,清算支付不畅,联合贷款的规模较小。同时,由于改革开放以来中央政府赋予了地方政府较大的发展地方经济的自主权,拥有金融资源数量越多的地区,也就拥有了更大的资源配置空间和金融话语权。一方面,地方政府希望推动区域金融合作,以获取合作带来的收益;另一方面出于本地区的利益考虑,地方政府又会限制金融资源的自由流出,

---

① 该部分根据王学信发表在《金融理论与实践》(2016年第11期)上的"收益驱动、条件约束与我国的区域金融合作问题"一文整理。

从而成为区域金融合作难以深化的又一障碍。区域金融合作深化要求金融资源在区域内高效流动,以实现资本、技术、人才等生产要素在区域内高效配置。而金融机构的属地经营体制导致金融资源的纵向分割,地方政府的"奖入限出"又形成了金融资源的横向分割,最终致使区域金融合作难以向深层次推进。

(二)地方政府和金融管理部门的作用如何发挥

政府对区域金融合作的推动是必要的,以何种方式推动取决于市场和政府在资源配置中的地位。当采用直接推动方式时,政府会动用行政、经济等手段,直接影响金融资源的配置机制和配置效果;当采用间接干预方式时,政府通过营造合作环境,引导和推动区域金融合作。在经济市场化程度较低的地区,政府在资源配置中往往起着主导作用,行为主体需要借助政府行政力量的推动以实现区域金融合作。在经济市场化程度较高的地区,行为主体会自发产生合作的主观要求,即便没有政府推动,区域金融合作仍然会实现,但是行为主体之间的自发性合作可能会产生市场失灵。因此,政府干预的重点在于为行为主体营造合作所需的环境。现在面临的问题是:一些地方政府在经济市场化程度不断提高的背景下仍习惯于使用行政资源直接干预合作,而在提供金融基础设施、营造诚信环境和司法环境等方面缺位严重。中央银行作为金融宏观管理部门,应与地方政府一起做好区域金融合作规划,在协调区域金融调控、维持区域金融合作秩序、形成共同接受的合作理念和行为准则以及处理合作纠纷等方面提供"公共物品"。然而,中国人民银行各省会城市中心支行归属于不同大区行管理,无论是泛珠三角、长三角还是环渤海地区,每一个区域都跨越几个大区行的管理属地,中国人民银行现行的大区行制限制了这一职能的发挥。

(三)监管合作能否加强

区域金融合作为行为主体在更大空间内配置金融资产提供了机会,同时也加剧了金融风险的区域集聚和膨胀。区域金融信息合作是机构合作、市场合作及监管合作的基础和前提,在信息合作不充分的背景下,合作主体不管参与的是横向合作、纵向合作还是混合合作,都会存在信息不对称和信息不完备的情况,"逆向选择"和"道德风险"无法避免,合作的结果势必增大区域金融风险。同时,区域金融合作往往与区域金融创新相伴随,合作主体在金融市场、金融业务、金融组织、金融交易技术等领域的创新,也会产生新的金融风险。另外,金融合作的强化在一定程度上可能加剧区域内部金融机构之间的竞争,从而造成区域金融资源内耗增加和金融资源配置不合理。① 在相关行为主体的合作利益不能如期获得或者合作方在合作过程中自身利益受到侵害时，以邻为壑甚至互相拆台的现象就会出现，区域金融风险也会加大。为了保证区域金融安全，金融监管部门应加强监管合作。值得注意的是，金融监管部门依照属地管理原则，只对所管辖地区的金融机构及其金融业务进行监管，未能有效发挥对金融机构跨区域金融活动的监管效能。② 因此，能否加强区域金融监管合作，成为区域金融合作能否顺利进行的关键。

第四节 金融区域化与"一带一路"倡议下的国际区域金融合作

一、国际区域金融合作与国内区域金融合作

本章前三节讨论的金融合作的空间范围限于国内，本节将区域金融合作放在"一带一路"背景下，研究"一带一路"倡议下我国与沿线国家的金融合作问题。因此，在金融合作一词之前冠以"国际区域"，以示与前述区域范围的不同。国际区域金融合作与国内区域金融合作的区别不仅表现为合作空间范围的大小差异，还表现在以下几个方面：第一，国际区域金融合作会直接影响参与国家或地区的主权利益。比如，要紧密信息合作，就要求参与合作的各方及时披露真实的经济与金融信息，但这可能会威胁到合作参与主体的经济和金融安全。再如，要采用统一的货币政策甚至统一货币，参与主体必然要丧失部分货币主权。国内区域金融合作则不涉及货币主权利益问题。第二，参与国际区域金融合作的金融机构，需遵循国际金融业的"游戏规则"，按照国际金融业务经营管理的基本原则和惯例进行操作。第三，国际区域金融合作的风险要远大于国内区域金融合作。这是因为，国际区域金融合作的行为主体除了要面临国内区域金融合作主体面临的风险，还要承受国际政治风险、战争风险等。国内区域金融合作仅仅是一个主权国家内不同地区之间的金融合作，风险相对较小。

二、金融区域化的内涵

金融区域化指地理位置相邻或经济联系紧密的国家或地区，随着金融合作程度的不断加深，形成支付结算便利化、机构设置和金融业务跨境化、金融

---

① 中国人民银行南昌中心支行课题组："区域金融合作相关问题研究"，《南方金融》，2006年第12期，第13—16页。

② 中国人民银行南昌中心支行课题组："区域金融合作相关问题研究"，《南方金融》，2006年第12期，第13—16页。

产品价格决定市场化、金融资源流动自由化的趋势和过程。金融区域化是一国金融业走向国际化、直面国际金融市场竞争、向国际同业挑战并与全球金融业对接的过程,也是一国金融业经受区域"环境"和"气候"的锻炼,使本国金融竞争力日益增强并逐步融入金融全球化的过程。在这一过程中,国内的金融机构经营国际金融业务,在国外设立分支机构,同时鼓励外国金融机构进入本国市场,由此形成本国金融业与地缘关系密切国家的深度金融合作。

  金融区域化最初表现为少数金融机构受到市场上金融需求的牵引、政府优惠政策的推动、满足增加盈利和提高自身竞争力的内在要求而走向区域化,其结果可能产生示范效应,引起其他金融机构走向区域化,最终形成一个国家或地区整个金融业的区域化。在全球金融业不断开放的今天,激烈的市场竞争将不可避免。如果一国开放了金融之门,具有密切地缘经济关系的国家和地区为了追逐利润,会将金融业务拓展到该国,使该国的整个金融业实现区域化。随着经济全球化的发展,依托本国比较优势立身于全球产业链的不同位置,分享经济全球化带来的盛宴,成为每一个国家的理性选择。近年来,云计算、大数据、人工智能、量子计算、自然语言处理、视觉计算、计算机人机交互等技术飞速发展,并与金融业不断渗透和融合,自动转账、自动清算系统、自动柜员机等新型金融服务方式日益普及,网上银行、移动支付、互联网金融等新型业态风靡全球,为金融区域化和金融全球化奠定了技术基础。金融区域化是一国的金融文化与国际市场深度融合,金融规则与国际接轨的过程。而金融全球化把分布在世界各地的金融市场和金融机构紧密联系起来,使各国的金融业务摆脱时间和空间的约束。

  金融区域化是对金融地域系统的重构,即通过国际区域金融合作实现金融开放和金融资源在更大地域空间的流动和配置,其结果不仅能够影响国际区域金融格局,而且能够加快相关国家的金融全球化进程。国际区域金融合作是金融区域化的实现路径。国际区域金融合作的层次和水平不断提高的过程,就是一个行为主体基于自身经济和金融条件在国际分工中的比较优势不断协调利益的过程,也是一个行为主体通过金融开放和金融自由化实现金融深化的过程。

  "一带一路"倡议下的国际区域金融合作的发展方向就是金融区域化。"一带一路"沿线多为发展中国家,存在不同程度的金融抑制,金融发展水平与金融开放程度各不相同。"一带一路"倡议沿线国家打开金融门户,互利合作、互学互鉴金融发展经验,在信息、机构、市场、监管等方面不断加强合作与交流,日益密切"一带一路"沿线国家之间的经济金融联系,逐步建立和完善双边和多边支付结算系统,互设金融机构,在信贷、证券投资、信托、租赁、保险等领域不断深化合作,逐渐缩小沿线国家经济与金融发展的差距,在沿线国家政府和市场双重力量的作用下,最终形成统一市场,实现金融资源的自由流动。

三、"一带一路"倡议的提出

2013年9月和2013年10月,我国国家主席习近平分别在访问哈萨克斯坦和印度尼西亚时,先后提出了共建"丝绸之路经济带"和"21世纪海上丝绸之路"的重大倡议。① 此后的一段时间里,我国政府逐步将"一带一路"纳入国家发展的顶层设计中。2013年11月,中共十八届三中全会将推进"丝绸之路经济带"和"21世纪海上丝绸之路"建设作为重要议题,成为《中共中央关于全面深化改革若干重大问题的决定》中的重要内容之一。2014年3月,国务院总理李克强将规划和建设"一带一路"写入《政府工作报告》。2015年3月5日,李克强总理在《政府工作报告》中,强调把"一带一路"建设同区域开发开放结合起来,加强新亚欧大陆桥、陆海口岸支点建设。2015年3月28日,国家发展改革委员会、外交部和商务部联合发布《推进共建丝绸之路经济带和21世纪海上丝绸之路的愿景与行动》(以下简称《愿景与行动》),就"一带一路"的时代背景、共建原则、框架思路、合作重点、合作机制、中国各地方开放态势、中国的积极行动以及"一带一路"的发展前景进行了阐述。2015年10月,中共十八届五中全会《公报》再次强调,要推进"一带一路"建设,打造陆海内外联动、东西方全面开放的新格局。

四、"一带一路"倡议的内涵

"一带一路"是"丝绸之路经济带"和"21世纪海上丝绸之路"的简称。"一带一路"倡议秉承两千多年来我国与相关国家交往中形成的和平合作、开放包容、互学互鉴、互利共赢的丝路精神,秉持共商、共建、共享的合作理念,以开放合作、和谐包容、市场运作、互利共赢为原则,以政策沟通、设施联通、贸易畅通、资金融通、民心相通为重点合作内容,基于但不限于古代丝绸之路的范围,各国和国际、地区组织均可参与合作。

(一)"一带一路"共建的原则

《愿景与行动》阐述了"一带一路"共建的原则:开放合作、和谐包容、市场运作、互利共赢。坚持开放合作原则要求"一带一路"合作的地理范围"基于但不限于古代丝绸之路沿线国家",从而突破了古代丝绸之路的地理界限,使

---

① 习近平:《习近平谈治国理政》(第一卷),外文出版社,2014年。

共建合作的成果更多惠及参与国家和地区。坚持和谐包容原则,就是"倡导文明宽容,尊重各国发展道路和模式的选择,加强不同文明之间的对话,求同存异、兼容并蓄、和平共处、共生共荣"。坚持市场运作原则,就是要"遵循市场规律和国际通行规则,充分发挥市场在资源配置中的决定性作用和各类企业的主体作用,同时发挥好政府的作用"。坚持互利共赢原则,就是要"兼顾各方利益和关切,寻求利益契合点和合作最大公约数,体现各方智慧和创意,各施所长、各尽所能,把各方优势和潜力充分发挥出来"。

(二)"一带一路"的重点合作路线及沿线国家

根据《愿景与行动》中的相关阐述,"一带一路"贯穿亚欧非大陆,连接东亚经济圈和欧洲经济圈,"丝绸之路经济带"重点建设的路线包括中国经中亚、俄罗斯至欧洲(波罗的海);中国经中亚、西亚至波斯湾、地中海;中国至东南亚、南亚、印度洋。"21世纪海上丝绸之路"重点建设的路线包括从中国沿海港口过南海到印度洋,延伸至欧洲;从中国沿海港口过南海到南太平洋。"丝绸之路经济带"的重点建设区域是中亚,"21世纪海上丝绸之路"的重点建设区域是东南亚。"丝绸之路经济带"和"21世纪海上丝绸之路"的交汇点在西亚和中东地区。"丝绸之路经济带"依托国际大通道,以沿线中心城市为支撑,以重点经贸产业园区为合作平台,共同打造新亚欧大陆桥、中蒙俄、中国—中亚—西亚、中国—中南半岛等国际经济合作走廊。"21世纪海上丝绸之路"以重点港口为关键点,共同建设通畅、安全、高效的运输大通道。

"一带一路"重点合作路线沿线国家有65个,包括东亚地区的中国和蒙古;东南亚地区的越南、老挝、柬埔寨、泰国、缅甸、马来西亚、新加坡、印度尼西亚、文莱、菲律宾、东帝汶;南亚地区的印度、孟加拉国、巴基斯坦、尼泊尔、不丹、斯里兰卡、马尔代夫;中亚地区的哈萨克斯坦、吉尔吉斯斯坦、塔吉克斯坦、乌兹别克斯坦、土库曼斯坦;西亚及中东地区的伊朗、阿富汗、土耳其、伊拉克、叙利亚、阿联酋、沙特阿拉伯、科威特、阿曼、卡塔尔、巴林、也门、黎巴嫩、约旦、以色列、巴勒斯坦、埃及、亚美尼亚、格鲁吉亚、阿塞拜疆;中东欧地区的匈牙利、波兰、捷克、斯洛伐克、斯洛文尼亚、克罗地亚、保加利亚、塞尔维亚、俄罗斯、白俄罗斯、黑山、马其顿、波黑、阿尔巴尼亚、爱沙尼亚、立陶宛、拉脱维亚、乌克兰、摩尔多瓦。重点合作路线沿线国家涉及土地面积5161.91万平方千米,约占世界总面积的1/4;2014年总人口数量为45.21亿,占世界总人口的62.27%;GDP总量23.32万亿美元,占世界GDP总量的29.96%。①

---

① 杨言洪、徐天鹏:"'一带一路'沿线国家经济社会发展比较分析",《北方民族大学学报(哲学社会科学版)》,2016年第4期,第115—118页。

(三)"一带一路"合作的重点

根据《愿景与行动》,"一带一路"的重点合作内容可用"五通"来概括:政策沟通、设施联通、贸易畅通、资金融通、民心相通。第一,政策沟通是"一带一路"沿线国家实现战略对接、优势互补的重要前提和保证。政策沟通就是要交流和对接"一带一路"沿线国家的经济发展战略,共同制订区域合作规划,协商解决合作中的问题,共同为务实合作及大型项目实施提供政策支持。第二,设施联通是"一带一路"建设的优先领域。在尊重相关国家主权的基础上,沿线国家宜加强道路、铁路、港口、管网、通信等基础设施规划和技术标准对接,加快道路、铁路、港口和水上运输通道建设,提高国际通信互联互通水平。第三,贸易畅通是"一带一路"建设的重点内容。沿线国家宜积极推动投资贸易便利化,消除投资和贸易壁垒,构建良好的营商环境;积极推动相互投资合作,共商建立多种层次的自由贸易区,充分释放合作潜力。第四,资金融通是"一带一路"建设的重要支撑。沿线国家宜加强货币合作,不断扩大双边本币互换、结算的范围和规模,共同推进亚洲基础设施投资银行(以下简称"亚投行")等金融机构合作;加强金融市场合作的范围和力度,推动亚洲债券市场的开放和发展;加强金融监管合作,逐步在区域内建立高效的监管协调机制。第五,民心相通是"一带一路"建设的社会根基。沿线国家宜传承和弘扬"丝路精神",广泛开展文化教育交流和学术往来,加强旅游、科技及人才交流合作,加强政党和政治组织的友好往来,开展青年和妇女交往、志愿者服务等,为双边和多边合作奠定坚定的民意基础。

五、"一带一路"倡议下国际区域金融合作的必要性

(一)信息合作是其他各项金融合作的前提和基础

一方面,信息合作为引导区域资金流向、防范和化解区域金融风险、提高金融资源配置效率和金融监管效率提供了前提和基础;另一方面,政策沟通为沿线国家国际区域金融合作提供了平台,设施联通、贸易畅通、民心相通又为沿线国家金融信息合作提供了条件。"一带一路"沿线国家民族众多,跨越了儒家文化、伊斯兰文化、印度教文化、东正教文化和天主教文化等不同文化圈层,经济上处于不同的发展阶段,其中有发达经济体(12国)、发展中经济体(35国)、新型经济体(17国)[①],金融发展水平和国家主权信用等级也有很大不同。因此,沿线国家金融信息的沟通与交流,是推动区域金融稳定和金融发展进而实现"资金融通"的重要保障。

---

① 周五七:"'一带一路'沿线直接投资分布与挑战应对",《改革》,2015年第8期,第39—47页。

(二)机构合作是国际区域金融合作的重要内容

"一带一路"沿线国家多数属于发展中国家,人均收入水平较低,财政能力较差,基础设施落后,实现设施联通的资金缺口较大。因此,组建诸如丝路基金、亚投行等开发性金融机构,对于满足沿线国家的投融资需求具有重要意义。同时,"一带一路"建设的过程,本身就是我国国内各地区进一步开放和实现区域经济协调发展的过程,也是区域经济一体化的过程。经过四十多年的改革和发展,我国企业拥有了雄厚的资本积累,城乡居民拥有了丰厚的个人储蓄,银行积累了大量金融剩余,政府拥有了充足的外汇储备。近年来,企业资本和居民个人海外投资需求快速上升,政府也迫切需要提高储备资产的使用效率。随着我国企业和政府在沿线国家投资项目的日益增多,迫切需要国内的金融企业通过在海外设立分支机构、开展金融并购,以及与沿线国家在支付结算、信托、融资租赁、保险等方面加强合作,以满足它们在海外的金融需求。

(三)金融市场合作是国际区域金融合作的应有之意

金融市场是金融资源配置的枢纽。近年来,在人民币汇率相对稳定、"一带一路"沿线国家双多边贸易额持续快速上升的背景下,人民币离岸交易量日益增大,人民币国际化指数不断上升,人民币跨境结算业务活跃[1],这对于进一步提升人民币在国际货币体系中的地位,提高我国在国际金融市场上的话语权,分享世界经济发展和金融全球化带来的红利,都将发挥重要作用。同时,"一带一路"沿线国家的金融市场合作将有助于国内金融体制的深化改革、资本市场的发展,以及国内自贸区离岸金融市场的建设与发展。债券市场和股票市场的互相开放与合作,可缓解沿线国家基础设施建设中的资金紧张局面,充分发挥资本市场的资源配置功能、定价功能和风险管理功能,有助于提高沿线国家的资源配置效率,降低金融风险。

(四)金融监管合作是实现资金融通安全、快捷、高效的重要保障

金融稳定是地区稳定的重要组成部分,而金融利益又是一国的核心利益。在"一带一路"沿线国家构建区域风险预警系统,并逐步建立有效监管协调机制,符合沿线各国的利益诉求。目前,沿线国家金融市场开放程度有别,金融发展水平各异,金融需求也有很大不同,金融制度与金融文化存在较大差异,金融监管能力和金融监管制度各不相同。我国作为多极世界中的一极,改革开放四十多年来积累的金融监管经验以及内含的金融监管智慧,能

---

[1] 韩玉军、王丽:"'一带一路'推动人民币国际化进程",《国际贸易》,2015年第6期,第42—47页。

够历经期间发生的多次国际金融危机而屹立不倒,足以成为沿线国家资以学习、借鉴的对象。因此,在彼此尊重国家主权的基础上,不断加强金融监管合作,互学互鉴金融监管经验,共同推动区域金融发展,是"一带一路"共建合作的必由之路。

六、"一带一路"倡议下国际区域金融合作面临的挑战

(一)信息合作面临的挑战

1. 复杂的地缘政治关系

信息合作虽然处于国际区域金融合作的最底层,但会直接影响"一带一路"沿线国家金融合作的广度和深度。沿线国家地缘政治关系复杂,有人口繁盛、政治上寻求安全和大国势力平衡的东南亚国家,有受宗教冲突、战争频发的西亚和中东国家,有经历经济转型且备受大国影响的东欧国家,有背负沉重的地缘政治历史包袱、恐怖主义盛行的中亚和南亚国家,有曾提出欧亚经济同盟设想、在中亚和中东地区拥有强大影响力的俄罗斯,还有受2008年国际金融危机影响、经济上步履蹒跚、政治上有较强趋同性的欧盟成员国。国际区域金融合作的前提是拥有稳定的地缘政治环境,而沿线国家纷乱的地缘政治关系,无疑会增大国际区域金融合作的变数。因此,信息合作是沿线国家取得政治互信和"一带一路"共建的基础。我国自1993年以来通过伙伴外交战略发展同沿线国家的友好关系。而伙伴关系的层次与战略利益认同度呈正向变化关系,战略利益认同度又与合作的广度与深度密切相关。[1] 基于政治纷争、宗教冲突、恐怖主义盛行和民族矛盾不断升级背景下的地缘政治环境,以及在此基础上生成的金融信息,是国际区域金融合作的宝贵资源。期待合作的金融机构能否及时全面掌握这些信息,对于双边和多边金融合作至关重要。

2. 沿线国家经济与金融发展差异

"一带一路"共建是我国国内生产力布局和全球生产链条的重新调整。国内产能过剩,大量资金闲置,经济增速放缓,结构问题突出,利用国内世界一流的基础设施建设技术和较强的装备制造能力,抱着亲诚惠容的态度,与相关国家共建"一带一路",对于缓解国内的经济压力、提高国内闲置资源的利用效率具有重要的经济意义。问题在于,沿线国家的文化差异较大,经济发展水平、金融发展水平及开放程度均不相同,熟悉和掌握沿线国家的经济

---

[1] 杨思灵:"'一带一路'倡议下中国与沿线国家关系治理及挑战",《南亚研究》,2015年第2期,第15—34页。

金融发展状况、文化习惯、金融制度就变得格外重要。国内企业资本外移和生产力外移过程中产生的金融信息，要求处于现代经济核心地位的金融业及时做出反应。对于"一带一路"倡议，金融机构的响应也最为积极，它们对沿线国家相关金融信息的搜集、整理、分析、判断是否正确，对于未来的进一步合作将会产生深远影响。

3. 信息沟通机制尚未建立

我国自 1993 年开始实施伙伴外交战略以来，与沿线国家建立了不同层次的伙伴关系，并与东盟、阿盟、非盟、欧盟等区域性国际组织建立了对话机制，与相关国家建立和增强了战略互信关系。然而，金融在一国经济中的核心地位，决定了国际区域金融合作必定建立在密切经济合作和充分战略互信的基础之上。近年来，随着我国与沿线国家在经贸、投资、文化等方面的交往日益增多，双边和多边高层接触不断，但缺乏常态化的双边会晤和多边磋商机制。要推动与沿线国家的金融业在机构、市场、监管等方面的合作向纵深发展，双边和多边金融信息沟通机制的建立迫在眉睫。

(二) 金融机构合作面临的挑战

1. 开发性金融难以满足"一带一路"设施联通所需的资金缺口

沿线国家的基础设施投资需要长期、大额、稳定和低成本的资金支持，而这些国家中大多财政能力不足，社会资本不愿投入。目前，亚投行、国家开发银行等开发性金融机构已经在一些沿线国家向那些投资规模大、建设周期和投资回收期较长的项目给予金融支持，但是沿线国家基础设施投资缺口仍然较大。据亚洲开发银行测算，2010—2020 年亚洲国家基础设施投资缺口额达 8 万亿美元，仅东南亚国家非跨境基础设施投资需求规模就超过 1.2 万亿美元。① 单纯依靠这些开发性金融机构的融资是难以维持的。

2. 商业性金融机构的"一哄而上"难免滋生金融泡沫

截至 2015 年年末，9 家中资商业银行在沿线 24 个国家设立了 56 家一级分支机构。② 中国工商银行、中国建设银行、中国农业银行等中资银行也都提出在"一带一路"沿线国家和地区设置分支机构的国际发展规划。在"一带一路"金融合作中，政府与金融机构拥有不同的目标函数，开发性、政策性金融机构与商业性金融机构的目标函数也不尽相同。商业性金融机构过快过多地在沿线国家布局分支机构，难免造成"赔钱赚吆喝"的局面。

---

① 胡海峰、武鹏："亚投行金融助力'一带一路'：战略关系、挑战与策略选择"，《人文杂志》，2016 年第 1 期，第 20—28 页。
② 中国银行业协会行业发展研究委员会：《中国银行业发展报告(2016)》，中国金融出版社，2016 年。

3. 审视地方金融机构在"一带一路"合作中的定位

目前在沿线国家设立分支机构的主要是四大国有商业银行和全国性股份制商业银行。这些机构在国内的市场占有率较高,尤其是四大商业银行在存贷款等方面还拥有寡头垄断地位,地方金融机构在国内的市场占有率偏低。地方金融机构经过近些年的改革和发展,资产质量、经营能力整体上有了很大提高,但部分地方金融机构仍然面临人才短缺、金融创新能力薄弱、金融服务技术落后等困境,如果盲目鼓励它们参与跨境金融合作,不仅不利于"一带一路"建设,反而会成为"一带一路"合作的拖累。

4. 多样化的金融制度与金融文化是金融机构跨境合作的重要约束性变量

"一带一路"金融机构合作实质上是双边和多边金融制度和金融文化的交融。每一个国家的金融业在不断发展和变革中都会形成有别于他国的金融制度,每一家金融机构在长期经营过程中都会形成独特的文化。在国际金融史上,发生过多起金融制度和金融文化差异导致金融合作失败的案例。因此,熟悉和适应相关国家的金融制度和金融文化,是金融机构走出国门、参与"一带一路"金融合作的"必修课"。

(三)金融市场合作面临的挑战

1. 沿线国家金融市场运行机制和金融市场开放程度差异较大

沿线国家中,东南亚和西亚的金融市场开放程度相对较高,市场运行机制较为完善;中亚、南亚、东欧的金融市场起步较晚,机构运行、业务运作和市场运营的相关法律制度欠缺,外汇管制较为严格,金融效率偏低。金融市场运行机制和金融市场开放程度的差异,均会直接影响"一带一路"建设中双边和多边金融市场合作的开展。

2. 沿线国家金融风险较为突出

第一,沿线国家主权信用等级差异较大。沿线国家的主权信用等级跨越了 B-级、A 级再到 AAA 级等等级。全球高风险国家主要分布在"一带一路"沿线,这些国家的执政者更为关注政权稳定,对于具有长期经济利益的建设项目兴趣不浓。第二,不少沿线国家银行业不良资产比率过高。2014 年,半数以上的沿线国家银行业不良资产比率高于国际通行安全标准。其中,哈萨克斯坦、塞尔维亚、阿尔巴尼亚等国的银行业不良资产比率更是超过 20%。① 不少沿线国家货币汇率波动较大,容易引发大量资本外逃。第三,

---

① 于津平、顾威:"'一带一路'建设的利益、风险与策略",《南开学报(哲学社会科学版)》,2016 年第 1 期,第 65—70 页。

大多数沿线国家人均收入水平较低,财政能力较弱,经济结构不健全,出口结构单一,国际收支平衡能力较差,外汇储备较少,一旦出现持续性的财政赤字和国际收支逆差,外汇市场必定动荡,金融风险就会暴露甚至发生金融危机。20世纪80年代以来,国际金融危机大多发生在"一带一路"沿线国家。

3. 我国国内金融市场不完善

我国由同业拆借市场、票据市场、回购市场和短期债券市场组成的货币市场,由股票市场与中长期债券市场组成的证券市场,以及与金融衍生品市场之间的关联度较低,金融产品种类较少,金融市场深度不够;信贷市场的寡头垄断局面突出,市场化程度较低①;证券市场发展不全面,过度倚重股票融资功能,债券市场发展严重滞后,股票市场波动频繁,证券监管体系不完善,监管有效性不足;金融衍生品交易市场、外汇市场、黄金市场发展滞后,交易机制不规范,交易规模偏小;以自贸区为平台的离岸金融市场建设刚刚起步,对人民币离岸金融业务暂时还不能起到很好的支撑作用。同时,我国金融资源的空间分布不均衡,金融集聚的区域差异较大,金融资源的地域运动受到金融机构纵向管理和地方政府横向分割的限制;中西部地区与东北地区高级金融管理人才和高级金融技术人才严重短缺,地方金融机构创新能力欠缺严重。

4. 资本与金融账户管制成为人民币国际化的重要障碍

"一带一路"与人民币国际化之间存在相向而行、协调发展的内在逻辑。② 近年来,我国与许多国家签订了本币互换协议,人民币作为国际贸易货币日益普及。随着人民币被正式纳入国际货币基金组织特别提款权货币篮子,人民币将加快成为可自由兑换货币。③ 现阶段我国实现了经常项目人民币可兑换,对资本与金融账户尤其是金融账户中的证券投资、短期资本流动等项目,仍然实行严格管制。随着"一带一路"合作的开展,我国与沿线国家的贸易额迅速上升,沿线国家对人民币的储备和支付需求快速增加。资本与金融账户人民币不可自由兑换,虽然屏蔽了国际金融市场上的风险窜入,但同时抑制了国内资本市场的对外开放,降低了沿线国家对人民币的接受程度,也削弱了人民币在国际支付和大宗商品交易定价等方面的功能和地位。

---

① 韩玉军、王丽:"'一带一路'推动人民币国际化进程",《国际贸易》,2015年第6期,第42—47页。
② 陈雨露:"'一带一路'与人民币国际化",《中国金融》,2015年第19期,第40—42页;宗良:"'一带一路'与人民币国际化协同效应研究",《国际金融》,2017年第3期,第6—9页。
③ 郑永年、张弛:"'一带一路'与中国大外交",《当代世界》,2016年第2期,第8—11页。

(四)金融监管合作面临的挑战

1. 国内缺乏针对开发性和政策性金融机构跨境合作风险监管的经验

"一带一路"共建合作的可能次序是:沿线国家基础设施的建设与对接、资源能源的开发利用—投资与贸易—产能合作。金融业在这一过程中发挥着支付结算、融资、投资顾问等功能。目前是"一带一路"共建的初期阶段,基础设施投资先行,相关国家的主权债务风险、财政能力低下带来的财政风险、地缘政治冲突不断和大国势力在沿线国家角逐引发的地缘政治风险,以及双边和多边投融资和贸易过程中产生的违约风险等,都可能给诸如国家开发银行、丝路基金等单边开发组织、中国进出口银行等政策性银行带来损失。当然,亚投行和金砖国家新开发银行等多边投资开发机构也有同样的风险。这就要求国内金融监管部门加强对国内的单边投资开发机构和政策性金融机构在"一带一路"共建合作中信贷和投资行为的监管,制定出有别于国内金融监管、有针对性的监管指标体系和监管办法。

2. 分业监管模式面临难题

目前我国金融业实行的是分业经营、分业监管模式。在"一带一路"倡议实施的过程中,与沿线国家共建合作一个基础设施项目,如一个港口、一条铁路,往往需要信贷、信托、保险、租赁及投资银行等多种金融业务的配套运用,分业监管可能与跨境金融合作的混合性特征不相匹配,监管真空难以避免。

3. 国际区域金融合作中的风险传播不容忽视

与"一带一路"共建合作次序相对应的是,基础设施因与生俱来的公共物品属性而导致投资收益率低、投资回收期长,国家开发银行、亚投行、丝路基金等开发性金融机构先行,接下来的资源与能源开发利用、投资贸易及广泛的产能合作将会创造出商业性金融机会,从而诱导商业性金融机构紧随其后。商业性金融机构在沿线国家布局分支机构或跨境金融并购,势必产生大量现金流,一旦各种风险叠加导致资金链断裂,不仅会冲击一国的金融体系,还会对国际区域金融安全产生负面影响。同时,沿线国家中的东欧、中亚、东盟等都存在不同层次的多边金融合作框架。在"一带一路"共建过程中,国内的区域金融合作进程因目标一致而加速,并形成与这些多边金融合作框架的对接,客观上容易形成金融风险在不同地区乃至跨境传播和膨胀,这无疑对国际区域金融监管合作提出了挑战。然而,目前国内金融监管机构与沿线相关国家的金融监管部门并未建立联动机制和风险处置机制,也未建立金融风险预警体系。

七、"一带一路"倡议下推进国际区域金融合作的思考

(一)与沿线国家建立信息互通共享机制

1. 加强与相关国家的政策沟通与协调

我国可以凭借东亚及太平洋中央银行行长会议组织、东盟"10+3"金融合作机制、博鳌论坛、金砖国家部长会议、达沃斯论坛等与沿线国家交流的平台,披露相关信息,促进政策沟通,协调沿线国家立场,增强沿线国家对"一带一路"共建合作战略利益的认同感和获得感。同时,我国可以与沿线国家交流20世纪90年代以来处置银行巨额不良资产和金融体制改革的经验与模式,帮助它们改善资产质量;可以通过双边和多边会议,加强政策沟通,促使沿线国家在金融合作方面达成共识。

2. 应加大媒体对"一带一路"共建合作宣传报道的力度

通过国内媒体,加强对"一带一路"沿线国家的经济发展状况、金融制度、金融文化、民族习惯等内容的宣传和介绍,普及相关知识,拓宽国民的视野;及时报道我国与沿线国家的最新合作成果和沿线国家亟须共建合作的领域,增强相关主体跨境金融合作的风险意识,帮助相关主体及时发现和捕捉跨境金融合作的机遇。

3. 增加对"一带一路"共建合作的研究和人员培训投入

政府应加大对"一带一路"共建合作的研究经费投入,动员越来越多的科研院所、高等院校、政府研究部门以及企业所属研究机构,参与到"一带一路"共建合作的调研中,不断挖掘共建合作的潜力和机会,为金融机构跨境合作提供决策依据。同时,金融机构应加大对跨境合作人员的业务培训力度,以降低合作中的操作风险。

(二)依次推进对沿线国家的金融机构合作

1. 循序渐进推进各类金融机构参与合作

与"一带一路"共建合作的次序相对应,在以基础设施建设为主的合作初期,应以开发性和政策性金融机构合作为主;在进入以资源能源开发利用为主的阶段以后,商业性金融机构可在充分调研的基础上,熟悉并掌握沿线国家的金融制度和金融文化,寻找金融合作的契合点,在互设分支机构、股权合作、跨境并购、银团贷款、投融资顾问、融资代理等方面开展合作。

2. 区别对待地方金融机构在"一带一路"金融合作中的角色和地位

对于那些经营状况不稳健、盈利能力和金融创新能力较弱的地方金融机构,政府不应鼓励它们参与和沿线国家的金融合作。对于那些经营状况良好、人才储备较为充足、处于经济开放程度较高地区的地方金融机构,政府应

鼓励它们走出国门,根据自身的业务特色,参与"一带一路"金融合作。

3. 充分发挥国内相关地区与沿线国家的地缘优势

"一带一路"倡议的目的之一便是促进国内区域经济协调发展和各地区全面对外开放。应鼓励那些与"一带一路"沿线国家有密切地缘关系的地区(如毗邻越南的广西壮族自治区、与俄罗斯一衣带水的黑龙江省等),以及在宗教文化上与沿线国家有密切交流的地区(如与阿拉伯国家交往频繁的宁夏回族自治区等),作为国际区域金融合作的"桥头堡",政策上赋予它们"先行先试"的优势,拓展它们与沿线国家金融合作的深度和广度。

(三)进一步加强与沿线国家金融市场的交流与合作

1. 对沿线国家应区别对待

选择那些市场开放度较高、金融市场机制较完善的国家,在信贷市场、债券市场、股票市场等领域优先展开合作;暂时回避那些主权债务信用等级较低、容易出现双赤字(财政赤字和国际收支逆差)的国家;通过合作,帮助那些金融市场建设起步较晚的国家完善金融基础设施,完善国际区域金融市场合作的条件,提高金融效率。

2. 进一步开放和完善我国国内金融市场

应尽快完善我国国内金融市场各子市场之间的协调联动机制,健全股票市场的监管机制,调整证券市场结构,扩大公债券、地方债券、企业债券和金融债券的发行与交易规模;借助上海市、天津市、广东省等国内自贸区平台,推动人民币跨境支付和互换交易,加快离岸金融市场建设,进一步促进金融对外开放和区域金融协调发展。

3. 推动人民币国际化

在确保国内金融市场稳定和不断完善人民币汇率制度的前提下,加快资本与金融账户开放,增加人民币的输出规模,满足沿线国家在贸易、支付结算、投融资、增加官方储备资产等方面的需求,促进人民币国际化与"一带一路"共建合作的协同发展,逐步提高人民币在国际货币体系中的地位,推动人民币国际化逐步向区域货币一体化方向发展。

(四)深化与沿线国家金融合作的风险监管

1. 加强对参与合作各类金融机构的监管

加强对单边开发性金融机构和国内政策性金融机构在"一带一路"共建中跨境金融合作的监管,及时防范和化解个别国家违约带来的风险。在监管参与合作的商业性金融机构的过程中,应对拟任境外分支机构高级管理人员的任职资格,拟在境外设立分支机构的必要性和可行性,在境外经营的安全性、流动性和营利性等方面,制定有针对性的监管指标体系和监管办法。

2. 加强与沿线国家的金融监管合作

鉴于"一带一路"金融合作的综合性,国内各专业监管部门之间应密切跟踪协调;同时,应加强同沿线国家的金融监管合作,建立金融监管联动机制和风险处置机制,建立和完善金融风险预警体系,适时监测金融合作项目的运行状态,保护本国的金融利益不受损失。另外,还应发挥国内金融行业协会的自律监管和对外协调作用,逐步建立与沿线国家非政府金融团体之间的沟通和交流机制。

本 章 小 结

通过区域金融合作路径,推动区域金融发展,实现金融区域化,是区域金融学研究的重要命题之一。本章包括四个方面的内容:第一,探讨了区域金融合作的机理。本章认为,区域金融合作有助于实现区域金融协调发展,有助于区域经济发展,有助于深化区域经济合作。第二,分析了区域金融合作的动因及影响因素。本章认为,地方政府、金融管理部门及行为主体对宏观利益或微观利益的追求,是区域金融合作的内在动因,金融自由化、电子信息技术与金融业的融合,是区域金融合作的外在动因;影响区域金融合作的因素主要包括经济、金融、制度与金融文化、政府推动、合作的主动权与合作利益分配、重大事件等。第三,分析了我国区域金融合作的现状和需要进一步关注的问题。本章认为,合作层次能否继续深入、地方政府和金融管理部门的作用如何发挥、监管合作能否加强是当前和今后一定时期加强区域金融合作应注意的三个问题。第四,分析了金融区域化与"一带一路"倡议下的国际区域金融合作。本章认为,"一带一路"倡议下的国际区域金融合作发展的方向是金融区域化;"一带一路"倡议下的国际区域金融合作目前还面临诸多挑战,今后应在信息、机构、市场、监管等方面进一步深化合作。